Cuba

Cuba

Viaje al fin de la Revolución

PATRICIO FERNÁNDEZ

DEBATE

Primera edición: enero de 2019
Primera reimpresión: marzo de 2019

© 2018, Patricio Fernández
© 2018, Penguin Random House Grupo Editorial, S.A.
Merced 280, piso 6, Santiago de Chile
© 2019, Penguin Random House Grupo Editorial, S. A. U.
Travessera de Gràcia, 47-49. 08021 Barcelona

Printed in Spain – Impreso en España

ISBN: 978-84-9992-992-7
Depósito legal: B-25.969-2018

Impreso en Limpergraf
Santa Perpetua de la Mogoda (Barcelona)

C 9 2 9 9 2 7

Penguin
Random House
Grupo Editorial

Para Sofía

ÍNDICE

PRÓLOGO

Todos los personajes de este libro son reales. A la mayoría los vi con mis propios ojos, y unos pocos se colaron de oídas. Como escribir sobre alguien es, en parte, inventarlo, procuré dejar que hablaran por sí mismos. No he pretendido hacer un juicio sobre lo que me contaron. Ellos eran esta historia: los habitantes de una iglesia donde la fe ha muerto.

Departí con autoridades, militares, artistas, escritores, periodistas jóvenes, pequeños empresarios emergentes, rastafaris, jineteras y diletantes. Algunos de ellos hoy se cuentan entre mis amigos cercanos. Formé parte de un mundo social. La élite cubana es muy pequeña y promiscua, tanto o más que la del resto de los países latinoamericanos. Conviven con ella ex guerrilleros, ex terroristas y toda clase de excéntricos considerados «subversivos» en sus países de origen. Ladrones de bancos, luchadores sociales y sujetos que, aburridos del rigor de sus ciudades, sucumben al relajo habanero. En esta isla pirata apenas existen instituciones confiables: el poder tiene nombre y apellido. «Se puede jugar con la cadena, pero no con el mono», dice la ley fundamental del territorio.

Hubo un tiempo en que Cuba representó la juventud y el porvenir. El ingreso de «los barbudos» en La Habana fue aplaudido por las almas libres del mundo. La inmensa mayoría de los cubanos lo festejó. Los poetas, intelectuales y religiosos latinoamericanos participaron del coro que les dio la bienvenida a los revolucionarios. «Ésta es la copa, tómala, Fidel. / Está llena de tantas esperanzas / que al beberla sabrás que tu victoria / es como el viejo vino de mi patria: / no lo hace un hombre sino muchos hombres / y no una uva sino muchas plantas», escribió Pablo Neruda en *Canción de gesta*.

De eso queda poco, casi nada. Los jóvenes de 1959, o murieron o agonizan. Los que hoy tenemos alrededor de cincuenta años no fuimos protagonistas de ese entusiasmo, pero lo conocimos. Somos sus últimos testigos. Llegamos tarde para entregarnos por completo a la emoción revolucionaria, pero alcanzamos a sentir su fuerza espiritual, el encantamiento con la causa de los pobres y la exaltación de lo comunitario. En Chile combatíamos la dictadura junto al pueblo y en nombre del pueblo, mientras en Cuba, a esas alturas, los comunistas defendían la suya usando al pueblo como excusa.

Una vez que recuperamos la democracia, nos convertimos en la generación que vio fracasar el sueño de sus padres y maduró en tierra de nadie, entre multitiendas y altas torres de espejos que comenzaron a reflejar otro tipo de ilusiones. Debimos reconocer que ahí donde gobernaba esa emoción redentora, la pobreza no retrocedía. La apuesta comunista no funcionó en ninguno de los lugares donde se impuso y, durante los años noventa, el capitalismo terminó por expandirse en todo el planeta. Cuba persistió como un capricho. Su «salvador» cayó en la trampa del orgullo. Creyó que él era su pueblo y hasta el día de su muerte enfrentó a los Estados Unidos como si se tratara de un enemigo personal. Por eso cuando en diciembre de 2014 su hermano Raúl y Barack Obama aparecieron en la televisión, uno en La Habana y el otro en Washington, comprometiéndose a reanudar relaciones diplomáticas, entendí que comenzaba a escribirse el último capítulo de una larga historia. Fue entonces que partí a Cuba para ser testigo del fin de la Revolución.

Dos veces estuve en la isla antes del año 2015: una en pleno Período Especial y la otra cuando Raúl Castro acababa de asumir la presidencia de la República. Ambos viajes los cuento aquí. Desde enero de 2015 he ido y venido muchas veces, y gran parte de mi atención ha permanecido siempre allá. Espero que la lectura de este libro refleje el enamoramiento que experimenté por Cuba y su gente. En este *Viaje al fin de la Revolución* intenté retratar lo que ha quedado de ella: lo bueno, lo malo y lo inclasificable de uno de los proyectos sociales más ambiciosos de la historia humana, llevado a cabo en esta pequeña isla que hoy habita en compás de espera, aunque sin esperanza. Asumen que la Revolución ha muerto y, sin embargo, no se deciden a enterrarla.

PRIMERA PARTE

Período Especial

La primera vez que viajé a Cuba fue el año 1992, en pleno «Período Especial». Con la caída de la Unión Soviética, la isla perdió su principal —única, en realidad— fuente de financiamiento y la economía se desplomó. Varadero comenzaba por entonces a desarrollar el negocio turístico. En ese tiempo, los cubanos no podían entrar a los hoteles. Al terminar el día, las jóvenes comenzaban a deambular cerca de las puertas de las discoteques con tenidas de noche y tacos altísimos, esperando que algún europeo las invitara a pasar con ellos.

Tenía veinte años entonces y llevaba más de un mes mochileando por México cuando la portera de mi pensión de Morelos, una adolescente de dieciséis a la que de niña le quedaba poco, me dijo que había llamado mi madre. Devolví el llamado enseguida, con la convicción de que había muerto mi abuelo. Hacía un año que estaba con su cabeza en la estratósfera, perdido, y sus seis hijas, entre ellas mi madre, esperaban que se apagara en cualquier momento. Pero no fue así. Solo quería comunicarme que José Antonio estaría en Cuba la semana siguiente y me invitaba a pasar unos días con él.

José Antonio está casado con una de sus hermanas. Hacía un lustro había vuelto del exilio y era entonces presidente de la Cámara de Diputados y miembro del Partido Socialista de Chile, en el gobierno de la Concertación de Partidos por la Democracia. Iba a Cuba a pasar sus vacaciones, invitado personalmente por Fidel a manera de agradecimiento, o algo así, por haber sido el encargado

meses antes de negociar la reapertura de las relaciones diplomáticas con Chile tras casi veinte años de interrupción. La oferta era
insoslayable. Viajé hasta la ciudad de Mérida en la parte de atrás de
muchos camiones, y un buen porcentaje del dinero que me debía
alcanzar para otro par de meses patiperreando, lo gasté en comprar
un pasaje a la isla.

Una semana más tarde aterricé en La Habana. Con esa informalidad extrema de los mochileros —pantalones cortados como
los náufragos, poleras manchadas y sandalias—, iba caminando por
la loza del aeropuerto cuando un hombre de guayabera blanca me
dijo «¿Patricio?». «Sí», le contesté, y me indicó el Mercedes Benz
negro que me esperaba. No era lujoso, pero sí institucional. De la
complicidad con los vagabundos pasaba al rango de invitado de
honor del máximo líder de la Revolución. El automóvil me llevó
al Laguito, donde están las mejores casas de la ciudad, en medio de
un parque con laguna y botes a remo.

En lo que duró esa estadía, estreché la mano de Fidel Castro
en un acto realizado en la Plaza Vieja —«quisiera mostrarte yo
mismo algunas cosas», dijo cuando José Antonio me presentó
como su sobrino viajero, «pero no sé si sea posible», agregó antes
de quitarme la vista de encima y decirle a mi tío que esperaba
verlo pronto, para desaparecer a continuación entre la multitud,
rodeado por sus guardaespaldas. También asistí a una reunión con
Carlos Lage sin saber que era la esperanza blanca del régimen, y
con mis primas le inventamos gritos de campaña a Juan Escalona —un fiscal nacional conocido por haber sido el acusador en
el juicio contra el general Arnaldo Ochoa y el coronel Antonio
de la Guardia en la así llamada «Causa Número 1», que terminó
con ambos fusilados—, porque por esos días se estaba postulando
para la Asamblea General. José Antonio reía nervioso mientras
nosotros le proponíamos lemas como «¡Todo lo feo lo amonona,
el gran Juan Escalona!», o «¡Si no le importa el qué dirán, vote por
este Juan!» o el que a nosotros más nos gustaba sin darnos cuenta
de lo que decíamos: «¡Un revolucionario que no perdona, ese es

Juan Escalona!» También tomé ron con Silvio Rodríguez una tarde en que llegó a visitarnos y le pregunté, a propósito de su canción «Sueño con serpientes», qué le pasaba al ver que un sueño se convertía en pesadilla. También él estaba presentándose como candidato para integrar la Asamblea, y antes de responder habló de su gran cercanía con Chile, que sus verdaderos cómplices eran los militantes del Movimiento de Izquierda Revolucionaria (MIR) y no los comunistas, contrarios a la vía armada. Al cabo de varias anécdotas respondió: «La Revolución cumplió su tarea dando educación y salud gratis para todos los habitantes de esta tierra y ahora su desafío es preservar estos logros».

Durante esos días en que participé de la comitiva oficial de mi pariente, también vi vomitar de borracho en las tardes al segundo hombre de la Cancillería cubana; además, me sacó a pasear una noche Robertico Robaina, entonces un treintañero presidente de las Juventudes Comunistas. Un año más tarde se convertiría en Ministro de Relaciones Exteriores y antes de llegar al 2000 sería defenestrado. Hoy está dedicado a pintar, pero en esa época bastaba una firma suya para que todas las cuentas quedaran saldadas.

Lo que vi durante esos primeros días de enero de 1992 en La Habana me confundió. Sería tergiversar los hechos si dijera que vivíamos en medio de la opulencia mientras el pueblo sufría el desabastecimiento total. Las autoridades con que compartíamos distaban de ostentar lujo alguno. Rogelio, el emético, aprovechó nuestra visita para tomar todo el alcohol que no conseguía cotidianamente. Su esposa, una mujer bigotuda que más parecía otro funcionario del ministerio que una cubana de a pie, las veces que comió con nosotros no dejó rastros en el plato. El gobierno se hallaba abocado a buscar nuevos amigos que le ayudaran a poner en pie su economía en ruinas, de modo que hacían lo posible por halagarnos. Una mañana nos sacaron a pescar en un lanchón con dos motores. A mí me ofrecieron el asiento del pescador. «¿Quieres hacerlo como Hemingway?», me preguntaron, y como de inmediato les dije que sí con una sonrisa de oreja a oreja, me colocaron la caña en un soporte a mi derecha y un vaso de ron en un agujero al otro costado. Yo había crecido pescando en las orillas de las costas chilenas, sentado en una roca con un nylon enrollado en un tarro, más bien *esperando* pescar que pescando junto a los hijos de los pescadores de verdad, esos que viven del mar y que de noche se vuelven luces en el agua.

★★★

Distingo a lo lejos, desdibujado por la bruma mañanera, a un niño mirando el mar. Acaba de amanecer. Corren centenares de gaviotines por ese brillo que pintan las olas en la orilla y que apenas dura un instante antes de opacarse. La arena se llena de huellas diminutas. De pronto, aparece el bote que el niño espera. Una multitud de pájaros mucho más grandes que él lo rodean. El niño, excitado, se arremanga los pantalones. Ayuda a poner los troncos que servirán para que sus quillas no se empantanen. Junto a los pescadores que regresan y a sus compañeros que los aguardan, empuja el bote hasta dejar el agua lejos. Entonces trepa por sus bordes, y lo primero que descubre son los peces grandes, las albacoras y los atunes. Una vez lo estremeció encontrar ahí un tiburón, y tras preguntar si estaba muerto, tocarle los dientes. Esa mañana, como tantas otras, la pasó desenredando redes, sacando cabrillas, congrios y jureles del amasijo de cordeles. A medida que aumenta el calor, llegan los compradores y él levanta los pescados que piden ver, como si fueran suyos, como si él fuera otro más de los pescadores. A eso del mediodía, cuando ya la faena culmina y hasta los pelícanos se alejan de la caleta, regresa a su casa, ubicada en el sector más exclusivo del balneario, donde la vida recién comienza.

★★★

La barracuda

Por esos días, la Revolución vivía su momento más duro. «Comíamos lo que aparecía. En la canasta básica te daban seis libras de arroz por persona. Eso no alcanza para nada. Tres libras de azúcar. Un sobre de café por persona. El aceite aparecía muy de tarde en tarde. Desaparecieron todas las dietas de aves y carneros. El picadillo de res que te metían en la carnicería era extendido con soya, y esto se conseguía rara vez. Todo lo demás había que conseguirlo en negro. No había combustible ni transporte. Te podías acostar a dormir en la calle tranquilamente. Casi nunca había energía eléctrica, y por eso ya no hablábamos de "apagones", sino de "alumbrones". Abundaban los padres de familia que trabajaban por un salario normal y no les alcanzaba para nada. Hambre, hambre, hambre, no, pero con seis libras de arroz y un pancito diario, con eso, si tú tenías un adolescente en la casa y lo veías todo así, el arroz tuyo se lo debías dar a él, hermano, y así comes un poquito menos. Entonces ese padre de familia que no tenía forma de buscarse un extra, iba en bicicleta al trabajo, y hubo mucha gente que se desmayaba en la calle por el esfuerzo físico, a veces sin desayunal. Fue cuando empezó a jodelse este país. Putas ha habido siempre, pero antes eran más reselvadas. Ahí se soltó lo de las *jineteras* y con ellas la policía. Como debían combatir la prostitución, le cayeron encima a las muchachitas y empezó la corrucción. No habiendo un superior de por medio, todo se arregla con unos cuantos pesos cubanos convertibles.[1] En lugar de perseguir la delincuencia, andan jodiendo a las chamacas», me dijo Osvaldo, que en ese tiempo trabajaba de gásfiter, eléctrico y confitero, aunque estudió matemáticas en la Universidad de La Habana.

Eso era lo que acontecía en la ciudad cuando yo, sentado como Hemingway en la parte trasera del lanchón, siento que mi carrete empieza a sonar con fuerza, como un zumbido eléctrico que en lugar de chispas hacía saltar las gotas del nylon mojado que se alejaba de la caña a una velocidad impresionante. Uno de los marineros le gritó al capitán que detuviera los motores y de inmediato la tripulación se agolpó a mi lado. Arimel, que era quien me

---

[1] CUC, moneda de precio equivalente al dólar, que convive con el CUP o peso cubano.

había invitado a sentarme ahí, se encargó de apretar el embriague del carrete y, en primer lugar, llamarme a la calma. «¡Allá viene, chico!», gritó de pronto, y entonces vi saltar a la distancia un pez enorme, el mismo que en esos instantes encorvaba la caña con la fuerza de un cordero. «No te apures», ordenó Arimel, «solo procura que la línea no pierda tensión». Yo recogía en la medida que me lo permitía el animal, el que todavía en la distancia se dejaba ver unas veces a la derecha y otras a la izquierda, como un cuchillo inmenso que al caer parte el agua de golpe, salpicando gotas que parecían de hielo, mientras yo sudaba otras mucho más pequeñas de aceite hirviendo.

Al cabo de una media hora de avances y retrocesos, porque a veces el pez se rendía dejándose arrastrar hasta que recuperaba las fuerzas y volvía el rugido eléctrico del carrete, lo vimos asomar su cara junto al lanchón. «¡Cuidado!», gritó Arimel, «¡es una barracuda grandota!». Los otros dos tripulantes, cuyos nombres no recuerdo, me escoltaron con unos arpones larguísimos, y cuando la tuvieron a su alcance le clavaron en la boca. «¡Esta bestia, chico, muelde fuerte!», dijo Arimel, «¡de manera que se corren todos de aquí!». Ahora la faena quedaba bajo su mando. Le preguntó a sus marineros si ya lo tenían firme, y cuando le contestaron que sí ordenó que lo sacarían jalando al mismo tiempo a la cuenta de tres. El primer impulso permitió subir a la cubierta solo la mitad del cuerpo de la barracuda, lo suficiente para ver sus dientes largos y afilados. Recién cuando estuvo entero arriba y sus captores lo mantenían con la cabeza firme contra el piso, finalmente conseguimos apreciar su tamaño real. Debía medir un metro y medio y pesar, al menos, veinte kilos. Cada tanto golpeaba con su cola la cubierta, provocando estruendos inquietantes. Arimel al ver que el animal se hallaba suficientemente debilitado, siempre sostenido por sus compañeros con la cabeza en el piso, como un delincuente neutralizado por la policía, se le montó encima y golpeó varias veces su cabeza con un fierro que parecía una ganzúa, hasta que el pescado empezó a sangrar por los ojos, y de las grandes sacudidas pasó a los pequeños tiritones de la agonía. Ya muerto, sus labios se recogieron y, es curioso, solo entonces, ya sin fuerzas, expuso de manera plena la ferocidad que escondió en vida. Sus dientes eran largas y filudas puntas de lanza, anchos en la base y finos como una aguja en el punto de la mordida.

Un par de horas más tarde —habíamos zarpado poco después de amanecer—, llegamos a un punto desde el que se podía ver con nitidez la costa norteamericana. Por ese mar en que ahora nos divertíamos, avanzaban remando con las manos balsas llenas de cubanos que intentaban alcanzar esas costas de Florida. Algunos perdían la vida o alguna de sus extremidades en la boca de los escualos que abundan por la zona. Me pregunté si las barracudas también comerían carne humana.

Fue más cerca de la isla que, al aproximarse la hora de almuerzo, Arimel y sus dos compañeros se pusieron mascarillas de buceo y gualetas y, sin advertirnos, se lanzaron al agua. Uno tras otro fueron asomando la cabeza al cabo de un minuto sumergidos, e inmediatamente a continuación de la cabeza, sus manos cargadas de dos langostas cada una, las que lanzaron a la cubierta sin tardanza antes de sumergirse nuevamente para volver con más, y mientras dos de ellos continuaban la cacería, Arimel puso a calentar una olla en la cocina del lanchón y fue sacando las que ya estaban cocidas para que las comiéramos, mientras sus compañeros se hundían y volvían con más. A un cierto punto, Arimel vio que yo intentaba trabajosamente sacar la carne de las patas de una de la langostas y me dijo: «Chico, no pierdas el tiempo; la cola y nada más».

Maryori

Mis tíos y mis primos se fueron, y volví de golpe a ser el mochilero de antes. Conseguí alojamiento en el municipio de Centro Habana, en un departamento ubicado en San Rafael con Espada. Era el segundo piso de una casa que se encontraba partida en dos, pero con los muros tan altos que, en su interior, habían construido un altillo de madera con otro par de habitaciones. Todo el inmueble era austero, aunque las columnas de la fachada aún dejaban ver, si no lujo, un pasado mejor. Por la calle Espada muy rara vez pasaba un auto y los niños jugaban fútbol todo el tiempo. La mayoría de los habitantes en esa zona eran negros o mulatos. La dueña de casa, de tez café y pelo blanco, tenía dos hijas, un hijo y una nieta. La hija mayor, con la piel del mismo café aunque con una melena crespa y viva del color de la paja mojada, tenía dieciocho años y era madre de una hija de dos. Se llamaba Maryori, «justamente porque soy la mayor», me explicó más tarde, mientras caminábamos por el Malecón. Con Maryori salimos a pasear la misma tarde que llegué. Salvo en los hoteles, donde los cubanos no podían entrar, no había bares disponibles. El Coppelia tenía una larga cola de gente esperando para comprarse un helado, y de no ser porque la calle L estaba entremedio, esa fila se habría perdido entre la de quienes esperaban entrar al cine Yara, donde proyectaban la película *El siglo de las luces*, basada en la novela de Carpentier.

La ciudad estaba completamente desabastecida. Las vitrinas de las pocas tiendas que permanecían abiertas se hallaban vacías. En una esquina vimos un puñado de gente con sus platos y ollas en alto, esperando el reparto de «moros y cristianos», como llaman a los frijoles negros con arroz. Nadie parecía trabajar en la ciudad: hombres y mujeres conversaban de pie, desde adentro de las ventanas hacia la calle o apoyados en el umbral de sus casas. Tipos barrigones jugaban dominó con sus poleras colgando de los hombros en mesitas de madera instaladas en las veredas. Ya de noche, próximos a la calle Neptuno, Maryori me dijo: «si queremos tomar algo, yo puedo encontrar celvezas y agualdiente, pero agualdiente hecha en casa, y no te la recomiendo. Esa es metralla. Y el ron de contrabando está carísimo, así que mejor celvezas». Ella tenía un amigo que las vendía. Era ahí mismo. Golpeó la puerta de una casa cualquiera y un anciano flaquísimo pero todavía ágil, que andaba a pies pelados, nos hizo pasar. Caminamos por un oscuro pasillo de baldosas hasta un patio que había al fondo, donde Maryori me presentó a sus amigos. Les dijo que queríamos cervezas y el que parecía ser de la casa me preguntó si tenía pesos o *fulas*. Le contesté que ambas cosas y me dijo que prefería dólares, «para gualdarlos». Salimos de ahí con una caja de cartón con seis cervezas nacionales. Maryori propuso que las lleváramos a su casa, para ponerlas en la nevera, y en lo que tardamos en llegar allá me contó cómo funcionaba el negocio de la venta clandestina de cervezas.

—Resulta —me dijo— que acá si tú te casas te dan una cuota de celveza y comidas para la fiesta, y como andan de mal las cosas son muchos los que prefieren venderlas en lugar de celebralse. O sea, chico, tomaremos unas celvezas matrimoniales.

En ese momento le di el primer beso. Nunca había dado un beso que fuera recibido con tanta liviandad, con la distracción con que se escucha una palabra en medio de un diálogo cualquiera. Busqué seguir adelante por ese camino y ella me respondió afectuosamente, pero sin pasión ni urgencia de su parte. Cuando ya nos habíamos tomado todas las cervezas y fumado entero un paquete de H. Upmann, le dije que estaba cansado.

—¿Y quieres dolmil solo? —me preguntó.

Debe haber sido cerca de la medianoche y fue Maryori la que me tomó de la mano y condujo por la escalera que arrancaba justo al lado de donde dormía su hija, apenas cubierta por unos calzones. La luz del dormitorio de su madre todavía estaba encendida y en la pieza de su hermano, contigua a la mía, sonaba un televisor. Cerró la puerta y se desvistió.

El hambre

Al día siguiente desperté antes que ella y escuché el comienzo de la vida en el hogar. Los llantos de la niña y los reclamos de la hermana menor cuando le encargaron prepararle la leche en polvo para el biberón, los pasos del otro hermano al salir de su pieza, sus gritos para que desocuparan la ducha y el «¡pol favol, no prendan candela, que tenemos visitas!» de la dueña de casa. Recién entonces ella abrió el primer ojo. Estaba completamente desnuda sobre mi cama y lo primero que hizo fue pasarse las manos por el rostro y sacudirse la cabellera. Acto seguido, sin mirarme, preguntó: «¿cómo dolmiste, mi amol?» y sin esperar respuesta se abalanzó sobre mí para morderme la oreja. «Yo dolmí mejol que una muelta», dijo mientras se ponía de pie y dejaba caer su vestido por los brazos levantados como rieles. Abrió la puerta y sin el menor disimulo me invitó a que bajáramos a desayunar. «¿¡Hay café?!», le gritó a quien estuviera para escucharla, y fue su madre la que respondió: «En el telmo».

La mesa estaba servida con un solo puesto. Había pan, dulce de guayaba y frutas, todo preparado para mí. Con la señora Idania —que era como se llamaba la madre de Maryori— habíamos acordado un precio adicional por el desayuno. En cuanto me senté se acercó a preguntar si quería huevos revueltos, y cuando ella desapareció en la cocina para prepararlos, regresó Maryori con su hija en brazos. De su cabeza salían unos pocos pelos con forma de resorte. En lugar de chupete mascaba un pedazo de goma que debe haber pertenecido a algún aparato descompuesto. La criatura me miraba fijamente cuando llegó Idania con los huevos revueltos y con toda naturalidad sentenció: «parece, chico, que a ella también le gustas».

Aunque la invité para que compartiéramos el desayuno, Maryori se limitó a tomar una taza pequeña de café y a comer unas galletas duras que habían quedado abandonadas sobre el arrimo en que estaba el teléfono. Ahí sentados me contó que su padre había muerto combatiendo en Angola y que el padre de la niña —que seguía mordiendo la goma— le había *pegado los tarros* con una prima suya, a la que también había preñado, y ahora estaban viviendo juntos a un par de cuadras. «La veldá, es que mejol así, polque ese descarado no sirve para nada salvo para la *juma*. Si lo llegas a ver sobrio, avísame… lo que es yo, no he tenido el gusto», me dijo.

Durante esos años, debido a la escasez de petróleo, prácticamente desapareció el transporte público. La gente esperaba en las esquinas de las principales arterias —Carlos III, Boyeros, Línea, 23— a que pasara el autobús, que a veces era un camión con banquetas en la parte trasera y otras veces un largo remolque —los «Camellos»— en el que la gente viajaba como ganado. Se formaban grandes aglomeraciones donde los que aguardaban conversaban entre sí, reclamaban, se quejaban de la falta de todo. Que debían usar en el baño el mismo jabón de lavar ropa para las manos, el culo, el pelo y hasta los dientes si se había acabado el bicarbonato, porque la pasta dentífrica había desaparecido de los almacenes. En lugar de desodorante también se usaba el agua con bicarbonato. Las mujeres se arreglaban el pelo con jugo de limón y agua de romero para que no se les muriera. «Como no hay toallas higiénicas —me contó Maryori—, para la menstruación recortamos las sábanas viejas y las doblamos como servilletas, pero lo peor es lavarlas después para reusarlas, porque no te creas que sobran las sábanas viejas». No había papel higiénico y en su lugar se usaban los periódicos, las revistas y los libros. Era imposible encontrar pollo, carne o pescado. Durante el Período Especial era tanta la falta de alimentos que hasta los ratones desaparecieron. A los gatos los pescaban con anzuelos y carnada, y como por lo general se les hallaba en los techos, este oficio fue bautizado como «pesca de altura». Apareció el jamón de perro. Adentro de los departamentos, en las tinas de los baños, la gente criaba animales para comérselos. A la hermana menor de Maryori le habían regalado un pollo meses antes. Le puso nombre y hasta lo sacaba de paseo con un cordel amarrado al cuello. Un día regresó del colegio y lo primero que vio al entrar en la cocina fue a su pollo, que ya tenía una gran cresta sanguinolenta y las plumas de colores, muerto adentro del lavaplatos. «Se puso a gritar como una loca», me contó Maryori, «abrazó al pollo y se lo llevó a su pieza. No sabes lo que costó quitárselo. Desde entonces que no le habla a mi mamá y nos considera a todos criminales».

Durante el Período Especial muchos cubanos sufrieron de neuritis óptica, una enfermedad a la vista producto de la debilidad; otros se enfermaron de «beriberi» por la falta de vitamina B. Como medida de contingencia, el gobierno puso a sus laboratorios a trabajar sustitutos alimenticios. Allí nació la masa cárnica, el picadillo de soya y la pasta de oca, que servían para engañar al estómago. Se instaló la creencia, porque cuesta creerlo, que a falta de queso, derretían condones sobre la masa de las pizzas. Los apagones eran de doce horas diarias. Entonces la desesperación llevó a muchos a lanzarse al mar en balsas improvisadas. En medio de la calle, en todos los barrios, se reunían familias y amigos a construir balsas con lo que tuvieran a mano. Las había de todo tipo y tamaño: con gomas, troncos, sábanas como velas y palas como remos. «La Habana —escribió alguien por ahí— parecía una ciudad de fragatas». Pero echarse al mar y escaparse estaba prohibido, y el día 13 de julio de 1994, según algunos para escarmiento de los que intentaban huir, y según otros por error, un barco oficial embistió a un viejo remolcador con setenta y dos personas adentro que intentaban emigrar, de las que murieron treinta y siete, diez niños entre ellos. El día 5 de agosto de ese mismo año, fueron interceptadas cuatro embarcaciones enviadas desde Miami para rescatar a quienes quisieran irse, y este hecho fue el detonante que faltaba para que la gente saliera a las calles a gritar, a romper vitrinas, a robar comida y ropa. Hubo carros de la policía destruidos a pedradas. Fue la primera vez que se escuchó a alguien en la calle gritar «¡Abajo Fidel!», y fue el mismísimo Fidel quien se encargó de enfrentarlos en pleno Malecón, a la altura del Paseo del Prado. Descendió de un jeep —de los alrededores llegaron defensores del régimen— y adentrándose entre los manifestantes discurseó a capela, los llamó a resistir el Período Especial, a sacar fuerzas de flaqueza para salir adelante, y levantando su brazo como quien le llama la atención a un grupo de niños, les recordó que era la dignidad de la Revolución la que se hallaba en juego: «Les puedo asegurar que la política que ha seguido la Revolución de una manera inflexible es, en todo lo que sea posible, repartir los sacrificios, de modo que no se quede un solo ciudadano sin sustento. ¿Cómo un país capitalista podría hacer eso?», les dijo. Y de pronto, los mismos que minutos antes lo insultaban, empezaron a gritar «¡Viva Fidel!».

Debido a la falta de combustible, el comandante concluyó que Cuba debía entrar en la era del pedaleo y le compró a China setecientas mil bicicletas. «Tenemos diez escuelas tecnológicas armando bicicletas», dijo. «Cualquiera se imagina que armar una bicicleta es fácil y les puedo asegurar que es más fácil armar un reloj suizo que una bicicleta; es algo complicado, cualquiera la ve rodando por ahí… Creo que lleva 347 piezas diferentes, hay que poner rayito por rayito para cada una de las ruedas de la bicicleta, deben tener una tensión igual, porque si no se desbalancea la rueda, y aquellos muchachos tienen que poner las tuerquitas y los tornillitos, apretarlos y aflojarlos para lograr las presiones exactas. Es realmente serio, serio».

El asunto es que dos de esas setecientas mil bicicletas estaban en la casa de Maryori —una la había dejado el padre de su hija— y esa mañana, después de desayunar, salimos en ellas a dar vueltas por La Habana. De no ser por los hoyos que debían sortearse, uno podría haber andado por el medio de la calle sin mayor preocupación, porque automóviles casi no había. En el puerto, mirando al Cristo de Casablanca, se encontraban muchísimos hombres pescando. Unos tiraban nylons delgados con anzuelos pequeños cubiertos por un gusano o migas de pan para atrapar sardinas, y otros enganchaban esas sardinas en sus anzuelos mayores y las lanzaban lo más lejos posible con unas cañas larguísimas. Los de las cañas largas iban tras los meros, los bonitos, los cazones, las sierras, las lisas, los pámpanos y los róbalos, y cuando alguno conseguía coger uno grande, los primeros que llegaban corriendo eran los niños sin camiseta y, detrasito suyo, los compradores que se apuraban en hacer ofertas para cerrar el trato antes de que llegaran otros a subir el precio. Según me explicaron, le vendían el pescado fresco a los hoteles para turistas, porque prácticamente no había cubano que se pudiera permitir eso.

Recorrimos el Malecón hasta el otro lado del río Almendares, y en la playa sucia, donde termina la Primera Avenida y desemboca el río, cerca del teatro Karl Marx, en esa orilla desde la que muy pronto comenzarían a zarpar las balsas mal hechas a Miami, conmigo completamente sudado y con ella lo bastante húmeda como para facilitarle el camino a mis manos, nos tendimos para besarnos en el único rincón sin piedras de la playa. Ahí esperamos el atardecer. Me sentía completamente enamorado de Maryori. A los veinte años esto se consigue fácilmente. Los dos días que llevábamos juntos se habían vuelto en mi cabeza un pedazo de vida, y a mí me costaba creer que al día siguiente partiría para no verla nunca más. A un cierto punto le dije:

—Ándate conmigo.

En esos años una cubana solo podía salir de la isla casada con un extranjero y, de hecho, además de las balsas, era ese el principal instrumento que utilizaban. En Chile yo todavía vivía en la casa de mis padres, acababa de entrar a la carrera de literatura luego de abandonar mis estudios de derecho, y aunque era poco o nada lo que podía ofrecerle, cuando me respondió que se iría encantada, le aseguré:

—En cuanto llegue a mi país, veré cómo podemos hacerlo.

Esa era mi última noche en La Habana y le ofrecí a Maryori hacer lo que ella más quisiera. Me dijo que nunca había ido a la discoteca del Comodoro —que junto con la del Habana Libre eran las que congregaban más turistas y jineteras en la ciudad— donde todo se pagaba en dólares, que para ellos era delito poseer y a la que no podía ingresar si no era con un extranjero. Maryori le pidió prestados a la vecina unos zapatos de taco alto que parecían de juguete, dorados, con tres o cuatro hebillas de las cuales solamente una funcionaba como tal. Se puso una minifalda diminuta y una blusa sin mangas con los tres botones superiores desabrochados. No usaba sostenes. Fue su madre quien le hizo el peinado: recogió su pelo largo, crespo y trigueño en un moño que se empinaba como un ramo y que sumado a los cuatro o cinco centímetros de los tacos la convirtieron en una hembra de gran prestancia. Antes de salir, se lució frente a Idania y sus hermanos como una modelo de pasarela. Su madre la aplaudió, su hermana la miró sonriendo y el hermano se la quedó contemplando sin el menor gesto en la cara, como quien prefiere aparentar que no está viendo lo que ve. Maryori le dio un beso a su hija, que seguía mordiendo el mismo pedazo de goma, y tomó mi mano para salir.

La vereda frente a la entrada del hotel estaba llena de mujeres tanto o más exuberantes que Maryori. Más, en realidad, porque ella no llevaba aros ni collares, mientras aquellas jineteras estaban colmadas de alhajas de bisutería. Noté que mi acompañante se sentía bien al pasar entre las prostitutas que aguardaban ansiosas junto a la puerta de entrada, y su cara pareció encenderse cuando, ya adentro, dejamos la Cuba de las miserias para incorporarnos a ese ambiente fresco, amplio y de olores asépticos tan propio de esos sitios «internacionales».

Cenamos en el comedor del hotel, junto a un ventanal que daba al mar, atendidos por una cubana de uniforme blanco y negro con una corbata humita en el cuello. «¿Van a querer menú o buffet?», nos preguntó, y Maryori esperó que yo respondiera. Era nuestra cena de despedida y no correspondía hacer ahorros ahí, de modo que dije que optaríamos por el buffet. A Maryori se le iluminaron los ojos cuando llegamos con nuestros platos al borde del banquete: fuentes con todo tipo de ensaladas, recipientes metálicos calentados con un mechero en los que había carnes deshilachadas —le llaman «ropa vieja»—, langosta con salsa de tomate, pollo, bistecs, puré, paella, arroces blancos y condimentados con curry o verduras, pastas rellenas, y ya no recuerdo cuántas cosas más. Recargamos nuestros platos una y otra vez, hasta que ya no pudimos seguir. «Mi amol, yo nunca había comido así», me dijo ella, y entre beso y beso le confesé que yo tampoco, aunque claramente no estábamos diciendo lo mismo.

Después entramos a la discoteque y bailamos hasta empaparnos. La única vez que la dejé sola en la barra para ir al baño, al regresar la encontré rodeada de españoles. Ella, lejos de hacerles asco, les sonreía con la boca abierta, y en el minuto justo en que llegué a su lado estaba probándose el reloj de uno de ellos. «Mi novio», fue lo que les dijo entonces. Devolvió el reloj y se despidió de cada español con dos besos.

Se la veía fascinada en ese ambiente oscuro atravesado de luces de colores, donde nada recordaba las carencias del exterior. Deben haber sido las tres o las cuatro de la madrugada cuando le propuse que nos fuéramos. Mi avión despegaba al día siguiente a media mañana, de modo que debía partir temprano al aeropuerto. Regresamos a su casa en un taxi descapotable, uno de los pocos almendrones refaccionados que había por esos días —más tarde se multiplicaron a medida que aumentó el turismo—. A las siete en punto sonó la alarma de mi reloj, un Casio digital de esos que hacían furor por aquellos años. Me duché antes de que despertara y cuando estuve listo le di un abrazo que terminó por despabilarla a medias. En ese estado de duermevelas fue que le dije: «Me voy, pero te volveré a buscar». Ya iba saliendo del dormitorio con la espalda cargada cuando repentinamente se puso de pie, me dio un beso y dijo: «No te olvides de mí». Entonces me saqué el reloj de la pulsera y se lo di. «Para que calcules cuánto tardo en regresar», le dije. Y no creo estar mintiendo si aseguro que al cerrar la puerta la escuché llorar, aunque ahora que conozco mejor a las cubanas, de haber sido así, estoy seguro de que ese llanto duró poco.

Lo cierto es que nunca volví a saber de ella. A los veinte años la memoria es corta y los acontecimientos se suceden con mucha intensidad. Es fácil prometer a esa edad. Lo difícil es cumplir. Fueron años en que me dediqué a recorrer el mundo, y después de cada lugar nuevo, supongo, yo era otro. No sacaba fotografías. Cuando alguien me preguntaba por qué no llevaba una cámara, con esa facilidad para las sentencias que otorga la falta de experiencia, respondía: «si me olvido, vuelvo». No tenía entonces ninguna conciencia de que el tiempo escasea. Me hubiera encantado tener una foto de Maryori, de Idania, de la niña mordiendo la goma, pero principalmente de Maryori. Solo guardo de ella detalles intrascendentes. Recuerdo mejor los zapatos que usó esa noche que su rostro. Si la volviera a ver, difícilmente la reconocería.

«A MÍ LO QUE MÁS ME GUSTA ES BAILAR»

Diecisiete años más tarde, en febrero del año 2009, la presidenta Michelle Bachelet fue invitada a realizar la primera visita de Estado de un mandatario chileno a las tierras de la Revolución desde que lo hiciera Salvador Allende en 1972. Yo estaba pronto a cumplir cuarenta años, había publicado un par de libros y fundado la revista *The Clinic*, donde no hablábamos desde la izquierda clásica y disfrutábamos burlándonos de toda moralina ideológica, cualquiera fuese el lugar de donde viniera. Fue en calidad de tal que la presidenta Bachelet me invitó a formar parte de la comitiva cultural de ese viaje, donde también iban Álvaro Henríquez, Angelito Parra —nieto de Violeta— y Titae Lindl, integrantes del grupo de rock Los Tres, además de los pintores Bororo y Samy Benmayor, todos amigos con los que solíamos beber más de lo recomendable. No viene al caso calcular cuánto ron bebimos desde el minuto en que llegamos hasta el fin de la visita oficial, pero la verdad es que no recuerdo muchos momentos con la boca seca. Cundía entre nosotros una excitación extraña. Cuba provoca eso, la sensación de hallarse en un mundo aparte, donde las leyes habituales se suspenden y todo resulta nuevo. Diría que es una sensación parecida a la de los adolescentes cuando se quedan solos en la casa de los padres y la usan a su amaño, sin obedecer las reglas de respeto que ellos imponen cuando están presentes. Las casas de La Habana, una de las ciudades más hermosas de América Latina, no están habitadas por sus propietarios originales. Tiene algo de ciudad tomada, lo que sumado al sol y a una total ausencia de energías productivas origina una atmósfera extremadamente placentera para quien llega de visita.

Nosotros, para mayor disfrute todavía, alojábamos en el hotel Nacional, donde el aroma de un pasado glamoroso convive a la perfección con el grado de abandono necesario para sentirse libre de toda obligación. De hecho, nuestro rol en la visita no era otro que participar de actividades protocolares y tener encuentros bastante relajados con artistas y creadores cubanos. Los pintores, para ser justo, tuvieron una jornada de trabajo con estudiantes de arte, y Los Tres dieron un concierto en la Fundación Salvador Allende y otro abierto al público el último día. Las reuniones agotadoras le correspondían a la presidenta y a sus ministros y, en menor medida, tanto a los parlamentarios que quisieran explorar relaciones políticas como a los empresarios dispuestos a arriesgar negocios con un país que por décadas se declaró enemigo de ellos. Yo, salvo observar, no era mucho lo que tenía que hacer. La libertad de expresión no estaba entre las cosas que el gobierno cubano quisiera promover.

Para una parte del arco político chileno, de la extrema derecha hasta la Democracia Cristiana, Fidel Castro era simplemente un dictador; no, no simplemente un dictador, sino el peor de todos. En el PPD también le llamaban dictador, y en el Partido Socialista aún no terminaban de ponerse de acuerdo si llamarle dictador o no: aunque primaba por lejos la convicción de que lo era, muy pocos estaban dispuestos a confesarlo en voz alta. Fidel Castro los había recibido con los brazos abiertos cuando escaparon de la dictadura pinochetista. Gran parte de la familia del presidente Allende se radicó aquí. Pero todo esto había sucedido hace muchos años, y ese gran amor del pasado ya no les parecía admirable. Para quienes habían encabezado la lucha por recuperar la democracia, resultaba indefendible un régimen que no creía en ella. Lo pensaban, pero lo callaban. Solo los miembros del Partido Comunista, que no participaba de la coalición de gobierno, continuaban rindiéndole pleitesía a la Revolución, «a los Castro», como dirían sus enemigos.

Es decir, no era una visita fácil. Nosotros mismos habíamos titulado en *The Clinic*, antes de la partida, «Ojo Presidenta: cuidado con el malecón» y, de fondo, una fotografía de Fidel.

Hacía un año que el mayor de los Castro no era presidente, pero su nombre y figura seguían siendo uno con Cuba. El 31 de julio de 2006, cuando ya no pudo seguir al mando del país producto de una diverticulitis que lo tuvo al borde de la muerte, su hermano Raúl lo reemplazó de manera interina, y a fines de febrero de 2008 asumió la presidencia de manera cabal. El protagonista en ausencia de la obra, sin embargo, seguía siendo Fidel Castro. Y si bien nunca lo dijo públicamente, para la presidenta Bachelet —que ahora gobernaba a nombre de una coalición de centroizquierda con su ala izquierda muy domesticada por el capitalismo—, hija de un general allendista asesinado tras el golpe de Estado, exiliada en Alemania Oriental, cercana al Partido Comunista e incluso al Frente Patriótico Manuel Rodríguez luego de volver del exilio, este viaje habría quedado incompleto si el máximo líder de la Revolución en Latinoamérica, por la que habría dado con gusto la vida en su juventud, no la recibía. Para todo político que pasa por la isla, a decir verdad, así en el país de origen se presente como su peor adversario, conocer a Fidel era un sueño. Mucho más para ella, que si no creció con un póster suyo en el dormitorio, guardaba más de alguna fotografía en los cajones.

La ocasión de conocerlo se presentó el día 12 de febrero a eso de la una de la tarde. Bachelet presenciaba un concierto de Isabel Parra en la Fundación Salvador Allende cuando, repentinamente, entra un hombre de guayabera blanca con un audífono en la oreja, se acerca a la primera fila, y no recuerdo si directamente o a través de Fernando Ayala, su jefe de protocolo, le transmitió un mensaje. Ella no tardó un segundo en ponerse de pie y hacerle un gesto de excusas a la cantante, para luego retirarse por el borde derecho del auditorio. El hombre que estaba sentado junto a mí, un miembro de la Sociedad de Artistas y Escritores de Cuba, apenas la vio pasar tan rauda a nuestro lado, me dijo: «de seguro la llama el comandante». La obediencia e informalidad que denotaba el hecho dio lugar a burlas y críticas en Chile. *El Mercurio* tituló: «Bachelet abandona sorpresivamente reunión para cita con Fidel Castro». La nota del matutino especificaba que a continuación había subido sola al auto de Raúl, rompiendo el protocolo que le tenía diseñado su embajador Gabriel Gaspar, más conocido como el «Gato Gaspar».

Ese mismo día por la noche fui invitado a una comida que Max Marambio le ofrecía en su casa a Michelle Bachelet. Max es un empresario chileno, hijo de un diputado socialista, que a mediados de los años sesenta acompañó a su padre en un viaje a la isla, conoció a Fidel, quien lo invitó a quedarse y donde acabó formando parte de las Tropas Especiales, convirtiéndose así en uno de sus hombres más cercanos.

Aquella noche en la casa de Marambio, ubicada en Siboney, era un grupo muy pequeño de chilenos el que estaba invitado. Si la comitiva completa sumaba cerca de cien personas, a esta cena no asistimos más de diez. Además de la presidenta, estaba Alejandro Foxley, su ministro de Relaciones Exteriores, un democratacristiano al que evidentemente le incomodaba participar en esta algarabía «revolucionaria» con la que no sentía ni la menor complicidad, sino más bien una especie de aversión moral. También estaba Rafael Guilisasti, dueño de la viña Concha y Toro y por esos días presidente de la Sofofa, la organización empresarial más poderosa de Chile. Guilisasti, sin embargo, cargaba con una historia atípica: cuando joven se había declarado marxista, militó en el MAPU, fue partidario de la Unidad Popular y asistió a escuelas de formación de cuadros en Moscú. También estaba el senador Carlos Ominami, ex militante del MIR, al igual que el dueño de casa, y su hijastro Marco Enríquez (que acababa de cambiarse el apellido por Enríquez-Ominami), hijo carnal de Miguel Enríquez, el máximo líder del MIR asesinado por los militares el 5 de octubre de 1974. Durante ese viaje, Marco tomó la decisión de ser candidato a la presidencia de la república. El plan terminó de amarrarlo con Max Marambio, quien se convertiría luego en su asesor político más cercano y en el encargado de solucionar los gastos de campaña. A un cierto punto de la cena, Marco confesó esta intención que le daba vueltas, y recuerdo que Michelle Bachelet, que ya se hallaba en el último año de su mandato, le dijo:

—¿Y por qué quieres ser presidente, Marco? Aprovecha tu juventud. Sinceramente, no te lo recomiendo.

No solo ellos estaban en la comida: también se encontraba allí el canciller cubano Felipe Pérez Roque —que pronto caería en desgracia, como casi todos los cercanos a la administración de Fidel, incluido el anfitrión, a medida que Raúl fue afianzando su poder— y el hijo mayor de Fidel Castro, Fidelito, un físico nuclear de aspecto muy parecido a su padre que se cambió de nombre y se puso José Raúl. Fidelito se quitó la vida en febrero de 2018, saltando desde el quinto piso de la clínica de 43, llamada así porque está ubicada en la calle del mismo nombre, donde se atienden los altos mandos de la nomenclatura. De los connacionales presentes, el único que me resultaba cercano era mi amigo Pablo Dittborn, a cuya influencia se debía que yo estuviera en Cuba. Nadie me veía como un miembro de la prensa, y la verdad es que no lo era. El periodismo me resultaba, por entonces, un hijo indigno de la literatura. Para la realidad estaban los postes eléctricos, las rocas, los vertederos. Suscribía por entonces, como Baudelaire, que «la reina de las facultades es la imaginación». Quizás lo siga pensando, pero ya no es con los ojos cerrados que me gusta imaginar.

De pronto comenzó a sonar una banda apostada a pocos pasos nuestros. Tocó sones y canciones de los Vam Vam, y estaba poniéndoles atención con un mojito en la mano cuando la presidenta Bachelet, con quien nunca había conversado antes, me sacó a bailar. Supongo que lo hizo porque era el más joven y menos comprometedor del grupo. No había nadie más que nosotros en la pista y yo no sabía ni qué hacer ni qué decirle —estaba bailando con la presidenta de Chile— cuando ella, como una muchacha cualquiera en una discoteque de provincia, me confidenció:

—Sabes, Pato, a mí lo que más me gusta es bailar.

La quedé mirando sin saber qué responder, con la perplejidad del que ha sido invitado a un diálogo que no le corresponde. Y mientras bajaba la vista sonriendo como un idiota, ella agregó:

—Me olvido de todos los problemas. Y a ti, ¿te gusta bailar?

Le expliqué, tartamudeando, que solo lo hacía cuando ya estaba algo borracho, porque antes me daba vergüenza, y que además lo hacía muy mal. Me dijo que había visto a muchos que bailaban peor que yo y se juraban Fred Astaire, y me recomendó soltar las caderas si quería mejorar. Ella las movía con naturalidad, y también los hombros al ritmo de sus manos empuñadas a la altura de los pechos, como una boxeadora desprovista de toda violencia. Todavía no terminaba el primer tema interpretado por la banda cuando me preguntó si tenía pareja y yo le respondí que hacía exactamente un mes me había separado de mi esposa. Entonces me tomó el brazo con una de sus manos, lo apretó como hacen los médicos —ella lo es— para tomar las pulsaciones, cerró los ojos y me dijo que lo sentía mucho.

—¿Tuvieron hijos? —preguntó.

Cuando le contesté que dos, una niña y un niño, me aconsejó:

—Preocúpate de ellos, el resto se lo lleva el tiempo.

Justo en esos momentos el conjunto tropical terminó de tocar su primer tema, y con ambos todavía solos en medio de la pista, pero ahora sin movernos, me dijo que las relaciones de pareja son un asunto muy difícil, que a ella nunca le había resultado bien, que no había tenido buen ojo, que tal vez le había faltado suerte.

—Manejar un país puede ser más sencillo que sostener una buena pareja —dijo riendo con la boca y con los ojos entristecidos.

Entonces comenzaron a sonar de nuevo los instrumentos y el vocalista del grupo entonó «Guantanamera, guajira guantanamera», ella volvió a empuñar las manos, bajó levemente la cabeza y, cerrando los ojos, se dejó poseer por la música, esta vez sin hablar, olvidándose de todo. Al terminar esa canción, me agradeció el baile, y entendiendo que ahí concluía un capítulo de intimidad, me deseó suerte en secreto:

—Ya aparecerá algo mejor todavía —dijo antes de volver a su puesto en la mesa.

El ambiente estaba extremadamente distendido y a la presidenta se la veía contenta. Narró su encuentro con Fidel, a quien encontró envejecido pero no senil. No recuerdo que haya citado ninguna frase memorable del comandante; sus comentarios más bien rondaron en torno a su estado de salud, menos grave, creí percibir, del que ella sospechaba antes del encuentro. La cita había durado cerca de una hora y media, él le había preguntado detalles de la situación política chilena, que demostró seguir con atención, y se explayó acerca de los desafíos de la región en esos tiempos de complicaciones financieras, porque recién se vivían por acá los efectos de la crisis subprime que había estallado en Europa y los Estados Unidos meses antes. Según contó, Fidel había sido cariñoso y atento.

Pasada la medianoche llegó el mismísimo Pérez Roque con las fotos del encuentro. La presidenta abrió el sobre llena de entusiasmo y muchos de los presentes la rodeamos para verlas. Pidió la opinión de todos, entre risas, para entregar a la prensa esas en que apareciera «más decentita». Contó que Cristina Kirchner se había reunido hacía pocas semanas con Fidel y que, en las fotos que pudo ver, la mandataria argentina lucía «estupenda». Ella no quería ser menos. La presidenta vestía un traje azul de dos piezas, bastante más abrigado y formal que la pollera y la blusa ligera que llevaba ahora en la cena, mientras que Fidel tenía puesto el mismo buzo Adidas blanco con que se le había visto en cada una de sus últimas apariciones.

Los mojitos y los cubalibres —cuando terminamos de comer el cerdo que llegaba trozado desde el quincho, y el arroz congrí, y el boniato y la yuca y las ensaladas— dieron paso al ron Santiago. Fue entonces que Felipito, como todos en Cuba conocen a Pérez Roque, se despidió de la concurrencia. La alegría dicharachera de los chilenos, esa noche, contrastaba con su compostura y discreción. Mientras los chilenos ya se contaban chistes de una mesa a otra, él conversaba entero vestido de blanco con Alejandro Foxley,

que ni ahí ni en ninguna parte se sumaba a las algarabías. Pocos
minutos después se despidió Fidelito, y ya éramos solo compatriotas arrastrados por la fiesta cuando Rafael Guilisasti, al que todos
llamaban «el Pollo», le pidió la guitarra a uno de los músicos y
comenzó a entonar canciones revolucionarias que fueron corea-
das por toda la concurrencia. Cantamos «Aquí se queda la clara» y
«En eso llegó Fidel» de Carlos Puebla, la «Plegaria a un labrador»
de Víctor Jara, «Yo pisaré las calles nuevamente» de Pablo Milanés,
y en una pausa, cuando se discutía con qué canción continuar, la
presidenta Bachelet pidió la guitarra y arrugando la frente para
concentrarse y presionar las cuerdas correctas, comenzó a rasguear
«Ojalá» de Silvio Rodríguez. Los demás guardamos silencio mientras ella intentaba acoplar su voz a las notas como una adolescente
que hace su estreno en torno a una fogata playera, y cuando al
segundo acorde consiguió terminar el primer verso, toda la concurrencia cantó «para que no las puedas convertir en cristal».

A eso de las tres de la mañana, la alegría general se vio inte-
rrumpida por una noticia que corrió de boca en boca al mismo
tiempo que Michelle Bachelet se retiraba en compañía de Fernando Ayala, su jefe de protocolo, y Paula Walker, su encargada
de comunicaciones. Acababan de saber que esa mañana el *Granma*
publicaría una «reflexión» de Fidel Castro en la que promovía que
Chile le diera salida al mar a Bolivia, tema que históricamente
tensiona la relación entre ambos países. En su escrito, Fidel alegó
que hace más de un siglo la «oligarquía» chilena «le arrebató a Bolivia, en la guerra desatada en 1879, la costa marítima que le daba
amplio acceso al Océano Pacífico», lo que implicó para esa nación
«una extraordinaria humillación histórica». Semejante intromisión
en asuntos de política interna de Chile mientras la presidenta se
hallaba como invitada en la isla, a pocas horas de recibirla y foto-
grafiarse sonriendo con ella, y a sabiendas de lo difícil que había
sido para Bachelet defender esta visita de Estado incluso al interior
de su coalición de gobierno, constituía sencillamente un cuchilla-
zo por la espalda.

La fiesta terminó de manera abrupta. En la buceta que nos esperaba afuera para llevarnos de regreso al hotel Nacional, los mismos que antes cantaban y reían a carcajadas ahora rumoreaban en voz baja, cada uno con su vecino de asiento, sumidos en una nube de alcohol, preocupación y furia.

Pocas horas más tarde, antes de las siete de la mañana, la presidenta Bachelet, con una compostura que hacía imposible adivinar el trasnoche, daba una conferencia de prensa. Al salir de la reunión con Fidel, el día antes, había definido su encuentro como «una reunión muy grata, muy importante, de muy alto nivel y un intercambio muy positivo para dar a conocer cómo estamos haciendo las cosas en Chile». Ahora le correspondía pedir explicaciones, y Fidel, tras una conversación privada con Max Marambio a primeras horas de esa mañana, donde este le hizo saber la incomodidad que había causado en la presidenta y en toda la representación chilena, se las dio: «He hablado a título personal», dijo, «no del gobierno de Cuba». Aseguró que había recibido «con todo respeto a la Jefa de Estado chilena» y no había utilizado ni «una palabra que pudiera ofender a la ilustre visitante. Carecería de sentido común». Marambio le había hecho presente, en su calidad de amigo y hombre de confianza, lo que sus palabras significaban en el debate nacional, alterado por el solo hecho de la visita misma, de modo que Fidel agregó: «sé que los oligarcas chilenos se han rasgado las vestiduras con la visita de la presidenta Michelle Bachelet a Cuba», ironizando con el «alboroto oligárquico en relación al encuentro». «No tengo otro compromiso que con la verdad histórica», continuó, esta vez volviendo a la carga y borrando con el codo la armonía que parecía estar reconstruyendo, y recordó los términos fundacionales de Bolivia establecidos por el libertador Simón Bolívar. «Por mi parte», concluyó, «seré siempre fiel al histórico pueblo que sacrificó tantas vidas a partir del 11 de septiembre de 1973, defendiendo las ideas inmortales del presidente Salvador Allende y repudiaré hasta el último aliento de mi vida la política artera de Augusto Pinochet [...] ¿Pueden decir lo mismo la oligarquía chilena y los burócratas que desean limpiarla de toda responsabilidad?».

Ese día, Raúl Castro tenía a la presidenta y toda su comitiva invitada a un almuerzo en el Club Habana, en Miramar. Muchos llegaron con el ánimo encendido y la sensación de que Fidel le había faltado el respeto no solo a Bachelet, sino a toda su delegación. El senador Navarro era uno de los pocos que defendía los dichos del comandante y antes de que cada uno tomara asiento donde el protocolo le indicaba se trenzó en una discusión a gritos conmigo y mis amigos artistas, para quienes no había discurso revolucionario que justificara andar maltratando huéspedes. No le concedíamos, como al parecer él sí, ninguna superioridad moral a Fidel, de manera que su bravuconada nos parecía más el gesto de un reyezuelo arrogante que los dictámenes admirables de un profeta. Cuando llegó el momento de los himnos, nos encargamos de hacerlo saber cantando a todo dar el verso que alguna vez simbolizó en nuestro país el rechazo a la dictadura pinochetista: «¡O el asilo contra la opresión! ¡O el asilo contra la opresión! ¡O el asilo contra la opresión!» Tres veces seguidas, la última de las cuales solo nosotros gritamos desde un rincón, mientras el resto de los comensales, Raúl Castro entre ellos, guardaba silencio. Debe haber sido francamente extraño para los presentes ver a este grupo de enajenados vociferando como una barra brava en una esquina del salón. «¡Viva Chile!», gritó el Samy, poseído de orgullo patrio. «¡Viva!», respondimos Bororo, yo y absolutamente nadie más. En eso, Álvaro Henríquez y Angelito Parra, notando que hacíamos el loco, nos hicieron un gesto desde la terraza para que saliéramos de ahí.

Tuvo que ser Raúl el encargado de pedir disculpas por el arranque de su hermano. Apenas al comenzar su discurso marcó la distancia, para efectos de su audiencia, con Fidel: «No esperen que hable largo. Yo no soy él», dijo causando la risa de todos los presentes. A continuación se refirió a la importancia de esta visita, a los lazos afectivos que unían a Chile con Cuba y no escatimó en alabanzas para la presidenta.

Parte de la delegación que participó de la visita oficial a Cuba. En el centro, la presidenta Michelle Bachelet.

Con Samy y Bororo partimos esa tarde a caminar por la Habana Vieja, pero apenas alcanzamos a adentrarnos por la calle Obispo cuando alguien nos llamó desde el interior de un bar. Al salir ya era de noche, no quedaba ni una gota de política en nuestras cabezas y la ciudad a oscuras estaba llena de sombras que bailaban y ofrecían sexo, música o movilización en triciclos a pedales.

El final de la Historia
(Febrero de 2015)

Ya no era el mismo que en 1992. Entremedio me había casado, había tenido hijos, había escrito libros, había fundado una revista, me había separado y, en cierta medida, había recubierto mis emociones con argumentos. La inteligencia, los logros y los fracasos se habían encargado de poner una distancia entre mi persona y el resto. Disfrutaba más cuestionando discursos redentores que dejándome atrapar por ellos. Toda idea radical pasó de fascinarme a producirme desconfianza. El concepto mismo de revolución de pronto se me volvió de una soberbia indigerible. ¿Cómo era posible que una generación se sintiera repentinamente poseedora de una verdad que no había comprendido la suma de sus antepasados? ¿Con qué derecho un grupo podía atribuirse la potestad de imponer un modo de vida sin antes conquistar la voluntad de esos que lo padecerían? ¿Es que acaso la historia podía interrumpirse y comenzar de nuevo? Me continuaba violentando como antes la arrogancia con la cual una clase social privilegiada se imponía sobre otras, pero también me indignaba la insolencia de aquellos que postulaban la venida de un «Hombre Nuevo». En esa época, por influencia de Nicanor Parra, me adentré en los territorios del Tao, y del encantamiento con las filosofías fuertes me pasé al encantamiento del mundo. «Los sabios perfectos de la antigüedad —decía Lao Tse— eran confusos, como el agua turbia». El curso de los ríos, pensaba entonces, no merece ser torcido; no son ellos, me decía, los que deben aprender de nosotros, sino al revés. Y pensar así es tan anticapitalista como antirrevolucionario. ¿Cómo podía el hombre inventarse de nuevo? ¿No sería mejor idea conocer sus facetas desatendidas? La verdad es que yo estaba muy lejos de ser un monje taoísta. Era simplemente que, a esas alturas de mi vida, la curiosidad pesaba más que la convicción. Es decir, comenzaba a convertirme en periodista.

Llegué a La Habana el 2 de febrero de 2015, un mes y medio después de que Obama y Raúl Castro manifestaran su voluntad de restablecer relaciones diplomáticas.

El 17 de diciembre del año 2014, a mediodía, hora de Washington D.C., Barack Obama se dirigió por televisión al pueblo norteamericano. Muy pocos sabían del anuncio que se traía entre manos. «Los Estados Unidos hoy están cambiando su relación con el pueblo de Cuba», dijo de golpe. «Vamos a ponerle fin al tipo de política que hemos tenido durante estos años», agregó, y tras explicar los pasos a seguir —intercambio de prisioneros, reapertura de sus respectivas embajadas, normalización en el tráfico de personas y el flujo de divisas, colaboración tecnológica, etcétera—, finalizó su discurso asegurando lo siguiente: «Hoy los Estados Unidos optan por librarse de las ataduras del pasado a fin de lograr un futuro mejor para el pueblo cubano, para el pueblo de los Estados Unidos, para todo nuestro hemisferio y para el mundo».

Paralelamente, desde La Habana, el general del Ejército y presidente de los Consejos de Estado y de Ministros, Raúl Castro, se dirigía a los cubanos para informarles que había acordado con el presidente Obama el restablecimiento de las relaciones diplomáticas con los Estados Unidos. «Esto no quiere decir que lo principal se haya resuelto», advirtió, porque aún seguían en pie el bloqueo económico y la base militar de Guantánamo, entre otras agresiones propias de los países en guerra. Pero antes de terminar, dijo: «Debemos aprender el arte de convivir, de forma civilizada, con nuestras diferencias. Sobre estos importantes temas volveremos a hablar más adelante. Muchas gracias».

Hasta meses antes, cuando ambos mandatarios se encontraron en Sudáfrica para el entierro de Nelson Mandela —donde fueron noticia por saludarse dándose la mano—, solo una vez un presidente de los Estados Unidos se había visto la cara con un Castro. El primero y último que estuvo con Fidel fue Richard Nixon —por entonces vicepresidente— en 1959. Lo que vino después fue la Guerra Fría. El Che llegó a decir que si para continuar la revolución socialista «es necesario abrazar la nube atómica, la abrazaría». Ronald Reagan bautizó al bloque soviético como «el imperio del mal», y antes de comenzar en 1984 una conferencia de prensa en Washington, mientras probaba los micrófonos, deslizó una broma que hizo temblar al mundo: «Queridos estadounidenses, me complazco en anunciarles que acabo de firmar una orden que deja fuera de la ley para siempre a Rusia; dentro de cinco minutos comenzaremos los bombardeos». Lo cierto es que ganaron los capitalistas y su fe se expandió por el mundo entero, mientras la de los izquierdistas se refugió como el polvo en los pliegues del credo vencedor.

El 17 de diciembre se celebra el día de San Lázaro o Babalú Ayé, el más milagroso de los santos-*orishas* que habitan en esta isla donde la santería africana se infiltró en la imaginería católica y jamás sucumbió al marxismo. En La Habana no podían creerlo. Muchos se abrazaron frente a la televisión. Colapsaron las líneas telefónicas. No pocos recordaron al santo y, en varias de sus iglesias, apenas se supo la noticia y sin que nadie diera la instrucción, los párrocos hicieron sonar las campanas.

Era una guerra que terminaba, familias que volverían a reunirse —solo en Florida, a noventa millas, viven más de un millón doscientos mil cubanos—, un aislamiento que cedía y una época que anunciaba su fin. El imperio renunciaba a infligirle una derrota política a los Castro —en este ámbito Cuba venció— para dejar la subversión en manos del mercado que, como la experiencia indica, corroe convicciones con una eficacia muy difícil de contrarrestar. «Esto no tiene vuelta atrás», fue lo que muchos concluyeron. Yo entre ellos, y en los días sucesivos decidí que quería ser testigo del final de la historia.

Gerardo

Ese 2 de febrero, cuando llegué a La Habana, hacía menos calor que el acostumbrado y el tema del que todos hablaban era el recrudecimiento de la ola de frío que, según los noticieros, debía experimentarse en cualquier momento. Por la televisión advertían que la temperatura descendería hasta los nueve grados, lo que tuvo a muchos saliendo a la calle con abrigos inusuales e injustificados. No hacía ese calor pegajoso que mantiene los cuerpos húmedos y que impide cualquier formalidad en el vestir de los cubanos, habituados a los pantalones cortos, las camisas abiertas y las sandalias plásticas.

«Pero aquí nunca sucede lo que uno espera que ocurra», me dijo Gerardo el mismo día que lo conocí. Yo buscaba un auto para moverme fuera del circuito de los «almendrones» —como llaman acá a los vehículos americanos de los años cincuenta que recogen pasajeros por las grandes avenidas— cada vez que me resultara necesario y Regla, la negra que hacía el aseo en la casa de la señora Ruth, donde arrendé una pieza, me aseguró que lo más conveniente era llegar a un acuerdo con este amigo suyo, que muy luego se convirtió en amigo mío.

—Cualquier cosa que tú necesites, Gerardo te la resuelve —me dijo Regla.

A las ocho de la mañana del día siguiente, Gerardo me esperaba a pasos de la casa de la señora Ruth, en la esquina de 11 y G, hablando por teléfono sentado sobre el capó de su vehículo. Lo que él tenía apoyado en la oreja no era en realidad un teléfono móvil, sino una tableta del porte de un cuaderno, y cuando ya estuve muy cerca suyo y adivinó que yo era a quien esperaba, comenzó a despedirse, primero con palabras tiernas —«sí, mi amol, yo te llamo, te

lo juro»— pero, ya conmigo al alcance de la mano, se largó a hacer
señas de cansancio —«que tengo que coltalte, chica, porque llegó
mi pasajero… Sí, sí, ya te dije que te llamo sin falta, ¡sí, sin falta!…
¡¿Es que cómo quieres que te lo diga?! ¡Yo te llamo! ¡Ya te lo he
dicho mil veces, pol dios santo, yo te llamo!». Al llegar a su lado se
puso a golpear la tableta: «¡aparato de pinga!», gritó mientras se lo
acercaba a sus ojos para comprobar si lo había apagado correcta-
mente. «Tú eres Patricio, ¿veldá?»

Todavía no le explicaba qué quería de él, ni parecía en realidad
importarle, cuando pasó caminando por la vereda una mulata de
muslos gruesos y pantalones de licra rojos que le dibujaban el calzón por delante y por detrás, y sin despegarle la vista del culo me
preguntó si las prefería así o «flacuchas». «¡A mí me gustan exactamente como esta!», dijo, subiendo la voz para que «la hembra»,
como la llamó a continuación, escuchara. Ella sonrió, pero no le
respondió la mirada. «¿Ya probaste una mulatica?» me preguntó. Le
contesté que no en este viaje, y concluyó: «hay tiempo».

Gerardo tenía un Lada blanco y oxidado, en el que solo la
puerta del conductor cerraba con normalidad. Lo usaba como taxi
informal y también para trasladar mercancías de cualquier tipo,
aunque la mayor parte del tiempo le servía para encontrarse con
sus compradores y vendedores de dólares. Se dedicaba, como supe
más tarde, al mercadeo negro de divisas. Sus principales clientes
eran los venezolanos que llegaban, según me dijo, a «raspar cupos»,
una artimaña monetaria que, a pesar de sus esfuerzos por explicarme, no conseguí entender.

—Olvídalo, triquiñuelas capitalistas para sacarle algún prove-
cho extra a los controles socialistas —me tranquilizó.

Gerardo y Regla se convirtieron en mis amigos de la Cuba común y corriente. Con él andaba por las calles y con ella conversaba
a la hora del desayuno o mientras hacía el aseo para la señora Ruth,
su patrona, una comunista que ya bordeaba los ochenta y que
consideraba a Fidel «el hombre más bello del mundo». El mismo
día que llegué, Ruth me dijo que no creyera cualquier cosa que

me contaran, porque había algunos que se aprovechaban de los extranjeros «magnificando problemas inexistentes». Era profesora de historia y hablaba como maestra. Apenas me dejó solo, Regla, que jamás se sacaba el pañuelo de la cabeza, se me acercó para preguntar si quería jugo de fruta bomba, y al notar que la señora Ruth había desaparecido en su dormitorio aclaró que «Ruth no sabe nada, porque jamás sale de la casa; cuando mucho llega a la esquina del parque». Regla no era enemiga del régimen. De hecho, por esos días se hallaba muy agradecida porque la Oficina del Historiador de la Ciudad le estaba reparando su piso en La Habana Vieja, cerca del Museo de las Esencias. Pero aclaraba: «De que falta, falta. Es mucha la escasez». Regla me llevó a una casa donde vendían pescados. Me mostró el cerdo que criaba en el lavadero de su piso. Me acompañó también al mercado de calle 9 y F, donde me presentó a un locatario que solo tenía bananas, cebollas y tomates para vender ese día, y al tipo que cargaba con gas los encendedores o «mecheros» por dos pesos cubanos.

La Habana Vieja / El Malecón

La Habana a la que llegué esta vez no era la misma en la que había estado a comienzos de los noventa. No se trata de que tuviera edificios nuevos, porque la Revolución es muy poco lo que construyó, y por suerte, porque sus escasos aportes arquitectónicos se distinguen claramente del resto por su fealdad o, más precisamente, por su total desprecio hacia cualquier consideración estética. Andarse preocupando de la belleza de una vivienda era un lujo burgués que molestaba al socialismo. Si bien el casco antiguo había sido restaurado en parte por el esfuerzo de Eusebio Leal, el historiador de la ciudad, seguían siendo muchas más las construcciones al borde del desplome que las rejuvenecidas. Eusebio, como lo conocen todos, consiguió que La Habana fuera declarada Patrimonio de la Humanidad el año 1982, y que Fidel le delegara la explotación de hoteles, restaurantes y otros negocios turísticos en el casco histórico con el fin de destinar sus utilidades a la recuperación patrimonial. Así fue como este cristiano, autodidacta —«nací en una cuna de pobreza y apenas pude concluir la educación primaria»—, conocido por sus capacidades oratorias y amatorias —«Eusebio es de *picha alegre*», me dijo Regla— se convirtió en el hada madrina de La Habana Vieja, por la que suele vérsele pasear recorriendo los trabajos de restauración y decidiendo nuevas mejoras que emprender. Por esos días su varita había tocado el palacio del siglo XVIII donde Regla tenía su departamento, ubicado en la esquina de las calles Lamparilla y Mercaderes. El edificio en cuestión estaba al borde del derrumbe, «pero ahora nos dicen que se convertirá en una joya», aseguraba ella.

Los primeros sitios a los que me llevó Gerardo no fueron precisamente las bellezas de la ciudad. Nos dirigimos a la oficina de la Empresa de Telecomunicaciones de Cuba (ETECSA), donde compré un teléfono móvil para estar comunicado al interior de la isla. Luego me llevó a la casa de cambio estatal (CADECA) ubicada en Línea y desde ahí a las Galerías Paseo, donde hay una tienda de electrodomésticos con no más de cinco productos distintos a la venta y un supermercado donde uno compra, como suele suceder en Cuba, lo que se encuentra y no lo que se quiere. Me mostró también dónde encontrar huevos y una pollería frente al teatro Raquel Revueltas, en la que vendían pollos asados y hamburguesas que se volvieron la base cárnica de mi alimentación.

Salí a caminar por el Malecón. Eran casi las nueve de la noche y entre los grupos de jóvenes que tomaban cerveza o ron apoyados en el muro que separa la vereda de las rocas, mientras caminaba, escuché a una decena de mulatas —vestidas todas de idéntica forma— proponerme seguir paseando juntos o directamente irnos a un sitio en que pudiéramos estar solos. Todo esto sucedía en un ambiente apacible, sin rastros de turbiedad. Las familias con hijos se entremezclaban con las jineteras, y a veces las que ofrecían sexo salían de los mismos grupos de amigos donde parejas de cubanos se toqueteaban con descaro.

Apenas pasaban autos por el Malecón. En la puerta del hotel Cohiba había un par de Oldsmobile descapotables y recién pintados con colores fuertes para sacar de paseo a los turistas, así como una hilera de mototaxis amarillos, con forma de huevo, incorporados recientemente al transporte público. Estos últimos pertenecen al Estado, mientras que los vehículos descascarados, es decir, todo el resto, son susceptibles de convertirse en taxis espontáneos si acaso sus choferes quieren hacerse unos pesos o van camino a ninguna parte y sin apuro.

Esa Habana Vieja con la que me encontré veinticuatro años después de mi primer viaje, me cautivó enseguida. No tardé en comprobar que se vivía un clima de esperanzas. Quizás sea mucho llamarle así, pero las últimas noticias, las mismas que me habían llevado allí, aportaron una ilusión de cambio, de movimiento en el *statu quo*, una ruptura en esa depresión muy bien disimulada que experimentan los cubanos al allanarse a la idea de que sus vidas no están en sus manos.

El barrio al que llegué, y que adopté como propio, fue esa parte de El Vedado que bordea el parque Presidentes, entre las avenidas 23 y el Malecón. Es una zona residencial de casas señoriales, con árboles inmensos y enredaderas que trepan por los muros, aunque desde la avenida Línea hasta el mar las construcciones son más sencillas. Por las noches de fin de semana, el parque Presidentes se llena de adolescentes que conversan y se besan hasta la madrugada, algunos en torno a las estatuas apenas iluminadas y otros en los bancos oscuros. Es uno de los buenos barrios de la ciudad, pero no exclusivo. Las casas con jardín están en Miramar. Aquí conviven, en un mismo edificio, departamentos sobriamente bien tenidos con otros muy venidos a menos. En los alrededores se han abierto algunos buenos restoranes, pero todavía en la avenida Línea venden panes con minuta —sándwich de pescado frito— que son cocinados ahí mismo y que la gente come mientras espera la guagua. Muy pocos de sus habitantes tienen automóvil.

La terraza del hotel Presidente, que queda al final del parque, casi llegando al Malecón, se convirtió en mi oficina. Todavía algunos se refieren a ese hotel como «el hotel de los chilenos», porque ahí alojaron los exiliados de la dictadura pinochetista. Al menos una hora diaria pasaba allí, principalmente para conectarme a internet. Si era en la mañana pedía un café, y si llegaba por la tarde tomaba un mojito. A veces llevaba un libro, pero me distraían las conversaciones que las cubanas, conectadas al wifi del hotel desde la vereda, mantenían con sus parientes o amores extranjeros. Muchas de estas se daban a gritos y eran frecuentes las escenas de llanto, en especial cuando se trataba de madres sabiendo de sus hijos. Los hombres disimulaban sus emociones susurrando con la cabeza apoyada al muro, pero ellas hablaban fuerte, como si estuvieran solas, sin el menor recato.

El Vedado queda entre el centro y Miramar. Hacia el centro aumenta la densidad humana, los conventillos, los departamentos subdivididos y la población de color, mientras hacia Miramar van desapareciendo los negros, disminuyendo tanto el ruido como el gentío.

La casa de Belkis

En la calle 2 número 607, entre las avenidas 25 y 27, se encuentra la casa de la señora Belkis. Es una casa de anticuario, aunque sería más preciso decir que es una casa-bodega, repleta de cosas que la gente le deja por necesidad o porque se larga de La Habana. «Esto es lo que el viento nos dejó», me dijo Wendy Guerra el día que nos llevó a mí y a mi amigo Jon Lee hasta allí junto a Ernán López-Nussa, su marido. Muchos la conocen como «Belkis 5 CUC», porque es lo que paga de manera casi indistinta por cualquier objeto que llegan a ofrecerle.

Cuesta caminar a través de esa casa bazar, donde absolutamente todo está a la venta. El hall de entrada apenas deja espacio entre las mesas repletas de ceniceros, encendedores — les dicen «fosforeras»—, botellas viejas, jarrones, prendedores y objetos de decoración. En lo que alguna vez debe haber sido el comedor, están las

En el número 607 de la calle 2 se
encuentra la casa de Belkis.

copas y los platos, cientos o miles de ellos, mayoritariamente de los
años cincuenta, cuando el desarrollo material se detuvo y las cosas
comenzaron a envejecer.

El muro de la escalera que sube a los dormitorios está forrado
de pequeños cuadritos con fotos o pinturas de forma oval, imágenes afrancesadas, ninguna más grande que un libro de bolsillo
y enmarcadas con paspartú de terciopelo. Todos los retratados son
nobles europeos, o eso parece, como la procedencia de gran parte
de los objetos que repletan la casa. Testimonios de un tiempo en
que el refinamiento y la historia del arte copaban el espacio vi-
tal de la burguesía. La Revolución quiso comenzar el mundo de
nuevo. El pasado fue a parar a una bodega, y sus cosas quedaron
rondando en esa historia que volvía a empezar escondiendo el lujo
en la utilidad. Dejó de importar la belleza de la fosforera, que nunca más se iluminó a sí misma. El hombre debía excluir cualquier
signo que lo distinguiera, salvo que se tratara de un valor socialista,
donde no era ese hombre lo que importaba, sino su aporte a la
causa revolucionaria.

Dependiendo de cómo se narre este cuento, puede ser de hadas o de terror. El asunto es que en la casa de Belkis, todos esos objetos llegaban como los huérfanos a un orfanato que les devolvía la dignidad. Esa no era, sin embargo, la intención de Belkis —ella solo había encontrado un modo de ganarse unos «pesos convertibles» en este renacer del capitalismo que comenzó cuando Raúl autorizó los pequeños negocios privados bajo el rótulo de «cuentapropistas», para así evitar hablar de libremercado—, pero sin quererlo, lo conseguía porque, al poco andar, lo que debía ser un almacén de utensilios abandonados se convertía en joyería. Alejados de la vida práctica, esos restos aumentaban su valor.

En los dormitorios del segundo piso —donde es evidente que la vida continúa, porque las camas están hechas, hay tazas con restos de café en los veladores y televisores encendidos entre las cosas a la venta—, pueden encontrarse canastos con decenas de bastones, repisas con bustos de mármol o alabastro, espejos, cruces y vírgenes de todos los tamaños, cofres y habaneros, y pisapapeles de vidrio, de esos que guardan en sus aires petrificados desde figuras indescriptibles hasta plumas y ciudades en las que habitantes microscópicos repiten una y otra vez la misma rutina capitalista prohibida fuera del cristal.

La casa de Belkis podría ser considerada un museo si acaso la vida no continuara transcurriendo allí sin prestarle mayor atención a los restos de ese tiempo despreciado: un perro con cola de chancho ladra ininterrumpidamente, jóvenes matrimonios cubanos y algún extranjero bien informado recorren las piezas de esa casa, mientras sale del baño una mulata en bata, con el pelo envuelto en una toalla, que saluda a los presentes sin apuro.

Media hora después de llegar, Wendy, Ernán y Jon abandonaron la casa. Yo me quedé mirando unas pinturas de Rancaño en el dormitorio principal del segundo piso, donde la cama matrimonial era un catre de perillas doradas y respaldo de fierro labrado con un gran sol de bronce en el centro. Su dueño original debe haber partido con esa segunda hornada de exiliados: los que no se fueron con la llegada de los barbudos, sino una década más tarde, huyendo del proceso de sovietización. Bajo el velador descansaba una ruma de libros, los menos con empastes de cuero roto, y el resto, ediciones revolucionarias. Me llevé *Aura* de Carlos Fuentes en una edición de Casa de las Américas, *Pasajes de la Guerra Revolucionaria* de Ernesto «Che» Guevara y *Fortalezas de La Habana Colonial* de Renée Méndez Capote. Esa noche leí *Aura*, donde el narrador se refiere a sí mismo en segunda persona: «Sabes, al cerrar de nuevo el folio, que por eso vive Aura en esta casa: para perpetuar la ilusión de juventud y belleza de la pobre anciana enloquecida».

Supermán

Entre 1959 y 1961, se fueron todos los ricos de la isla. El aparato productivo pasó de lleno a manos del Estado. Los más lujosos clubes de la burguesía, como el Country Club o el Yatch Club, devinieron universidades o quintas de recreo. Las grandes casas de Miramar o de El Vedado todavía tenían las colas de los puros que sus antiguos dueños habían dejado en los ceniceros al partir cuando llegaron los nuevos residentes. Miles de personas pasaron de habitar en sus bohíos del campo a vivir en casonas bien alhajadas. Algunos necesitaron viajar menos y se trasladaron desde los dormitorios de servicio a las recámaras principales. Durante los primeros meses de la Revolución, ese pueblo redimido vivió en un escenario señorial ajeno a sus costumbres, hasta que a punta de cotidianidades y descuidos, lo hizo suyo, empobreciéndolo.

Para entonces, La Habana y Buenos Aires eran las capitales más desarrolladas de Hispanoamérica. En La Habana cundían los autos del año y la mafia norteamericana vivía su máximo esplendor. Acababan de inaugurar el hotel Riviera, el Hilton y el Capri, todos con sendos casinos, mujeres y drogas a disposición. Había espectáculos para todos los gustos. Casa Marina, según *Stag*, una revista para hombres que se publicaba en los Estados Unidos, era una de las casas de putas más lujosas del hemisferio occidental: «Cortinas suntuosas y muebles de época adornan sus salones. Criados con chaquetas blancas sirven refrescos a los visitantes sin cobrarles nada y se niegan cortésmente a aceptar propinas. El servicio supremo que ofrece Marina raramente se encuentra en Cuba y en ninguna otra parte: dos enfermeras diplomadas están de guardia de sol a sol en una "clínica" limpísima y velan por la salud tanto de los clientes como de las empleadas». En el barrio de Colón estaban las prostitutas que llamaban a los clientes desde las puertas de sus chalets ubicados en las calles Trocadero, Ánimas y Virtudes. Los clientes de esa zona eran principalmente marinos, pendencieros y marginales. El Mambo quedaba a pasos del aeropuerto, y tenía como objetivo atender a los turistas que al aterrizar no estaban dispuestos a esperar llegar a la ciudad para satisfacer sus ansias. Tenía una puerta giratoria a la entrada y era posible acostarse con una virgen por un precio fijo de cien dólares. En una casa situada en Playa, uno de los mejores barrios de La Habana, una mujer de tetas enormes se subía al escenario con un tipo al que llamaban El Toro o Supermán. Ahí se quitaban las túnicas y él exhibía su verga de treinta y cinco centímetros antes de incrustarla en Kirenia, la tetona, frente a un auditorio lleno de gente transpirada. El show consistía en que ambos copulaban recurriendo a todas las posturas conocidas por la especie humana.

Santo Trafficante, uno de los más insignes mafiosos de Cuba, notó que su invitado Frank Ragano se hallaba estupefacto tras presenciar la performance de Supermán, y le dijo: «Frank, tienes que recordar que aquí hay algo para todo el mundo. Si quieres ópera, tienen ópera. Si quieres béisbol, tienen béisbol. Si quieres bailes de salón, tienen bailes de salón. Y si quieres espectáculos de sexo, tienen espectáculos de sexo en vivo. Eso es lo que hace que este lugar sea tan maravilloso», como consigna Thomas J. English en *Nocturno de La Habana*.

Pero no todo era lujo, fiesta y libertinaje.

El 16 de octubre de 1953, tras ser detenido luego de fracasar en su intento por tomar el cuartel Moncada, en Santiago de Cuba,

Fidel Castro, por entonces recién licenciado en Derecho, asumió su propia defensa en el juicio que terminaría condenándolo a quince años de prisión en la Isla de Pinos. Tal condena no llegó a cumplirse, porque dos años después fue indultado por Fulgencio Batista gracias a los buenos oficios de algunos influyentes familiares de Mirta Díaz-Balart, su esposa. En su «discurso de autodefensa», que más tarde sería publicado como manifiesto del Movimiento 26 de Julio, Fidel Castro describió con estas palabras la situación que vivía un gran número de sus compatriotas:

> «Hay en Cuba doscientos mil bohíos y chozas; cuatrocientas mil familias del campo y de la ciudad viven hacinadas en barracones, cuarterías y solares sin las más elementales condiciones de higiene y salud; dos millones doscientas mil personas de nuestra población urbana pagan alquileres que absorben entre un quinto y un tercio de sus ingresos; y dos millones ochocientas mil de nuestra población rural y suburbana carecen de luz eléctrica. [...] El noventa por ciento de los niños del campo está devorado por parásitos que se les filtran desde la tierra por las uñas de los pies descalzos. [...] Lo inconcebible es que haya hombres que se acuesten con hambre mientras quede una pulgada de tierra sin sembrar; lo inconcebible es que haya niños que mueran sin asistencia médica, lo inconcebible es que el treinta por ciento de nuestros campesinos no sepan firmar, y el noventa y nueve por ciento no sepa de la historia de Cuba; lo inconcebible es que la mayoría de las familias de nuestros campos estén viviendo en peores condiciones que los indios que encontró Colón al descubrir la tierra más hermosa que ojos humanos vieron».

El desembarco

Luego de ser liberado, Fidel partió a México, donde pronto comenzó a diseñar un plan para desembarcar en Cuba, destronar al dictador y tomar el poder. Se reunió en Texas con el ex presidente derrocado por Batista, Carlos Prío Socarrás, miembro del Partido Revolucionario Cubano Auténtico y antiguo enemigo suyo, con el fin de generar una alianza y obtener los fondos necesarios para llevar a cabo esta travesía. Sin embargo, según Yuri Paporov —funcionario de la KGB—, dichos fondos no salieron de los bolsillos de Prío, sino de la CIA. Tad Szulc, en *Fidel. Un retrato crítico*, ratifica esta tesis.

Con el dinero recaudado, Fidel compró el Granma, un yate a motor de trece metros y en muy mal estado, que reparó cuanto pudo con la ayuda de sus propios hombres, que de astilleros sabían tanto o menos que de navegación.

El Granma salió de Tuxpán —localidad perteneciente al municipio de Veracruz— la noche del 24 al 25 de noviembre de 1956, con ochenta y dos guerrilleros apiñados a bordo. Llevaban dos cañones antitanques, treinta y cinco rifles con miras telescópicas, cincuenta y cinco rifles Mendoza, tres ametralladoras Thomson y cuarenta pistolas. El viaje fue pesadillezco. Las aguas del golfo de México estaban agitadas esa semana y cuando los milicianos, producto del mareo, no alcanzaban a vomitar fuera de borda, lo hacían unos sobre otros generando una cadena interminable de náuseas.

Tardaron en llegar a la isla dos días más de lo previsto, lo que generó una descoordinación de consecuencias fatales con las fuerzas de Frank País, el joven de veinticuatro años al mando del alzamiento santiaguero que los esperaba en tierra apoyado por veteranos del fallido asalto al cuartel Moncada —ocurrido en 1953— como Haydée Santamaría y Lester Rodríguez. La rebelión en curso había logrado atraer a los jóvenes de clase media de Santiago de Cuba e incluso a una buena cantidad de muchachas como Vilma Espín, hija del abogado de Bacardí, una de las industrias más importantes de la ciudad. Vilma recién regresaba de estudiar ingeniería en los Estados Unidos, y justo antes de llegar se había reunido con Castro en México, de modo que jugó el rol de mensajera entre él y los jefes provinciales del movimiento 26 de Julio.

El Granma llegó el 2 de diciembre, retrasado por las condiciones climáticas y porque mientras los hombres aguzaban la vista en busca del faro de Cabo Cruz, el teniente Roque, a cargo de la conducción del yate, cayó por la borda y perdieron un tiempo valioso en rescatarlo. En lugar de varar en Niquero, un sitio apropiado para el desembarco donde los esperaban fuerzas aliadas, debieron hacerlo en Playa de los Colorados, una costa repleta de algas y cangrejos diminutos que se colaron en sus botas hasta herirles los pies. Ahí encalló el Granma. Ni siquiera pudieron desembarcar todas las armas y municiones. Avanzaron hambrientos y confundidos por entre los cañaverales de la Central Niquero, propiedad del azucarero Julio Lobo, y la desesperación los llevó a chupar cañas para saciar la sed, aumentándola, y dejando un rastro evidente de varillas aplastadas a su paso. «Quedamos en tierra firme, a la deriva, dando traspiés, constituyendo un ejército de sombras, de fantasmas, que caminaban como siguiendo el impulso de un oscuro mecanismo síquico», escribió el Che Guevara.

A las cuatro y media de la tarde del día 5, mientras descansaban tendidos en medio del cañaveral, los atacó el Ejército. Rápidamente la plantación ardió en llamas con ellos dentro. Varios se rindieron y fueron fusilados de inmediato. A otros los torturaron y solo conservaron vivos a unos pocos, para juzgarlos más tarde como prueba de su victoria y de sus buenos modales. Se supone que de los ochenta y dos hombres que desembarcaron del Granma, solo veintidós se reunieron en la Sierra. Nunca ha quedado del todo claro cuántos fueron los sobrevivientes, pero los relatos oficiales aseguran que tan solo fueron doce los que pertenecieron al núcleo del Ejército Rebelde. Esta cifra, de evidente simbolismo cristiano, quien primero la echó a correr fue el mismísimo Batista. En su discurso del 8 de enero de 1959, Castro repite este número varias veces. Camilo Cienfuegos, sin embargo, dijo en una entrevista a comienzos de 1959 que «solo quedaron ocho hombres». Ameijeiras, otro de los sobrevivientes, sostuvo que fueron nueve. El Che Guevara en una ocasión habló de diecisiete y a renglón seguido de «una quincena». Según consigna Hugh Thomas, «Faustino Pérez dio a René Ray una lista de dieciséis nombres. La cifra apostólica fue consagrada por el entonces periodista e historiador revolucionario Carlos Franqui en su libro *Los Doce* (Franqui, buen amigo del novelista Guillermo Cabrera Infante, se pasaría más tarde a la oposición, y al igual que el autor de *Tres Tristes Tigres*, partiría al exilio).

Los sobrevivientes del Granma conformaron la base sobre la que fue levantada la Primera Columna del Primer Frente, al mando del comandante Fidel Castro. El 17 de enero de 1957, cuarenta y seis días después del desembarco, consiguieron su primera victoria en el combate de La Plata y luego en los Llanos del Infierno de Palma Mocha, cuando ya eran treinta hombres. A medida que fueron avanzando y sumando milicianos, se originaron las columnas de Camilo y del Che —quien pasó de médico a comandante—, la de Raúl, la de Almeida, y varias otras hacia el este, el noroeste y el centro del país. «Cinco años, cinco meses y cinco días después del 26 de julio de 1953 —números exactos según Fidel—, es el tiempo que pasó desde el ataque al Moncada, incluidos casi dos años de prisión, casi dos años en el exterior preparando el regreso armado, y otros dos años y un mes en la guerra» antes de que Batista abandonara el gobierno y huyera de Cuba dejándola en manos de los revolucionarios.

Ese 1 de enero de 1959, Fidel ordenó a Camilo Cienfuegos y al Che Guevara avanzar en dos columnas hacia La Habana. Al primero le dijo: «Dirígete a Columbia», y al Che: «Dirígete a La Cabaña». En esos dos recintos instalaron los barbudos sus cuarteles generales. Fidel, mientras tanto, bordeó la cordillera de la Sierra Maestra en jeep para entrar por el norte a la ciudad de Santiago. El día 2 salió hacia Bayamo, donde dos mil soldados rebeldes se sumaron a los mil combatientes victoriosos. Tardó ocho días en llegar a la capital, porque en cada pueblo por el que pasaba era recibido como un héroe y en cada una de las capitales provinciales le esperaba un acto de apoyo multitudinario. Se estima que un 95 por ciento de la población cubana celebraba por esos días el triunfo de la Revolución.

Fidel Castro llegó a La Habana el 8 de enero de 1959. Si un mes antes sus fuerzas sumaban aproximadamente tres mil hombres con armas de guerra, para entonces su ejército ya contaba con cuarenta mil efectivos. La guerra la habían ganado tres mil combatientes en menos de dos años, y ahora el país entero se rendía a sus pies.

La huida

La expresión «año nuevo, vida nueva» jamás había sido tan cierto como aquella noche del 1 de enero de 1959. Fue una jornada de demolición. Una muchedumbre de hombres que nunca habían sido invitados a estar ahí sacaron a la calle los tragamonedas del Capri y patearon los pisos de madera donde se encontraban los crupieres. Uno de los rebeldes acribilló las botellas del bar con su ametralladora. Algunos de los que estaban jugando se subieron arriba de las mesas. Se derramó muchísimo champagne. Afuera del hotel Plaza le prendieron fuego a las ruletas y las mesas de bacará. Se escucharon balas durante toda esa noche en el parque Central. Al Sans Souci también le quemaron el mobiliario en plena calle. En el Dauville fueron apedreadas las ventanas. El Sevilla Baltimore fue lisa y llanamente destruido.

A esa hora, Lansky, el capo de la mafia habanera, un hombre sobrio poco dado a la fiesta, estaba en un departamento de El Prado, con su amante cincuenta años menor. Había dejado a su esposa en el Riviera, su recién inaugurado casino, el más moderno y lujoso de todos, con bar, restaurante y cabaret adentro; cada sitio con un ambiente distinto, donde tocaban las mejores bandas del momento entre esculturas de fierro y composiciones de piedra en los muros. Hasta ese lugar llegaron turbas de campesinos y un camión lleno de chanchos que echaron a correr por los salones.

Los cerdos resbalaban por los pasillos de mármol, «aceitados por su propia mierda», según cuenta Thomas J. English.

No pocos huyeron esa misma noche. Hubo mansiones de la Quinta Avenida, la arteria más exclusiva de la ciudad, que quedaron desiertas. Ahí se instalaron colonias de campesinos cumpliendo el nuevo plan de distribución de viviendas, pero al ver que esos habitantes las estaban corroyendo como termitas, al cabo de un año, Fidel los mudó a otros barrios y dispuso que esas joyas arquitectónicas se convirtieran en embajadas.

A comienzos de 1961, ya no había ricos en La Habana.

GRAZIELLA
(Recuerdos de otro tiempo)

—Dame un poco de vino pa' no tomar tú solo —me dijo, y empezó a contar su historia:

Yo nací en diciembre de 1935, y para cuando vino la Revolución tenía veinticuatro años. Estaba casada y mi hijo Mario acababa de cumplir cuatro. (Mario, que una semana atrás celebró sus sesenta, nos mira, a veces atento y otras veces distraído, desde la silla de ruedas en que lo postró un grave accidente automovilístico, hace ya cinco años.)

Nací en La Habana, me crie en El Vedado, en la avenida 26, antes de llegar al río Almendares. Ahí todavía era campo cuando yo me mudé. Llegué con mi abuela, mi tío soltero y otra tía viejísima que lo hacía todo en la casa, porque mi abuela no movía un músculo. En esa casa también vivían el chofer, la lavandera, la cocinera, la criada, la costurera y mi nana personal, que me hablaba en inglés. Siempre fui a colegios ingleses. Mi abuela enviudó muy joven de un señor Ferrer, que era capitancito de Oriente, coronel del Ejército Libertador. Yo iba al colegio Medici, que pertenecía a las Ursulinas Americanas. No vivía con mi madre ni con mi padre porque estaban divorciados, y recién cuando mamá se volvió a casar partí a vivir con ella y Antonio, mi padrastro, en la zona de Kohly, que se halla justo después del río.

Era hija única, nieta única, todo único, y nuestra Habana transcurría desde el Yatch Club al Country Club. A La Habana Vieja íbamos solo para comprar en El Encanto o Woolworth, o para hacer algún trámite oficinesco, porque nadie vivía allá, salvo en una que otra casita de viejos. Nos llevaba el chofer.

Del colegio nosotros partíamos al Club, donde únicamente entraban los socios. Era muy estricto el Yatch Club. No podían ingresar negros ni mulatos. A Batista, por ejemplo, no lo dejaron ser socio. Viajábamos a New York y a Europa todos los años, y los veranos los pasaba con mi padre en Varadero, en una casita que alquilaba en el club Caguama. Ahí estaba la familia de José Meyer, los Lobo. Eran cerca de quince familias que tenían sus casas en Caguama, un reparto cerrado y con una entrada bien custodiada. Teníamos la laguna de un lado y el mar del otro, pero las casas daban al mar. Cuando cumplí los catorce terminaron de construir el hotel Intercontinental en Varadero, y por esos años causaba furor la banda musical Los Chavales de España, aunque también escuchábamos música cubana. En Varadero teníamos unos conjuntos que llamábamos los Tríos Marihuaneros y que, para ser sinceros, eran terriblemente desentonados.

Todos los viernes íbamos a casa de los Meyer, porque ponían cine mientras los mayores partían al hotel nuevo. Un día tía Lilo, la mamá de José Meyer, se enteró de que a Mayito Lobo le habían cancelado el *date* que tenía con Marcia Leiseca, que era una compañera mía de colegio, y le dijo que me invitara a mí. Ese mismo lunes mi papá me dijo: «tú sabes que el padre de Mayito es mi mejor amigo, pero en esa familia son todos tarados, así que te prohíbo que lo vuelvas a ver». Y ya sabes el resultado: me casé con él. Yo todavía no cumplía quince años.

Mi padre se llamaba Jorge Vethar y tenía un barco muy bueno, con dos motores Cadillac de doscientos cincuenta *horse power* cada uno, en el que salíamos a pescar. «Graziella, vamos por los pescados dormilones como nosotros», me decía, y almorzábamos ahí. Sacábamos pargos. Los pescados grandes mi padre los iba a buscar con Hemingway, que era su amigo de borracheras. Tú sabes, esa es la razón por la que muchos son amigos. Yo lo conocí, pero ellos no me hacían caso. Mi padre, de hecho, compró uno de sus barcos pesqueros: el *Sirod*, que Hemingway vendió cuando se separó de su esposa Doris. Sirod es Doris al revés.

Después empezaron las fiestas de quince, que ahí celebraban en grande. Se hacían en los jardines de las casonas y las niñas llegaban con chaperonas. La gente de color por lo general eran sirvientes. En nuestros colegios no había negros ni mulatos. Había algunos dudosos. A esos les preguntábamos, por joder: «Y tu abuela ¿dónde está?»

El coronel Tarafa —por parte de madre yo soy Tarafa, árabe— era azucarero, muy rico. Tenía un caserón enorme entre Paseo y Calle 2, que después se convirtió en el colegio Waldorf y que no tengo idea lo que será hoy. Una ruina, seguramente. Ahí había Bentleys, Rolls Royces, etc. El coronel Tarafa era un magnate. Él hizo los ferrocarriles del norte con una compañía inglesa. Por ese tiempo los Tarafa conocieron en Santa Clara a Óscar Cintas, y al inglés de la compañía, socio de mi abuelo, le impresionó tanto este joven negro que lo mandó a educarse en Inglaterra. Óscar Cintas creció y se enamoró de mi tía Graziella, pero la familia lo prohibió. No lo podían ver. Mezclarse con negros era absolutamente inaceptable. Y mira lo que son las cosas, el tipo terminó siendo embajador en Washington, en Londres, y un maravilloso coleccionista de arte. Óscar Cintas llegó a tener una cuadra entera en El Vedado, la cuadra completa, menos el chalet de unos gallegos que nunca le quisieron vender. Él quería hacer ahí un gran museo con bibliotecas de primeras ediciones, con sus Rembrandt, sus Van Gogh y otras muchas joyas por el estilo. En New York tenía todavía más tesoros guardados, pero como era negro —no retinto, pero oscuro—, le impidieron llevar a cabo el sueño de su vida. Lo vetaron.

Nosotros no éramos los más ricos de Cuba ni nada parecido, aunque éramos *low key*. Mi madre era muy bonita, pero como decía Óscar Cintas, «con espíritu de niñera». Mi padre tenía un ingenio (así llamaban a las haciendas azucareras antes de la Revolución) con su hermano, al que solo fui una vez, porque como me enfermé estando ahí, no quise regresar jamás. Julio, el papá de Mayito, tenía doce ingenios. Yo a veces iba al ingenio de los Tarafa, en Matanzas, el Central Cuba, que era una preciosura. Ese sí tenía una casa extraordinaria, con balcones alrededor y un patio central como de *Las mil y una noches*... Ahí iba con mis primos y todo era muy glamoroso. La Navidad la pasábamos en casa de los Sarrá, que eran muy ricos, quizás los más ricos del país. Yo era muy cercana a los nietos de Carlos Sarrá, y por eso iba. El pino lo traían de Nueva York, o de Maine, o de donde hubiera uno como el del Rockefeller Center. La casa tenía capilla y para los que querían había tres misas del gallo. Solo tomábamos Dom Perignon, whisky y lo que quisieras, pero yo tomaba Dom Perignon en vaso highball con hielo. Había regalos para todo el mundo, comprados por Gran Mamá. Para los hombres corbatas de Hermès y pañuelos para las mujeres. Servían dos buffets. A los viejos les daban *foie gras*, pechugas de pollo, langosta y cosas así. Y en el jardín, arroz con frijoles y el lechón, que era la comida tradicional cubana.

Batista venía a nuestra casa a jugar dominó los domingos. Era un tipo *charming*, normal. Tomaba cerveza, se reía. Una vez pasó frente a mí caminando por la playa de Varadero, yo estaba bajo un quitasol, y me dijo «¡Graziella! Mira cómo tú estás». No me veía desde los doce años y ya tenía dieciocho. Era genial en eso. Parece que la genialidad de los políticos consiste en recordar a la gente. Si te recuerda, ya es chévere.

El año 57 y casi todo el 58 los pasé en Nueva York. Odiaba Cuba. No, no la odiaba. Lo que pasa es que como estaba casada, al igual que la mayoría de mis amigas, hacíamos una vida con los bebés y nos dedicábamos a jugar canasta. Imagínate tú. Yo dije: «si sigo acá, termino siendo un zapallo imbécil y gordo». Y como los Lobo tenían una compañía en los Estados Unidos, Mayito se consiguió un *training* en Merrill Lynch, y esa fue la excusa para huir del aburrimiento. Nosotros ya nos habíamos construido en La Habana una casa, en el Billmore, entre el Yatch Club y el Hemingway, o por ahí. Mucho después fuimos a Cuba con Mario y Jorge (sus hijos), los llevé a ver esa casa y no nos dejaron entrar.

Llamaron a la policía y llegó un capitancito que nos echó poco menos que a patadas.

Cuando los barbones de Castro entraron en La Habana, yo estaba ahí. Mi madre era totalmente contraria a Fidel. Mi familia, en realidad, no era batistiana, pero a mis padres no les gustaba Castro. Mi papá se quejaba de que los cubanos no leían, y por eso, según él, no se dieron cuenta de que estas eran muy malas noticias. «Esto acaba mal», decía. Yo estaba viviendo en New York, encantada de la vida, cuando en diciembre de 1958 nuestras familias nos llaman para advertirnos que las cosas se están poniendo feas y que debiéramos volver a Cuba. De modo que llegamos para *Christmas*. Yo quería dar una fiesta enorme, pero mi madre me dijo que no era el momento. Aquella Navidad no fue nada memorable. El 31 la cosa ya estaba mal. Ese Año Nuevo lo pasamos con un grupo pequeño, muy íntimo, y terminábamos de cenar cuando Papo Batista —el hijo mayor de Fulgencio— llama a uno de los que se hallaba con nosotros y le dice: «ni siquiera vayas para tu casa, ve directo pa' Colombia, que nosotros nos estamos montando en el avión». De inmediato se acabó la fiesta y nos fuimos a dormir.

A mí me atendía una españolita, María Luisa, a la que le tenía estrictamente prohibido despertarme, y a la mañana siguiente, ya serían como la una de la tarde cuando entró a mi cuarto deshaciéndose en excusas: «ay, señora, perdóneme, pero su papá ha llamado diez veces, preguntando si usted sabe…». «Mire», le contesté yo, «dígale a mi papá que hace más de doce horas que sé lo que está pasando, y ahora déjeme dormir». La verdad es que no pude volver a conciliar el sueño y crucé el jardín con una bata, hasta donde estaba Mayito con mi suegra Estela, todos frente a la televisión. Yo les dije: «ojalá me equivoque, pero esos les van a arrancar la cabeza». Y mi suegra me respondió: «si vas a hablar así de Fidel te retiras ahora mismo». Julio Lobo, mi suegro, vivía *montado en la cerca*. Tenía muchos intereses y pensó que Fidel no le iba a hacer nada. El tipo, ya te dije, tenía doce ingenios. Imagínate que mi familia tenía uno y nos alcanzaba para comprar barcos, aviones, etcétera. A los quince años a mí me regalaron un Mercedes desca-potable. (Me muestra fotos de la época.) No eran pocos los ricos de la alta sociedad que veían con buenos ojos a Fidel. En Oriente fueron muchos los hijos de hacendados que partieron a la Sierra. Yo fui siempre anticastrista decidida, pero es verdad que de pronto Fidel se puso de moda. Se suponía que él iba a hacer de Cuba el paraíso terrenal, cuando la verdad es que ya lo era. Quizás no para todos, pero en ninguna parte el paraíso terrenal es para todos. Ha-bía secciones en La Habana que eran pobres, pero no eran pobres de solemnidad. En el Tinguaro, que era el ingenio predilecto de mi suegro, los campesinos vivían en casas humildes, bohíos, pero con agua y todo. No vivían peor que ningún pobre latinoamericano de hoy. Mi peluquera tenía dos sirvientas, y no era la mejor peluquera de La Habana.

Bueno, en febrero comenzó la Reforma Agraria, pero de eso te puedo contar poco, porque no me interesó para nada. Julio Lobo tuvo una reunión con el Che en un banco, y entiendo que le ofrecieron ser ministro del azúcar. En agosto del 59 yo estaba con mi padre en Varadero —él era batistiano— y tenía gente en el ingenio peleando contra Castro. Papá casi nunca me dejaba ir en su barco, el *Black Eagle* —que era un barco precioso, un velero de dos mástiles, antiguo—, pero aquella vez me dijo que invitara a mis amigotes para hacer un almuerzo en el mar. En eso estába-mos cuando lo llamaron por radio y le contaron que había sido confiscado su ingenio y que lo estaban buscando. «Empina norte, Gordo», le dijo un amigo. Entonces nos dirigimos a la bahía de La Habana, donde nos hizo bajar a mí y a mis amigos. Su barco tenía bandera americana, de modo que inmediatamente continuó viaje por mar hacia los Estados Unidos. Después nos mandó con mi tío Caco a buscar las armas que tenía en su penthouse, de donde salí con unas maletas llenas de rifles y pistolas. Pasé el mal rato más grande del mundo. Quien debía, en realidad, recuperar las armas, era mi tío, pero él, que tenía cabeza de conejo, estúpidamente me metió en la historia. Las armas terminaron en mi carro, y yo las llevé a nuestra casa en Billmore. Allá quemé los papeles que había y enterré durante la noche las armas en el jardín. Había que hacerlo de manera que el jardinero, al día siguiente, no se diera cuenta, porque entonces ya tenías miedo de todos. A principios de diciembre del 59 yo me fui definitivamente a Nueva York. (Le pide a Monchi, su actual marido, que busque el álbum de su boda, no la con él, sino con el otro —Mayito—, ese que no se puede nombrar. Monchi responde: «Eso yo no sé dónde está». Y Graziella, con una voz tanto o más ronca que la de él, dictamina: «Sí sabes».)

Nuestra casa quedó intacta, con todos los muebles, y un par de meses más tarde mi madre volvió, pero yo solo le pedí que empaquete lo que podía servirnos en el pequeño departamento de Nueva York. El resto quedó ahí, abandonado. Mi padrastro había muerto, mi hermanito ya estaba en los Estados Unidos, mi abuela se había quedado enferma en Cuba y solo más tarde la pudimos sacar. A comienzos de los sesenta ya no queda nadie de mi mundo en La Habana, y pierdo toda conexión con la isla. En Nueva York nunca vi cubanos. Nunca me mezclé con ellos. Me tocó una ciudad divertidísima, glamorosa, de fiesta todas las noches, de ir al club (Le Club) diariamente hasta las cuatro de la mañana. Había baile en los departamentos y unas compañías que te hacían a un lado los muebles, con orquesta y todo. Mayito trabajaba en Olavarría & Company, que era de Julio Lobo. Era un *broker* de azúcar. El azúcar seguía siendo muy cara, aunque no tanto como durante la Segunda Guerra, cuando fue platino. Yo no hacía nada, y de Cuba no me acordé más nunca. (Monchi: «no lo encuentro». «Ay, hombre, es ese blanco de allá arriba», indica Graziella. Luego le habla a Mario, que escucha desde la silla de ruedas: «¿qué año fuimos a Cuba la última vez?» Mario gruñe. «¡Estás sordo!», le grita, *«when we went to Cuba? Fifteen years ago?»*)

La primera vez que regresé, desde el aeropuerto hasta el hotel Habana Libre, ex Hilton, no tardamos nada. Para nosotros ir al aeropuerto era una excursión, en la que por culpa del tráfico tardabas por lo menos cuarenta y cinco minutos. Había muchos más carros antes que ahora. La Habana me pareció más chica de lo que yo la recordaba. Desde el hotel al Yatch Club ahora no tardas nada; antes yo sí me tardaba, y acuérdate que iba en mi Mercedes, y más tarde en mi Porsche. Los manejaba sin carnet, eso sí. La Habana está convertida en una ciudad mínima. Antes de la Revolución tenía mucho más vida. Cuando viajabas de La Habana a Nueva York, no ibas de un lugar pobre a uno rico. Entre las casas ricas había otras más humildes, pero no existía nada en New York que no hubiera en La Habana. Yo fui a un colegio americano, comíamos comida americana, incluso se puso de moda comprar los vegetales congelados que venían de allá. La Habana era en cierto modo parte de los Estados Unidos. La alta sociedad hablaba inglés y los más viejos también francés. La Habana era muy cosmopolita, no se sentía animosidad en ningún momento. En el estacionamiento estaba el negrito, el blanquito o lo que fuera, y te decían «hola, doctor, cómo le va, aquí le tengo listo su sitio», y vengan besos y abrazos.

El papá de una compañera mía era el gerente general del hotel Nacional. Y ahí jugábamos. Los grandes cabarets eran el Montmartre, el Tropicana, el Sans Souci. El Sans Souci era más familiar, el Tropicana más turístico. El prostíbulo más grande era La Casa Marina, en el downtown. Ahí se reunían los hombres después del trabajo. Muchos de ellos tenían queridas, y era sabido. Mi tío abuelo, el coronel Tarafa, tenía una querida de siempre, y lo bendigo, porque la esposa era horrible. Yo le tenía miedo. Él tenía un apartamento todo el año en el Ritz Carlton de Nueva York, y para allá llevaba a su querida. Una vez se fueron a almorzar a un lugar español que no recuerdo cómo se llamaba, y después de comerse una paella volvieron al hotel. Seguramente Tarafa estaba medio borracho y la comida le debió caer muy pesada, porque esa noche murió adentro de ella. Era un hombre grandote, así que no sé cómo se lo habrá quitado de encima. Christian Dior tenía una boutique en El Encanto. Los negros se movían en otro territorio, pero no te creas que lo pasaban mal. Tenían sus propios circuitos. El socio del tío Julio, Jean Lion, se casó con Josephine Baker, que era negra retinta. Y hasta la presentó en sociedad. Al comienzo causó impacto, pero luego no. Se les perdonaba por ser franceses, aunque por lo general no se mezclaban. Es que a los negros tampoco les gustaba mezclarse. Yo tenía a Luisa, que era una cocinera maravillosa, y cada vez que se astillaba alguna de nuestras copas de bacará ella me las pedía, porque tenía quien se las limaba y así después las usaba para sus propias comidas. Y era negra retinta. El cubano es muy arrogante, no les hacía falta mezclarse. Yo tenía también una tía lesbiana: la tía Fifí. Ella hizo una impresionante colección de discos de bembé cubanos. Se especializó en el afrocuban, mitos, santones y ungidos. La Habana era muy liberal. Había mucho marica: anticuarios, pintores… Me acuerdo de Carlitos Mendoza. Se los buscaba cuando faltaba un hombre para una viuda. Nosotros no nos sentíamos latinoamericanos. Yo nunca vine a América Latina. Se iba a Nueva York y a Europa. Mi tía Laura, y Fifí, la lesbiana, tenían departamento en París. Íbamos mucho también a Miami, en avión, porque la compañía Cubana de Aviación era de otro tío mío, el Tony Tarafa, hijo del coronel.

Fue Fidel quien vinculó Cuba con América Latina. Fidel es una persona muy inteligente, de mucho carisma, sin duda. Me hubiera encantado conocerlo. Con lo que ha hecho no estoy de acuerdo. Si eso que me quitas a mí lo vas a dar de verdad a alguien, con rabia lo aceptaría, pero no que el señor Castro se lo meta en el bolsillo. Esos están forrados todos. Sí, sí, sí, ahí existe una corrupción enorme, especialmente con los militares. ¡Por favor! Ahí no hay ángeles. ¡Han quebrado un país que era riquísimo! Cuba era rica.

ESCENAS DEL MILAGRO SOCIALISTA
(Marzo de 2015)

«La China»

> «La revolución es una medicina de caballo; una sociedad se quiebra los huesos a martillazos; demuele sus estructuras; trastorna sus instituciones, transforma el régimen de propiedad y redistribuye sus bienes. [...] El remedio es extremo y con frecuencia hay que imponerlo por la violencia. La exterminación del adversario y de algunos aliados no es inevitable, pero es prudente prepararse para ella.»
>
> JEAN-PAUL SARTRE, *Huracán sobre el Azúcar*

Medio siglo más tarde, en 2006, Fidel Castro, el líder indiscutido de la Revolución, sufrió un ataque de diverticulitis, enfermedad que había heredado de su madre y que también sufrían otros de sus hermanos. Fue justo antes de volar a Argentina, donde participaría en una cumbre energética a realizarse en la ciudad de Córdoba, que sintió mareos y lo diagnosticaron. Desde hacia algunos años que acarreaba malestares intestinales, pero a pesar de las recomendaciones de sus médicos, los ignoró. Ningún humano le puede dar órdenes a un semidiós, y es difícil para un semidiós aceptar que habita un cuerpo humano.

De Córdoba viajó directamente a Santiago de Cuba para celebrar un nuevo aniversario del asalto al cuartel Moncada, el 26 de julio. La diverticulitis consiste en el debilitamiento de las paredes del intestino, lo que va creando ampollas y heridas que finalmente se rompen, hasta llenarlo de rajaduras, y Fidel estaba dando su discurso en el cuartel, hoy convertido en liceo, cuando sus guardaespaldas vieron que le corría sangre por una pierna. No se atrevieron a interrumpirlo mientras hablaba y se limitaron a intercambiar miradas nerviosas al notar que una gota roja comenzaba a bajarle por la bota negra. Tuvo que percatarse él mismo de que estaba filtrando sangre por el ano y concluir su discurso antes de llamar a la escolta para pedirle una muda, porque debía continuar a Holguín. Ni siquiera entonces los militares de su escolta osaron contradecirlo, y fue en pleno vuelo que perdió la conciencia. El avión continuó su viaje a La Habana, adonde el comandante llegó prácticamente desangrado. Los médicos que lo recibieron dictaminaron la necesidad inmediata de una intervención quirúrgica, pero él se negó, arguyendo que sus obligaciones de gobernante se lo impedían. A un semidiós, por lo demás, nadie lo abre así como así, de modo que los especialistas convocados debieron contentarse con un tratamiento superficial, que al cabo de una semana lo sumió en una septicemia que si no lo mató, es porque los semidioses tienen algo de inmortales. Debieron colocarle incluso una bolsa externa para los orines y las fecas. Fue durante esos meses, mientras se encontraba postrado, que se convenció de renunciar a la presidencia.

La enfermedad de Fidel se trató como secreto de Estado durante todo ese período y con el mismo sigilo se la siguió administrando hasta el día de su muerte. Muy ocasionalmente, el enfermo se dejaba ver.

Raúl, mientras tanto, tomó el poder. El año 2009 fueron defenestrados Carlos Lage y Felipe Pérez Roque. Nadie discutía que eran la camada escogida por Fidel para el recambio, hasta que fueron acusados de «actitudes indignas». A Lage lo responsabilizaron de conspirar para asesinar, esgrimiendo como prueba una grabación en la que su hermano médico le pregunta si ya lo nombraron vicepresidente del Consejo de Estado, a lo que Carlos respondió:

«asume el Calvo», como era conocido Machado Ventura. Entonces el doctor comentó: «mierda, y yo que le acabo de poner un marcapasos». «Le debiste instalar pilas gastadas», bromeó Carlos Lage, que, aunque político de oficio, también es médico de profesión.

Según cuentan los que cayeron en desgracia, Raúl privó a Fidel de toda su gente más cercana. Lo rodeó de funcionarios del Partido que eran de su exclusiva confianza, y desde entonces las visitas que pudieron acceder al titán, a la leyenda latinoamericana, fueron tan pocas como lo que quedaba de Fidel en Fidel. Esos que supieron transitar entre ambos mandos con habilidad cortesana aseguran que semejante historia de aislamiento es falsa; simplemente una canallada que echaron a correr los desleales.

«Raúl es un hombre fino, de uñas y bigote bien cuidados», me contó Marco Enríquez-Ominami mientras conversábamos en el living de su casa, junto a un estante donde guarda los libros con el lomo hacia adentro. En Cuba, los héroes de la revolución latinoamericana participan de una jerarquía celeste en la que no es necesario creer, pero a la que se exige respetar. Es de suponer que por eso, y por la influencia que había conseguido en su país, Raúl recibió a Marco en noviembre de 2015, y en su oficina de la Plaza de la Revolución, frente a un mapamundi de madera del tamaño de un rinoceronte, reseñó para él, en cosa de minutos, la historia de la Guerra Fría: Jrushchov, Brezhnev, Andropov, Chernenco y Gorbachov; Truman, Kennedy, Johnson, Kissinger, Ford, Carter; Vietnam, Argelia, Nicaragua, etcétera. Con todos ellos, y en otros muchos sitios del mundo, le había tocado ser algo más que un testigo privilegiado.

Raúl fue uno de los tres comandantes a cargo de las principales columnas que avanzaron desde la Sierra a La Habana. Él fue quien presentó al Che Guevara ante Fidel. Ya era comunista cuando su hermano todavía renegaba de cualquier ideología y buscaba acuerdos con los hacendados. Muertos Camilo Cienfuegos —en un accidente aéreo— y el Che —entregado por los campesinos bolivianos—, su posición de segundo hombre en el poder quedó consolidada. Raúl fue siempre el comandante en jefe del Ejército, el mandamás del Ministerio de las Fuerzas Armadas Revolucionarias (MINFAR), mientras Fidel, el estadista, elaboraba las directrices para un mundo perfecto asesorado por su corte del Ministerio del Interior (MININT). Si Fidel era el frío, el genio distante y desconfiado, de una copa de vino o cognac a lo más, el único cubano que no sabía bailar, Raúl fue el fiestero, el hombre de familia, bueno para el trago y las peleas de gallos —hasta hace poco prohibidas y hoy toleradas—, tan borracho, me cuentan, que Fidel lo mandó a desintoxicarse en un hospicio ruso. El mito de su homosexualidad recorre la isla. Le llaman «la China», y sobran los que insinúan que su gran amor fue el bailarín español Antonio Gades, a quien hizo enterrar en su propio mausoleo... para que ni la muerte los separe.

Fue siempre tan totalizante, tan admirada la imagen de Fidel, que hasta para sus críticos más duros era difícil imaginar Cuba con otro al mando. De manera que cuando asumió Raúl —interinamente el 31 de julio de 2006 y como presidente propiamente tal el 24 de febrero de 2008—, las impresiones oscilaron entre la desilusión, la perplejidad y las sospechas de que había un rostro nuevo para una misma mente detrás. Ya desde aquellos días, el fantasma de la muerte de Fidel comenzó a rondar con más fuerza que la presencia del nuevo gobernante. Fueron varias las ocasiones en que el rumor de su muerte no solo alertó a los cubanos, sino también a las salas de redacción de los principales periódicos del mundo. La última falsa alarma fue producto de una confusión: el domingo 4 de enero de 2015 falleció Fidel Castro Odinga, hijo de Raila Odinga, ex primer ministro de Kenia, que por pura admiración al guerrillero cubano eligió llamar así a su heredero. Su nombre de pila era Fidel Castro, y su apellido, Odinga.

Estábamos cenando en el paladar La Catedral, ubicado en la calle 8 esquina de Calzada, en El Vedado, cuando Leonardo Padura sostuvo que «al parecer, el socialismo es el camino más largo entre el capitalismo y el capitalismo». Lo dijo mientras comentábamos la gran cantidad de restaurantes que últimamente habían aparecido en La Habana, algunos de ellos con chefs sofisticados y con pretensiones de exclusividad. A él mismo, tiempo atrás, el guardia que controlaba la entrada de El Cocinero, uno de los más glamorosos de esta nueva generación de restaurantes, le había impedido el ingreso tras sorprenderlo cambiándose de camisa junto a su automóvil enfrente del lugar, y solo luego de reconocerlo accedió a dejarlo entrar.

Lo de los boliches a los que solo algunos acceden no es nuevo en la capital de la Revolución. Los miembros de la nomenclatura siempre tuvieron los suyos. En La Finca, por ejemplo, Erasmo le preparaba a Fidel guisos con moringa, un vegetal africano al que se le conceden cualidades fantásticas, vitalizantes y energéticas, que fascinaban al comandante. Actualmente, Erasmo atiende en el Mamá Inés, un restaurante en plena Habana Vieja, a pasos del Jardín de Diana, así llamado en honor a Lady Di. Lo novedoso es que ahora se trata de emprendimientos privados, más atentos al poder adquisitivo y a la extracción social sobreviviente tras cincuenta y seis años de socialismo que al puesto ocupado en la jerarquía de gobierno. Sus principales clientes, de hecho, son artistas de éxito, comerciantes que muchas veces actúan a nombre de inversionistas extranjeros, europeos residentes y turistas.

Cuba está viviendo cambios evidentes. Comenzaron, dicen acá, el año 2010, cuando Raúl autorizó la actividad de los «cuentapropistas» —o comerciantes privados— en unas pocas áreas de la economía. A partir de entonces, más de doscientos oficios han sido liberados por el Estado para que los puedan desarrollar los cubanos de manera independiente. Si en 2010 llegó a 156 mil el número de estos «pequeños empresarios», para 2014 ya eran 444 mil entre una población total que bordea los doce millones. Tras el 17 de diciembre, cuando Obama y Raúl anunciaron el restablecimiento de las relaciones diplomáticas, el asunto se aceleró. Son pocos los que

CUBA. VIAJE AL FIN DE LA REVOLUCIÓN

dudan de que se trata de un proceso irreversible. «Esperamos que esta modalidad siga aumentando», dijo el propio Raúl Castro por esos días. Ya no es raro encontrarse con cubanos recién retornados de Miami que mantienen negocios en ambos lados. Si todavía hoy volar a Florida —viaje que dura cuarenta minutos— tiene un costo superior a los cuatrocientos dólares, hay quienes aseguran que dentro de poco existirá un puente aéreo con numerosos vuelos diarios y una baja en los boletos a menos de la mitad.

Es solo en las zonas turísticas donde perviven la Nueva Canción Cubana y los himnos al Che. En los nuevos recintos de moda, dependiendo de su estilo, prima el jazz —de larga tradición en la isla— o las baladas latinas estilo Enrique Iglesias o Álex Ubago.

La Fábrica de Arte, el espacio de actividad cultural más concurrido de La Habana, reúne la obra de artistas visuales, diseñadores, teatreros y músicos de vanguardia, en un laberinto de bares, exposiciones y salas de concierto, más parecido a un lugar de vanguardia berlinés que al Tropicana o a una peña folclórica. El son ha encontrado el modo de mantener sus rincones y estrategias de infiltración. Fue en el Teatro Bertolt Brecht, otro lugar de encuentro rockero, donde Luis Ángel, un negro del color del tabaco mascado, «Tolón» para sus amigos, me dijo: «está muriendo el socialismo». De hecho, es una palabra que ya se escucha poco, y si alguien en la calle la pronuncia, las más de las veces es para conjugarla con una ironía. Arturo, por ejemplo, chofer de taxi, me dijo que si allí seguían circulando los «almendrones», esos carros de los años cincuenta que fascinan a los turistas y desesperan a sus conductores, era porque «el socialismo hace milagros».

—Otro de esos milagros del socialismo —aseguró Arturo— es haber conseguido que un Lada de 1975 cueste hoy quince mil dólares, cuando al poco tiempo de su fabricación se vendían por una quinta parte.

Las consignas que décadas atrás insuflaban la dignidad antiimperialista —«¡Hasta la victoria, siempre!» o «¡Patria o muerte, venceremos!»—, hoy lucen sobre sus carteles descoloridas por el sol del Caribe, y han cedido lugar a la pregunta bastante habitual entre los cubanos de cómo harán para mantener su autonomía en esta nueva etapa de relación pacífica con el imperio norteamericano. En Cuba se puede ser antimarxista, pero jamás antimartiano. Pareciera que la lucha por la independencia aquí nunca hubiera terminado del todo. Por momentos da la impresión de que se tratara de una batalla que los ciudadanos de este país libran al interior de ellos mismos. El discurso latinoamericanista les ha servido a los cubanos también para negar su íntima cercanía con los Estados Unidos. No solo juegan béisbol —«pelota», le llaman ellos—, sino que sus campesinos reciben el nombre de «guajiros», palabra que según Gerardo —que resultó ser una enciclopedia de datos curiosos— proviene de *War Hero*, porque así les llamaron los norteamericanos a quienes colaboraron con ellos en las luchas contra España. Para colmo, el lanchón en que llegó Fidel con los primeros combatientes, cigüeña de la Cuba contemporánea, es el Granma, síntesis cariñosa de *Grandmother*, y como llaman los yanquis coloquialmente a sus abuelas.

Entre los amantes de la ciudad, cunde la inquietud por adónde irá a parar La Habana, quiénes se quedarán con ella cuando el mercado rete a sus actuales moradores, cuando el regreso del afán de ganancia pose sus garras en el Malecón y sus trastiendas, cuando la rentabilidad decida que hay mucha construcción de poca altura en la capital de una isla tan estratégicamente emplazada, por donde todos los aviones pasan y el dinero se huele por su ausencia. Cuba es la maravilla que es y lo inaceptable que es por el mismo motivo: porque ha vivido cercada, como un sueño del que un ogro implacable le impide despertar.

Las tarjetas

Adentro de la oficina de la Empresa de Telecomunicaciones de Cuba (ETECSA) que está en la esquina de las calles 17 y A, y que solo atiende de nueve de la mañana a una de la tarde, el aire acondicionado funciona a todo dar. Un guardia negro y flaco, con gorra azul, se encarga de que los clientes entren de a uno al local. Quienes esperan afuera de sus puertas, si tienen suerte, pueden hacerlo sentados en alguna de las dos bancas de madera que hay a un costado del ingreso, pero casi siempre están ocupadas por mujeres viejas o gordas o enfermas. El resto de los que aguardan su turno —y que nunca son menos de cincuenta— lo hacen apoyados en postes, encuclillados en bordes o estoicamente de pie, en un parquecito sin pasto y con el aspecto gastado de los jardines cedidos a los perros.

La inmensa mayoría de quienes acuden allí lo hacen para arreglar sus teléfonos descompuestos, pedir la activación de líneas móviles o efectuar pagos de facturas. Eso, al menos, entre los que esperan ingresar a la oficina fría, porque otro lote que se confunde con ellos espera ser atendido desde una ventanilla diminuta que da al parquecito descampado. Estos últimos somos los que aspiramos a comprar tarjetas de recarga para celulares o bien tarjetas con minutos para conectarse a wifi en alguno de los puntos que mes a mes se multiplican por la ciudad.

Cada nuevo cliente que llega a la oficina de ETECSA, como se hace siempre en Cuba al llegar a una fila de espera, por lo general dispersa, pregunta: «¿Última persona?», y ese a quien nadie se lo ha preguntado antes levanta el dedo o responde «acá». De este modo el recién incorporado a la vigilia, aunque sepa cuántos lo anteceden —unos están sentados, otros apoyados, otros encuclillados y otros de pie en algún lugar del patio—, tiene claro que su momento llega a continuación de aquel que se autodefinió como último al momento de su arribo. Resulta inimaginable que alguien pretenda colarse y tomar una delantera que no le corresponde. El resto de los aguardantes se encargaría de hacérselo saber. Si alguna cultura se ha desarrollado a la perfección en Cuba, es precisamente esta, la de la espera. Nada sucede enseguida, de manera que así como en el desierto aprenden a vivir con poca agua, en esta isla están obligados a sobrevivir sin prisa. «Paciencia es lo que hay que tener en este mundo», me dijo quien era el último cuando yo llegué. «De nada sirve desesperarse», agregó, cuando al cabo de cuarenta minutos ahí, viendo que cada dos atenciones la señorita cerraba la ventanilla, le pregunté: «Usted, señor, ¿me sabría decir por qué se tardan tanto, si lo único que tienen que hacer es recibir un dinero y entregar una tarjeta?» Supongo que por simple gentileza, al notar que su respuesta anterior no conseguía calmarme, agregó: «Será que deben tomar datos, llevar registros, ya tú sabes».

Cada individuo tiene acceso a comprar un máximo de tres tarjetas para internet. La medida, se supone, tiene por finalidad evitar que los revendedores puedan desarrollar su negocio paralelo. En todo lugar donde hay wifi, existen tipos ofreciendo estas tarjetas de manera ilegal, un 50 por ciento más caras que en sus puntos de venta oficiales. Lo absurdo es que ese negocio se ha desarrollado precisamente a causa de las restricciones horarias de los sitios donde las venden, de las esperas eternas a que obligan y, en último término, por la imposibilidad de acceder a la web con las facilidades que en todo el resto del mundo existen. De hecho, muchas veces son esos revendedores o sus cómplices los que, sin más ocupación que esperar, hacen fila en estos lugares. El asunto es que harto de aguardar, al cabo de una hora y media, desatendiendo los consejos de mi paciente antecesor, abandoné mi puesto en la cola. Al bajar la escalera que separa el parquecito de la calle, un revendedor me dijo: «¿quieres una tarjeta?».

La compré de inmediato.

Jubilados europeos

Las dictaduras, se supone, uniforman porque se basan en el orden, pero en Cuba hace demasiado calor, y el sudor desguañanga, desabotona, desnuda, mantiene el cuerpo despierto y expresivo. Quisieron encerrar la homosexualidad. Lo hicieron al interior de las Unidades Militares de Apoyo a la Producción (UMAP) de Isla de Pinos —hoy Isla de la Juventud—, y en las otras UMAP distribuidas a lo largo del país, que no eran otra cosa que campos de concentración para corregir conductas inadecuadas —también de artistas y religiosos—, pero la homosexualidad brotaba con más o menos fuerza por todos lados, como el marabú. Con frecuencia, al interior de los matrimonios y las parejas heterosexuales. Quizás sea el calor, quizás el África salvaje. Tal vez el hecho de que el catolicismo nunca se impusiera sobre la santería fue lo que evitó que el sexo cayera en el territorio del pecado. Acá es una fuerza que los vincula a todos con una convicción sanguínea, superior a cualquier ideología. La sociedad cubana es un gran cuerpo transpirado. Un cuerpo que baila mientras camina. No se hace el amor como en el resto de los países occidentales, un amor vinculado a ideas y compromisos, sino uno más parecido a la savia de los árboles, que fluye por los troncos y las ramas y de tronco en tronco. Es una lengua que no se habla, un deseo que no se domestica. Cuba ya no es tanto la isla de la Revolución como la isla del sexo. Para las nuevas generaciones, el socialismo es hoy una monserga gastada, un discurso conservador que remite más al espíritu de unos padres castradores que a una promesa de redención, a un estado de escasez y no de justicia. El erotismo, en cambio, se respira fresco por todas partes. Ya en el aeropuerto lo reciben a uno policías veinteañeras con minifaldas grises y medias caladas. A esas medias les llaman «las ecuatorianas». Un amigo me contó que antes de timbrar su pasaporte, el funcionario de la aduana le preguntó: «¿Y usted viene con su esposa?», y cuando él, tras mirarla, le respondió que sí, el hombre agregó: «¿Y tú estás loco, chico? ¡Eso es como venir a un banquete con un sándwich!» Acto seguido, sonriendo, le dijo: «Bienvenido a Cuba». Aquí los cuerpos se desnudan más de lo que se visten. Casi todos los hombres usan sandalias, pantalones cortos, camisas abiertas o nada, como si estuvieran en la playa mientras caminan por el centro de la ciudad, y las mujeres jóvenes se ponen lo justo y necesario para cubrir los secretos. Pero como en Cuba nada se calla del todo, los secretos se filtran entre las prendas como el interior de una vivienda cuando el viento hace flamear sus cortinas. Un amigo francés —que de estos temas sabe— me dijo que nunca ha visto mujeres que se desvistan a la velocidad de las cubanas. «Dar baba», «dar muela», «dar trova», «dar lata» son algunos de los modos despectivos con que se trata al hombre que invierte mucho tiempo en enamorar a una *jeva*, mientras que «echar con charra», «sacar el colt», «echar bala» o «disparar» es lo que hace un cazador efectivo, el que conoce a su presa. Las cubanas no experimentan el pudor, y si en La Habana lo fingen mínimamente, en las provincias brilla por su ausencia. Piropean, acarician, provocan. He escuchado a cubanos decir que sus mujeres son las más putas del mundo, y a sus esposas guardar silencio sin molestarse. Sonreír incluso cuando los escuchan acusarlas de descaradas. Gerardo me dijo un día: «para que te hagas una idea, yo no confío ni en mi madre ni en mi esposa ni en mi hija». Es frecuente que los jóvenes oferten a sus novias y que las madres consientan que sus hijas se prostituyan. El ingreso de divisas por servicios sexuales tiene un peso relevante en la balanza comercial. Es, sin embargo, una prostitución distinta. En su versión actual, se expandió con el Período Especial. Entonces las mujeres no cobraban directamente, sino que se daban por pagadas si comían bien, se divertían y recibían algún regalo de despedida. En una de esas, enamoraban al viajero y se las llevaban lejos de esa miseria. Las muchachas con sus tenidas de noche, que acá no tienen nada que ver con las del día, deambulaban como papagallos a la entrada de las discotecas, con el propósito de que algún visitante las invitara a pasar. Tenían prohibido el ingreso por cuenta propia. Era delito también que tuvieran dólares, cuando solo con esa moneda se podía acceder a bienes tan básicos como el jabón. Con los años, lo que nació como actividad amateur se fue profesionalizando. Durante la década del 2000 la tarifa de una muchacha permaneció en torno a los veinte dólares. Hacia el 2010 subió en promedio a cuarenta, y ahora, en 2015, cuando el mercado recién vuelve a conquistar la isla, ya los precios de las jineteras se liberalizaron, y van desde los cinco CUC de las *chupa-chupa* —que hacen sexo oral en las esquinas de Lugardita——, los veinte de las paseantes del Malecón, a los cien de las comensales del Tocororo o las mucho más esnob del bar Espacio. Todavía, sin embargo, no se estila el cobro por hora. Aquí la prostitución no solo vende sexo, sino también la ilusión de un noviazgo sincero. Es muy frecuente encontrar en las playas a europeos maduros o directamente viejos, saltando las olas abrazados a mulatas veinteañeras o cenando con ellas en alguno de los nuevos paladares de lujo de La Habana. No son pocos los jubilados europeos, principalmente italianos, que atraviesan el océano para engullir cubanitas desprejuiciadas que les devuelven la juventud por unas horas. Los he visto en distintos puntos de la ciudad: ellos con mocasines que usan sin calcetas, pantalones de lino y remeras Armani. De hecho, muchos de estos Nerones son versiones menos estilizadas del mismísimo Armani: gordos, con cabezas mussolinianas que secan como se limpia una ampolleta con un pañuelo perfumado cuando comienzan a sudar. Ocultar el olor a viejo es una de las preocupaciones centrales de estos sibaritas. Ellas, en cambio, huelen aspaventosamente a sí mismas, y la transpiración en vez de rodar como gotas vergonzantes por las quebradas de un cuerpo rugoso, las humectan de manera armoniosa mientras caminan a su lado con esas colas juguetonas, aceitadas por el calor y apenas cubiertas por una pollera liviana o un pantaloncito insignificante que cada tanto liberan de las fauces de sus nalgas con el dedo. Ellos suelen ser blancos y ellas negras o mulatas. Estas parejas disparejas pueden verse a todo lo largo y ancho de la ciudad: en los vestíbulos de los hoteles, en los restaurantes caros que comienzan a proliferar —donde, de encontrarse un negro, es improbable que sea él quien pague la cuenta—, en el Malecón al final de la tarde y, ya de noche, en la Rampa, en los alrededores de La Zorra y el Cuervo, el hotel Nacional, y el bar Rojo del cine Capri, que es posiblemente el prostíbulo más grande del mundo.

Los cazadores más avezados van a escoger sus presas en las Playas del Este, en Santa María, ojalá por la mañana, lo más temprano posible, para tener la primera opción y ofrecerles un mojito, y al poco rato estar de la mano con una muchacha que podría ser su nieta, intentando besar el cuello que ella retira jugando a la timidez o a la cosquilla, pero que después de almorzar un pargo con arroz y yuca y otro mojito, se diluye y da pie a un amor que parece de verdad, con ella acercándose para besarlo y él atravesándole su brazo por la espalda hasta meterle la mano áspera por sus sobacos, y con mucho disimulo, alcanzar el borde inferior de sus «teticas» con la punta de los dedos.

En una de esas playas habaneras conocí a Darlinga y a Esterís, dos hermanas de veintitantos, una de cabellera crespa y voluminosa y la otra de melena corta, ambas mulatas con cuerpos admirables, y en el caso de Darlinga, con unas facciones parecidas a las de la modelo Imán, la viuda de David Bowie, estropeadas por un abundante acné en la mejilla derecha. Yo caminaba por la orilla del mar detrás de ellas, hipnotizado por esos culos que subían y bajaban mientras sus pies se hundían en la arena, cuando le pregunté a Darlinga si se quería casar conmigo. Entonces se volteó y pude ver por primera vez su problema cutáneo.

—No —me dijo—, no me quiero casar; de momento, prefiero el sexo pasajero.

A continuación les pregunté sus nombres, y cuando la mayor me respondió que se llamaba Darlinga intenté retenerla comentando que era nombre de diosa.

—No, para nada, ese nombre lo inventó mi padre, viene de *darling* —respondió.

En menos de lo que canta un gallo se despidieron para adentrarse por la arena seca hasta donde las esperaban sus dos toallas tendidas y un anciano al que horas más tarde, cuando el sol ya se ponía, entre ambas subieron a una silla de ruedas. Dos negros las ayudaron a empujar la silla fuera de la playa. Una vez sentado en la parte delantera del taxi que lo esperaba, el hombre le dio un billete a cada uno y las hermanas subieron a los asientos de atrás. Darlinga, al ver que yo había seguido la maniobra sin despegarle la vista ni un segundo, se despidió tirándome un beso desde la ventana.

Los hombres también se ofertan, tanto heterosexuales como gais, pero es raro encontrar a una anciana nórdica comiendo con un negro fornido en alguno de los restaurantes de moda. Yo vi a una de esas tomando ron con un enorme rastafari en el parque Central, y la pareja me inquietó tanto, que la investigué. Ella tenía alrededor de setenta y cinco años, quizás más, pero como era delgada mantenía esa agilidad entrecortada de las ancianas huesudas. Vestía ropas sueltas, de hippie europea, y lucía una melena de canas rubias hasta el cuello. De pronto el rastafari le dio un beso en la mejilla, y ella le pidió la botella de ron que sostenía en la mano, mirándolo con toda la coquetería que una mujer vivida puede tener a esas alturas. No se trataba de una anciana cándida, si acaso existen ancianas cándidas, sino de una que había viajado mucho, tenido familia, enterrado parientes, amado y olvidado muchas veces, sin rendirse. Así al menos me lo pareció a mí. El negro la sacó a bailar mientras una banda caribeña tocaba junto al monumento a José Martí, y ella lo siguió apoyando las manos en sus hombros anchos antes de mover la cintura con elegancia. El mismo rasta que en un comienzo se le acercó exagerando su simpatía, como un seductor de las cavernas, para la segunda canción ya sonreía con menos aspavientos, y le prestaba una atención más auténtica. Me instalé cerca cuando volvieron a sentarse en el borde de la jardinera y la escuché contarle en español, con acento alemán controladamente borracho, que se estaba quedando en el hotel Inglaterra, ahí frente a sus ojos, junto al Gran Teatro, «donde podríamos ir a tomar un trago, si tú quieres», le dijo. El rasta le chocó la mano con el puño.

—¿Trabajas?

—No —contestó él—. A veces canto y escribo poemas.

Entonces le explicó de qué hablaban sus poemas: de la policía que te vigila todo el tiempo, «de la palabra revolución que acá significa algo distinto de lo que debiera, porque revolución deriva de evolución, y aquí te la meten por el culo unos abuelos».

86

La alemana, que resultó llamarse Edith, asentía con la cabeza. Le preguntó al poeta si sabía que Graham Greene había escrito una novela que transcurría en ese hotel, pero él no conocía a Graham Greene. No leía mucho, se inspiraba en la calle, pero ahora último andaba leyendo la Biblia.

—Usé varias de sus páginas para hacer puros de marihuana, pero por suerte quedaron algunas —dijo riendo y le sacó a ella su primera carcajada.

—Yo he fumado muchísima marihuana en mi vida —confesó Edith, y esta vez fue ella la que levantó el puño, y él se lo acarició antes de golpearlo.

—Acá, Edith, todo eso es complicadísimo. Si te pillan con algo encima te llevan años en canela. Pol lo menos tres. No entiendo qué tienen contra la malihuana, la pelsiguen como si fuera un alma del imperialismo.

Entonces comenzó a sonar un tema que le gustaba al hombrón. La tomó de la mano y la llevó hasta las espaldas de José Martí, donde bailaban el resto de sus amigos rastafaris. Alcanzaron a bailar las últimas dos canciones de la noche en el parque Central. A eso de las diez ya había menos gente en la plaza, y Edith con el mulato continuaron viendo cómo terminaba de vaciarse desde la terraza del hotel Inglaterra. Yo no tenía nada mejor que hacer esa noche, de modo que me senté en la mesa de al lado a tomar un daiquiri y ver cómo seguía la historia, hasta que una hora más tarde se despidieron en el hall de la recepción. Ella lo abrazó como si fuera un novio de juventud con el que se reencuentra al cabo de medio siglo, sin que el tiempo hubiera pasado por él, y besó la comisura de sus labios con el erotismo afectuoso y parco de una planta seca. Pasé junto a ellos camino del ascensor, y las últimas palabras que escuché decir a Edith parecían las de una pitonisa:

—Y no te olvides: aprende inglés.

La embajada norteamericana
(Julio de 2015)

A las doce de la noche del domingo 19 de julio, la avenida 23, también conocida como «La Rampa» en el tramo que va desde el Coppelia al Malecón, estaba llena de jóvenes que deambulaban tomando cerveza en torno a locales donde las vendían sin exigir ingresar y sentarse, porque hacía un calor insoportable. Por lo general, a esa hora, la mayoría de las muchachas que se pasean por ahí son jineteras en busca de turistas, aunque desde hace un par de meses se han sumado a ellas y sus cabrones otros jóvenes que llegan a ocupar esas veredas en busca de conexión a internet. Por dos dólares pueden comprar las tarjetas de ETECSA que ayer solo estaban al alcance de extranjeros y de cubanos privilegiados con acceso a los hoteles de la ciudad. Ellas contienen las claves necesarias para conectarse a la web durante una hora. Los escolares están de vacaciones por estos días, de modo que nada los obliga a madrugar. A ninguno de ellos le preocupaba lo que estaba por ocurrir un poco más allá, donde la Oficina de Intereses Norteamericanos, tras cincuenta y cuatro años de Guerra Fría, volvería a convertirse en la Embajada de los Estados Unidos.

Un minuto pasada la medianoche de ese lunes 20, Cuba restableció sus relaciones con el imperio. El hecho simbólico que consignaría esta nueva etapa entre la pequeña isla de resistencia socialista y el país más poderoso del mundo debía ser el momento en que la bandera norteamericana fuera enarbolada en ese rincón de La Habana. (Cuarenta y seis años antes, en esta misma fecha, el mundo esperaba que Neil Armstrong la clavara en la Luna.) Dos o tres periodistas ya deambulaban esa noche por la esquina de M y 11. Las grandes cadenas noticiosas como Reuters y CNN recién llegaron a eso de las seis de la mañana, con sus antenas parabólicas y equipos de transmisión. Estaba claro que en Washington la ceremonia de izamiento del pabellón cubano se realizaría a eso de las diez, en la misma casa de construcción clásica que un siglo antes el gobierno de Mario García Menocal había levantado como representación diplomática, y que en 1961 había suspendido tales funciones para quedar relegada, poco más tarde, a labores insignificantes bajo la mediación de la República Suiza. El evento, con quinientos invitados oficiales —entre los que se contaban artistas, intelectuales, guerrilleros históricos y diplomáticos—, encabezado por el canciller de Cuba, Bruno Rodríguez, y su homónimo estadounidense John Kerry, concluiría al final del día con un concierto de Silvio Rodríguez, algo así como el alma de la Revolución.

Cuándo y cómo se izaría la bandera en La Habana seguía siendo un misterio. Era un secreto a voces que no sucedería ese día 20, pero ante la duda, las agencias informativas se apostaron en la vereda de la calle Calzada, justo frente al antiguo estacionamiento de la embajada, hoy convertido en la Tribuna Antiimperialista o Monte de las Banderas, donde más de un centenar de mástiles desnudos fueron instalados para vestirse de tela cuando necesitaran ocultar los carteles luminosos que cada tanto el enemigo encendía con publicidad anticastrista. Una placa de bronce advierte sobre la razón de ser de esos mástiles: «El que la estrella sin temor se ciñe, ¡Como que crea, crece!», como dice el verso de José Martí. Y a continuación: «Sirva este monte de banderas como respuesta del pueblo de Cuba a la torpe soberbia del gobierno de los Estados Unidos. 138 banderas cubanas ondearán dignas frente a los ojos del imperio, para recordar desde hoy cada uno de los años de lucha del pueblo cubano, cuando nuestros padres fundadores dieron el grito de independencia en 1868. Como entonces, ante

En la avenida Calzada, entre L y M se encuentra el edificio que alberga nuevamente a la embajada de Estados Unidos.

la sombra luminosa de este gran monte de banderas, continuamos peleando. 24 de Febrero de 2006, año de la Revolución Energética en Cuba».

Pero esa mañana no sucedió nada especial, salvo que la vigilancia feroz que ha rodeado durante décadas esta zona sufrió un relajo instantáneo a eso de las nueve y media de la mañana. Los periodistas presentes se instalaron con sus cámaras y micrófonos frente a la puerta principal de la ahora embajada, en una escalinata que minutos antes parecía un campo minado por el que solo podían pasar tipos de uniforme y civiles de las fuerzas de seguridad. A eso de las diez ya estaba claro que no se izaría la bandera ni ocurriría nada en verdad altisonante, pero los reporteros del mundo ahí asentados continuaban tomando fotografías iguales a las que ya habían sacado mil veces y corriendo a conseguir declaraciones de cualquiera que entrara o saliera del edificio. Como los que salían llevaban todos banderitas americanas, su diversión consistió durante un buen rato en pedirles que las agitaran, así como en filmar una y otra vez a una pareja de yanquis que pasaba por la cuadra en un Cadillac descapotable haciendo flamear una gran bandera de su país.

De pronto, un viejo de ochenta y seis años, sin dientes, vestido con una guayabera inmunda, algo así como un Spencer Tracy en *El Viejo y El Mar*, tomó asiento en las escalinatas, con los mástiles detrás y la embajada delante, y tras gritar su nombre, ¡Alfredo Guillermo Rodríguez!, con una voz que le lijaba la garganta, declaró que había luchado contra Batista y que hoy lo hacía contra el gobierno de los Castro, porque era un cristiano al que le importaban los derechos humanos. «Yo no soy ningún ladrón, ningún criminal, ningún delincuente, como algunos dicen de mí. No odio a nadie, pero no acepto que me digan lo que tengo que hacer y decir. Yo no tengo dueño. "Los principios no son negociables", dijo Fidel copiándole a Martí, y ahora se lo digo yo a Fidel y a todos esos que me van a ofrecer ayuda para que guarde silencio, porque yo no quiero nada de ellos si a cambio esperan que me someta. ¡Qué Dios los bendiga a todos!», dijo, y levantó los brazos; luego se quedó callado. Las cámaras automáticamente se retiraron en busca de otro atractivo, y yo, que estaba sentado muy cerca, lo vi secarse la frente con la manga de su camisa. A esa hora ya hacían más de treinta y tres grados. Al notar que era el único que continuaba ahí, me dijo que no le importaba si yo era de la seguridad, porque ya le habían pegado varias veces, y le daba lo mismo. No tenía edad para andarse preocupando de esas cosas porque, según afirmó, se iba a morir igual. Me mostró la página de un diario o revista a muy mal traer en que le llamaban «Padre de la Disidencia Cubana». Le pregunté si había estado en la Sierra. Me dijo que no, que había pertenecido al Directorio de José Antonio Echeverría, el «Manzanita», cuando tenía veintidós años, y que participó en el asalto al Palacio de Gobierno en 1957, «con el grupo de Julián Ortega Espinoza y el Gallego Lavanderos, al que mataron en la fuga del Príncipe». «De mi grupo», agregó, «también murieron Osvaldo Díaz Fuentes y Abelardo Rodríguez Medero. Participé en el primer atentado al dictador Batista en la Quinta Avenida y 22, y si no me mataron fue porque nos escondimos en casa del cardenal Arteaga, que vivía en Calzada y C. Pero todo eso sucedió hace mucho tiempo, cuando éramos unos muchachos antibatistianos. Yo soy político, y podría ser una figura del gobierno, porque tenía el grado de capitán al comienzo de la Revolución. Fui parte de la guardia de Fidel y Celia, y estuve con ellos desde 1959 hasta 1962, pero no me gustó el sistema y aunque me propusieron tener el carnet del Partido tantísimas veces, nunca quise, jamás en la vida. Y entonces comencé a trabajar para el turismo en el hotel Riviera, como mozo y ayudante, pero fui subiendo hasta jubilarme en 1990 como capitán de piscinas del Tritón. Yo nunca le pedí casa ni nada a Fidel ni a Raúl, pudiendo hacerlo, y en vez de eso me hice yo mismo una casa en Alamar, porque preferí no pedir nada, por mucho que me decían "vete allá donde Pepín Sánchez para que te ubique", porque Pepín era el encargado de pasarle a uno la casa de algún rico que se hubiera ido. No, no, no, no. Yo no estaba ni estoy para eso. Pero déjeme seguir con la historia, mire que me confundo, porque ya estoy en los años de la confusión, ¿entiende? En 1992 conocí a Elías Bicé, del Proyecto Emilia. Voy a Tamarindo 34, donde teníamos una actividad. Don Elías Bicé era médico de mujeres, sí, ginecólogo, y allí lo cogieron preso y le metieron tres años, porque se negó al aborto, y yo me allegué a ese sitio para apoyarlo, ahí en Tamarindo 34. Para que le quede claro: Emilia fue una patriota que bordó una bandera cubana y se la dio a Narciso López en 1851, y a Narciso López lo llevaron a la guillotina y le cortaron la cabeza. Yo no le estoy hablando mentiras, señor. Yo casi tengo ochenta y seis años, nací el 9 de diciembre de 1929. Fidel es tres años y cuatro meses mayor que yo».

Acompañé caminando al viejo Alfredo hasta su casa de calle Calzada y F, y ya su cabeza exhausta comenzaba a delirar mezclando fechas y sucesos distantes cuando comenzó a llover como solo en Cuba puede verse: mares enteros cayendo de golpe. Detuve un taxi. Semanas más tarde, volveríamos a encontrarnos en la misma calle Calzada.

Alfredo Guillermo Rodríguez, el «Padre de la Disidencia Cubana».

A eso de las dos de la tarde, después de que la bandera cubana fuera izada en Washington y el himno patrio cantado entre gritos de «¡Fidel, amigo, el pueblo está contigo!», «¡Cuba sin Castro!», «¡Viva Cuba socialista!» y «¡Viva Raúl!», hablaron los cancilleres: Kerry en inglés y español, y Rodríguez en español e inglés. Ambos se refirieron al proceso de abuenamiento como uno largo y difícil. «Conoceremos la frustración y necesitaremos mucha paciencia», dijo John Kerry. «Este es el camino correcto para empezar a construir una relación distinta de la que hemos tenido», dijo Bruno Rodríguez.

Todo esto lo veía por televisión, solo, en un departamento que me había prestado ese día mi amigo Ángel Domper, un chileno que lleva veinticinco años en Cuba, que se casó con la hija del Che, trabajó con Max Marambio, se pelearon, tuvo hijos, se separó, se volvió a casar con Margaret López, tuvo otros hijos cubanos, y hoy es uno de los empresarios más prósperos de la isla. A sus hijos les aburre Chile. A Margaret le gusta Italia. Ella considera insoportable la pobreza y precariedad de su país, aunque tiene una casa con piscina y quincho, y si hacen un asado se las arreglan para tener una carne estupenda. Vive como rica en un país pobre, pero quisiera vivir como rica en un país rico. Después de residir en Milán algunos años, quedó enamorada de las pastas, la buena tela, la elegancia de la gente. De día anda con buzo, porque va al gimnasio. Entremedio se encarga de que todo ande bien en los dos departamentos que tienen para el arriendo donde nace la Tercera Avenida, a metros de la desembocadura del río Almendares. Justo frente a ese edificio se instaló el restaurante Río Mar, uno de los más emblemáticos de esta nueva Cuba que recién empieza a surgir: ahí recibe a los clientes que reservaron mesa junto al agua una joven alta y estilosa, de pelo liso y largo, y los conduce a sus reservaciones. No hay gente de color. Reina el ambiente exclusivo de los comedores más sofisticados de los países capitalistas. El mismo olor, el mismo gusto, un parentesco de clase que atraviesa fronteras. Lo abrió pocos meses atrás la viuda de Tony de la Guardia, el coronel de las fuerzas especiales al que fusilaron junto con el general Ochoa en la así llamada «Causa N° 1», acusados —según muchos injustamente— de traficar cocaína. Es uno de los sectores más bonitos de La Habana, una ensenada todavía no explotada, mitad Vedado y mitad playa, donde desemboca el río y termina el malecón, mezcla de agua dulce —diosa Oshun para la religión yoruba— y salada —Yemayá—, donde aún los pescadores tiran redes y los santeros hacen ceremonias los días de luna llena, dejando esas orillas llenas de trozos de animales descuartizados. Fue cerca de allí donde, más de veinte años atrás, le hice un juramento a Maryori que no cumplí.

Seguía por la televisión la reapertura de la embajada cubana en Washington, cuando de pronto se cortó la transmisión. Al volver la señal, el ministro Bruno Rodríguez enumeraba las deudas que los Estados Unidos mantenían con ellos: el fin del bloqueo —al que diplomáticamente llamó «embargo»— y la indemnización por lo que habían dejado de ganar a causa suya, el fin de la base de Guantánamo y el respeto por sus decisiones soberanas. Se trató, innegablemente, del diálogo entre un gigante y un pequeño Estado, con todos los defectos que se quiera, pero repleto de dignidad. «No hubiéramos podido llegar aquí —le dijo en la cara el ministro de Cuba a su homónimo norteamericano— sin la conducción de Fidel Castro, sin la resistencia de nuestro pueblo, y sin el apoyo de los países de América Latina». Acto seguido, transmitieron por Cubavisión un especial sobre los grandes aportes estadounidenses a la cultura de la humanidad: el cine, el jazz y la historieta.

Caminaba por Paseo al día siguiente cuando comenzó a llover. Primero muy de a poco, como el llanto de un viejo, una lluvia que no atravesaba la copa roja de los flamboyanes —los árboles más característicos del parque— ni se acumulaba en el suelo, pero al llegar a Línea ya era una gran cascada. En cosa de minutos la calle se transformó en un cauce torrentoso, y aunque muchas habaneras continuaban caminando por las veredas inmunes a la tormenta con sus zapatos de taco alto en las manos, la mayoría se detuvo bajo el primer alero que encontró, y así se llenaron de gente todos los aleros convertidos en refugios. Desde ahí veíamos pasar los almendrones, transformados a su vez en lanchas industriales que remontaban los rápidos de una desembocadura. Adolescentes negros y mulatos en traje de baño se aferraban a sus parachoques, a gachas, a escondidas de los choferes que ya conociendo el juego los buscaban por sus espejos retrovisores con frecuencia trizados, y esquiaban, sí, esquiaban sobre el agua acumulada repentinamente en el pavimento de Línea con sus pies pelados, para asombro, escándalo y maravilla de un público reunido a ambos lados de la avenida, bajo los aleros de los teatros Raquel Revuelta, Mella y Trianon.

Debía llegar a mi departamento ubicado en la calle D y 11, al otro lado de Línea. Pero no era solo la cortina de agua que caía oscureciendo la mañana lo que dificultaba el avance, sino la desaparición de las cunetas inundadas y los torrentes que nacían en las bocacalles con dirección al Malecón. Conseguí llegar a D —una calle empinada a la que dan antiguas mansiones con atrios y columnas—, luego de atravesar tres torrentes de la mano de una anciana que me cogió diciendo que era guajira, que me sacara los zapatos y diera pasos solo donde ella los daba, porque cuando el agua se apodera de los caminos el mayor peligro son los hoyos inmensos, en los que si se cae, «¡que dios lo salve a uno, hijo!, porque allí se esconden las uñas del diablo». Eso fue lo que me dijo, mientras llevaba mis zapatos en una mano y estiraba la otra para tocar su hombro, porque no exagero cuando afirmo que apenas se veía. Por la inclinada calle D, al mismo tiempo que luchaba por mi sobrevivencia, vi pasar niños desnudos y muertos de la risa surfeando en hojas de palma las olas que se desbarrancaban entre rayos y truenos que a ellos les sacaban gritos de júbilo. Desde una de las varias pensiones de la cuadra se asomaron dos italianas en bikini para aplaudirlos y gritarles «*¡bravissimo!*», grito que solo una vez sonó claro y completo, porque ya para la segunda fue borrado del aire por el trueno de turno, que esta vez estalló ahí mismo, diría que a metros de nosotros, haciendo que incluso ellas, turistas descuidadas, se agacharan como fetos y cubrieran sus oídos.

La ciudad

El silenciador

Durante el siglo xix, a partir de la calle Zanja y la calle Dragones, comenzó la expansión de los inmigrantes chinos en Centro Habana. Alcanzaron a ser doscientos cincuenta mil antes de la Revolución y tras ella llegaron otros por motivos políticos. Hoy apenas queda un pasaje peatonal con restaurantes, un gueto diminuto por el que deambulan una decena de chinos como dueños de casa. Las calles aledañas se han ido descascarando hasta perder casi del todo esos revestimientos fantasiosos de los orientales. Salvo las islas rescatadas por Eusebio, el historiador de la ciudad, lo mismo ha ocurrido a lo largo y ancho de La Habana. Es una capital en ruinas, y con la belleza propia de las ruinas. Los edificios de Centro Habana tienen más o menos la misma altura y fachada continua. A veces galerías con columnas dóricas y corintias, y arcos en los que se mezclan estilos, alguna vez coloridos, hoy enteramente despintados. El tiempo mordió el material de estas construcciones, y han dejado asomar sus esqueletos de fierro, como cuerpos con lepra. Por esas veredas corren niños descalzos, pasan jóvenes negros con muy variados cortes de pelo y gorras; un Bronx caribeño, con poca ropa y poco miedo a la violencia. La Habana debe ser una de las ciudades más seguras del mundo. Su gente vive de la puerta para afuera, porque adentro hace mucho calor y no corre el aire. Los hombres conversan tomando cerveza apoyados en las columnas, o sentados en gradas, o directamente en sillas que sacan a la vereda, frente a la entrada de sus casas. No pasan muchos autos, y por algunas calles verdaderamente pocos, de manera que los niños las invaden persiguiendo pelotas viejas o aparatos cacharrientos. Los artefactos de la modernidad rara vez se dejan ver por ese barrio. Algunos de los departamentos son grandes, pero jamás lujosos. Casi no tienen muebles, y en la mayoría de ellos se vive a la usanza de las poblaciones cuando no de los campamentos, ignorando del todo la historia del inmueble, como los gatos en el Partenón. Los ex salones sirven de colgaderos de ropa, algunos han pintado los frisos de distintos colores y reemplazado las baldosas de cerámica con dibujos extraordinarios, hechos a mano, por suelos plásticos, «más fáciles de limpiar».

En uno de esos departamentos inmensos, cada vez más oscuros a medida que se los adentra, vive Vladimir Fomasa, de profesión mecánico, casado en terceras nupcias con Kenia Rojas, una negra veinticinco años menor que él, que tiene cincuenta y siete y ya lleva más de veinte criando chanchos en el lavadero de su departamento. Empezó durante el Período Especial, por recomendación de un vecino que le dio el dato de un guajiro en Santiago de Las Vegas, muy cerca del aeropuerto, que estaba vendiendo lechones. «Se comen la basura, chico —le había dicho— y al cabo de unos meses tienes un ceddo, para comel y vendel». Por esos tiempos se pasaba hambre en Cuba. La crianza de cerdos en los departamentos no es que fuera frecuente, pero tampoco sorprendía. Causó, eso sí, problemas entre vecinos, porque los chanchos no solo son inmundos y producen mal olor, sino que además emiten unos gritos agudos, adoloridos, de desesperación. «Una mujel —me contó Vladimir— alegó que la hacían lloral». A los pocos días llegó el presidente de su Comité de Defensa de la Revolución (CDR) y le planteó un reclamo formal. Compartió el problema con el vecino que le había dado la idea y que también tenía un «ceddo» en el departamento, y concordaron que todavía no era tiempo de sacrificarlos, que había que resolver esto de otro modo, pero a la brevedad, porque si el problema se prolongaba podía llegar a oídos de la policía y… «ya tú sabes». Las siguientes veinticuatro horas las dedicaron a indagar, y fue él, Vladimir, quien dio con el silenciador de cerdos. El cirujano en cuestión se llamaba Osvaldo Rojo, vivía en Galeano y por treinta dólares operaba a los animales y los dejaba mudos. Si eran dos, podía hacerlo por cincuenta. Esa misma tarde fueron a buscarlo, metió las herramientas en un «maletín de plomero», según me dijo Vladimir, y caminó con ellos por Lealtad hasta llegar a Virtudes, donde él vivía. Solo esa primera vez le había impresionado la operación.

—Porque ya tú sabes, uno se acostumbra a todo —aseguró.

La mitad de las historias que contaba las partía o terminaba con la muletilla «porque ya tú sabes», como si le aburriera entrar en detalles que yo, hambriento de ellos, debía sonsacarle a continuación con preguntas específicas.

Lo primero que hacía el silenciador de cerdos era advertir que la operación podía chorrear mucha sangre, de manera que si el sitio escogido para realizarla no era fácil de trapear o baldear, recomendaba cubrirlo con plásticos u otra solución que se les ocurriera a los dueños de casa. Él no respondía por las manchas. En el caso de Vladimir, esto no revestía ningún problema. El balcón interior de su departamento, donde vivía el animal, ya era un chiquero, y no había sangre ni nada que pudiera ensuciarlo más de lo que estaba.

La faena comenzaba con el amarre del puerco. Las patas traseras entre sí y también las delanteras, para luego con otra cuerda unir ambas ataduras y, ya volteado, neutralizar sus movimientos tensando cuatro cabos, de los cuales al menos dos debían ser sostenidos por ayudantes. Esto, muy fácil de describir, no era nada sencillo de realizar con un chancho ya crecido —posteriormente la intervención comenzaron a hacerla recién comprado el lechón—, porque si bien no tenía dónde escapar, los solos movimientos de cabeza del animal sumados a los sacudones y a los gritos destemplados imponían respeto. Para evitar los escándalos y las mordidas, Osvaldo, el médico, cerraba el hocico del paciente con un lazo de género que apretaba con toda su fuerza. A continuación le rasuraba la papada y, tras realizarle unas tocaciones como si buscara detectar la papera en un enfermo, le dibujada una cruz con un plumón en el lugar escogido para el corte. (Vladimir recreaba la faena de tal manera que no era difícil imaginarla.) En ese momento el silenciador toma un respiro, abre el maletín y saca un cuchillo de hoja pequeña y gruesa, no más grande que un dedo meñique, y la hunde hasta chocar el cuero del cerdo con la empuñadura. Es ahí que generalmente salta un violento chorro de sangre que el cirujano esquiva estirándose y mirando hacia arriba mientras aserrucha hasta generar una abertura de aproximadamente tres centímetros. Por ahí mete sus dedos y «extrae las amígdalas, las cuerdas vocales, ya tú sabes», me explica Vladimir, que de un puro tajo corta a la vista, fuera del organismo. En un cierto punto el cerdo enmudece, y entonces el médico sutura con una aguja curva, de las mismas que se usan para humanos, y nylon para pescar de medio milímetro, las extremidades heridas de los órganos arrancados, y con otra aguja, esta vez manufacturada a partir de un clavo limado por un tornero, y un nylon mucho más resistente, se apura en coserle la piel. La operación se debe realizar lo más rápido posible para evitar el desangramiento.

—No te creas —me dice Vladimir— que es un espectáculo agradable ver al ceddo ahí, tumbado y lleno de sangre, pero ya tú sabes, la necesidad tiene cara de hereje.

—Para mí —agrega Kenia— lo más triste no es eso; lo más triste viene después, cuando intenta gritar y no puede, y lo ves llorar con lágrimas en los ojos. Eso es candela de la mala.

Cosas fácilmente hallables en La Habana

Zapatos hechos a mano, billeteras y cinturones de cuero, figuritas larguruchas de hombres y mujeres y cocodrilos de madera en las ferias artesanales. Gran variedad de remeras con estampados del Che, boinas y jockey verdes con una estrella roja en la frente, banderas de Cuba de distintos tamaños y sudaderas de básquetbol con el dibujo de esta misma bandera. Bates, guantes y pelotas de béisbol. Juegos de dominó. Morteros de granadillo. Ceniceros de jiquí y sabicú. Maracas, claves y tambores. Guayaberas. Pantalones de hilo que parecen pijamas. Sandalias plásticas. Sombreros de ala corta y paja dura. Café. Puros. Cigarrillos. Pollo frito, croquetas, helados. Sándwiches de queso y mortadela. Pizzas con el mismo queso y la misma mortadela. Pasteles y tortas de colores. Pan. Gente caminando con una bandeja de veinticuatro huevos por la calle. Plátanos —en Oriente les llaman «guineos»— y fongos, mango, papaya o fruta bomba, melón, aguacate —de junio a septiembre—, naranja, anon, mamei —su árbol tarda dieciocho años en verlos aparecer por primera vez— y, en las playas del Este, uvas y mamoncillos que los negros cargan en colgajos. Tomates (repentinamente caros). Guarapo en las guaraperas. Jugos de piña y guayaba. Cafeteras metálicas, ollas y sartenes. Repuestos usados. Tambores de agua azul en los techos de la ciudad. Ropa tendida. Ron. También cerveza, aunque desaparece. Maní. Tiras de cebollas. Gatos. Trajes e implementos para santeros. El *Granma*. El *Juventud Rebelde*. DVD piratas. Cantantes en vivo.

Pequeña burguesía revolucionaria

La élite cubana no vive en el lujo, aunque tampoco experimenta las carencias del resto. Es muy pequeña, como en todos los países del continente, y en ella conviven los parientes de la nomenclatura, los nuevos emprendedores, los artistas plásticos, los músicos y los escritores. Casi no hay negros entre ellos. No es que los rechacen o tengan discursos racistas, pero simplemente no entran. Es muy raro ver ahí un matrimonio mixto.

Según me dijo el artista Felipe Duzaide es: «Cuba debe ser el único país del mundo donde la nuestra es la profesión mejor pagada». Es uno de los pocos oficios que funciona bajo la lógica de la empresa privada y de la globalización. Como Cuba se ha puesto de moda, en el mundo quieren saber lo que pasa en esta isla de la resistencia. Y ellos se lo explican estéticamente, a manera de cuento. Esta isla ya no es vista como un peligro, sino como una curiosidad. Ahora que los norteamericanos dejaron de ser los enemigos —nunca lo fueron para la población—, los galeristas de Miami y Nueva York —también los hay canadienses y europeos— se pasean por los talleres buscando talentos autóctonos que exportar a sus países. Solo en el circuito turístico callejero, más de artesanos que de artistas, abunda la pintura «costumbrista revolucionaria», porque en estos nuevos mercados en expansión, altamente sofisticados, predomina el arte conceptual, posmoderno y contestatario. Hasta Kcho, el artista preferido del régimen, hace instalaciones con balsas y tiburones. Un día tomamos desayuno en su taller de Romerillos, uno de los sectores pobres de La Habana —donde Kcho instaló wifi gratis para los del barrio, y un museo con obras de Wilfredo Lam y videos de vanguardia— y me explicó que esos elementos hablaban del drama de las migraciones, las de África a Italia, y las de todo país pobre a uno rico. Yo le respondí que al verlas pensaba en los balseros cubanos. Kcho tenía una colección de mandíbulas de tiburón disecadas, restos de balsas en las que alguien intentó escapar, y una ruma de ladrillos con forma de capilla. Eran los últimos de una inmensa cantidad que depositó en una plaza de La Habana Vieja, para que la gente se los lleve, los sofisticados con la intención de enmarcarlos, y el resto en carretillas para cerrar un muro roto o terminar una cerca. La instalación, filmada por Roberto Chile, el camarógrafo oficial de los Castro, se llamó «Vive y Deja Vivir».

Esto de poder rentar con la Revolución, que hoy les ocurre a los artistas plásticos, a los músicos les viene sucediendo desde hace tiempo, ya sea porque ensalzan la tan apetecida alegría caribeña, los dolores del encierro o la épica revolucionaria, es decir, la arqueología de un sueño. Los turistas que llegan buscan su música y los cubanos que emigran se reencuentran en ella, de manera que si alguna vez emparentarse con uno de estos bohemios fue una vergüenza para la familia, ya avanzada la Revolución se volvió tabla de salvataje.

Los abogados, ingenieros, médicos, arquitectos o economistas —los poseedores de una profesión liberal— solo pueden acceder a un salario fijado por el Estado que, en la actualidad, no supera los ochenta dólares mensuales. Y como ni las prostitutas ni las camareras, que son los otros oficios rentables, alcanzan el prestigio que toda élite requiere, son los músicos —y sus productores—, narradores y pintores, los verdaderos protagonistas de esa clase privilegiada. Los artistas no solo son el alma de la fiesta, sino también sus dueños.

A estas alturas todos critican al gobierno, unos más y otros menos, pero de un modo que denota proximidad, algo parecido a las quejas con un pariente al interior de una familia. No hay nadie de derecha en ese mundo. Esos se fueron hace rato. Ninguno de los participantes de esta élite cultural quisiera que Cuba se convirtiera en un paraíso de los negocios, porque hay un ritmo, una convivencia, una cotidianidad en este país que no encuentran en otros sitios cuando viajan, y eso que últimamente viajan con frecuencia. El «Pichi» Perugorría, que ha representado algunos de los personajes más incómodos del cine cubano (el más emblemático de todos, Diego, el homosexual de *Fresa y Chocolate*), dijo una tarde, entre rones: «no me pidas que lo entienda, pero en Cuba es donde me siento libre».

Cada uno de los miembros de esta élite tiene un momento escogido para explicar cuándo se pudrió este cuento: si el día que Fidel apoyó la invasión rusa a Checoslovaquia, si con la sovietización, si en el quinquenio gris, si tras el fusilamiento del general Ochoa, si durante el Período Especial, si para la crisis de los balseros, con el ascenso de Raúl...

No hay, sin embargo, «disidentes» entre ellos. Solo críticos y muy críticos. «La disidencia» está conformada por un lote de nombres muy acotados —Guillermo Fariña, Antonio Rodiles, Beatriz Diversent, entre otros— que no cuenta con la simpatía ciudadana. Hablan con los medios extranjeros, pero no tienen cómo hacerlo con los de adentro y, aunque pudieran, lo cierto es que no son sus reclamos los que parecen urgir al cubano medio, preocupado más bien por el precio del tomate. Tampoco hay organizaciones fuertes al margen del gobierno, a partir de las cuales pudiera expandirse un plan opositor. Quizás la Iglesia, pero en Cuba es muy cuidadosa. Desde que Juan Pablo II visitó la isla en 1998, no es tampoco una enemiga frontal. Ese año volvió a declararse feriado el día de Navidad, cuya fiesta había sido suspendida en 1969 y abolida de manera oficial un año más tarde. Como el mismo papa Francisco dejó entender durante su visita, son muchos los valores que comparten el cristianismo y la Revolución.

No he visto a nadie, en estos meses que llevo entrando y saliendo de la isla, que me hable de democracia. Y salvo las Damas de Blanco, que exigen la libertad de sus familiares detenidos por motivos políticos y que apenas pasan la cincuentena, tampoco de derechos humanos. Es cierto que ahondando se descubre una pena, la frustración de lo que pudo ser y no fue; o en los más jóvenes, el aburrimiento con lo que nunca quisieron que fuera, una sensación de fracaso anticipado que relaja y angustia al mismo tiempo. Pero son las dificultades domésticas —la luz, el agua, la baja frecuencia de «almendrones», el precio de la cebolla, la desaparición de la cerveza— los temas que de verdad llenan las conversaciones.

La resaca

Ayer salimos con Andrés Levín y Cucú Diamantes, el artista René Francisco y los miembros del colectivo Stainless. Más tarde se sumaron el Pichi Perrugoitía y Luar, que es Raúl al revés. Fuimos a un boliche en Miramar, con muros de ladrillo y una decoración incomprensible, consistente en unas placas de terracota repartidas sin ton ni son, más una trompeta que colgaba como un pájaro congelado en la sala del fondo. Nunca supe el nombre del lugar, pero había un escenario en que cantó Cucú y nosotros nos sentamos en una mesa larga y bebimos cantidades considerables de vodka y whisky. Hasta cocaína me ofreció un tipo camino del baño, en esta ciudad donde consumirla es penado como un crimen de máxima gravedad. Jalé un par de líneas tendido en el suelo, junto al excusado, porque un destello de lucidez me hizo temerles a las cámaras ocultas.

Al salir del bar, a eso de las cuatro de la madrugada, un hombre se paró a mi lado mientras esperaba un taxi. Yo estaba borracho, de manera que no me preocupé cuando al subirme en el asiento delantero de un almendrón él se instaló en la parte trasera. Ni siquiera cuando, tras llegar al departamento de la calle 26 que estaba ocupando por esos días, en Nuevo Vedado, esperó a que yo entrara al edificio para pasarse al asiento del copiloto. Recién al despertar, la mañana siguiente, caí en la cuenta de que me habían seguido.

Recordé la vez que me detuvieron en Chile el año 1988 unos agentes de la CNI —la policía secreta de Pinochet—, me metieron bajo el asiento de un auto y con una pistola en la cabeza me sacaron de paseo por Santiago. Un par de horas más tarde, tras preguntarme cien veces a qué célula pertenecía —yo solo andaba rayando consignas en las murallas—, quién era mi líder y cosas así, se adentraron en un sitio eriazo, apagaron los faroles del auto y me bajaron a patadas. Era la una de la madrugada y yo no tenía ni la menor idea de dónde estaba. Ellos eran tres y se alejaron unos pasos para conversar, supongo que a decidir qué harían conmigo. Dos años antes, el cuerpo de Rodrigo Rojas de Negri, un fotógrafo más o menos de mi edad, apareció con su cuerpo completamente quemado. Me dieron unos golpes y dijeron que si levantaba la cabeza, disparaban. América Latina conoce infinidad de casos por el estilo, pero la dictadura cubana no. Tuve que calmarme para sopesar las cosas. Lo peor que podía suceder era que me fueran a dejar con mi maleta al aeropuerto. En Cuba el control es abismante, pero no ha sido un régimen criminal. No hay casos de detenidos desaparecidos, ni de torturados con electricidad. Existen malos tratos, celdas oscuras y frías, tormentos sicológicos, pero no degollamientos ni violencias físicas brutales como en las dictaduras militares que azotaron a Latinoamérica durante los setenta. Prisioneros políticos, sí.

Me levanté con dificultad esa mañana. Tenía el cuerpo lleno de vodka y me pesaba la imprudencia. La noche antes había hablado con una soltura que por estos lados bordea la estupidez, porque cada país tiene sus normas implícitas y acá la más sabida indica que las palabras se miden, que las críticas se insinúan pero no se gritan —mucho menos si eres un extranjero recién llegado— y que nadie te hará callar mientras vociferas, ni dejará de acusarte si lo interrogan. A medida que mi cabeza se fue despejando, recordé que antes de partir, ya muy falto de conciencia, acepté una punta de cocaína que me ofreció alguien en el bar. Y aunque procuré aspirarla sin ser visto, no es misterio para nadie que en Cuba hay ojos que ven a través de las cosas, y que con las drogas no se juega, menos todavía desde que en 1989 fue ejecutado el general Ochoa, uno de los héroes más admirados de la Revolución, bajo el cargo de traficarlas. Nunca quedaron del todo claras las razones de ese fusilamiento que, para muchos, constituyó un ajuste de cuentas al interior del gobierno y el fin del mejor período del castrismo, los ochenta, década de abundancia y relajo de los controles, al menos si se los compara con la severidad de los primeros setenta, recordado como el «quinquenio gris» por sus rigores ideológicos. El asunto es que ese hecho consagró a la cocaína como enemiga fundamental del socialismo, merecedora de los peores castigos, sin descartar la pena capital. Al caer en la cuenta de la estupidez que había cometido —porque bien pudo ser todo preparado para tener elementos con que manipularme en caso de volverme un periodista peligroso a ojos de la autoridad—, deseé ser otro lavándome la cara para hacerme desaparecer y me insulté frente al espejo llamándome «imbécil» y «pendejo». Antes de salir, escondí mi computador debajo del colchón de la cama por si venían a allanarme en busca de nuevas pruebas que me incriminaran. Con mi ayuda, la omnipresente seguridad del Estado había conseguido inocularme la culpa, cuando en realidad no había hecho nada que mereciera tanto remordimiento.

Intimidad

> Un hombre que oculta lo que piensa, o no se atreve a decir lo que piensa, no es un hombre honrado.
>
> JOSÉ MARTÍ, *La Edad de Oro*

En el socialismo, hasta la vida privada es pública. En Cuba es frecuente que viva más de un matrimonio con hijos al interior de un mismo departamento, incluyendo, casi por regla general, a la descendencia que se casa y no tiene donde ir, de modo que la intimidad es un lujo escaso. La gente tiende la ropa en cables que dan a la calle y como en un mismo edificio pueden habitar unos que apenas se las arreglan con la libreta de abastecimiento y otros con parientes que les mandan dinero del extranjero, es fácil reconocer a los pudientes echando una ojeada a la calidad de los calzones colgados. Los muros de las panderetas tienen una altura definida por ley y si alguien los eleva por sobre lo permitido le cursan una multa. Las viviendas no deben quedar ocultas. A causa del calor, las puertas y ventanas están siempre abiertas y no hay que ser un fisgón para enterarse de lo que sucede adentro. De hecho, las parejas discuten en la calle con la misma soltura que al interior de sus hogares, y una mujer celosa puede llegar a «formar un arroz con mango» —un escándalo, una confusión— en plena vía pública insultando a la que le «pegó los tarros», mientras la acusada se defiende apuntándola con el dedo y alegando que ella podrá ser puta, pero no «un moco ni un bacalao», como les dicen acá a las mujeres feas o flacuchentas. Si alguien llama desde afuera, a quien sale a atender no se le ocurre cubrirse más de lo que estaba al escuchar el grito. Preguntar antes de entrar ya es raro. Muchos hombres andan sin camisa por la calle y algunos se la cuelgan en el hombro mientras caminan, para no sudarla.

—Acá tú naces en cuneros colectivos. Las mujeres cuando paren abren las piernas en salas llenas de otras mujeres, todo es muy expuesto —me dice Wendy—. No hay secretos. El secretismo es muy mal visto. La persona discreta cae bajo sospecha, porque quiere decir que tiene algo para esconder. En la escuela se realizan asambleas pioneriles donde los chicos se analizan en conjunto y cada uno explica sus errores en público, habla de su familia y de sus conocidos. Si tú tienes relación con extranjeros no puedes pertenecer a la Unión de Jóvenes Comunistas (UJC). La madre de Ernán, mi marido, es francesa, y por eso no pudo pertenecer al Partido. Luego vienen los pioneros exploradores y las escuelas «al campo», a las que nos llevaban en camiones; en esas escuelas no hay paredes y te duchas con otras personas. Nadie puede pedir que lo dejen solo para bañarse, sería mal visto. Vives en barracas con cuarenta o cincuenta literas, donde hasta las letrinas son abiertas. Ahí el cuerpo se vuelve propiedad colectiva. Haces el amor viendo a tus vecinos de litera cuando se van los profesores. Tú no podías separar tu primera menstruación o tu primer orgasmo de la multitud que te rodea.

Y prosigue:

—Durante el Período Especial, como no había gasolina, era imposible venir a La Habana de visita. Los padres podían pasar un mes o cuarenta días sin ver a sus niños. O sea, al cabo de un tiempo les devolvían un muchacho que no era el que ellos habían formado en sus casas. Y aunque se supone que nada es privado, nadie quiere hablar de su vida privada. ¿Qué sabes de la familia de Fidel? Nunca conocimos a su mujer, ni se sabía dónde vivía, ni nada. No existe una instancia familiar como la Navidad en la que nos reunamos y evaluemos o intimemos. No hay rituales. La Revolución consistió en elegir la vida de todos en lugar de la de cada uno. Para nosotros, la vida privada es eso que nos ocurre mientras vemos cómo resistir. Por eso no soporto a los *hipsters*, que se dejan la barba y juegan a vivir en comunidad, me resultan un vómito reciclado con ropa muy cara. Son como una copia de este original fracasado.

Pero no es solo esta informalidad propia de la pobreza tropical, o la predilección por la comunidad más que por el individuo, lo que interfiere en la privacidad. Acá el Estado es omnipresente. Es dueño de prácticamente todo lo que se ve, y también de los pensamientos y las palabras. Las relaciones interpersonales están mediatizadas por él. La dependencia estatal que tiene más trabajadores en Cuba es la de la seguridad. Es un buen porcentaje de la población el que trabaja formalmente para ella. Hay quienes aseguran que al menos uno de cada tres. A esos se les conoce como los «segurosos», y van desde oficiales contratados por el Ministerio del Interior o las Fuerzas Armadas que se pasean de civil —aunque reconocibles para ojos entrenados— por todo lugar donde sea necesario vigilar a la población, hasta dirigentes de los Comités de Defensa de la Revolución, a cargo de informar periódicamente sobre la vida de los barrios o denunciar comportamientos reñidos con la moral revolucionaria. Pero el asunto va más allá todavía: al terminar una carrera universitaria, todo estudiante debe dedicar un par de años al servicio social, y durante ese período son muchos los que, si pretenden prosperar en sus profesiones, deben dar pruebas de lealtad ante sus jefes reportando conductas o pensamientos «inconvenientes» —alguna vez se les llamó «desviacionismos ideológicos»— de sus entornos más cercanos. Una vez que han accedido a hacerlo, ya están presos al interior de la maquinaria de la seguridad. Las mismas traiciones a que se allanan son las que construyen los muros de la cárcel de la que luego no pueden escapar. Al cabo de casi sesenta años de Revolución, todo cubano sabe de qué se trata esta historia. Cualquiera que pretenda seguir viviendo ahí se debe someter a una ley insoslayable: en último término, la fidelidad al Estado debe primar por encima de cualquier afecto personal, de cualquier convicción, de cualquier causa individual. Por eso un cubano nunca confía demasiado en otro cubano. Generalmente cuidan sus palabras, y si alguno de pronto vocifera en contra del gobierno, existe la posibilidad de que lo esté haciendo para ver cómo reacciona su audiencia, e informar. Cuesta saber qué es cierto y qué no, porque las torceduras de este mecanismo macabro llegan todo lo lejos que alguien pueda imaginarse, y más lejos todavía. El juego de simulaciones posibles es infinito: un miembro de la seguridad, para obtener la información requerida, puede llegar incluso a jugar el rol de perseguido. «Si vive en Cuba —dicen allá— y habla públicamente en contra del régimen, no te engañes, hay solo dos posibilidades: o está financiado desde fuera, o es que tiene algún trato con el gobierno».

Austeridad

Decidí no contarle a nadie lo que me había sucedido aquella noche de juerga en el restaurante. Mucho menos a Ibrahim, que hasta hace algunos años fue un alto oficial del Departamento América, la oficina gubernamental a cargo de Manuel «Barbarroja» Piñeiro, el responsable de apoyar a los grupos guerrilleros y revolucionarios del continente. Ibrahim, con quien ese día habíamos acordado almorzar juntos, ya es un hombre de setenta y cinco años, con el pelo blanco y sin ese rigor dogmático que exhibía cuando nos conocimos hace más de una década. Entonces era un nombre importante y respetado por toda la dirigencia de la izquierda en América Latina, cercano a Barbarroja y su entorno de combatientes «heroicos», muchos conocidos por sus chapas y apodos, entre los que «Ibrahim», así, sin apellido, como si fuera el único Ibrahim del mundo, se pronunciaba con familiaridad.

Ahora vive solo en un piso de 17 y C, casi sin muebles y ningún cuadro en los muros. Me contó que estaba jubilado desde 2010, cuando por instrucciones de Raúl Castro, el Departamento América fue prácticamente desmantelado, en un esfuerzo por institucionalizar las relaciones internacionales. Vestía una camisa nicaragüense con bordados en el cuello y me pidió excusas por no haberse afeitado, mientras explicaba que así prefiere vivir, con pocas cosas, «aunque si te digo que no echo de menos los tiempos en que me paseaba por Latinoamérica empujando rebeliones, te estaría engañando». Pertenecía al mundo de Fidel, que no es el mismo de Raúl, donde, según reconoció con tono de animal cansado, participan jóvenes de cincuenta a los que no conoce ni de nombre. Cada tanto citaba una frase escuchada al comandante en alguna conversación amistosa —«prefiero un proyecto equivocado que mantenga la unidad, a un acierto que divida»— y a continuación pedía disculpas por sacarlo a colación con eso que parecía un fervor religioso, «pero sucede que Fidel es Fidel, Patricio, y yo compartí con él tantas veces, lo sentí tan cerca, que son muchas las palabras suyas que me quedaron grabadas». Recogió unas ropas que colgaban en la terraza, las llaves de su Lada cacharriento y propuso que fuéramos a comer donde Esteban, un español conocido suyo que tenía un restaurante en la esquina del Coppelia. «Como tú invitas, aprovecharé de hacerte daño», me dijo ya en la mesa, y pidió a la mulata que nos atendía un whisky doble. Entonces, con la concentración de un conferencista, se largó a explicarme que los cambios en Cuba no se darían de un día para el otro, que los que andaban excitados imaginando que el país se llenaría de carros y comercio tendrán que seguir esperando, porque mientras exista el bloqueo de los Estados Unidos es muy difícil que eso suceda, y los norteamericanos no lo soltarán tan fácilmente. «Esto no es cosa del negro, compadre, porque Obama puede querer muchas cosas, pero no van a dejarlo así como así. Solo para darte un ejemplo: ¿sabes cómo viajó nuestra delegación oficial a Washington para la apertura de la embajada allá? En un avión nuestro hasta Panamá, y de ahí a Estados Unidos en un avión comercial. ¿Y sabes por qué? Porque si llegan en un avión cubano se los pueden requisar».

Cuando le manifesté que me parecía una teoría algo paranoica, levantó las palmas pidiendo tiempo para terminar. «¿Acaso crees que esto lo decidieron solos? Tendría que nacer de nuevo para pensarlo. Lo deben haber acordado con el negro, porque él

111

sabe perfectamente que cualquier grupito republicano, con tal de aguarle la fiesta y dejarlo en vergüenza, puede echarle mano a las leyes vigentes y exigir que ese avión lo requisen por haber sido adquirido contrariando las normas del embargo. ¿Me entiendes? Mientras esa ley siga existiendo, son muchas las armas que tienen los enemigos de Obama para torcerle la mano».

—Yo no peleé contra Batista ni entregué mi vida a esta Revolución para que la gente viva con carencias —me dijo después—. Lo hicimos para que todos vivieran mejor, y en muchos casos lo conseguimos, porque acá antes había lujo, pero también miseria.

Nadie podría decir que Ibrahim había sido un egoísta. Un tipo de su rango en cualquier país de Occidente acumula una pequeña fortuna, al menos la suficiente para pagar su comida en un restaurante. Él, en cambio, no tiene nada. Vive de lo que le asignan en su libreta de abastecimiento más la ayuda que recibe ocasionalmente de sus parientes en el extranjero, que no es gran cosa, porque Ibrahim se resiste a vivir de la caridad capitalista.

Es cierto que en Cuba no todos viven igual. Hay los que viven cómodamente y los que rara vez comen carne, pero al menos un chileno no tiene derecho a sorprenderse con las diferencias que ve ahí, donde no existen fortunas de miles de millones de dólares ni adolescentes durmiendo bajo los puentes de la misma ciudad. Como me dijo la señora Ruth —contaré su historia luego—, «a mí lo que me preocupa con los cambios que están sucediendo, es que vuelvan los ricos. Eso me resultaría insoportable». Acá todos se tratan de «tú» y el único patrón es el Estado. Hubo un hombre de negocios que una década atrás trajo un Lamborghini, y también circuló un Porsche, y un ejemplar rarísimo de origen suizo marca Monteverdi —del famoso Yayo Goné—, pero duraron poco a causa de los hoyos y baches que abundan en la ciudad. Una vez rotos, además, no hay cómo repararlos. Últimamente, sin embargo, se ha dejado ver por La Habana un Maserati gris que por las tardes estaciona en la puerta del hotel Riviera. Siempre han existido ricos extranjeros a los que se les permite un estatus especial, pero se cuentan con los dedos de una mano: Yayo Coné, por ejemplo, que estaba casado con una señora de apellido Falla, de la antigua alta burguesía habanera, pero con todo su dinero afuera; o, en la actualidad, Ella Fontanals-Cisneros, que nació en Cuba pero creció en Venezuela, donde se casó con uno de los hombres más ricos de ese país. Ella es coleccionista de arte, se pasea vistiendo bluyines o pantalones cortos por los talleres de los artistas que la reciben con fingida naturalidad. Es una de las dueñas de Pepsi Cola, tiene una casa inmensa en Miramar donde hace fiestas a las que invita a artistas y esnobs. Pero son especímenes tan raros y ajenos al imaginario del 99,9 por ciento de los habitantes, que la última vez que aterrizó Ella en su jet privado, cuando le preguntaron en policía internacional con qué línea aérea había viajado y ella respondió que en su propio avión, los funcionarios se largaron a reír. «Ya, le dijeron, ¿y su piloto es una jirafa?», o algo más o menos así. Ella les entregó los papeles que acreditaban la tenencia de su nave, y aumentaron las risotadas. El trámite le tomó casi una hora y tuvo que llegar a la máxima autoridad del aeropuerto antes de ser tomada en serio. Cuando se dieron cuenta, le pidieron excusas como quien pide que le perdonen la vida.

El lujo, así como lo conocemos hasta en el más pobre de los países capitalistas, no existe. El empresario chileno Max Marambio, ex miembro de las Fuerzas Especiales, conocido en Cuba como «Guatón» y a quien muchos consideraban hijo putativo del Comandante —hoy imposibilitado de entrar a la isla por un juicio con el Estado—, asegura que de Fidel Castro pueden decirse muchas cosas, pero jamás que viviera para el dinero.

—Siempre ha sido de una sobriedad casi absurda: come poco, se toma cuando mucho una copa de buen vino, de sibarita nada. Yo mismo le compré en España unas zapatillas negras de caña alta cuando vi que sus botas tenían un hoyo en la suela. Te juro que no es exageración. De hecho, para convencerlo de que dejara las botas rotas, le dije que si alguien veía esos hoyos pensaría que son aspavientos demagógicos. Las zapatillas que le regalé eran negras y para que parecieran botas y le gustaran, le pinté la marca Nike del tobillo con un plumón de tinta permanente. ¿Sabes cuánto calza? 46-48. Una cosa inmensa. Te voy a decir más: Fidel preferiría ser recordado como un santo que como un transformador social.

—Esa es la máxima expresión de la egolatría —le contesté.

—Yo no estoy diciendo que eso lo haga mejor —siguió Max—. Es cierto que detrás de esto hay un narcisismo moral, pero es de eso que se lo puede acusar. De lo otro, no. Yo soy de los pocos que iban con él a Cayo Piedra, un islote precioso donde recibía a jefes de Estado y solo a gente muy cercana. Y no te puedes imaginar cómo era la cosa en ese sitio. Por eso cuando leí el libro de su guardaespaldas (Juan Reinaldo Sánchez, *La Vida Oculta de Fidel Castro*), al que conocí mucho, y que era un buen tipo, creo que pude adivinar las cosas que él puso y las que le agregó otro. Él sabe mucho más de lo que escribió ahí, y por otra parte hay cosas que dijo que son tan absurdas, que no tienen ningún sentido salvo que un editor le haya querido poner pimienta al asunto. En el lugar donde Fidel dormía no había agua caliente. Quienes lo acompañábamos nos moríamos de hambre. Ahí solo se comía lo que tú pescabas cuando buceábamos. El arroz lo llevaba él en unos cartuchos de papel, un arroz que le mandaba Sadam Husein desde Basra. Y se comía un poquito de ese arroz, una rodaja de pan y pescado. Y langosta. Suena bonito, porque en otros países la langosta está rodeada de esa aura de exquisitez, pero en Cuba, en ese entonces, costaba un dólar y medio la cola. Te daban diez colas congeladas por quince dólares. El asunto es que al segundo día comiendo solo pescado y langosta, lloras por un huevo. Y no hay huevo, porque en el mar no hay huevos. Fidel es un hombre de extremos. Si te invitaba a comer en Palacio daba una ensaladita de espinacas cocidas en un plato diminuto, de repente un pedazo de avestruz, porque tenía un criadero. El avestruz no sabe a nada; entiendes que es avestruz porque te dicen que es eso, pero no tiene gusto a nada. Un poquito de puré, un caldito vegetal, todo en porciones minúsculas. Un plato cada cuarenta minutos. Los comensales eran siempre los mismos: Lage,

Felipito, él, yo y a veces Valenciaga. Ponían para todo el grupo, te juro que es cierto, seis croquetas: una para cada uno, croquetas que son una huevadita así (casi junta los dedos). Cada uno sacaba la suya y nos quedábamos mirando la segunda de Fidel.

—¿Y la malla dirigencial también era así?

—La nomenclatura en Cuba funcionaba de otra manera. Tú comías gratis. Eso sí. Y tenías mejores casas pero no muy alhajadas. El lujo máximo era tener aire acondicionado. Pagar un aire acondicionado con las tarifas escalantes por consumo eléctrico que pusieron en los noventa, era prácticamente imposible. Durante el Período Especial estaba permitido el consumo equivalente a una ampolleta por casa. Es decir, se gastaba en un mes lo que tú consumes en una hora en otra parte. Si ponías el aire, pasabas de pagar cinco pesos en luz a pagar setecientos cincuenta pesos, cuando el salario de un ministro en esa época era de quinientos sesenta pesos. Entonces, el burócrata tenía que destinar toda la plata de la familia para pagar el aire de un dormitorio. De manera que comían en las casas de visita de los ministerios, y como no había una contraloría que te revisara se aprovechaban de esos beneficios. Pero lujos, no. Corrupción sí, históricamente, pero de muy bajo nivel. Al que se salía de la media le rompían los cojones. Y tienes que pensar que se nota muy fácil. Un abusador no aguantaba un año sin que lo pillaran.

★★★

Querido Jorge:

Ya es de madrugada y me tomaré el último vaso de ron mientras te escribo. Durante la mañana descargué mis mails en el hotel Presidente y recién ahora leo el tuyo, donde me cuentas que por fin conseguiste renegociar la deuda que te tenía sin dormir. Nunca he dudado de tus capacidades empresariales.

Yo regresé hace aproximadamente media hora, luego de pasar un día como muchos de los que vivo desde que estoy en La Habana. Antes de la una de la tarde me vino a buscar Pablito, que hace poco puso un restaurante en la calle O'Reilly y como su socio es quien administra el local, Pablito tiene todo su tiempo libre. Por estos lados lo más libre que hay es el tiempo. Me recogió en su Peugeot viejo —que acá parece nuevo— y condujo cerca de veinte minutos hasta Guanabo, un pueblo a orillas del mar camino de Matanzas. Aquí a todas partes se llega rápido, porque hay muy pocos vehículos en las calles. Estacionó cerca de la playa, en la puerta de un restaurante que se llama Piccolo. En ese boliche preparaban, según él, las mejores pizzas de Cuba, y tenía razón. Allí había un gran horno de barro, un zoológico con culebras, puercos y pájaros, y una mujer que atendía descalza. Tomamos varias cervezas y a eso de las cuatro partimos a nadar en la Playa de las Hermanitas. Estuvimos media hora en el agua sin más compañía que una patota de adolescentes de la zona. Pablito desapareció de pronto y regresó con una botella de Havana Club. La tomamos hasta la mitad en el camino de regreso a la ciudad. Pablito tiene la costumbre de beber cuando maneja, y nadie lo mira raro. Son otras las cosas que molestan a la policía: por ejemplo, aparcar el auto en la Quinta Avenida, o frente a un ministerio, o pasar por la calle 11, donde estaba la casa de Celia y donde Fidel tenía uno de sus paraderos. Más tarde nos fuimos al Diablo Tun Tun, donde cantaba Ray Fernández. Ray se burla un poco de todo. Tiene una esposa comunista a la que siempre le hace bromas desde el escenario. Es de esos que critican el sistema «desde adentro», que ven absurdos y arbitrariedades por todos lados, pero sin dramatismo. El Diablo Tun Tun estaba repleto. Las tocatas comienzan allí a las siete de la tarde. En esta isla acostumbran hacer fiestas de día. En la Casa de la Música, por ejemplo, la gente baila reggaetón en funciones de matiné, tarde y noche. Y en cada uno de esos horarios reina un ambiente parecido. Están las mismas jineteras, aunque de día son menos descaradas.

Al leer tu correo electrónico recordé las últimas conversaciones que hemos tenido, en las que me has contado tus sueños de emprendedor para luego pasar al relato de tus últimas conquistas. La historia de la promotora del supermercado que llevaste a la fiesta de Eguiguren me ha servido para sacarle más de una risotada a mis compinches habaneros, hartos de historias revolucionarias.

Dejando la joda a un lado, hay algo que me gustaría decirte: en los meses que llevo por acá he visto muchas cosas que resultan inaceptables, pero hay una no menos importante que en nuestro país hemos olvidado. Te lo diría de este modo: si tú te prendas de una *jeva* —como acá le dicen a las minas—, del color que sea, con un cuerpito maravilloso y que al rato de conocerla te gusta y le gustas, o eso te ha hecho creer de modo ultra convincente, y te propone comprar una botella de ron, y la compras, no la más cara ni la más barata, y dándole besos en el cuello caminas hasta el Malecón, y después de dos tragos por nuca, adivinando que la tarde es larga, ella propone ir a la playa, créeme, compadre, partir en un Lada de mierda o en un almendrón tan ruidoso como un tractor no es peor que hacerlo en un Ferrari. Agarrarse a besos y manosearse en la parte de atrás de una carcacha puede ser incluso más fascinante que en un auto deportivo último modelo donde no se puede ni transpirar. Te aseguro que el auto no importa nada. Pero todo el sueño neoliberal en que habitamos nosotros apunta al auto. Es una barbaridad, porque cualquiera que lo piense bien sabe que tengo razón y, no obstante, evaluamos el nivel de desarrollo en que vivimos por la categoría del vehículo. Lo de la plata en Chile es una locura. Una enfermedad. Si algo ha conseguido el capitalismo en sus fases más avanzadas es una creciente autonomía para los individuos. El desarrollo tecnológico, uno de sus productos más impresionantes, se ha encargado de proveerla. Basta abrir el computador, y si hay dinero con qué pagar, cualquier problema material está resuelto. Las cosas funcionan. En Cuba, no. Allí tardan en suceder. Todo el tiempo que Cuba pierde en rentabilidad, está «malgastado» en construir comunidad. Para conseguir cualquier cosa hay que hacer colas o esperar mañanas enteras, y ahí la gente conversa, rabia, chismea, se informa de eso que no dice la prensa. A diferencia nuestra, hablan poco de política. Las quejas son muy concretas: que la papa, que los huevos, que la luz. Y el que diga que los cubanos sueñan con ser ricos, miente. Eso no está en sus horizontes mentales. Con esto de la apertura a los Estados Unidos esperan que la economía mejore, que haya más carne y más ropa, pero hasta ahí no más llega su ambición.

Si algo me ha gustado, querido Jorge, descubrir en el tiempo que llevo acá, en la Meca de la Revolución, es que la pobreza no es tan grave ni la riqueza tan admirable. Lo verdaderamente terrible es la marginalidad. Cuando está acompañada de miseria —en Cuba se ve poco— es simplemente una tragedia, mientras que cuando es producto de la riqueza —porque la mucha fortuna también aísla— puede que sea llevadera, y que encandilados por la admiración que provoca en nuestro mundo, esa soledad impida sopesar lo que se pierde el millonario que la experimenta.

En fin, ya te contaré más.

LA HISTORIA DE MAX MARAMBIO

«Mi padre, Joel Marambio, era un constructor civil, hijo de campesinos "avecindados", bastante pobres, de Colchagua adentro, al igual que mi madre. El padre de mi padre, desde que yo recuerdo, siempre tuvo otra familia. Esos hijos de mi abuelo eran todos menores que yo.

Luego de terminar los estudios, mi padre fundó una empresa constructora con la que ganó algo de dinero. Políticamente, hizo el clásico camino de pueblo chileno: su primera militancia fue en el Partido Radical, pero cuando tuvo todo lo que alguien de clase media puede desear, se radicalizó. Acuérdate que Colchagua era conocido como "el riñón de la oligarquía". Ahí tenían casa todos los ex presidentes de la República —los Errázuriz, los Cousiño— y construyeron incluso una línea de tren para pasar por las haciendas de los presidentes, donde recogían a sus familias y las llevaban hasta el balneario de Pichilemu.

Del Partido Radical, mi padre se pasó al Partido Socialista. Se volvió un dirigente muy respetado por las bases campesinas y al que la dirigencia miraba de reojo, porque lo consideraban un caudillo, cosa que era. Él manejaba a sus huestes socialistas por radio. "Los trabajadores de tal viña mañana deben ir a solidarizar con los de tal otra, para exigir que se respeten sus derechos tales o cuales", ordenaba desde la emisora local, y de inmediato juntaba dos mil compadres con mantas de castilla y ojotas. Después se le ocurrió que había que tomarse los fundos y el cuento fue escalando. Yo crecí en eso.

A pesar de que mi madre era profesora, repetí varias veces en la primaria. Mi padre me había regalado una montaña de libros que yo leía mientras él, ya diputado, recibía a todo tipo de gente que le iba a pedir favores: abogados, ingenieros, campesinos, obreros…

Joel estableció una relación personal con Fidel. Lo conoció formando parte de una delegación parlamentaria. En esa visita quedó la grande, porque Fidel, teniéndolos a todos enfrente en un discurso en la Plaza de la Revolución, trató al presidente Eduardo Frei Montalva de peón de los Estados Unidos, y los democratacristianos se indignaron tanto que partieron directamente al aeropuerto. Mi padre consiguió calmar en parte la situación, y los cubanos quedaron muy agradecidos con él.

La vez siguiente fue con Allende y otros, y mi padre me llevó con él. Esto fue en 1966. Yo tenía dieciocho años y estaba terminando mis estudios en el Internado Barros Arana. No tenía nada que ver con la Revolución; lo que yo quería era ser escultor, y pensaba que estudiando arquitectura podía tener una carrera que me permitiera financiar ese oficio.

La cosa es que estábamos allá y la delegación fue invitada a comer al restaurante 1830. A eso de las cuatro de la mañana —yo estaba en una esquina, medio escondido— Fidel me mira y me dice: "Y tú, ¿por qué no te quedas a estudiar con nosotros?". Con el tiempo me di cuenta de que era una conspiración armada por mi papá. Sin pensarlo mucho le respondí que sí, que me gustaría. "¿Y qué cosa es que tú quieres estudiar?", dijo Fidel. Yo le contesté: "arquitectura". Y Fidel dijo: "Muy bien. Nosotros estamos de lleno en eso de la agricultura". Y ahí nomás me quedé, totalmente incapacitado de contradecirlo.

Volvió la comitiva a Chile y yo permanecí en el hotel Habana Libre con la limusina de la ex esposa de Batista, que era el vehículo de la delegación, sin un centavo, pero con una tarjeta de crédito general en el hotel, cabaret y restaurantes incluidos. Me dejaron a cargo del ministro de Educación de entonces, un tipo muy cercano a Fidel llamado José Llanusa. Pasé dos meses en el hotel sin que nadie se acordara de mí, hasta que un día recibí un mensaje del ministro donde me comunicaba que pasaría a recogerme para ir a una conmemoración del Segundo Frente —que había dirigido Raúl Castro— en la Sierra Maestra. El mensaje iba acompañado de una mochila, un uniforme y botas. Me subieron a un avión, desembarqué en Santiago de Cuba y allá me encontré nuevamente con Fidel. Caminamos cien kilómetros por la Sierra, rehaciendo el recorrido del Segundo Frente como si fuéramos guerrilleros, pero sin serlo. Para entonces yo ya tenía el coco enteramente comido por la Revolución. Estaba echado a perder, si tú quieres.

Después de eso el ministro me incorporó a un grupo de estudios de matemáticas conducido por una eminencia de la que olvidé el nombre, y los alumnos éramos Fidel, el ministro, dos burócratas y yo. El nivel de lo que se estudiaba ahí me superaba por mucho. Como a la tercera clase le dije a Llanusa: "Oiga, Llanusa, libéreme de esto que estoy pasando puras vergüenzas". Entonces el ministro me llevó a la biblioteca de su despacho e indicó que me instalara junto a los libros, y parece mentira, pero ahí estuve tres meses. Cada vez que pasaba el ministro me decía: "Tú, chileno, tranquilo". De ese sitio me sacó Fidel en persona una mañana, muy temprano, para ordenarme formar parte de un equipo que estaba armando con los mejores graduados en ciencias agronómicas de la Universidad de Las Villas, y nos mandó a una casa en Miramar que había sido de Julio Lobo, el zar del azúcar antes de la Revolución, para desarrollar una serie de proyectos que rondaban por su cabeza.

A esa altura yo había llegado a la conclusión de que el deber de un revolucionario no era otro que hacer la revolución. Y como le había dado cauce a todas mis angustias y a todos mis anhelos a través de esta misión, en un paseo con Fidel por el jardín de esa casa de Miramar, de pronto le dije: "Comandante, tengo que confesarle algo: lo único que quiero es ser guerrillero".

En ese tiempo el Che acababa de partir a Bolivia. Yo le dije a Fidel: "Me quiero ir con el Che". Pero no me dejó. "Tú eres muy joven y esto es por etapas", me dijo. Yo insistí que lo único que quería era hacer la revolución, y tanto jodí que me mandó a los Petis, que eran unas escuelas de guerrilla en Pinar del Río, a cargo de las huestes del comandante Piñeiro. Hice un año de instrucción con otros militantes latinoamericanos que andaban en lo mismo que yo. Barbarroja Piñeiro era el encargado de promover la subversión en América Latina desde una oficina que luego fue el Departamento América, pero que entonces se llamaba Liberación. Ahí veíamos táctica, estrategia, teorías conspirativas, lucha de localidades, lucha de guerrillas, preparación de armamento casero que iba desde una escopeta hechiza hasta un lanzamisiles, hechos y probados por nosotros.

Estuve un año en eso, entrenando en los Petis de Pinar del Río. En esos campamentos me tocó estar con jefes revolucionarios de distintos países, como Abal Medina, el fundador de los Montoneros, Fabio Vásquez Castaño, jefe del ELN colombiano, y otros que al usar nombres falsos no sabría decir quiénes eran. Yo pasé de llamarme Max Marambio a llamarme Aurelio Roca.

Ahí estaba cuando mataron al Che, a finales de 1967. Pedí partir a luchar con el Ejército de Liberación Nacional (ELN) de Bolivia, fundado por Coco Peredo, pero también mataron a Coco. Y en eso me invitan a una reunión del Congreso Latinoamericano de Estudiantes (CLAE) que se realizó en el hotel Habana Libre, donde conocí a un personaje chileno, penquista, médico, que me fascinó. Se llamaba Luciano Cruz Aguayo. Yo debo haber tenido veinte y él unos veintiséis.

Le dije a Luciano que me encantaría ir a hacer la revolución a Chile, y él me cuenta que pertenece a un grupo de estudiantes que está en eso y que se llama MIR. El problema fue que Luciano se enamoró de Clarita, tuvo un hijo y decidió quedarse en Cuba. Dejó botada la presidencia del gobierno estudiantil de la Universidad de Concepción y hasta que no se le pasó la calentura no se movió de La Habana. Recién después de un año regresó a Chile.

Nos vinimos juntos, me presentó a Miguel Enríquez e hice una alianza con ellos. Mi padre tenía todo planeado para que yo, apenas cumpliera los veintiún años, ocupara su puesto de diputado, pero en vez de eso le pedí que me presentara a su gente —una confederación de más de treinta mil campesinos— para organizar unos maquís, milicias capaces de botar torres y hacer cagadas varias, y le planteé a este lote de estudiantes que nos dejáramos de tonteras y armáramos un foco. Mi papá se cuadró enseguida.

A Miguel y compañía les gustaba más el leninismo que la guerrilla. Preferían las bases amplias, el trabajo de masas. Pero a las finales se convencieron de la teoría del foco guerrillero y concluimos que para darle curso lo mejor era explorar la cordillera de Nahuelbuta. Entonces se creó una fracción que se mudó a Santiago, empezamos a mandar gente a Cuba y organizamos la primera dirección conjunta del MIR. Éramos doce huevones: un tipo del Instituto Pedagógico, el "Chico" Zorrilla, Aedo —que murió de los riñones—, el "Conejo" Grez, que era una especie de lumpen, Andrés Pascal —a quién llamábamos "El Pituto", porque su parentesco con Salvador Allende facilitaba muchas cosas—, Edgardo, el hermano de Miguel, que era el jefe del regional Santiago, Bautista van Schouwen, maravilloso médico y persona… Lo cierto es que casi todos ellos tenían trabajos para sobrevivir y ninguna predisposición para la violencia. No tenían en sus cabezas que un día necesitaran matar para seguir con vida. Para ellos, la violencia era un detalle técnico de la ideología. A un cierto punto yo mismo les planteé: "¿tenemos claro que queremos hacer la revolución? ¿Y que la revolución se hace por la vía armada? ¿Sí o no?". Acordamos que sí. Entonces nos repartimos las tareas, y mientras unos quedaban a cargo de la lucha política, otros nos encargábamos del brazo armado. Ahí estaba yo, en el brazo armado.

Organizamos una escuela en la localidad de Neltume, donde estaba José Gregorio Liendo, más conocido como el "Comandante Pepe". Como la lógica era siempre "los jefes primero", partimos toda la dirección a hacer una exploración a la cordillera de

CUBA. VIAJE AL FIN DE LA REVOLUCIÓN

Nahuelbuta, con el fin de delimitar el campo en que iniciaríamos la guerrilla. A buscar el agua en que nadaríamos, que era la población de allí, donde, siguiendo la definición de Mao Tse Tung, nosotros seríamos los peces. A Andrés Pascal se le hincharon los tobillos en el primer día de marcha y tuvimos que bajarlo en parihuela. Para cruzar con Pascal el lago Caburgua, que era el único modo de salir de ahí, debí empeñar mi reloj por unos pocos escudos (la moneda de entonces) en un boliche del lugar. Corría el año 1968. La exploración llegó hasta la frontera argentina, donde tuvimos un pequeño incidente con un retén de gendarmería, que pudimos haber tomado gracias a nuestra superioridad de fuego, pero nos dimos cuenta de que no convenía robarle las armas a esos gendarmes porque generaríamos un lío que no éramos capaces de administrar. Concluimos que no había agua para el nado de los peces. No teníamos con quién crecer y generar una fuerza revolucionaria. No había hoguera para incendiar la pradera.

Empezamos a asaltar bancos —asaltamos cuatro o cinco— y todo esto aparecía en la revista *VEA*, donde eran publicadas nuestras acciones como si se tratara de una telenovela. Nosotros, la verdad, éramos bastante teatrales: colgábamos lienzos a la salida de esos bancos que decían "EXPROPIADO POR EL MIR".

Mientras Miguel Enríquez se dedicaba a escribir documentos sesudos, yo presionaba por hacer más acciones. Planeamos asaltar el regimiento de Peldehue, donde uno de los capitanes era hermanastro de Luciano Cruz. El tipo nos abrió la puerta y comenzamos a reclutar oficiales y suboficiales, pero solo convencimos a un teniente que había sido condecorado en la Escuela de las Américas, en Panamá, que se llamaba Mario Melo Pradenas, un negro que parecía africano, aunque era más chileno que los porotos. La inteligencia de los milicos detectó lo que estábamos tramando y el comandante Escauriaza se encargó de limpiar a los conspiradores.

En esto andábamos cuando se nos apareció la elección del año 1970 y Salvador Allende nos dice: "si ustedes, cabros, andan haciendo estas acciones directas, yo no tengo ninguna posibilidad de ganar.

Paren. Denme una chance". Parar significaba también la pobreza del MIR, porque vivía de esos asaltos. Andábamos todos en la clandestinidad. En la prensa figurábamos con nuestros nombres y apellidos como unos forajidos. Los doce de la dirección aparecíamos en pasquines con fotos tamaño carnet y la leyenda "Se Busca". Allende ofreció entregarnos los recursos necesarios para la subsistencia de la organización, "pero paren, por favor", nos dijo. Y nosotros decidimos darle una posibilidad a este viejo socialdemócrata y amarillo, aunque estábamos seguros de que iba a perder y que, si llegaba a ganar, le iban a dar un golpe. Acuérdate que entre los doce estaba Andrés Pascal, sobrino de Allende. Entonces Allende nos dijo: "yo quiero que, de ganar, ustedes se hagan cargo de mi seguridad". Él era ambiguo con el tema revolucionario. No te olvides de que era presidente de la Organización Latinoamericana de Solidaridad (OLAS), que estaba compuesta por distintas orgánicas revolucionarias del continente y seguía los lineamientos guerrilleros de Cuba, mientras por otra parte continuaba siendo presidente del Senado de Chile.

Nunca nos tomamos en serio su triunfo, pero sucedió. Y ahí estuvimos. Yo era el que tenía más experiencia militar y me fui a trabajar con él. Me tocó organizar la base de su seguridad, hacerme cargo de articular el GAP (Grupo de Amigos del Presidente). Mi vínculo con Cuba en este tiempo se limitaba a mandar gente para entrenar allá, pero no tenía ningún nexo formal con la isla.

Cuando se produce el golpe de Estado yo me voy a la embajada cubana y no a La Moneda, porque entre los miembros del cuerpo diplomático estaba uno de mis grandes amigos de cuando me entrené en Pinar: un miembro del Departamento América llamado Fernando Comas, conocido por todos como el "Cojo Salchicha". Todo esto está en mi libro *Las Armas de Ayer*. En ese tiempo mi nombre era Ariel Fontana. De huevón nomás, porque debería haber sido Max Marambio. Era por la estúpida costumbre de andar con chapa. No te olvides que éramos unos pendejos. Yo tenía veintitrés años y aunque me presentaba como Ariel, todos conocían mi nombre verdadero.

La noche del 10 de septiembre me pasan el dato —proveniente de un infiltrado en Patria y Libertad— de que el capitán Cristián Hakernet pretendía volar el tren metalero que iba de Sewell a San Antonio. Partí a la casa de Allende en Tomás Moro para contarle. Estaba con Tohá, su ministro del Interior, Joignant, su jefe de Investigaciones, y con el intendente Estuardo. No sé cuánto rato me hizo esperar, pero cuando por fin pude verlo y darle la información, me dijo: "Encárguese usted de que no suceda". Yo le contesté que la única manera de impedirlo sería entrando en combate, y él no cambió de parecer: "Vaya y hágalo". No podía creer lo que me pedía, porque eso significaba detonar el golpe, pero lo que yo no sabía era que a la misma hora llegaban noticias de la insurrección de la Armada en Valparaíso. Allende se encabronó. Le dije que no estaba dispuesto a asumir esa responsabilidad, pero insistió, de modo que partí a Rancagua, donde supe que la orden de atentado había sido revocada. La cosa es que esa misma noche, a las seis de la mañana, media hora después de acostarme, me llama el Cojo Salchicha y por él me enteré de que el golpe ya estaba en curso. Agarré mi fusil M1 y partí a la Embajada de Cuba. Había barricadas en la zona del colegio Saint George. Al llegar, el Cojo Salchicha me pasó un módulo de combate: chaleco antibalas, fusil, granadas, etcétera. Automáticamente pasé a formar parte del contingente a cargo de defender la embajada, que obviamente se volvió un blanco de los golpistas. Subí al tercer piso a ponerme en posición de tiro. Ese día hubo un enfrentamiento muy nutrido y con muchas bajas, sobre todo del ejército. Hasta ese momento yo no tengo ninguna relación orgánica con Cuba. Era lo que ellos llaman «un vínculo de confianza». Y tanto podían confiar que me dejaron solo en la embajada. Solito. Todos se fueron el día 12, porque rompieron relaciones. Yo quedé a cargo de ciento setenta fusiles y treinta lanzacohetes, un verdadero arsenal que acabamos sacando en el doble fondo de una liebre Mercedes Benz y de otros varios autos, también en balones de gas, todo esto con la ayuda de gente de los Tupamaros y de una funcionaria de la embajada sueca que después fue mi pareja por tres años.

De ahí llegué a Cuba. Un oficial de Tropas Especiales que había formado parte de la delegación diplomática en Chile reconoció que se avergonzaba de que me hubieran dejado allá solo. Yo era el único que no tenía la obligación de estar ahí, y el único que se había quedado. Y la vergüenza más grande que tenía, dijo, era que los guardias, los soldados cubanos, no se habían comportado a la altura. Sostuvo que el único que había estado digno era el embajador, que no quería dejarme, y a quien yo mismo tuve que convencer de que se fuera. Lo que estaba detrás de esto era una crítica feroz a toda la jerarquía, donde el único que no tenía responsabilidad era Fidel, porque estaba en la India.

Yo creo, no me consta, pero tengo derecho a creerlo, que esto a Fidel le generó un compromiso conmigo. Sintió que me debía algo. Sospecho que ahí, sin saberlo, tuve mi primer cruce con Raúl Castro, porque estaba en el hotel Habana Libre cuando llega Piñeiro y su círculo cercano, y me ofrecen entrar a la Escuela Superior de Guerra, dependiente de las Fuerzas Armadas, para formar parte de un Estado Mayor destinado a la resistencia chilena. Les contesté que no quería saber más de Chile, que ya había hecho todo lo que tenía que hacer ahí, y que lo único que me quedaba era bronca. Habíamos desperdiciado una oportunidad histórica y yo prefería combatir en cualquier otra parte del mundo. "Permítanme formar parte de Tropas Especiales para estar lo antes posible en combate por algo que valga la pena", les dije. Me respondieron que lo plantearían y al rato vinieron mis amigos de Tropas Especiales, que eran muchos, y me dijeron "supimos que te vienes con nosotros". Nunca antes había ingresado un extranjero a ese contingente, ni tampoco entró otro después. Yo fui el único en toda la historia de la Revolución cubana.

En ese momento, formar parte de Tropas Especiales era participar del grupo más insigne de la Revolución. Para cualquier familia cubana eso se parecía a habitar en el Olimpo, así implicara sacrificios e incluso poner la vida en riesgo. Aquí comienza de verdad mi historia cubana. Todo lo demás fue un prólogo», dijo Max, y bebió un vaso entero de agua.

★★★

El 31 de diciembre de 1966, tras casi dos meses escondido en la selva boliviana de Cochabamba con un puñado de guerrilleros, sin todavía disparar un tiro que no fuera para matar pavos, palomas, cotorras, monos o ciervos que una vez heridos no podían encontrar, el Che Guevara escribió en su diario:

> «A las 12 hicimos un brindis en que (Monje) señaló la importancia histórica de la fecha. Yo contesté aprovechando sus palabras y marcando este momento como el nuevo grito de Murillo de la revolución continental y que nuestras vidas no significaban nada frente al hecho de la Revolución».

Eso en Bolivia, en medio de la selva. Pero cuando una nueva fe alcanza el poder, comienza su transformación, su conversión en Iglesia. De pronto, lo que era un sentimiento se volvió dogma, las fuerzas transformadoras se cristalizaron en mandamientos, el impulso indómito fue sometido por aquellos que evolucionaron de profetas a cardenales. Fue lo que pasó en Cuba con la palabra Revolución, pensé, cuando el escritor Carlos Manuel Álvarez me dijo que las mejores razones para ser crítico del régimen se las había dado Fidel Castro: «Revolución —había dicho en la Plaza de la Revolución— es sentido del momento histórico. Es cambiar todo lo que debe ser cambiado. Es igualdad y libertad plena. Es ser tratado y tratar a los demás como seres humanos. Es emanciparnos por nosotros mismos y con nuestros propios esfuerzos. Es defender valores en los que se cree al precio de cualquier sacrificio. Es modestia, desinterés, altruismo, solidaridad y heroísmo. Es no mentir jamás ni violar principios éticos. Es convicción profunda de que

Las fotografías que acompañan este libro las tomé entre 2015 y 2018, periodo en que transcurren la mayor parte de las historias relatadas aquí. Muchas de las situaciones que describo se encuentran contenidas en estas imágenes. Enmarcar con la vista antecede al acto de narrar. De allí que las fotografías digan, con su propio lenguaje: «sucedió y yo estuve ahí».

no existe poder en el mundo capaz de aplastar la fuerza de la verdad y las ideas».

—Y como yo soy revolucionario —me dijo Carlos Manuel— considero que esto no puede seguir así.

★★★

Fuerzas Especiales

Terminado el vaso de agua, Max Marambio continuó con su historia:

«Mi primera tarea como miembro de Tropas Especiales fue ir a la guerra en El Líbano. Partí a Beirut en 1975 para asesorar a la gente del Frente de Rechazo —que era como el Partido Comunista de la OLP— en lo que se llama "combate de localidades", una técnica que tiene que ver con la guerrilla urbana, con métodos conspirativos, chequeo y contrachequeo de identificación, todas cosas de las que ellos no tenían ninguna idea. El Frente de Rechazo no aceptaba las conversaciones de paz que se estaban teniendo en ese momento y nosotros éramos los llamados a dar instrucción urbana a algunos de sus militantes. Participaba de las inteligencias, hacíamos las cosas más extrañas y aparentemente arbitrarias.

En eso me pasé como ocho meses, hasta que empecé a mear sangre y llegué a un médico que me diagnosticó estrés. Teníamos un departamento en Praga para ir a descansar cada tres semanas, para poder sobrevivir, porque estábamos en una tensión permanente feroz. Ponías la vida en juego todos los días. Te podían matar en cualquier momento unos pendejos de doce años que deambulaban por ahí con los ojos brillantes y cargando unos AK de su mismo porte. Estaban a la espera de cualquier gesto para meterte una ráfaga. Adolescentes que no conocían siquiera la palabra Cuba.

Estaba en El Líbano y me entero de que sale el primer avión desde Cuba a Angola. Ahí vuelvo a La Habana y le pido a Fidel que me mande para allá. Me dijo que no. Que esto no era un asunto de gustos. Que cada uno tenía que hacer lo que debía, y esa no era tarea para mí en ese momento. A cambio me enviaron a Vietnam para aprender cómo actúa un pelotón de combate. El entrenamiento consistía en ir de Hanói a Saigón, más de ochocientos kilómetros, a pie. Moviéndote igual que una guerrilla para entender cómo reaccionar ante distintas eventualidades. Vietnamitas que habían estudiado en Cuba nos servían de traductores. Era un entrenamiento de resistencia. Yo bajé veinte kilos en un mes.

Tengo tres fotografías en mi oficina: una de José Martí, una tela que me traje de Vietnam con la cara bordada de Ho Chi Min, y su frase: "nada es imposible; el único obstáculo es que el corazón no persevere". Eso resume mejor que cualquier ideología esta historia. Este huevón armó un frente, se encabronó con los franceses y los echó de Indochina. Ahí nacen Laos, Camboya y Vietnam. Después se sintió viejo y renunció. Hay que aprender de los vietnamitas. La tercera fotografía es de Fidel.

El año 1985, Andrés Pascal me va a ver a Cuba con un grupo de miristas y me dice: "tú sabes que a nosotros nos fracasó un atentado al Mamo Contreras con una bomba lapa (conocida como mina vietnamita) que pusimos en el techo de su auto y no explotó. Nos falló por razones inexplicables. Ahora tenemos todos los medios para hacerle un atentado a Pinochet, pero no tenemos jefe y te queremos pedir que tú te hagas cargo". Yo había dejado el MIR antes del golpe de Estado, cuando Allende rompió relaciones políticas con el partido, porque le estaban haciendo la vida imposible como oposición por la izquierda. Entonces yo dije "me voy".

Aunque no quería nada con Chile a esas alturas, igual le contesté que estaba dispuesto, pero que no lo podía decidir por mi cuenta. Yo era un teniente coronel de las Tropas Especiales, de manera que algo así, obviamente, debía consultarlo. Le pedí a Fidel una reunión y cuando me escuchó plantear la idea, se enfureció: "por ningún motivo", dijo. Luego me preguntó: "¿Por qué tendrías tú que hacerle un atentado a Pinochet?". Me sorprendió su duda, pero argumenté que era para apurar una transición que se veía sin contrapeso. "No", me dijo, "para eso me la juego con el Frente Patriótico. Estos muchachos —se refería al MIR— están intoxicados de teoría". Y dijo:"Son tantos los compañeros valiosos a los que no pude cuidar. No quiero que eso suceda más. No me parece que tú tengas que arriesgarte en esto. Si el Che estuviera vivo, ¿te imaginas cómo nos habría ayudado en este proceso? Yo tuve que cuidarlo siempre en la Sierra, porque se quería hacer matar. Pero el Che me exigió prometerle, antes de partir en el Granma, que cuando él quisiera ir a Argentina a hacer la revolución yo lo iba a apoyar. Y él consideraba lo de Bolivia como un trampolín para Argentina". Salí de esa reunión y le informé a Pascal que no estaba autorizado».

Old Glory
(Agosto de 2015)

Si se le pregunta a un peatón del barrio habanero de La Víbora o Lugardita por el restablecimiento de relaciones con Estados Unidos, lo más probable es que responda «para mí no ha significado nada». Según Rafael Grillo, mi amigo periodista que vive en Regla y que acaba de cambiarse los dientes, esta buena onda con los *yuma* se puede acabar en cualquier momento, bajo cualquier excusa. En el instante mismo en que el gobierno perciba una amenaza complicada, la famosa «mesa de conversaciones» pasará, según él, a mejor vida. «Lo que algunos no entienden, o que en otras partes no pueden entender», me dijo Grillo, «es que este gobierno hace lo que quiere, pero de verdad lo que quiere. Así sea la cosa más descabellada, si quiere la hace. No les importa lo que piensen o quieran los demás. Están acostumbrados a ir contra la corriente». Es decir, para Grillo, todo depende de qué tanto le aporte esto a la sobrevivencia del régimen. Ibrahim, el ex miembro del Departamento América al que me referí páginas atrás, tampoco es optimista, pero por las razones contrarias: «confiar en los americanos es una ingenuidad, chico. ¿Conoces la parábola del alacrán y el sapo? Así mismo son ellos: el alacrán no puede dejar de picar, porque es un alacrán». A continuación me explicó que esto no es problema de Obama, que él puede querer muchas cosas, pero «el sistema» no lo va a dejar. «El bloqueo no terminará pronto. Aquí tampoco el Estado soltará el control tan fácilmente y Raúl, si está bien de salud, aunque dijo lo contrario, seguirá en el gobierno más allá del 2018», dictaminó.

Rafael Grillo.

Por todas partes planea la sensación de que la patria socialista ya está embarcada en un proceso de cambios impredecibles, solo que la fe en los cambios, al cabo de tanto tiempo sin verlos, se vive sin ninguna intensidad.

Políticamente, Cuba es el reino de los subentendidos. A falta de una prensa libre, el intento por descifrar el verdadero sentido de un gesto o una declaración cuenta con pocos datos y muchos supuestos. En otros términos, cunden la suspicacia, las teorías conspirativas, las hipótesis indemostrables.

—¿Y Fidel? —pregunto a Ibrahim.

—Él ya declaró que no confía en la política de los Estados Unidos. Lo dijo en enero y lo acaba de repetir en su columna del *Granma*, donde recuerda las sinvergüenzuras del imperio y su deuda con nosotros por el boicot.

—¿Crees que todavía tiene injerencia política?

—Claro que sí —sentenció—. Recuerda que al traspasarle el poder a su hermano, quedó establecida por ley su capacidad de veto en las decisiones importantes.

Lo que piensa Ibrahim no es, sin embargo, lo que se respira al pasear por las calles de La Habana. La imagen todopoderosa de Fidel Castro se ha ido desvaneciendo con rapidez. Un amigo me contó que para su hijo de trece años no alcanzó a existir como ícono imponente, porque lo conoció siendo el viejito encorvado de sus últimas apariciones. A la señora Ruth, en cambio, la octogenaria dueña de la casa donde me quedo, le sigue pareciendo el hombre atlético y buenmozo de décadas atrás, «el más inteligente de todos, un hombre que si hubiera varios como él, este mundo sería otra cosa». Para la mayoría, sin embargo, es ya una sombra fantasmal. Está cada día menos presente en las conversaciones de pasillo o las mesas con ron en que se debate el presente y el porvenir de la Revolución. Fidel se ha ido convirtiendo en un grito, una consigna o un cartel, desprovisto de autoridad. El 13 de agosto cumplió ochenta y nueve años, y la televisión exhibió programas especiales sobre su vida y obra, con imágenes como las que guardaba en su cabeza la señora Ruth, pero también otras actuales donde cuesta adivinar la vitalidad del guerrillero, del orador inagotable, del conversador insomne. Ese mismo día se inauguró en la Plaza de la Revolución, al interior del monumento a José Martí, una exposición de su hijo Alex con fotografías de su padre y una muestra de pinturas en las que todavía asoma como un dios lejano. Apenas había público escuchando los villancicos en su honor que los niños del coro «Cantata» interpretaban en el hall del recinto. Según leí en un portal de internet, el coro «fue ovacionado por los presentes por su frescura en el repertorio, afinación y empaste vocal.»

En el Malecón, la noche del 12 de agosto, las Juventudes Comunistas le organizaron un espectáculo, que tampoco tuvo mayores repercusiones, pese al simbolismo del lugar elegido: la Tribuna Antiimperialista, también conocida como «Protestódromo», justo frente a la embajada norteamericana, donde al día siguiente del cumpleaños de Fidel llegaría el canciller John Kerry a izar la bandera de su país —la *Old Glory*— cincuenta y cuatro años después de arriarla en plena Guerra Fría. El *Granma* y *Juventud Rebelde*, los dos principales periódicos de la isla —que no superan las dieciséis páginas en papel roneo y con fotos en blanco y negro—, esa mañana del 14 de agosto de 2015 titularon: «Fraternal encuentro de Fidel con Maduro y Evo», con una imagen de ellos reunidos en un living ocupando media portada. Completaban la página otras dos noticias con ilustraciones y, en una esquina inferior, minúsculo, un llamado que rezaba: «Hoy, ceremonia de reapertura de la Embajada de Estados Unidos en La Habana», sin epígrafe ni destacados. Esa madrugada, los noticieros más importantes del mundo, todos con equipos montados en plataformas dispuestas para la ocasión o desde los balcones de los departamentos vecinos, concursaban por la mejor toma para transmitir un hecho calificado unánimemente de «histórico». Los titulares del *Granma* y de *Juventud Rebelde*, sin embargo, son enviados a la redacción de esos diarios por el Departamento de Orientación Revolucionaria del Comité Central del Partido Comunista, lo que explica que muy frecuentemente, y por cierto esta vez, salgan literalmente iguales.

—¿Quiere decir —le pregunté a Max Marambio en Chile unos días después— que el comandante todavía tiene *palanca*? Porque si en lugar de publicitar este gran acontecimiento gestionado por Raúl, la prensa oficial prefiere celebrar su cumpleaños 89, da para pensar que al menos ahí la influencia de Fidel se mantiene fuerte, ¿no?

—¡Qué va! —me respondió—. La última vez que yo lo vi, un par de años después de renunciar a la presidencia en 2008, no solo estaba físicamente enfermo, ¡muy enfermo!, sino además desalentado. Entonces comentó: «me cuesta encontrar aquí un ministro en el cual confiar». Date cuenta, ¡Fidel Castro diciendo eso!

Max, que también se considera una víctima del cambio en la malla gobernante, insistió:

—Ahora son otros los que mandan. Los hombres más próximos a Fidel están todos fuera: Felipito, Robertico, Lage, yo mismo. Aquí deciden las Fuerzas Armadas, las huestes de Raúl.

Y agregó:

—¿Te fijaste en las fotos que pusieron de su encuentro con Evo y Maduro?

En esa foto Fidel está siempre sentado, decaído, con alguien ayudándole a tomar la copa y un frasco de remedios en la mano, incluso con una servilleta de género amarrada al cuello como un babero. Si una imagen dice más que mil palabras, ahí el mensaje es evidente: que ese viejito no gobernaba ni su cuerpo.

Hoy por hoy, cunden los discursos paradójicos en Cuba. Durante las jornadas previas al izamiento de la bandera norteamericana, agentes del Estado recorrieron las viviendas aledañas a la embajada invitando a sus residentes a celebrar el evento con «entusiasmo». Si durante medio siglo la lucha antiimperialista fue el principal *leit motiv* de la Revolución, hoy son palabras de buena crianza las escogidas por sus autoridades para referirse a los vecinos. Prefieren hablar con afecto del «pueblo» norteamericano para evitar alabanzas a la Casa Blanca, y aunque nunca dejan de insistir en que el camino del reencuentro será largo y ripioso, es evidente el cambio radical en el trato del asunto. Los habaneros hacen chistes con esto. «Los gusanos se convirtieron en mariposas», escuché por ahí. Ya no son los gobiernistas quienes repudian a las autoridades del imperio, sino ciertos grupos de disidentes, especialmente la fanaticada anticastrista de Miami y, en sordina, los nostálgicos de Fidel, aunque estos últimos jamás lo gritarían. Berta Soler, presidenta de la Damas de Blanco, rechazó la invitación que le hizo Kerry para asistir a una recepción en la residencia del embajador De Laurentis, por considerar que en esta operación de acercamiento «los Estados Unidos están siguiendo el juego de la dictadura castrista, pasando por alto que se trata de una dictadura, y olvidando las violaciones a los derechos humanos». Antonio Rodiles, otro dirigente de la disidencia, reclamó además que las autoridades norteamericanas «están defendiendo el derecho de los extranjeros a invertir en la isla, pero no el de los mismos cubanos», y tampoco aceptó ir.

Los escuché a ambos en el parque Mahatma Gandhi, el domingo 16, dos días después de la reapertura de la embajada.

El apagón

La noche del 13 de agosto cenamos en el departamento de la novelista Wendy Guerra y el pianista Ernán López-Nuza. Estaban Damaris, una cubana que lleva más de diez años viviendo en Chile, pero a la que Chile no le ha contagiado nada, y Jon Lee Anderson, escritor y reportero de guerra, gringo, cubanólogo, autor de la mejor biografía de Ernesto «Che» Guevara y abocado hace más de un lustro a terminar la de Fidel. También se encontraban allí Pepe Horta, ex director del Festival de Cine de La Habana —que un día llevó la película *Fresa y Chocolate* a los premios Oscar, y por razones que sería largo e impertinente detallar, tardó una década en volver— y Paula Canal, editora de Anagrama, que llegó de vacaciones a La Habana y transcurridas dos semanas decidió que quería vivir ahí, si no para siempre, hasta nuevo aviso. No son pocos los que se enamoran instantáneamente de la isla. A mí también me sucedió. Y estaba Juanpín, vecino de Wendy, casado con la hija del fusilado general Arnaldo Ochoa.

Entre las cosas difíciles de explicar en Cuba es que mientras *Todos se van* —como reza el título de una novela de Wendy—, otros que han vivido de cerca las leyendas más negras de la Revolución, se quedan. Es el caso de la familia de Arnaldo Ochoa y Antonio de la Guardia, condenados a muerte, según la versión oficial, por tráfico de drogas, aunque la mayoría explica sus ejecuciones como un ajuste de cuentas al interior de la cúpula del poder, en cuyo círculo social sus parientes siguen participando.

De pronto, se cortó la luz en esa parte de Miramar. Juanpín se quejó de que era el tercer apagón en lo que iba de esa semana. Damaris preguntó: «¿No serán cortes programados?» Yo había escuchado que en la periferia se estaba comentando eso, que en Boyeros llevaban días sin luz y que también en Alamar comenzaba a suceder con frecuencia, pero en lugar de ahondar en el asunto, Damaris gritó: «¡Luz interior, entonces!», y cogiendo la botella se puso a rellenar las copas, mientras algunos activaban las linternas de sus teléfonos celulares que, depositados sobre la mesa, centelleaban como estalactitas.

Dentro de unas horas llegaría Kerry a izar la bandera de los Estados Unidos, pero solo Jon y yo pensábamos presenciar la escena. El suceso mismo apenas convocaba la atención de los comensales. Pepe había regresado a la casa en que murió su madre, Damaris se arrancaba a la isla cada vez que podía para sentirse entera, mientras que Wendy arrancaba de ella, cada vez que podía, por el mismo motivo. Ni siquiera Juanpín deseaba un cambio radical. Todos ellos, críticos, informados, inteligentes, a su manera, se sabían parte de una historia compleja, llena de dolores, absurdos y maravillas. Ninguno había dejado de sentir el peso del Estado en sus vidas, pero incluso Wendy —que en cuanto puede, reclama— adelantó su regreso de Miami la semana antes, huyendo de la monserga reaccionaria. «Yo», me dijo, «de Cuba amo hasta sus defectos».

Los Estados Unidos apuestan a que el proceso liberalizador seguirá su curso en la medida que Cuba se incorpore al mundo, y permitírselo es también su responsabilidad. Son ellos quienes le impusieron el bloqueo. Cuba ya no es un satélite soviético, ni apoya guerrillas en Latinoamérica —en el caso de las FARC, ayudó a desactivarlas—, ni exporta la Revolución, como en tiempos de Ibrahim. A duras penas abastece su mercado interno. Ya casi no se habla de «socialismo», ni del «hombre nuevo». Sin embargo, hay un modo de vivir en La Habana que solo quienes la conocen en profundidad pueden percibir, como un tesoro en medio del barro. No son lingotes de oro, ni nada parecido a la riqueza material. Es todo lo contrario: una fortuna que recién aparece cuando ganar no importa tanto, cuando «resolver» —como dicen allá— no es obtener lo que se quiere sino poder seguir adelante, acomodar los deseos, depender de los otros y de las circunstancias más que de la propia voluntad. Dado que en Cuba las cosas no funcionan, siempre se necesita ayuda. Los logros más entrañables de la Revolución son fruto de sus fracasos. De las ruedas que se «ponchan», las luces que se apagan, los ingredientes que faltan, la burocracia que obstruye, la imposibilidad de disponer a ciencia cierta. Errores a los que nadie podría aspirar, ni gobierno alguno convertir en promesas de campaña, pero que generan una vida comunitaria muy difícil de conseguir ahí donde impera la eficacia y la rentabilidad, como en el país de la *Old Glory*, la bandera que Kerry llegó a izar.

El izamiento de la bandera

El 14 de agosto de 2015, cuando John Kerry, Secretario de Estado de los Estados Unidos, llegó a territorio cubano para presidir el izamiento de la bandera en la embajada de su país, Alfredo Guillermo Rodríguez, conocido como «El Viejo Alfredo» o el «Padre de la Disidencia en Cuba», no pudo salir de su casa para presenciar el acontecimiento. Según me dijo, se lo impidió «la seguridad». Nos habíamos conocido la mañana del 20 de julio, cuando la embajada norteamericana recuperó su calidad de tal y Alfredo congregó la atención de los periodistas alegando respeto a los derechos humanos. Volvimos a encontrarnos caminando por la calle Calzada, la tarde del 14 de agosto. Él venía de comprar dos paquetes de tallarines, un aguacate y un litro de leche que cargaba sin bolsas en los brazos. Fue entonces que me contó de las nueve horas que lo retuvieron en su casa, con guardias en la puerta, para que no saliera a protestar. «El Padre de la Disidencia» —y muestra un recorte de diario plastificado que acredita el apelativo— esa tarde volvió a narrarme su historia de ex revolucionario, cuando asaltó el Palacio de Gobierno en tiempos de Batista y vio morir a tres de sus «hermanos», cómo después Fidel lo defraudó y de la vez que casi le rompieron las costillas por participar en una manifestación.

Fueron pocos los cubanos que asistieron ese viernes 14 a la ceremonia del izamiento de la bandera. Además de los cerca de doscientos invitados entre periodistas y autoridades, afuera de la embajada los curiosos no superaban los seiscientos, gran parte de ellos extranjeros. Los canales de televisión de todo el mundo arrendaron balcones en los edificios aledaños para tener la mejor vista o nuevos tiros de cámara. En otros balcones se apostaron francotiradores. Desde los pocos edificios altos que hay en esa parte del Vedado —uno de ellos, la copia en miniatura del Empire State de Nueva York—, las autoridades colgaron inmensas banderas cubanas. Cerraron las calles en varias cuadras a la redonda, más o menos en el mismo radio en que comunicaron a sus residentes que contaban con su «entusiasmo» para la jornada. Repararon calles y pintaron fachadas por los lugares donde pasaría Kerry con su comitiva de Mercedes Benz negros y camionetas blindadas.

—Ojalá, hermano, ese san Kerry se hubiera ido poh mi calle —me dijo uno.

Ese viernes hizo calor desde temprano. No existía gran expectación entre los transeúntes. Nadie ignoraba el suceso, pero la vida en La Habana continuó su ritmo sin conmoverse. A eso de las ocho de la mañana, cuando llegué a la Tribuna Antiimperialista —que es de suponer que cambiará de nombre—, eran poquísimos los curiosos. A las nueve apenas superaban el centenar. Tres Chevrolets descapotables, Impalas del año 56 y 57, flamantes, estacionados justo detrás del atril de los discursos y el mástil de la bandera, estaban posicionados a manera de telón de fondo, entre la ceremonia y el mar, para completar la postal cubana captada por las cámaras.

A las 9.02 aterrizó Kerry en La Habana. Los miembros de la orquesta, vestidos con trajes negros, botones dorados y bordes amarillos, fueron ocupando su lugar, mientras entraban unos cardenales. Kerry es católico, se aprontaba una visita del Papa a la isla y el Vaticano ha jugado un papel protagónico en este cuento. La orquesta, para divertirse, empezó a tocar «Moliendo Café» con las trompetas y los bronces, y después «Guantanamera» y otra que no supe reconocer. Los miembros de la Seguridad cubana se paseaban con guayaberas blancas de manga larga, y los invitados, algunos demasiado formales para soportar el calor, se echaban viento con abanicos decorados como la *Old Glory*. A las nueve y media el sol picaba con fuerza. «¡Cómo está el indio ardiendo, chico!», escuché decir a mi lado. A las 9.38 llegó Kerry y su caravana de autos, camionetas y buses a la entrada lateral del edificio, pero recién salió a escena a las 10.06. Ocho minutos más tarde la banda comenzaba a tocar el himno de Cuba, y uno que me rozaba gritó: «¡Viva Cuba Libre! ¡La que fue, la que es y la que será siempre!». El poeta Richard Blanco, hijo de exiliados cubanos y homosexual público, el mismo que recitó para la segunda asunción de Obama, leyó el poema «Cosas del Mar», donde habló de fotos, caracoles y espejismos, y terminó diciendo: «Para respirar juntos / Para sanar juntos». El restablecimiento del diálogo entre Cuba y Norteamérica también implica el encuentro de familias de carne y hueso, de amores rotos, de historias quebradas.

Todo sucedió muy rápido. A las 10.17, Kerry empezó su discurso. El Secretario de Estado partió disculpándose por el atraso —de apenas quince minutos, lo que para un lugareño puede considerarse puntualidad extrema—, reconoció el fracaso de las políticas hostiles llevadas a cabo por los diez últimos presidentes norteamericanos en contra de la Revolución, para constatar que «después de todo, son los cubanos los que tienen que moldear el futuro de Cuba». Cuando terminó de hablar, avanzaron con la bandera en sus brazos los viejos Larry, Mike y Jim, quienes la entregaron a tres jóvenes marines, todavía sin barriga, como ellos mismos el año 1961, cuando después de la invasión a Bahía Cochinos y antes de la Crisis de los Misiles —«trece días que nos empujaron hasta el umbral mismo de una guerra nuclear», recordó Kerry—, la arriaron haciendo de tripas corazón.

A las 10.25 del viernes 14 de agosto de 2015, en lo que dura un abrir y cerrar de ojos, la bandera de los Estados Unidos subió a la cima del mástil de su embajada, tras cincuenta y cuatro años guardada en un cajón. Ahora ese mismo pedazo de tela volvía a flamear como si nada hubiera sucedido mientras dormía.

Antes de despertar

Durante ese tiempo, sin embargo, pasó de todo: tras el fracasado intento de invasión norteamericana en Bahía Cochinos, Estados Unidos echó a andar la operación Mangosta; el general soviético Issa Pliyev, veterano de la Segunda Guerra Mundial, se estableció al mando de cuarenta y siete mil efectivos soviéticos en Cuba; entre el 17 de junio y el 22 de octubre de 1962, los rusos instalaron veinticuatro plataformas de lanzamiento para cuarenta y dos cohetes R-12, cuarenta y cinco ojivas nucleares, cuarenta y dos bombarderos Ilyushin Il-28, un regimiento de cuarenta aeronaves MiG-21, dos divisiones de defensa antiaérea y cuatro regimientos de infantería listos para atacar al imperio estadounidense. En la guerra de Vietnam murieron en torno a sesenta mil soldados norteamericanos y más de un millón de vietnamitas. La Unión Soviética invadió Checoslovaquia y Fidel apoyó la medida. Las jóvenes de Occidente se sacaron los sostenes, en las universidades rayaron los muros con «prohibido prohibir», los negros salieron a marchar por sus derechos, aparecieron los hippies y entre los Beatles, los Rolling Stones y Pink Floyd le pusieron música a la sicodelia que se apoderó de sus cerebros pacifistas; la CIA intentó más de seiscientas veces matar a Fidel Castro; el hombre llegó a la Luna; fueron asesinados el Che Guevara, John F. Kennedy, Malcolm X, Martin Luther King y John Lennon; nacieron y murieron cerca de treinta movimientos guerrilleros en América Latina; dejaron de ser colonias la República Democrática del Congo, Samoa, Burundi y otra docena de naciones africanas; se duplicó la población mundial; hubo seis papas en Roma, diez presidentes norteamericanos y un centenar de golpes de Estado en el mundo entero; fue inventada la píldora anticonceptiva, nació el primer bebé en una probeta y la primera oveja clonada; terminó el *Apartheid* en Sudáfrica; aparecieron los computadores, la fotografía digital, internet, los teléfonos celulares; en Latinoamérica, la lucha revolucionaria fue reemplazada por la violencia del narcotráfico y el integrismo islámico sustituyó al marxismo como gran enemigo de Occidente; se constituyó la Unión Europea, fue derrumbado el Muro de Berlín y se desplomó la Unión Soviética; hasta China se volvió capitalista; salvo Corea de Norte y Cuba, todos renunciaron al comunismo. Y un presidente negro llegó a la Casa Blanca.

«Si no me vigilan, yo mismo me vigilo»

La Quinta Avenida es, según algunos, la «Avenida del Comandante». Producto de los reiterados intentos de atentados que sufrió a lo largo de su vida —se habla de seiscientos cuarenta— y para tener una vía expedita que uniera su puesto de trabajo en la Plaza de la Revolución con su casa ubicada en Siboney —el «Punto Cero»— al otro extremo de la ciudad, Fidel Castro dispuso que por esa arteria no pasaran guaguas ni almendrones, ni ningún otro tipo de transporte público, y prohibió que los autos particulares se estacionaran al borde de la calle o se detuvieran a esperar más de la cuenta.

En la cuadra que va entre las calles 24 y 26, hay un parque con laureles antiquísimos llamado parque Mahatma Gandhi, pero eso lo saben muy pocos. La mayoría lo conoce por el número de las calles circundantes. Los laureles en cuestión crecen de abajo hacia arriba y también de arriba hacia abajo. El tronco principal está cercado por ramas que se han clavado en la tierra y han echado raíces hasta convertirse ellas mismas en otro árbol siamés. Estos laureles son inmensos y poseen una copa amplia, de modo que menos de una docena de ellos alcanzan para dejar en sombras todo el parque. El sol entra a rayos, y nunca abarca más de tres o cuatro pasos. El orfeón, que aquí es un templete rodeado de columnas corintias y piso de baldosas —muy del gusto neoclásico que cundía entre habaneros ricos de la primera mitad del siglo XX, cuando enriquecidos por el azúcar emprendieron la construcción de este ensanche repleto de mansiones—, sirve como punto de reunión a los jóvenes reggaetoneros del barrio que, en torno a un equipo de música al que le suben el volumen hasta dejar los parlantes chirriando, ejecutan piruetas que inventaron los negros y latinos estadounidenses, giros sobre la espalda en el suelo, todo el cuerpo sostenido por una mano, mortales en el aire que les dan tiempo para gesticular en pleno vuelo, con las cabezas hacia abajo como si de verdad flotaran. Bailes completamente distintos de la salsa, donde también flotan, pero con los pies en el suelo. La música electrónica desencaja en ese parque de atmósfera encantada o brujeril, por el que deambulan poquísimos paseantes, muy lejos unos de otros. Si los reggaetoneros están descansando, ningún ruido interrumpe el canto de los pájaros.

En la esquina de 26 con Quinta Avenida está la iglesia de Santa Rita. Su fachada mira hacia la avenida. Recientemente la pintaron amarilla, pero una de sus esquinas aún tiene el estuco a la vista. En la isla las cosas se hacen por partes, y pueden tardar mucho tiempo en completarse. Desde comienzos del año 2015, la misa dominical que se realiza en esa iglesia es el centro de reunión de la Damas de Blanco, agrupación de esposas y familiares de presos políticos que existe desde marzo de 2003, período conocido como la Primavera Negra de Cuba, durante el cual fueron detenidas setenta y cinco personas —los parientes de estas Damas de Blanco— acusadas de infringir el artículo 1 de la ley N° 88, que tiene como finalidad «tipificar y sancionar aquellos hechos dirigidos a apoyar, facilitar, o colaborar con los objetivos de la Ley «Helms–Burton», el bloqueo y la guerra económica contra nuestro pueblo, encaminados a quebrantar el orden interno, desestabilizar el país y liquidar al Estado Socialista y la independencia de Cuba». También se la conoce como «Ley Mordaza».

Ese domingo era el decimoctavo en que las Damas se reunían ahí, a la hora de misa, aunque eran cada día menos las que entraban a la ceremonia y cada vez más las que se quedaban esperando a sus compañeras sobre un costado de la iglesia. De los setenta y cinco presos de la Primavera Negra, se suponía que el gobierno había liberado a cincuenta y tres como resultado de las nuevas

Marcha de las Damas de Blanco por la Quinta Avenida, conocida en la isla como «Avenida del Comandante». Minutos después, la manifestación sería rápidamente disuelta.

negociaciones con los Estados Unidos, pero según Gisela, ese número estaba abultado de nombres falsos, ajenos a los suyos. Ella, como las otras cuarenta y tres mujeres presentes, vestía entera de blanco, un blanco que en las mujeres negras brilla el doble. Sobre el vestido o la blusa, colgaba una estola de la virgen de la Caridad del Cobre, con los colores de la bandera cubana, y la foto de sus familiares prendida a la altura del pecho. Terminada la ceremonia, cada una con un gladiolo rosado como portaestandarte, posaron en las escalinatas de la iglesia para los dos o tres fotógrafos que deambulaban y el mulato a cargo de filmarles su documental. La Quinta Avenida estaba completamente vacía esa mañana de domingo. Mirándolas desde atrás, los cuatro evangelistas deslavados por el sol en lo alto de la fachada, y por adelante, los fotógrafos y cuatro o cinco individuos más, uno de ellos periodista inglés y el resto amigos de la organización. Nadie más. Pasado el mediodía comenzaron a marchar en dos filas ordenadas, unas tras otras a la distancia de un brazo, con sus gladiolos rosados levantados como una vela, a lo largo del bandejón central de la Quinta Avenida, desde la iglesia de Santa Rita hasta la calle 20, que es por donde están autorizadas a marchar, pasando frente a las embajadas de Pakistán, Argelia, Laos, Panamá y Bélgica —ningún país latinoamericano tiene tantas embajadas como Cuba—, sin nadie que las aplaudiera ni molestara, como una hilera de camellos solitarios. Luego cantaron y discursearon de vuelta en ese parque con laureles añosos y troncos trepados por otros troncos, cuyos demás ocupantes también las ignoraban mientras hacían sus piruetas de hip hop en el orfeón.

Ya llevaban dieciocho domingos repitiendo lo mismo y, según me contaron ahí, siempre detenían a un lote de ellas al terminar, lo que costaba creer, porque no había policías a la vista. Tras concluir sus quejas y diatribas —poco inspiradoras, a decir verdad, para una sociedad que está sofisticando el tono de sus conversaciones—, cantaron su himno en homenaje a Laura Pollán, la fundadora muerta, una canción horrible desprovista de cualquier poesía y armonía. Una vez que terminaron, tomó la palabra Berta Soler, su actual presidenta, una negra de baja estatura, maciza, de pómulos carnosos y un carácter fuerte que su rostro no esconde. Recordó que cuarenta y ocho horas antes habían izado la bandera en la reinaugurada embajada norteamericana, pero lo que para la mayoría era un hito que abría esperanzas, para ella no era otra cosa que una nueva jugarreta de los Castro con el fin de darle un barniz de respetabilidad a su «dictadura criminal». «¡No han dicho nada contra los abusos y violaciones a los derechos humanos!», gritó.

Todos saben de ellas en la isla, pero muy pocos las acompañan y apoyan físicamente. Vincularse con las Damas es convertirse en un sospechoso para el régimen. Vincularse con cualquier cosa ajena a la supervisión del Estado es sospechoso. Es difícil imaginar una organización que no cuente entre sus miembros con alguno que trabaje para la Seguridad. Las mismas Damas de Blanco, la semana antes, habían expulsado a una que trabajaba con ellas bajo la acusación de «trompeta». Así llaman en la jerga coloquial a los que tienen línea directa con la autoridad. A los que se hacen pasar por una cosa y son otra, y que están ahí para informar. Se supone que rondan por todas partes, lo que vuelve imposible la confianza. Acá roban poco, pero acusan. Ese, al menos, es el fantasma que los corroe. «Si no me vigilan, yo mismo me vigilo», me dijo Wendy una tarde. «Acá no existe la privacidad».

Ese domingo 18 de agosto, al terminar Berta Soler su discurso de cierre de la actividad, se le acercó una muchacha de veintitantos años con su novio de la mano, pero ella le dio la espalda. La joven le pidió que por favor la escuchara, pero Berta no le concedió nunca la mirada. «¡Ándate de aquí, traidora!», fue lo único que le dijo antes de que otras tres mujeres de blanco le cerraran el paso y le insistieran que mejor se fuera. Se retiró llorando, con el novio de la mano por entre los alerces, y cuando me acerqué a preguntarle qué le sucedía, me respondió que había sido acusada injustamente de «trompeta». No quiso hablar más, y el novio, de pelo corto y sudadera, me pidió que por favor la dejara tranquila. «Esto es muy difícil para ella», concluyó, estirando su brazo para apartarme.

La mayor parte de las mujeres de blanco enfilaron por el medio de la calle 26. Las que se marcharon en sentido contrario me advirtieron que siguiera al grupo de lejos si no quería ser detenido. Les hice caso, aunque me pareció que exageraban. Al llegar a la Tercera Avenida, sin embargo, como aparecidos de la nada, una cincuentena de civiles miembros de la Brigada de Respuesta Rápida local las emboscó a punta de gritos, codazos y alharacas —«¡Pin pon fuera! ¡Abajo la gusanera!», «¡Esta calle es de Fidel!»— como una turba endemoniada, y a patadas las subieron en unos buses policiacos que llegaron al instante. En no más de cinco minutos desaparecieron todos, policías y manifestantes.

Yo caminaba cerca de una adolescente que, ajena a la protesta, iba con una niña de la mano, y escuché a la niña preguntar qué pasaba, y a esa que debía ser su hermana, responderle:

—Seguro que se trata de ladrones, pero tú, chica, no has visto nada. ¡¿Entendiste?!

Empresa de Ferrocarriles

19 de septiembre de 2015

—Aló, ¿con la estación de Ferrocarriles?

—Sí, mi amol. Dígame nomás.

—Señorita, llamaba para saber el horario de los trenes a Santiago de Cuba.

—Ahá, bueno… Vaya a la otra ventanilla, la que dice encomiendas.

—¿Cómo?

—No, mi amol, no era a ti que te hablaba. ¿Así que quieres ir a Santiago de Cuba?

—Claro. Me dijeron que llamara a este número.

—Déjame ver… A Santiago de Cuba los trenes parten cada dos días.

—¿Y qué días serían?

—Ay, amolcito, tú parece que andas corriendo.

—Es que no me basta con saber que es cada dos días.

—Ay, mi querubín. Los próximos serían el 21, 23 y 25, a las 18.13 hrs.

—¿Y cuánto se tardan?

—Uy, amolcito, ¿ve que parece que anduviera corriendo? El viaje es largo, y los trenes, si quieres que te sea franca, no son ninguna maravilla. ¿No preferirías irte en bus? Ahí sí que yo te acompañaría.

—Bueno, te invito entonces.

—¿Y cómo es que tú te llamas?

—Patricio, ¿y usted?

—Yo, mi galancito,Nidia.

—Oye, Nidia, ¿a qué hora me decías que llegan estos trenes a Santiago?

—A las ocho. Aunque puntuales no son. ¿Y qué edad tienes, Patricio?

—Cuarenta y cinco.

—Mmmm. Pehfecto.

—¿Y tú?

—Yo tengo treinta y cuatro, Patricio. Y sin hijos, aunque ya va siendo hora que los tenga. Toda mujer debiera tenerlos, ¿no crees? Tú, mi amol, ¿tienes?

—Sí, Nidita, tengo dos.

—¿Y de qué edad son, mi amolcito lindo?

—La mayor tiene catorce y el otro, doce.

—¡Qué linduras más grandes! Oye, yo trabajo hasta las dos solamente. ¿A qué horas vas a venir?

—Antes debemos decidir cuándo partimos.

—Por mí, amol, que nos vayamos mañana mismo. Esta semana la tengo libre. ¿Y cómo eres físicamente?

—Bueno, bastante normal.

—No me digas eso, mi amol, que jamás un príncipe azul ha sido igual a los demás. Pero tenemos que vernos. Cuando las personas se ven se impactan, ¿no? En el amol, Patricio, todo se juega en la mirada.

—Y tú, ¿qué tal eres?

—Bueeeno, yo me encuentro bastante bien. No soy gohda ni flaca, tengo piel canela, pelo canela… Ahora, señora, estoy ocupada, no ve, no puedo atenderla… Usted sabrá, o espera tranquilita o busque otra persona que esté desocupada. Disculpa, mi amol, acá no saben respetarla a una.

—Oye, ¿y el tren se detiene en Camagüey?

—Se detiene, claro que se detiene. ¿Te gustaría conocer Camagüey, papito?

—¿Por qué no?

—Tiene razón, mi príncipe, vamos a Camagüey. Nos podríamos quedar un día en Camagüey y seguir en bus a Santiago. Hay unas guaguas muy cómodas, ¿sabes?

—¿Y todos los trenes que van a Camagüey siguen a Santiago?

—Déjame ver. No. Hay unos que solo llegan a Camagüey. Llegan tahde, eso sí. A las dos de la madrugada. Pero si andamos juntos nos divertimos en la noche, ¿o no, Patricio?

—Sí, pues, mamita. Ahí nos las arreglamos.

—Nos las arreglamos no. Dis-fru-ta-mos. ¿Vienes hoy o mañana, entonces?

—Déjame ver mis cosas y te aviso.

—(Canta) Estás perdiendo el tiemmmpo, pensannndo, pensannndo. Por lo que más tú quieeeras, ¡hasta cuánnndo! ¡hasta cuánnndo! Y así pasan los días, y yo, desesperaaada, y tú, tú contestannndo: «Quizás, quizás, quizás».

—(Canto yo también) «Quizás, quizás, quizás».

—Parece que ya te quiero, Patricio. Dame tu número de teléfono.

—Es el 8324576, creo que hay que ponerle ahora un 7 adelante.

—Claro, como a todos los teléfonos en La Habana. ¿O que tú te crees que te vas a salvar de los reglamentos?

—¿Nos llamamos entonces?

—Por supuesto que nos llamamos, Patricio. Esta noche soñaré contigo.

—Y yo contigo, Nidia.

—Hablamos, mi amol. Y qué bueno que te hayas comunicado con la Empresa de Ferrocarriles de Cuba. Te mando un beso.

—Otro para ti, Nidita.

20 de septiembre de 2015

—Aló.

—Aló, ¿Patricio?

—Sí.

—Habla Nidia, de Ferrocarriles. ¿Te acuerdas de mí?

—Claro, Nidia, cómo no me voy a acordar, si hablamos ayer.

—¿Y cómo es que no has venido a verme, entonces?

—Es que tú sabes, chica, que acá el tiempo se pierde en cualquier parte.

—¿Y dónde es que lo perdiste tú? No me digas que te tragó una negra por ahí.

—¡Cómo se te ocurre, Nidia! Se ve que no me conoces. Yo soy un pan de Dios.

—Ay, Patricio, no me vengas con eso. ¡Y mira que para el hambre, hasta el pan de Dios sirve!

—¿Dónde estás ahora?

—Hasta las once, en la estación. Después, donde tú me digas.

—Tú que conoces bien, propón un sitio.

—Juntémonos a las doce en la Plaza de Armas, esa donde venden los libros. En la esquina hay un restaurante con terraza. Ahí nos vemos.

—Perfecto. ¿Y cómo nos reconoceremos?

—Nos reconoceremos, Patricio, ya verás. Yo creo saber cómo eres.

—Será muy triste desilusionarte.

—Parece que no me crees cuando te digo que sé cómo eres.

—Bueno, entonces ahí a las doce.

—Chévere.

Me duché pensando que había hecho una estupidez. Esa tarde se supone que almorzaríamos con Jon Lee y un corresponsal del *New York Times* que llevaba un año en la isla. Las posibilidades de que Nidia fuera una mujer, digamos, poco estimulante, no eran nada de bajas, porque las más bellas no necesitan dar esos saltos telefónicos: se montan unos shorts ajustados y caminan por el Malecón, o parten a las playas del Este como venados en busca de cazadores, y se dan el lujo de elegir al tirador. Yo debí haberle dicho que la iba a buscar a la estación, para así contemplarla de lejos y decidir con libertad si hacer el contacto o desaparecer para siempre. Pero ya estaba en esto. Me puse los bermudas de todos los días, una guayabera verde clara recién lavada, las sandalias y los anteojos oscuros. Caminé por 23 hasta el Coppelia —mojado, siempre mojado—, y en el semáforo de L paré un taxi Lada; le pregunté por cuánto me llevaba hasta la Plaza de Armas, y cuando me dijo cinco abriendo la mano entera, yo le contesté que tres con los dedos, e hizo un gesto hacia adentro: «vamos», dijo. No alcancé a buscarla en la terraza del restaurante, que a esa hora comenzaba a llenarse de extranjeros, cuando escuché «¡Patricio!» a mi espalda. Se había sentado en un mojón de cemento que impedía el paso de los autos al recinto peatonal, y estaba poniéndose de pie cuando la vi por primera vez.

—¿Nidia?

—La misma.

Don Ramiro vive en el segundo piso de un palacio ubicado en avenida De Paula 74, frente a una plazoleta triangular que deslinda con el puerto. Los balcones del palacio están tapeados y a punto de derrumbarse. Al final de una escalera de mármoles sucios y con barandas que solo en los recodos siguen doradas, me abrió la puerta el dueño de casa. No ocultó su desagrado. «Los domingos no me gusta recibir visitas», dijo mientras le estiraba la mano. Expliqué que venía por Nidia y que no era mi intención importunarlo. «Si prefiere la espero abajo», propuse, pero repitió que «no» muchas veces mientras me barría con el brazo hacia el hall del departamento. Me ofreció un vaso de agua que rechacé sin dudarlo y en ese mismo instante le gritó a su esposa que un extranjero venía a buscar a la Nidia. «¿De turihmo?», preguntó, y le respondí «no, soy chileno y estoy por trabajo». Cuando conté que no sabía por cuánto tiempo, se apuró en decirme que él tenía ahí un departamento para arrendar. Me mostró cómo había dividido el piso en tres módulos independientes para que sus hijos casados tuvieran dónde vivir, pero uno de ellos había partido hace poco a los Estados Unidos, de modo que tenía el de atrás desocupado. Primero me mostró el suyo, la parte mejor conservada de la mansión, porque eso era, una mansión de muros altos y pilares jónicos en su salón principal, con frescos repletos de trizaduras en las murallas y un gran estanque de agua en el corredor que llevaba a la cocina. «Tenemos agua y gas asegurado», dijo, y estaba empezando a explicarme las virtudes de sus conexiones cuando abrió la puerta de un dormitorio y Nidia, con el pelo crespo y mojado y en sostenes, un cuerpo café con leche, de carne fuerte, con una cadera crecida que sostenía una pollera diminuta incapaz de ocultar siempre su calzón, la cara risueña, coqueta y burlona, se quedó mirándonos. «¡Pero tío, qué imprudente que tú eres!», dijo llevándose las manos a la cintura. «¡Mira niña que conmigo no te haces la Virgen del Pilar! ¿O es la primera vez que te ven así?», le contestó con esa pesadez que parecía enorgullecerlo. «Patricio —dijo ella—, voy ahorita», y cerró el ojo, sin fingir ninguna inocencia, como provocando al tío. «No te apures», agregó don Ramiro, haciendo nuevamente alardes de su desagrado dominical, «todavía tenemos unos asuntos que ver con tu amigo este».

El departamento posterior, el que me ofrecía para arriendo, tenía dos dormitorios sin ventanas, un refrigerador que sonaba como moledora de vidrios y un baño con la ducha en altura, un metro más arriba del wáter sin cubiertas y con los bordes interiores de la taza teñidos de orina y un cordel lleno de nudos en lugar de la cadena. Me indicó que a la azotea podía subirse por el espacio sin techo que había en la esquina del living, hoy convertido en bodega. Dijo que si me interesaba, él despejaba ese rincón sin tardanza, y que si quería subir a la azotea, podía hacerlo trepando por la cómoda… pero con cuidado.

Alcancé a asomarme por la escotilla antes de intentarlo, y lo que vi fue tan raro que la curiosidad me ayudó a seguir escalando.

Todo eso era un inmenso gallinero. Diría que unas cincuenta jaulas y una que otra gallina suelta por el techo. Por esa zona los techos de los palacios están casi a un mismo nivel, de modo que alcanza a formarse una terraza amplísima, y con una vista de la Habana Vieja que la delata como una de las ciudades más admirables del mundo. El campanario de la Catedral, el edificio Baccardi, el Capitolio, la Plaza de Armas y la plaza Vieja, y de la otra parte el Morro de la Cabaña y el puerto, y ese canal por el que ahora cruzan transatlánticos, los primeros cruceros con turistas italianos o canadienses que desembarcan acá desde el comienzo de la Revolución. Es como si la riqueza y modernidad de otras regiones del planeta desfilaran frente a ellos sin dejarse tocar. Para los habaneros, cada vez que ven uno de esos cruceros, sigue siendo noticia.

Las jaulas formaban pasadizos en buena parte del cielo de don Ramiro, aunque los tipos que encontré ahí, dos treintañeros y un adolescente, provenían de la casa vecina. Los mayores tenían el pelo muy corto y uno llevaba el mohicano de moda entre los futbolistas. Ambos tenían los brazos tatuados. Estaban aceitando con un pincel los sobacos de un gallo. Uno levantaba el ala y el otro lo untaba, sin que el pájaro se inmutara. Preguntaron si me gustaban las peleas de gallos, y yo les dije que sí, tanto como las de avestruces. Nunca he visto una. Ellos partirían a la valla de La Palma, en El Calvario, apenas terminaran de preparar al Mazinger. Me invitaron a que los acompañara, pero les contesté que no podía porque Nidia esperaba por mí. «¿Vas a salir, chico, con Nidia?», preguntó uno, y cuando le dije que sí, comenzó a silbar.

Nidia vive con su tío en la avenida De Paula desde hace cuatro años, cuando se vino desde Pinar del Río, donde aún residen sus padres y un hermano. Lo hizo de aburrida.

—En Pinar está prohibido necesitar lo que no puedes tener —me dijo—, porque lo otro, desearlo, es una pérdida de tiempo. Y no hay nada. Ni hombres. ¡Con lo que me gustan a mí, Patricio!

Nidia le arrienda ese dormitorio a su tío Ramiro, que aunque tiene un carácter amargo, se ha portado «como un ángel» con ella. «Tú no sabes la de problemas que tiene esa familia, chico. El hijo mayor se fue a Miami sin su esposa, y la muchacha está indignada. No habla, grita. ¡Hasta para dar las gracias, compañero! El tío ya quiere vender el piso y que cada cual haga su vida. Pero a mí nunca me ha dicho nada. El otro día, figúrate tú, entró a mi cuarto y se largó a llorar». El puesto en la estación de trenes se lo consiguió una del Comité de Defensa de la Revolución. «En La Habana es muy fácil obtener un empleo. Lo difícil es que alguien quiera trabajar. Pagan tan poco que ni para las celvezas alcanza. Veinticinco dólares al mes. Date cuenta. Yo lo hago porque si no, me aburro. Después salgo en la tahde, busco un extranjero, y a diveltihnos.» Le gustaría tener un hijo, pero no está apurada. Si un italiano le ofreciera llevársela a Europa, probablemente aceptaría, pero no se encuentra ansiosa por que suceda. «No me iría con cualquiera. De conde para arriba», bromea. No es que odie Cuba, de hecho, le gusta mucho. Estos años en La Habana lo ha pasado muy bien. Ella quiere conocer más. Quiere viajar. Cuando habla del italiano, no es que desee su vida: lo describe como un boleto de salida al mundo. Los isleños suelen ser navegantes, y a estos no los dejan navegar. Viven la carencia a noventa millas de la abundancia, pero no parece ser la abundancia lo que desean, sino el fin de la carencia.

—Yo, Patico —me dijo Nidia—, no quiero riquezas, quiero libertad.

Caminamos hasta las mesas en la terraza de El Templete, un restaurante privado donde los mozos visten chaquetas blancas y las mozas uniformes negros. Es uno de los dos restaurantes que miran al puerto, al Cristo de Casablanca y a Regla, barrio de santeros. El otro está casi justo enfrente, mucho mejor ubicado, porque se adentra en el mar como un muelle y ninguna calle ni trajín le estorba el paisaje. Pero pertenece al Estado, y no solo carece de las comodidades básicas, sino que para comer tiene únicamente pizzas de dos tipos —con queso y tomate, o queso, tomate y salame—, donde solo el tomate funciona. A la inmensa terraza que hay en el segundo nivel no llega la atención de su personal. Pareciera permanentemente cerrado. Creo que se llama Club Marino, pero no estoy seguro, ni nadie lo está, porque aun pudiendo ser el restaurante más agradable de La Habana, jamás hay gente.

El Templete, en cambio, lo montó un catalán que, según el mito popular, tenía putas en Barcelona: Jordi, un tipo alto, ya algo tumbado sobre su panza, de ojos muy abiertos y «espejuelos» de metal y carey que mueve con la nariz. Lo conocí en su nuevo restaurante, el Vips, quizás el más sofisticado y gourmet de la ciudad. Está en una de las casas que fundaron El Vedado, cuando todavía era campo y aún no comenzaban a construirse las mansiones neoclásicas que lo pueblan hoy. El Vips tiene un gran salón, de muros altísimos, uno de los cuales está convertido en pantalla de cine y proyectan películas mudas en alta definición, casi todas de Chaplin. El sitio es lo menos cubano que alguien pueda figurarse, si lo miramos desde la óptica revolucionaria. Es frío y minimalista. Hay un estante repleto de botellas de gin, no de ron, y de las marcas más caras. Ofrece los mismos platos que un buen restaurante catalán de cualquier lugar de Occidente, y las garzonas son todas veinteañeras preciosas. Ahí llegan los nuevos cantantes cubanos de éxito internacional, etarras fugitivos, extranjeros radicados en la isla y habaneros que comienzan a hacer negocios con ellos, sirviéndoles de máscara muchas veces, porque para casi cualquier emprendimiento se necesita una fachada nacional. Solo los cubanos pueden adquirir un bien raíz en Cuba. En el Vips, en El Cocinero, en el Río Mar, en Estar Bien y en otra veintena de restoranes ubicados en El Vedado y Miramar, puede constatarse el nacimiento, aún embrionario, de una nueva burguesía habanera. Allí no van los miembros de la nomenclatura —o muy rara vez—, sino los artistas que se venden en el exterior y reciben un pago en dólares, los que entran y salen del país, y los que han regresado a invertir, a sabiendas de que tras todos estos años de socialismo, ahí abundan los nichos de mercado. A quienes asisten a ese tipo de locales, el resto les llama «palucheros».

Nidia había ido solo una vez antes a El Templete, con un australiano al que también conoció en la estación de trenes, aunque frente a frente. «No te creas que esto que me pasó contigo, chico, sucede siempre. De hecho, es primera vez. Debió ser tu voz, Patricio». Con el australiano la comunicación había sido imposible, pero «¡coño, Patricio!, las preguntas que tú me haces. Claro que singamos. Qué cosa tú te crees. Si uno conversa puede estar sin singar, pero callados, solo singando». Aseguraba que no era como otras que salen a cazar *blanquillos* por la plata.

—A algunas, por si no sabes, las mandan sus propias madres.

Ella lo hacía para divertirse, para no estar encerrada en el departamento, «y por sumar unas divisas, eh veldad».

Hace rato que habíamos cambiado El Templete, donde apenas tomamos unas cervezas, por una botella de Havana de doce años y un par de vasos plásticos que compramos en la esquina del parque Lady Di a un bolichero que además vendía refrescos, cigarrillos y sándwiches de mortadela. Compramos una pizza y la subimos a comer en la terraza del restaurante de enfrente que, como de costumbre, estaba completamente vacío.

★★★

—¿Yo te podría hacer una entrevista, Nidia?

—¿¡A mí!?

—Sí, a ti.

—Pero ¿y de qué tú quieres que te hable?

—De Cuba, de tu vida, de la Revolución…

—¿De veldá?

—Claro.

—Siempre quise que me entrevistaran. De pequeñita, me inventaba preguntas y respuestas.

—¿Qué tipo de preguntas?

—Una vez me imaginé que denunciaba a mi papá, pohque le daban unos berros del carajo. Poh nada se ponía cabrón. Y yo le decía a la periodista que eso no estaba bien, que no era el comportamiento de un buen revolucionario. ¡Era lo peor que podían decirle a mi papá! Ja, ja, já.

—¿Era del Partido?

—Murió siendo comunista. Participó en la zafra de los diez millones y encontró siempre justificación para todo. Hasta en el Período Especial se encabronaba si uno reclamaba. Yo era una chamaca y me hacía callar si lloraba para que me dieran más comida. Mi mamá también fue comunista, pero se le quitó después que murió mi papá. Ahora se queja siempre de que la vida sube de precio y que necesita divisas.

—¿Y qué opinas de todo este arreglo con los norteamericanos?

—Lo mismo que todos, que ojalá traigan plata.

—¿Te gustaría que esto fuera como Miami?

—Son muchas las cosas que tienen que mejorar, pero no pienso en eso. Acá nadie está esperando que cambien mucho las cosas. Los que ven una posibilidad afuera, se van, y el resto continúa viviendo como se vive acá, que no es tan malo. Todos reclamamos, pero al final resolvemos. Yo prefiero pasarla bien.

—Para ti, ¿qué es la Revolución?

—¿De veldaad, chico, que esta entrevista la vas a publicar? ¿A quién le puede interesar lo que yo piense de estas cosas? Bueno, escúchame: la Revolución funcionó en algunas cosas, pero en otras no. Esto más que revolución es una falta de evolución.

—¿Qué cosas funcionaron?

—Para los negros fue bueno. A nadie le falta educación ni salud. Eso es verdad. Ni casa, aunque varias se están derrumbando. Ahora en La Habana hay algunos sin casa. ¿Has sabido de los orientales que *jaman* soya por ahí? Acá se les conoce como «palestinos». Existen familias que les cuesta llegar con comida a fin de mes. Si no hay alguien que te mande dólares no alcanza. Y en Pinar es mucho peor que en La Habana. Acá por algún lado te las arreglas, pero allá no. Imagínate que yo estudié Ciencias Económicas y Empresariales en la Universidad Hermanos Saíz de Pinar del Río, pero encontrar una empresa en este país es más difícil que casarse con un pelirrojo. Hasta el tabaco ha desaparecido en Pinar. Los cubanos ya se acostumbraron a no trabajar. Si encuentras un joven que se doble el lomo, te doy un premio. Y tienen razón, porque con el salario que pagan no alcanza para nada. Por eso hay mucha corrupción acá, Patricio, todo se consigue «por la izquierda». Los cubanos nos hacemos los bobos, pero no lo somos. Ningún guanajo cuadra acá. Y a pesar de todo, no se vive mal. Cuando mi primo que se fue a Miami me cuenta su vida allá, no lo envidio. Pincha todo el día para ganar una pasta que se le va en cuentas, y como la culpa lo obliga a mandar una parte a la familia que abandonó, no le queda para divertirse. Ni tiempo ni dinero. Está *quemao*. Acá no tenemos dinero, pero tampoco nos *tosta* el apuro.

—Pero tú me dijiste que si un italiano te lo ofreciera, te irías.

—Sí, yo creo que me iría, más que nada por cambiar. Tengo ganas de conocer otros lugares, otros modos de vida. A veces estoy en la estación de trenes y pienso montar en uno y aparecer en otra parte —conozco solo hasta Matanzas—, pero veo que todos los pasajeros son pobres y me viene la sensación de que no van a ningún lado. A estos cruceros que ahora están parando en el puerto sí que me subiría. A donde fuera.

—Quizás aparezca un extranjero que te invite.

—Quizás sí, quizás no. Pero salir con *yumas* ya es como viajar un poco. Lo hago más por divertirme que por el dinero. Aquí estoy conversando contigo y de ti no sacaré un CUC. Claro que si después de la entrevista pasamos al *arroz con manteca*...

GRILLO

Me llamo Rafael Grillo y nací en 1970, el año de la zafra de los diez millones. En 1988 terminé el preunivesitario en la escuela Lenin, una escuela de talentos que todavía existe y que en sus inicios, a mediados de los setenta, fue una verdadera ciudad escolar para cuatro mil quinientos alumnos, llena de profesores y funcionarios que también dormían ahí. Había edificios dormitorios, un gimnasio inmenso y repleto de aparatos, una piscina olímpica, laboratorios de física, química y biología, según me cuentan, porque yo los pasaba de largo. Las veces que entré fueron para manosearnos con alguna *jeva*. Ah, sí, también fumé marihuana ahí. En el Lenin había incluso salas de conservatorio para que los geniecitos de pinga machacaran las teclas. Yo creo que estaba pensada para construir algo distinto del hombre nuevo, más bien el hombre perfecto. Ahí se estudiaba desde séptimo año hasta terminar la educación media. Nos organizaban por círculos de interés, y cada círculo tenía lo necesario para desarrollarse. Los agricultores contaban con varios potreros para estudiar cultivando, y aunque era gratuito y comunista, ahí terminaron formándose los hijos de la élite cubana. O sea, había tipos de todas partes, pero los hijos de la nomenclatura siempre estaban. Cuando Fidel quería mostrarle a un extranjero los logros de la Revolución, los llevaba al Lenin y se daba lija mostrándonos como si fuéramos Ubre Blanca. ¿Sabes de Ubre Blanca? Esa se suponía que era la vaca más extraordinaria del planeta, capaz de alimentar con su leche no a todos los habitantes de esta islita, ¡no, qué va!, a todos los socialistas del mundo si fuera necesario. Y en la Lenin, cada uno de nosotros tenía que ser una Ubre Blanca. El Período Especial terminó por volver esta escuela una ruina, como todo lo demás.

Entonces quise estudiar periodismo y para entrar a esa carrera había que dar dos pruebas: una de aptitud y una política. La primera la aprobé sin problemas, y al llegar a la prueba política me hacen las siguientes preguntas: «¿Eres militante de la UJC?» Contesté que no. Segunda pregunta: «Dime el nombre de tres ministros». Yo se los recité y el profesor me respondió: «vete». Es decir, ahí se acabó la entrevista. Después, cuando revisé las listas de los aprobados, esta Ubre no estaba. En esa época, nadie que no fuera militante podía estudiar periodismo, así que opté por psicología, y en eso estuve hasta el año 1993. No me preguntes por qué psicología. De seguro estaban mejores los culos en esa fila, compa. En pocas palabras, comencé la facultad al final de los faisanes gordos, porque los ochenta fue el mejor período de Cuba, y la terminé en medio del Período Especial, con las gallinas desnutridas.

El Período Especial comenzó en 1990 y nunca nadie ha dicho que terminó. El año 89 cayeron el muro y la Unión Soviética, Cuba desmonta su aparato en Angola y se produce el juicio a los generales, entre los que estaba Ochoa. Fue la llamada «Causa N° 1». Un par de años más tarde vino la «Causa N° 2». Apaga la grabadora si quieres que te cuente algo. Mi padre era agente de la seguridad del Estado. Pertenecía a la contrainteligencia militar. No era, es, porque en eso se entra pero no se sale, aunque ahora se presente como militar retirado. Cuando se supone que jubilas de la Seguridad, pasas a formar parte de la Asociación de Combatientes de la Revolución Cubana, que es lo mismo, otra manera de seguir perteneciendo y con todo tipo de implicaciones para ti.

El año 1988 mi papá estaba en Angola. Lo enviaron allá para desmontar todo el operativo de contrainteligencia militar que tenían instalado desde mediados de los setenta. Él fue quien concluyó el negocio de los servicios secretos cubanos en África. Regresó de Angola en 1989, donde estaba desde el año 86, no, 87, porque en 1986 estaba todavía haciendo unos cursos en la Unión Soviética. A los pocos meses de su regreso fueron los juicios que terminaron con los fusilamientos. (Entre nosotros: parte de la información con que se dispuso para hacer esos juicios, la aportó él.) Al regresar de Angola —también había montado las oficinas del Congo—, mi padre solicitó un ascenso, y se suponía que después de una misión tan importante como esa, se lo darían, pero sucedió todo lo contrario: lo sacaron del trabajo operativo y lo mandaron a dar clases. Lo que quiero decir con esto es que mientras más tú sabes, no te dan grados ni medallas sino que te entierran en un hoyo. Hay cosas que yo te podría decir, y que nunca he hablado siquiera con mi padre, porque no se atrevería a decírmelas ni yo a preguntárselas, pero yo las sé porque conocí el contexto y crecí en una familia de militares, gente toda de las MINFAR. Aparecían algunos del MININT, pero menos. Colomé Ibarra, ex ministro del Interior, visitaba mi casa.

Rafa Rojas dice que la Revolución cubana se acabó en 1976, pero hubo, más bien, dos finales: el primero en el 76 y el segundo el 89, porque entonces Fidel tomó conciencia de que su poder no era realmente omnímodo, y eso dejó en claro que había también otros intereses en juego que iban más allá de… no digamos de lo ideológico, porque esta nunca ha sido una revolución ideológica. Fidel ha cambiado su discurso de acuerdo a las necesidades y el contexto. Si hay una palabra que define a esta Revolución es «pragmática», desde el día uno, porque todavía es discutible si Fidel fue, ha sido o es marxista. Coqueteó con el PSP (Partido Socialista Popular) por conveniencia nomás y lo subordinó cuando entendió que era hacia la Unión Soviética para donde debía virar.

No sé por qué empecé a hablarte de esto. ¿Por dónde andábamos? Ya, la universidad. En 1989 ingreso a estudiar psicología y un poco más tarde a militar en la UJC, al revés de la mayoría de mis compañeros, que por esos años comenzaron a entregar el carnet. Yo era de los *perestroikos*, de los pocos que creían en Gorbachov y tenían la ilusión de que el socialismo podía ser reformado desde adentro.

En 1990 me pongo de novio y me voy a vivir con D. en un departamento del Vedado, en la calle B y Calzada. Decidí especializarme en psicología del mando, estrategias y modos de manejar equipos y cosas así, muy de los gringos. Y apenas terminada la carrera, el año 93, me contrataron en Cubalse como encargado de supervisar al personal de ventas. Llegué ahí recomendado por Orlando Borrego, un tipo que fue amigo del Che y trabajó con él en el Ministerio de la Industria; un hombre muy importante hasta que le dijo a Fidel que no se conseguirían los diez millones de la zafra, razón por la que incluso en los diarios lo convirtieron en caricatura de viñetas satíricas. Es decir, yo era una especie de comisario que hacía informes sobre lo bien o mal que trabajaban los vendedores de una de las tres grandes empresas del Estado. Tenía un auto con chofer a mi disposición para recorrer las sucursales y montón de veces me intentaron coimear, pero yo nunca acepté. En pleno Período Especial, en todo caso, no me faltaba nada de nada, porque me llegaban cajas de vino de regalo y todo tipo de mercancías mientras el normal de la gente debía contentarse con comer moros y cristianos todo los días, cuando no solo moros o solo cristianos. Por esa época comenzaron a correrme una acusación de la que nunca me libré del todo: que yo pertenecía a la Seguridad. Y buenas razones había para pensarlo, desde que era hijo de un militar que trabajaba en eso hasta que resultaba inexplicable que un pendejo de mi edad, sin amigos ni antecedentes en ese rubro, hubiera llegado tan alto así de golpe. Hasta para mí lo era, y fíjate que llegué a sospechar de mí mismo, mira lo que te digo, que quizás sin darme cuenta estaba siendo un miembro de la Seguridad. ¡Incluso yo desconfiaba de mí, hermano! ¡No me vas a decir que no es loco eso! Y lo más raro de todo es que a mí jamás me interesó ni el poder ni el dinero. Te lo juro por mi madre. No me interesaba la ropa ni nada de eso. Y fíjate que dentro de todo era bastante fiel, porque pudiendo tener un ejército de amantes me pegué los tarros con apenas dos: Jasmín, que era una blancucha de Las Villas con unas tetas enormes, quince años mayor que yo, y

R.C., por esos días la mulata más hermosa de La Habana, y atento que no exagero, porque todos decían lo mismo. Sin ir más lejos, perdí mi trabajo por culpa suya.

Lo que pasó fue que un día llegó a trabajar en Cubalse el hijoputa de Arístides González (de ese sí te permito que pongas el nombre), que debe haber medido un metro más que yo y tenía los brazos del grosor de mis piernas, compadre, y no exagero; llegó a Compras mientras yo trabajaba en Ventas y no pasó siquiera una semana cuando empezó a caerle encima a R.C. descaradamente, a sabiendas de que yo me la comía, hermano. Muy debilucho se me verá, pero no tenía por qué aguantarle esta jodedera. Entonces me le acerqué un día y le dije que me pasaba de imbécil si le caía encima a golpes, porque él me mataba y yo quedaba como el culpable de la rosca, pero quería dejarle en claro que a mí nadie me metía el dedo en el culo, de manera que mejor se fuera olvidando de R.C. y se buscara un cachalote de su tamaño, y me importaba una pinga si por decírselo me ganaba unos piñazos suyos. Si ese le parecía el camino correcto a él, pronto se enteraría del mío para vengarme. La cosa, compadre, fue que en lugar de triturarme ahí mismo se dio la media vuelta, y un ratico más tarde lo vi de nuevo junto a R.C., cortejándola ya sin ningún disimulo. Para peor, el muy comemielda llevó mi caso al Comité de Base de la Juventud, donde argumentó que en mi desempeño laboral estaban primando los intereses personales por sobre los de la Revolución. Me quiso cagar con el expediente. En cuanto me enteré de que evaluaban mandarme a cosechar papas quince días a unos campos de Pinar del Río, presenté mi renuncia a la empresa y dejé de militar en la UJC. Hasta ahí llegó mi vida de gerente y de comunista.

Meses después volví a cruzarme con el maricón de Arístides González, y estaba irreconocible. Había llegado vistiendo safaris y fumando unos tabacos hediondos, y ahora se *daba lija* con ropitas importadas, cadenas de oro y Cohibas.

Esto fue por 1998 o comienzos del año siguiente. Ahí terminé también con la novia que tenía y me cambié a otro departamento en el Vedado, pero más arriba, en la 25 casi esquina con Los Presidentes, donde a un amigo le sobraba un dormitorio. Fue un período de jarana dura, compa, nos la pasábamos templando, tomando ron, jalando cocaína y fumando marihuana. Se encontraba de todo en ese tiempo. Bueno, ahora también, pero cuesta más. El niño Elián liquidó la fiesta, ahí la cosa se puso más estricta. Pero a comienzos de los 2000 yo me despertaba y lo primero que hacía era prender un porro de hierba y recién ahí veíamos cómo continuaba la jornada. Tenía ahorros, así que no me faltaba el dinero, y escribía poemas, y uno de esos se hizo bastante famoso, aunque no se publicara; era muy poco lo que se publicaba, de manera que los poetas inéditos y conocidos no eran ninguna excentricidad, muy por el contrario, los poetas excéntricos eran los que tenían libros de poemas. Excéntricos o lameculos, para ser más claros. El poema ese estaba dedicado a Raúl Hernández Nová, un poeta que se había dado un tiro pocos años antes.

En esa época hice trabajos publicitarios para Brascuba y volví a casarme, bueno, no a casarme, porque mi único matrimonio de verdad es el que tengo ahora. Fundé una página web de arte, la primera con cierta categoría que existió en la isla, y como entremedio me había enganchado con una argentina muy amiga de la hija de Rodolfo Walsh, comencé una antología de escritores asesinados en dictadura. Me interesaba que el tema dialogara con lo que pasaba acá de manera torcida. Por esas amigas argentinas tuve también acceso a unos dineros italianos, fondos solidarios con Cuba de un grupo llamado Cubasol que me entregaron en un maletín lleno de billetes viejos, de liras, porque no existía todavía el euro. Una cosa que era lavado de dinero o te juro que no sé qué era. Se trataba del equivalente a mil ochocientos dólares que debía usar en la compra de computadores para la página de arte y que yo llegué a cambiar, así como en las películas, al hotel Habana Libre. Puse el maletín sobre el mesón de la recepción y apenas lo vio la señorita me pidió que pasara a una sala que había en el costado. Ahí llegó un funcionario que sin manifestar ni la menor sorpresa se puso a contar los billetes uno por uno, y después de media hora contando transformó las liras a dólares y en realidad no había 1.800 sino 2.132 dólares. ¿Y sabes por qué me acuerdo de la cifra exacta? Porque convertí ese número en la clave para abrir la maleta que compré al día siguiente en una tienda del hotel Cohiba, y más tarde en el PIN de mi celular. Créeme, eso era una fortuna, compañero. Como yo el computador lo tenía, hablé con un conocido de los tiempos de Cubalse que trabajaba en Varadero para que me consiguiera dormitorios en el hotel Arena Blanca, uno de los resorts recién abiertos en el balneario y donde existían cupos para cubanos. Le dije que quería ir con mi novia, que entonces se llamaba Irasema, mi madre y mis dos hermanas, un tremendo pingo de hembras dispuestas a creer cualquier historia sobre el origen de la plata con tal de que las sacara de paseo, no como mis amigos con los que cogía nota en las esquinas, que apenas se emborrachaban, en lugar de agradecer, empezaban a pedir explicaciones. Tú sabes, acá todos somos culpables hasta que se demuestre lo contrario, y peor si es uno como yo, al que hasta los amigos más próximos juran miembro de la Seguridad. Ellas, en cambio, daban *cachumbambé* pa' mi lado sin preguntar nada.

Mi conocido de la oficina de turismo me informó esa tarde que las reservaciones para nacionales estaban llenas, pero había un grupo de argentinos que acababa de anular las suyas, y si nosotros nos hacíamos pasar por ellos, las podíamos usar. «Cerrado, compadre», le dije, y les advertí a las mujeres que no podían abrir la boca en público, porque el único que sabía fingir el acento argentino era yo. Y así nomás hicimos durante los diez días que pasamos ahí, tendidos a cuerpo de rey, tomando ron de la mañana a la noche y comiendo torres de carne y langostas muy mal preparadas, mientras los demás mendigaban. Pero no estábamos para lamentaciones, hermano.

★★★

«Todavía, todavía» responden los cubanos si uno les pregunta, por ejemplo, si ya pasó la guagua, si empezó la película o si llegaron los huevos. Lo dicen mientras aguardan algo que no llega, pero que puede aparecer en cualquier momento. Pronuncian «todavía, todavía» con aparente descuido, como si la espera nunca fuera mucha. «Todavía», adverbio de modo que niega la muerte sin festejar la vida, se repite dos veces, ya no para manifestar hastío como debe haber sido en un comienzo, sino resignación. La esperanza de una esperanza. La expresión conserva, sin embargo, un resto de optimismo formal: ya viene, no se inquieten, ocurrirá, aunque no sea como uno espera ni en el mejor momento. A ratos la voluntad de ellos parece no contar en lo más mínimo. Lo político deviene, por tanto, algo religioso: ya pocos creen en el redentor, pero una fuerza que los excede determina sus vidas. Si se corta la luz, solo queda esperar que regrese. En las tierras de la Revolución, extirparon la rebelión. Las fuerzas no chocan, se acomodan. En otras palabras: encuentran el modo de habitar en el reino del «todavía, todavía».

★★★

Continúa Grillo:

El año 2005, como ya tenía cierta experiencia en informática, me ofertaron el puesto de editor online en *Cubahora*, que fue la primera página de prensa cubana en internet, nacida para la visita de Juan Pablo II. Ahí estuve un tiempo y después me fui a la revista *El Caimán Barbudo*.

Un año después, *El Caimán Barbudo* sacó un número especial con ocasión de una polémica que estalló al cumplirse treinta años del «Quinquenio Gris», y que fue la última gran discusión intelectual que hubo en Cuba tras el caso Padilla. (El poeta Heberto Padilla fue detenido en marzo de 1971. Su libro *Fuera de Juego* —«Di la verdad./ Di, al menos, tu verdad. / Y después / deja que cualquier cosa ocurra: / que te rompan la página querida, / que te tumben a pedradas la puerta, /que la gente / se amontone delante de tu cuerpo / como si fueras/ un prodigio o un muerto"— le costó la condena del régimen. Su encarcelamiento provocó la reacción de importantes intelectuales de todo el mundo que hasta entonces habían apoyado la Revolución. El escritor Ambrosio Fornet denominó «Quinquenio Gris» a esos primeros años de la década de 1970, cuando una inmensa cantidad de narradores, dramaturgos y artistas fueron perseguidos por no cumplir con los «parámetros» revolucionarios. Durante ese tiempo, burócratas estalinistas estuvieron a cargo del Consejo Nacional de Cultura, órgano que se encargó de censurar y marginar, entre otros muchos, a José Lezama Lima y a Virgilio Piñera).

Fue a propósito de la polémica que originó ese año la invitación a Pavón y Quezada —miembros del CNC entre 1971 y 1976— a un programa de televisión llamado *Impronta* que publicamos un número con la portada gris y una pantalla de televisión al centro donde participaron varias voces disidentes. Ese número fue revisado con lupa, tanto así que el mismísimo Fernando Rojas —el viceministro de Cultura— se encargó de presentarlo. Las disquisiciones en juego rondaban la pregunta hecha por Vargas Llosa respecto del Perú en *Conversación en La Catedral*, solo que aplicada a nosotros: ¿Cuándo se fregó la Revolución? Yo te diría que para muchos acá esa es la pregunta de las preguntas, y si bien yo me declaro socialista y revolucionario, creo que el problema tiene nombre y apellido: Fidel Castro. Porque una cosa es desear el socialismo y otra muy distinta aplaudir una autocracia. Pero esto aquí no se puede decir en voz alta, porque ese hombre y la Revolución y el país entero terminaron confundiéndose. Todo leña del mismo palo, *man*.

Poco después se encargaron de hacer desaparecer hasta el último rastro de esta polémica. Para mediados de 2007 ya nadie quería tocar el asunto.

Fue precisamente en una fiesta organizada por mis amigos de *El Caimán* que conocí a la Jacque, mi actual y única esposa por ley. De todas las que han sucumbido a este cuerpo flacuchento, solo a ella la he amado verdaderamente. No fue así desde el comienzo, porque primero vino el odio y después el amor. Algo estaba hablando acerca de los dibujos de Ares que acabábamos de ver, cuando ella, a quien no había conocido jamás de los jamases —y a quien todavía ni veía, porque estaba a mis espaldas— murmuró que representaban exactamente lo contrario que decía yo. «¿Cooómo?», pregunté dándome media vuelta. «Mira, chico, si tú piensas que esa lengua que le tapa los ojos al mono habla de la censura, es que no entiendes nada de nada, porque lo que hace ahí esa lengua larga es reírse de los que hablan demasiado, como tú». De ese modo la Jacque se ganó al auditorio, que estalló en una carcajada a costa mía, y si no le tiré la cerveza que tenía en la mano fue porque en mi casa me enseñaron que a las mujeres se las respeta más que a los ángeles, o sea, si hubiera sido un ángel se la tiro sin dudarlo. Y mientras más se me notaba la furia, compadre, más se reían esos hijoeputa. Volví a verla meses después, cuando ya me había calmado, y ahí nos reímos los dos juntos y, tú sabes, si la risa no espanta, calienta; esa misma noche terminamos templando en la terraza. Yo me había propuesto, eso sí, no volver a emparejarme mientras pudiera comer sin ayuda, y se lo dije, de manera que dejamos de vernos por no sé cuántos meses que pasé de curda en curda, hasta que me caí borracho del techo en otra fiesta de *El Caimán Barbudo*, donde ya era jefe de redacción. Al recuperar la conciencia estaba en el hospital Hermanos Ameijeiras, y ella fue lo primero que vi cuando abrí los ojos. La cabeza se me había roto como un melón, y quién sabe qué me metió adentro mientras yo estaba con el tec, pero la cosa es que al salir me cogió un amor inexplicable por ella, y le pedí matrimonio y me la llevé a vivir a Regla, tierra de *babalaos*, a la casucha que tú conoces. Le dije «que me la llevaba donde los brujos porque me había embrujado», pero la verdad es que un hermano de mi papá recién jubilado estaba por dejar su casa ahí, así que la tomé. Como soy periodista acreditado por mi cargo en *El Caimán*, me dejan tener internet, de modo que trabajo sin problemas desde allá. Solo vengo a hacer clases a la universidad, y algunas veces me tomo unas cervezas con amigos.

La verdad es que me quedan pocos amigos. Mis compañeros de generación se han ido casi todos. De mi curso en la escuela Lenin, que yo sepa, siguen acá Salvador Quevedo, al que le gritábamos de un lado al otro del patio: «¡no puedo creer lo que vedo!» ¿Y sabes a qué se dedica ahora el hijoeputa? ¡Proctólogo! Te lo juro. ¿Qué vedo? Anos negros, compadre. También se quedó el «Madriguera» Dorticós, que prepara mojitos en el Meliá Cohiba. Otros andarán comiendo pingas para llenar la olla, pero mis amigos de verdad, los que entonces leían los mismos libros que yo y veían las mismas películas y cogíamos nota juntos, esos se fueron hace rato. Yo también me fui. No tan lejos, pero me fui. Me gusta tener que tomarme el barquito para llegar a la casa, el problema es que si se me va el último estoy obligado a quedarme acá, y eso a Jacque no le gusta nada. Mucho menos ahora. Ya tú sabes. (En diciembre de 2014, días antes de que Raúl Castro y Barack Obama comunicaran la voluntad de Cuba y Estados Unidos de restablecer las relaciones diplomáticas, Jacque sufrió un infarto cardiaco. Le pusieron tres *bypass*, pero quedó débil. Ahora habla con poca fuerza, pareciera que se ahoga y aunque intenta divertirse cada vez que el resto lo hace, su risa asoma demasiado delgada para creerle.) Después del segundo infarto quedó muy asustada. Si salgo me llama todo el tiempo. A veces se ahoga, o le vienen dolores, y come tan poco que hasta su pelo perdió el color, Pato, y no exagero, no, no, me quedo corto. Ya se me olvidó cuándo fue la última vez que singamos, y antes era entre diariamente y cada dos días; si no le he pegado en los tarros, compañero, es porque a ella sí le debo respeto y más que respeto, Obatalá lo sabe, y Oshun, y la Virgen de la Caridad del Cobre… Pero no te creas que no lo he pensado. Yo no puedo morir con ella.

PONTÍFICE

Sábado 19 de septiembre de 2015

A las cuatro de la tarde, aterrizó el papa Francisco en La Habana. Para verlo pasar me instalé en la avenida Boyeros, que es la que comunica el aeropuerto con la Plaza de la Revolución, donde mañana a las nueve el pontífice celebrará su primera ceremonia pública. A la altura de la calle Vento —frente a una fábrica de galletas que deslinda con un inmenso basural conocido como «El Bote», donde familias miserables viven recolectando porquerías— llegaron decenas de guaguas repletas de gente a recibirlo. Se trataba, en su gran mayoría, de trabajadores acarreados desde sus puestos de trabajo a los que les entregaban banderitas cubanas y vaticanas para dar la bienvenida a Su Santidad. La espiritualidad cristiana reinaba por su ausencia. Nadie cantaba, nadie rezaba y nadie llevaba carteles propios para demostrar su devoción. Una leyenda escrita en el muro principal de la cuadra parecía dar la respuesta: «Con los CDR no hay tregua Compay».

Hombres y mujeres con una tarjeta colgando del pecho que decía «Protección de Vía» se encargaban de impedir que la gente bajara de la vereda a la calle: «¡Todos sobre la acera! ¡Hay que subirse al *contein*!», gritaban a quien osara bajar un pie de la cuneta. A mi lado, un hombre tenía su radiotransmisor encendido: «Este viaje del papa a Cuba y los Estados Unidos —escuché decir al locutor de radio Rebelde— es un solo recorrido que comienza en La Habana, Holguín y Santiago, para continuar en Washington, Nueva York y Filadelfia». Federico Lombardi, director del Centro

171

Televisivo Vaticano y de radio Vaticano, reconoció que si el Santo Padre hacía esta gira no era por razones evangélicas cualesquiera, sino por la participación protagónica que le competía en las conversaciones de abuenamiento entre ambos países. Le preguntaron si el Papa se reuniría con disidentes, y sin descartarlo aclaró: «cuando su santidad habla, lo hace para todos sin distinción».

Le comenté a una vecina de espera que este cura —el Papa— ya me estaba dando dolor de pies, y la mujer, que vestía un uniforme de blusa celeste y falda azul, se llevó el dedo a la boca y lo sopló para que me callara. Se reía, en todo caso.

A eso de las cinco y media de la tarde pasó Francisco en su papamóvil —un Peugeot adaptado por los cubanos para la ocasión que sacó comentarios de orgullo entre los asistentes locales— exhibiendo una sonrisa pareció liberar a la concurrencia, porque apenas nos dejó atrás corrieron todos hacia las guaguas para no quedar sin asiento.

El papa Francisco, en su visita a la isla, saluda a los fieles apostados en avenida Boyeros.

Plaza de la Revolución
(Domingo 20 de septiembre de 2015)

En La Habana hay tan pocos autos, que no es difícil adaptarse al bloqueo de calles que ha impuesto la visita de Francisco. Los desvíos no generan atochamientos sino, a lo más, un agradable espectáculo de muchachas policías, mulatas y delgadas, que vistiendo unas minifaldas encantadoras y unas armas que en sus cinturas parecen de mentira, ordenan a los conductores tomar las vías alternativas y a los caminantes, obsesión algo más absurda, subir a las veredas pese a que las calles están cerradas y vacías. «Ay, señorita —le dijo a una de ellas un hombre de ochenta años, cuando a las 7.30 de la mañana avanzábamos bordeando el cementerio Colón, camino de la Plaza de la Revolución—, ojalá usted me cargara hasta donde está el Papa». La joven policía, que apenas superaba los veinte, le respondió sonriendo: «Si pudiera, lo haría, señor, pero no pueeedo». Y el hombre suspiró: «¡Qué pena más grande!»

A esa hora, los Ladas de los policías pasaban dejando individuos de civil en las esquinas. Acá no es ningún misterio que cualquier aglomeración humana cuenta con un porcentaje de miembros de la Seguridad entre sus presentes, y la visita del Papa ha implicado un gran despliegue de ellos. A las Damas de Blanco les impidieron asistir. (Berta Soler, su máxima dirigente, aseguró que de todos modos esta visita no servía en nada a su causa, porque el Papa está detrás de las conversaciones con Estados Unidos, y en dichas tratativas no se había condenado las violaciones a los derechos humanos.) La «bola» hablaba de un número impreciso de detenidos y «personajes conflictivos» a los que no dejaron salir de sus casas ese día.

La misa debía comenzar a las nueve de la mañana, pero ya a las ocho y cuarto el locutor, que por el tono de voz y el tenor de sus comentarios parecía ser cura diocesano, avisó que el papa Francisco estaba en la plaza. Recorrió en su papamóvil las primeras filas de espectadores, y luego se acercó a darle la bendición a un grupo de gente enferma congregada cerca del escenario.

Poco antes de la hora presupuestada, comenzó la ceremonia. El frontis de la Biblioteca Nacional, a uno de los costados, lo cubría un gran lienzo con la imagen de Cristo y la leyenda «Vengan a mí», monumental, casi tanto como el rostro de Camilo Cienfuegos esculpido en fierro sobre el frontis del edificio del Ministerio de Comunicaciones diciendo «Vas bien Fidel», o el del Che Guevara en el del MININT con el lema «Hasta la Victoria Siempre». Era un contexto raro para una misa. Comentaristas suspicaces resaltaron que el Papa estaba sentado a la izquierda del Che y no «a la derecha del Padre», que es donde la Biblia ubica a Jesucristo.

La Plaza de la Revolución no mostraba manchones vacíos, aunque había espacio entre los feligreses, que no siempre eran feligreses. Pocos se sabían de memoria las oraciones de la liturgia y solo un escaso porcentaje la seguía con genuino sentimiento religioso. Seguramente en las primeras filas esa emoción era más intensa, pero al centro de la plaza los recostados de cansancio superaban a los devotos de rodillas. De estos últimos, vi solo a una mujer costarricense con su bandera como capa en la espalda orando con los ojos cerrados. «Los cubanos —me dijo una a la que interrogué al respecto— somos más noveleros que católicos». Quería decir que habiendo una historia, a los cubanos les gusta estar ahí.

Muchos esperábamos que el Papa aludiera de algún modo a la realidad cubana, ya fuera para cuestionar el estado de las libertades o solidarizar con la Revolución criticando el materialismo del mundo contemporáneo. Se limitó, en cambio, a hacer una prédica evangélica, apostillando la lectura de San Marcos: «Jesús preguntó a sus discípulos qué discutían en el camino —comenzó diciendo Francisco— pero ellos no quisieron responderle, porque les dio vergüenza. Habían estado hablando de quién era el más importante». Después dijo que a Jesús le gustaba descolocar con sus preguntas, y quizás ahí estuviera la clave para entender su prédica, aunque cuando agregó que «el cristiano está invitado a servir a los otros y no servirse de los otros, de manera concreta, cotidiana y próxima», se entendió que hablaba en contra de las ideologías.

Algunos comentaron que sus actividades negociadoras no podían verse dificultadas por declaraciones para la galería: que a la galería le habla como cura y solo en privado actuaría el político. De hecho, hizo apenas una mención contingente mientras ofició en la Plaza de la Revolución, y fue para recordar la necesidad de paz en Colombia. Se refería, esta vez, a las negociaciones entre las FARC y el gobierno colombiano que, para entonces, llevaban tres años realizándose en La Habana. Hasta último minuto seguía en pie —todo esto guardado en estricto secreto— la posibilidad de que el Papa se reuniera durante esta visita con los comandantes del grupo guerrillero, el presidente Juan Manuel Santos y Fidel Castro, todos juntos, para posiblemente anunciar un compromiso de paz. Fueron, al parecer, los obispos de Colombia quienes sostuvieron que sería absurdo ceder de tal manera mientras las FARC no realizaran un gesto rotundo de arrepentimiento. Finalmente esa reunión quedó en nada, pero no la intención papal de involucrarse en el asunto. Es de imaginar que este Papa entiende ambos procesos como parte de un mismo capítulo que se cierra. Con Raúl y Fidel, en cambio, sí se reunió, y aunque sucedió lejos de todo testigo, desde el gobierno informaron que Francisco intercambió libros con el líder histórico. Algo especial ha de tener este régimen que los últimos tres príncipes de la Iglesia han venido a visitarlo. Tal vez sea que, más allá de sus pecados, no le resulta extraña la palabra fe.

Morón

Esa misma tarde, después de la ceremonia en la Plaza de la Revolución, partimos con Jon Lee Anderson a encontrarnos con Gerardo. La idea era seguirle los pasos al Papa en su gira por la isla, y Gerardo sería nuestro chofer. Jon Lee se ha especializado en perseguir guerras y dictadores para escribir sobre ellos, de modo que no conseguía disimular lo poco excitante que le resultaba ir tras el

Santo Padre. Para realizar el viaje, Gerardo no llegó en su vehículo de siempre, sino en un auto japonés que había arrendado el día antes. Tras reunir el grueso del dinero que necesitaba para cambiar el motor de su Lada, se lo entregó al chapistero. La reparación debía tardar aproximadamente seis meses. Las piezas no se conseguían de golpe y «esto de volver nuevo un auto viejo toma tiempo».

Como era oriundo de Morón, nos propuso que el primer tramo lo hiciéramos hasta esa ciudad, donde según él vivían las mujeres más hermosas de Cuba. Su intención no era encontrarse con la familia, sino aprovechar la escala para «combinar» algo con una *jeva* de ahí. Cuando no estaba pensando en sexo, Gerardo no pensaba en nada.

Llegamos a Morón a las seis y media de la tarde. El mayor atractivo turístico de este pueblo es la inmensa estatua de un gallo de cemento gris, en recuerdo del Gallo de Morón, protagonista de una historia popular sevillana que nada tiene que ver con la tradición de este lugar. Si el principal monumento es el gallo, su núcleo histórico es la estación de trenes y su centro social el hotel Islazul, donde llegamos al atardecer.

Las habitaciones costaban quince CUC por persona y estaban desprovistas de toda sofisticación: medio rollo de papel higiénico en el baño, los muros despintados, ducha sin agua caliente, y cierto aire de hotel abandonado que, al poco rato, ya no era tal. Es increíble cómo un par de pinceladas bastan para que un cuadro cobre vida. El asunto es que dejamos nuestros bolsos en los cuartos y bajamos rápido a comer algo, pues no habíamos almorzado. Después de cenar y beber un par de cervezas, Jon Lee, que había llegado a Cuba el día antes desde Inglaterra, regresó a su habitación para dormir y pasar el *jet lag*. A la mañana siguiente debíamos partir muy temprano a Holguín, donde el Papa tendría su segunda actividad pública en la isla. A mí me movía la esperanza de ver algún tipo de protesta o explosión popular aprovechando su visita, tal como había sucedido en Chile cuando Juan Pablo II visitó el país en tiempos de Pinochet. Pero nada por el estilo aconteció en Cuba.

En cuanto terminamos de comer, Gerardo me pidió que lo excusara porque debía recoger a una amiga que lo tenía «con guayabitos», «una *jevita* para morirse en sus brazos, *asere*», me dijo antes de partir corriendo. A esa misma hora comenzaron a llegar al hotel algunas chicas, solitarias, y otras con sus respectivos novios. Ellos bebían cerveza y ellas jugos en caja, con bombilla. Eran todas niñas de dieciocho años, recién salidas del colegio, algunas de un poco más, con polleras minúsculas o pantaloncitos cortos, juguetonas, con ganas de divertirse. Me instalé en la puerta del hotel a verlas llegar en carretas con luces de colores, bajarse como princesas de utilería, con mucho dorado en el caso de las negras y colores fluorescentes en las blancas, y cuando estas Cenicientas pasaban junto a mí, el único extranjero a la vista, me clavaban los ojos y parpadeaban sonriendo, o tiraban besos estirando los labios, o me llamaban con la mano: «Y usted, ¿no quiere divertirse?», «tan lindo y tan solito», «ven acá, chico, ven acá». Las *lolitas* que se bajaban de esas carrozas a pedales o empujadas por una moto, tenían todas más o menos la misma edad, salvo una o dos de treinta, regordetas, que las ofertaban. «¿Ya decidiste cuál te gusta? Esa mulatica de la escala no está nada de mal. ¿Le digo que venga?» Apenas le contestaba que no, me pedía algo: un café, una gaseosa, unas papas fritas.

La mayoría de los hombres se quedaban alrededor de la escalera de la entrada. Si uno quería ingresar al hotel —que tiene por lema «Disfrute sin Límites»—, era obligatorio registrarse en la recepción, «porque así nos aseguramos que no entren menores de edad», me dijo el conserje cuando le pregunté para qué lo hacían.

En la parte posterior del hotel había una discoteque donde unas se juntaban a conversar y otras andaban al aguaite, igual que las muchachas del hall. Había parejas que bailaban reggaetón alrededor de unos parlantes inmensos. En Cuba todavía se podía fumar en todas partes, incluso adentro de una discoteque. En ese sitio no había ni rastros de la música revolucionaria: no salía de los parlantes ni de las ilusiones de esos jóvenes con un mogote de pelo sobre el cráneo y tatuajes góticos en el cuello y los brazos —nada muy distinto de lo que se ve a lo largo y ancho del Caribe—, y ojalá una cadena de oro o pulseras de oro o incluso un diente de oro, todos «ojalás» muy improbables en una provincia de la Revolución donde el oro no abunda. Ellos cumplían a la perfección el estereotipo del delincuente neoyorquino, solo que aquí tenían mirada pueblerina. No había drogas de ninguna especie en esa discoteque, ni abundaban los borrachos odiosos. Ellos ni saben todavía que la isla se está abriendo y bailan esa música sin imaginar que en otras partes jóvenes como ellos la escuchan intoxicados, con sus cuerpos en la tierra y sus mentes en la estratósfera. Nunca han visto la heroína ni el ácido ni el éxtasis. Quizás la cocaína apareció alguna noche durante los ochenta, antes del fusilamiento del general Ochoa, porque después comenzaron a perseguirla como si su tráfico fuera la semilla de todos los males, cosa que efectivamente ha sido en muchos países del continente.

A Holguín llegamos tarde. En este país cuesta cumplir un itinerario. Son muchísimos los elementos fuera de control, como diría Nicanor Parra, «demasiadas las variables ocultas». El asunto es que llegamos a Holguín cuando la misa estaba a punto de acabar. Buena parte de ella la escuchamos por radio Rebelde, que la transmitió completa, mientras íbamos por la carretera. Su voz ancla, Aroldo García, repetía las frases más destacadas del Papa con una reverencia que consternaba. «Lo importante según el Papa», decía él, «es no quedarse en las apariencias y lo políticamente correcto, hacer del traidor un amigo, porque Dios busca la salvación de todos sus hijos», y todo esto lo escuchábamos mientras a la salida de los pueblos que íbamos atravesando se leían carteles del tipo «Todo dentro de la Revolución, nada fuera de ella. PARTIDO ÚNICO». Resultaba harto ridículo ir escuchando una misa católica por radio Rebelde.

Ni un solo vehículo circulaba por el centro de Holguín, para no obstruir el paso del papamóvil. Parecía un pueblo fantasma con pequeñas aglomeraciones de vida en un par de esquinas. Nosotros vimos al Papa levantar el brazo desde uno de esos piquetes, y seguimos camino. Queríamos pasar a conocer Birán antes de llegar a Santiago. Birán: el Belén de esta historia.

BIRÁN

«¿Quién creería que este castigo de chiquillo, recibido a la edad de ocho años, por mano de una mujer de 30, fue lo que decidió mis inclinaciones, gustos y pasiones por todos los días de mi vida y precisamente en el sentido contrario al que uno podría naturalmente imaginarse?».

JEAN-JACQUES ROUSSEAU, *Las confesiones*

«Yo nací en una finca. Hacia el centro norte de la antigua provincia de Oriente, no lejos de la bahía de Nipe, y cerca del centro azucarero de Marcané. El lugar se llamaba Birán. No era un pueblo, ni siquiera una pequeña aldea; apenas unas casas aisladas [...]. La casa de la familia estaba allí, a orillas del antiguo Camino Real, como llamaban al sendero de tierra y fango que iba de la capital del municipio hacia el sur. Los caminos eran entonces grandes fanguizales. Se iba a caballos o en carretas de bueyes. No existían aún vehículos motorizados, ni siquiera luz eléctrica. Cuando yo era pequeño nos alumbrábamos con velas de cera y lámparas de kerosén [...]. Yo recuerdo que, cuando tenía tres o cuatro años, las vacas dormían debajo de la casa. Las llevaban ahí al anochecer. También allí se ordeñaban, amarrándolas a algunos de los pilotes. Había, igual que en Galicia, debajo de la casa, un corralito con cerdos y aves. Por allí se paseaban gallinas, patos, guineas, pavos, y hasta algunos gansos».

IGNACIO RAMONET, *Fidel Castro. Biografía a dos voces.*

«En mi memoria están la panadería, la tienda, el correo, casi todo lo que había: los árboles frente a la tienda, frente a la panadería, la escuela, la gente que vivía frente a la escuela, el lugar donde peleaban los gallos [...], una fonda donde comían los trabajadores [...] y las casuchas de guano de los haitianos, los barracones donde ellos vivían. [...] casi no había mujeres entre ellos y una mujer era compartida por varios. [...] Aquellos trabajadores haitianos eran mucho más económicos que los esclavos para las empresas norteamericanas y para los terratenientes. [...] Se alimentaban con boniato, algún maíz tostado, granos y tubérculos; carne no consumían prácticamente nunca, ni leche. A veces comían bacalao salado que trasladaban en barriles desde Noruega. Vivían en condiciones terribles. [...] Desde temprana edad percibí una situación diferente: yo no tenía necesidades materiales, no tenía hambre, todo abundaba; no se carecía de nada [...]. El cultivo comercial principal de mi padre era la caña, y la producción dependía más o menos de cómo se comportaba la demanda de azúcar en el mundo. Después de la Primera Guerra Mundial sé que hubo un período de precios muy altos, lo oí decir. Le llamaban la Danza de los Millones. [...] Las suyas serían unas 600 hectáreas sembradas solo de caña [...].

»Birán se encontraba rodeado de grandes centrales azucareros, empresas norteamericanas dirigidas por administradores, cuyos propietarios permanecían en Estados Unidos, en Nueva York. [...] Yo oía hablar de algunos *misters*: el *mister* del central Preston (Morey), de la United Fruit Company; *mister* tal y *mister* cual, muy importantes; algunos norteamericanos vivían en el central Miranda Sugar Company [...] dueña de más de 150.000 hectáreas; pueden haber sido 200.000. [...] Ellos instalaban los centrales, las líneas de ferrocarril, y establecían sus funcionarios, sus empleados. [...] Las autoridades estaban totalmente al servicio de la administración del central y de los terratenientes. [...] No oí a mi padre quejarse de los norteamericanos, más bien los trataba con amistad y respeto. [...] Yo me separé de ahí desde que ingresé a la Universidad hasta el año en que murió mi padre, en 1956. [...] Al morir mi padre estoy ya en la Revolución, en México».

KATIUSKA BLANCO,
*Fidel Castro Ruz, Guerrillero
del Tiempo. Conversaciones con el líder
histórico de la Revolución Cubana.*

«Birán fue mi Aracataca», le dijo un día Fidel a su amigo Gabriel García Márquez. Según Jon Lee Anderson, «esos fueron grandes amigos porque vivieron infancias parecidas». Fidel niño deambuló por ahí en su caballo Careto, echándole tiros con un rifle a las palomas perdiz, a los cabreritos de la ciénaga, a los jutía conga y a las serpientes, casi siempre por simple diversión, como cuando reventó a balazos una culebra *majasito bobo* en los bordes de la valla de gallos. Su madre, que aprendió a leer de adulta porque nunca fue a la escuela, y que antes de casarse fue la cocinera de su padre, era la encargada de la disciplina —«hay que acostarse, nos decía»— y de recetar ungüentos y cocimientos que guardaba en el «cuarto de las medicinas»: purgante de aguas de Carabaña —«suave, pero efectivo»—, aceite de ricino para las trancaderas —«luego supimos que uno de los métodos que utilizaba la policía de Batista, en su primera etapa, era darles purgante de aceite de ricino a los opositores»—, malta de cebada, vitaminas, aceite de hígado de bacalao y emulsión de Scott para la hinchazón y unos masajes a la altura de la columna si continuaban los dolores intestinales. Para los riñones, la señora Lina Ruz recomendaba el *guizazo de Baracoa*, y el sarampión lo combatía con un cocimiento de la pelusa del maíz. «Creía también en los espíritus, en los fantasmas. Si un gallo cantaba tres veces y nadie le contestaba, aquello podía ser una desgracia; si una lechuza pasaba de noche y se escuchaba su vuelo y el graznido, entonces eso podía traer desgracia; si se caía un salero y se rompía, también era malo», contaba Fidel.

En esta casa ubicada en Birán nació Fidel Castro Ruz, el 13 de agosto de 1926.

Birán pertenece a la provincia de Holguín y está entre Palma de Soriano —donde se come el mejor cerdo de Cuba a orillas de la calle— y Mayarí. Nosotros llegamos al final de la tarde y encontramos el portón abierto. Lo único que hay ahí es la finca de los Castro, y el hombre que nos recibió —un mulato de dos metros y ciento cincuenta kilos que lo encorvaban como a un exboxeador de peso pesado— hacía las veces de capataz. Su familia era de ahí y él aún conservaba recuerdos de infancia, cuando Birán no era el lugar de peregrinaje al que rara vez llegan peregrinos, sino la cabeza de un ingenio azucarero y maderero, mitad propiedad de don Ángel Castro y mitad tierras arrendadas por él a los norteamericanos, los únicos compradores de su producción.

A la entrada del predio, lo primero que se ve son las casas construidas con hojas de palma y piso de tierra de los haitianos, dispersas entre las sombras de un parque con árboles enormes. Son cuatro o cinco bohíos arreglados con atención museística, pero que dan una idea de la pobreza que allí se vivía. El lugar es plácido

—y no vimos a nadie más que nuestro guía mientras permanecimos ahí—, aunque está en medio de campos incultivados, lomosos, con palmas reales, y solo cada tanto alguna plantación de azúcar. En tiempos de don Ángel, sin embargo, estuvo todo plantado.

Sus cañaverales estaban rodeados por los de la United Fruit y los de la Miranda Sugar Company. Don Ángel era un hijo de campesinos pobres de Galicia al que mandaron a pelear a Cuba como soldado español para la última guerra de independencia, en 1895. Era bastante bruto —aunque, afirman, también generoso—, muy poco instruido —analfabeto hasta la adultez— y, sin embargo, la casa patronal es una construcción moderna, más cercana al estilo norteamericano de sus ingenieros que gallega, como le gustaba decir a Fidel. El fundo conserva una clara estructura feudal. Tiene un cementerio familiar, donde hace poco enterraron a Ramón, su hermano mayor, escuela, correo y valla de gallos. También está la pulpería, donde los campesinos gastaban las fichas que recibían de salario para comprar el alimento. Como por sus territorios pasaba una carretera —el Camino Real—, hubo un tiempo en que don Ángel instaló un hotel para viajeros.

Al interior de los límites de Birán, los Castro eran amos y señores.

—Este lugar —le comenté a Jon Lee, que está escribiendo una biografía de Fidel Castro y por primera vez se hallaba ahí— dice mucho de tu personaje.

A continuación le hablé de mi abuelo paterno, Sergio Fernández, que tenía un campo en Melipilla, a menos de cien kilómetros de Santiago de Chile, aproximadamente la misma distancia que separa a Birán de Santiago de Cuba. Le conté que al interior de sus terrenos también vivían sus inquilinos, y que si bien él era un conservador de tomo y lomo, se sabía el responsable de ellos.

—Mi abuelo les daba casa —le dije a Jon Lee—, y si alguno se enfermaba lo llevaba al hospital o le conseguía un médico. Él procuraba también que los hijos de sus trabajadores fueran a la escuela, y a medida que los campesinos iban envejeciendo, les compraba tumbas en el cementerio. El patrón de fundo —continué— cuida de sus empleados como si fueran sus hijos ilegítimos. Cree conocer sus necesidades mejor que ellos mismos, pero no es como ellos. No le preocupa la riqueza, porque él es la riqueza, y no hay ningún bien material, salvo su señorío, que le interese tanto como la religión. Fidel fue jesuita y patrón, y lo único que cambió más tarde fue su cristianismo por la Revolución, lo que, a decir verdad, no es tan diferente. Alrededor de su hacienda, por si fuera poco, estaban las empresas norteamericanas. Su padre hacía y deshacía al interior de sus territorios, pero dependía enteramente de las decisiones de sus vecinos todopoderosos para sobrevivir. Birán era una isla sometida a las normas mercantiles del imperio yanqui. ¿No será que, a final de cuentas, el gran logro de Fidelito fue expandir los límites del señorío de su padre? Mal que mal, al mando de Cuba intentó alcanzar una cosecha heroica en la zafra de los diez millones, se abocó a criar la vaca perfecta, ordenó el cultivo de gansos cuando probó el *foie gras* y supo cuánto costaba, decidió el uso de la bicicleta para el Período Especial y repartió ollas arroceras con el fin de mejorar la eficiencia energética. ¿No habrá algo en su enfrentamiento irrenunciable a los Estados Unidos que proviene de la subyugación de Birán a la United Fruit? ¿No se convirtió acaso Fidel en el patrón de un fundo del tamaño de un país? ¿Y no se parece, en gran medida, su preocupación por los habitantes de la isla a la de mi abuelo por sus inquilinos?

—*Maybe* —contestó Jon Lee—, pero se viene una lluvia que no me gusta nada. Vámonos de aquí, huevón.

Recién empezaba a caer la tarde cuando la tormenta lo oscureció todo de golpe. De manera repentina, el agua era tanta que el auto chocaba con el cauce de los esteros que, sin advertencia, cruzaron la carretera. El estallido de los truenos interrumpió nuestra conversación. Callamos para que Gerardo pudiera concentrarse, mientras las explosiones borraban el entorno, las cañas de azúcar, las palmeras reales y el trazado del camino. Solo se escuchaba la lluvia entre trueno y trueno. Fue un rayo que cayó en el techo del auto el que nos sacó de la mudez. Algo parecido a un martillazo sobre nuestras cabezas y una luz incandescente, breve, a todo nuestro alrededor, como si un guajiro nos hubiera lanzado un peñasco mientras otro nos tomaba una foto.

—¡Coño, llegaron los yanquis! —gritó Gerardo.

El auto no se detuvo: dio unos brincos y siguió adelante. Media hora después, como si nada de esto hubiera pasado, llegamos a un Santiago seco y caluroso. Muchas calles estaban cerradas, porque ese día había aterrizado el papa Francisco en la ciudad. Los desvíos nos llevaron hasta barrios llenos de negros que bebían en la calle, según Jon Lee con cara de drogadictos y, según Gerardo, de delincuentes. Yo había estado en ese sitio unos meses antes, y les insistí que esta ciudad era segurísima, casi un pueblo sin secretos, pero ellos querían salir rápido de ahí. De pronto, vimos un perro saltando sobre la espalda de un hombre, mordiéndole el cuello. Entonces Gerardo viró en la primera bocacalle y sentenció: «¡Ahora mismo nos vamos!». Yo creo que ese clima lo causó el rayo, porque al día siguiente, caminar por esas calles era un relajo.

La tumba de Fidel

Nos levantamos antes de que amaneciera para llegar a la misa que realizaría Francisco a las siete de la mañana en la basílica de la Virgen de la Caridad del Cobre, patrona de Cuba. La imagen de esta Virgen, que fue rescatada del agua en el siglo XVII por dos indios mientras buscaban sal, habita hoy en la cima de un cerro rodeado de lomas boscosas, a unos treinta kilómetros de Santiago. Caminábamos cerro arriba cuando el sol comenzó a asomar por entre esas colinas. Eran pocos los peregrinos, por lo que no tuvimos problemas para llegar a los pies de la escalera de la iglesia, todavía sin llenar mientras el Papa comenzaba la ceremonia. Gran parte de los presentes eran miembros de la Seguridad que deambulaban, usando sus clásicas guayaberas blancas, en ese ambiente campesino. Cada tanto, sonaban más fuerte los gritos de los gallos que las palabras del sumo pontífice saliendo por los parlantes: «La devoción a la Virgen del Cobre no se interrumpió nunca en tiempos de dificultad. Fueron las abuelas quienes mantuvieron esta devoción. Ahora vemos su rostro y reconocemos lo revolucionario de la ternura y del cariño», aseguró Francisco entre los gritos de los gallos mañaneros. A continuación habló del cariño que acontece en lo cercano, no en los grandes discursos, sino en los gestos próximos.

En Santiago de Cuba, la cuna de la Revolución —aquí fue la toma del cuartel Moncada y en esta zona desembarcó el Granma con sus ochenta guerrilleros—, Francisco exponía su desdén por las ideologías políticas, abrazando ese discurso de cura de pueblo que siempre saca de apuro en los escenarios provincianos: «La revolución es personal y pasa por la bondad individual, no de la ideología», concluyó.

Según Gerardo, el pontífice imaginaba que la población de ahí vivía para el comunismo, «pero eso, compadre, es una locura. A esta gente lo único que le preocupa es la sobrevivencia, aunque de ternura y cariño sí entienden. Ya tú sabes de la fama que tienen las santiagueras, ¿no?».

Esa noche, Gerardo nos dio una clase de seducción rápida en el restaurante donde cenamos. La garzona, una mujer de más de cincuenta, esperaba de pie que eligiéramos uno de los tres platos disponibles, cuando él va y le dice:

—¿Y tú? ¿De dónde sacaste ese culo?

La mujer, primero sorprendida y luego encantada, le sonrió. Acto seguido, nuestro amigo le pidió que pensara un número del uno al diez, con los ojos cerrados, y la señora le hizo caso. Entonces le preguntó:

—¿En qué número pensaste?

—En el tres.

En ese instante, Gerardo se llevó las manos a la cabeza como si fuera a llorar de emoción, y le dijo:

—Coño, mujer, no puedo creerlo, esto es una bendición: ¡es el número que yo pensé! ¿Qué tú haces más tarde?

Con Jon Lee queríamos saber si era verdad que estaban cons-truyendo en el cementerio de esa ciudad la tumba de Fidel, ru-mor que desde hacía algún tiempo circulaba entre gente «bien informada». Se suponía que el comandante había decidido ente-rrarse ahí, en el cementerio Santa Ifigenia de Santiago de Cuba, junto al mausoleo de José Martí. Ese martes, a las cuatro de la tarde, salvo por un par de funcionarios, no había nadie más en el camposanto. Cuando llegamos a la tumba del «Apóstol» —como llaman algunos a Martí—, avanzaban con paso de cisne por un estrecho sendero de mármol gris, al ritmo de un redoble de tambores, tres cadetes con guantes blancos, uniformes verdes con borlas doradas y una bayoneta frente al pecho, de la que parecían sostenerse. Al llegar a la entrada del mausoleo, la pareja que estaba de guardia, vestida idénticamente, hizo unos ruidos de sable, pegó unos taconazos y con una coreografía de bailarines mecánicos, dos de los que llegaban pasaron a ocupar su sitio en el panteón, mientras quienes estaban ahí segundos antes, como si fueran los mismos, marchaban de vuelta con el tercer cadete. Cada media hora, en ese cementerio sin sombra, se repetía la misma cere-monia, para orgullo del muerto y disfrute de los otros cadáve-res que le rodean, porque el público vivo escasea. Abrigados y compuestos, con guantes en el corazón del trópico, cada media hora le dirigen este espectáculo a un juez que no se encuentra entre nosotros.

Jon todavía estaba al interior del mausoleo leyendo las ins-cripciones de sus muros cuando con Gerardo nos fuimos a pasear entre las tumbas. Él nunca había fumado marihuana, y cuando le conté que tenía un porro, me confesó que desde hacía tiempo la quería probar. Mirando para todos lados le dio dos caladas y, después de mí, otras dos. Caminamos por entre los ángeles y los cristos bajo el sol de media tarde, completamente volados. «Coño, hermano —me dijo Gerardo—, esa mujer sí que está mal», y apuntó a la escultura en mármol de una santa —supongo que era una santa— con el rostro arañado de lágrimas, la boca abierta, la frente arrugadísima y los brazos estirados. Después me pidió que le sacara una foto tendido junto al lagarto de mármol que cubría una lápida. Orinó a pasos del sepulcro de Frank País, y cuando ya nos retirábamos, con su camisa amarrada como un turbante sobre la cabeza, me abrazó y dijo al oído: «esta marimba está de pinga, *asere*, ¿tú crees que podamos conseguir más?».

Nos reunimos con Jon junto a la tumba de Carlos Manuel de Céspedes, fingiendo seriedad. No había ningún gran sepulcro en construcción. El aburrido vigilante de la entrada nos dijo que los rumores se originaron mientras pavimentaban los nuevos estacionamientos. A los cubanos todavía les asusta hablar de Fidel, y más en Oriente que en La Habana. Hoy menos que antes, pero todavía se ponen nerviosos, se les atora el pensamiento; salvo, claro, que se trate de un fidelista incólume, porque entonces la oda fluye sin pausa ni filtro. El guardia nos acompañó hasta la explanada inaugurada semanas antes, donde cabían todos los autos de la provincia, aunque en esos momentos el nuestro fuera el único.

Meses más tarde comprobaría, con Fidel ya muerto, que ese era el cementerio elegido, y que su tumba efectivamente sería instalada a pasos del panteón dedicado a José Martí. Lo que no estaba en ningún cálculo, eso sí, era que no se trataría de un gran mausoleo, sino de una roca más pequeña que un iglú, con sus cenizas adentro.

De regreso a La Habana

Al día siguiente, partimos temprano de regreso a La Habana. Recorrimos casi cien kilómetros antes de encontrar un sitio donde tomar café, y en Palma de Soriano nos detuvimos frente a un puesto en que vendían cerdo asado, para terminar de desayunar. El puerco estaba entero sobre una mesa a orillas del camino, con su piel dorada y los ojos cerrados, mientras un hombre con el delantal sin abrochar sacaba la carne de su interior como un taxidermista. La porción de carne la entregaba sobre un trozo de papel de diario, junto a un pedazo de pan humedecido en los jugos del animal y dos o tres láminas de chicharrones crujientes.

Faltaban 830 kilómetros de camino hasta La Habana y acabábamos de subir al auto para continuar cuando sonó el teléfono de Jon Lee. Era María Jimena Duzán, periodista colombiana que llevaba años cubriendo las negociaciones de paz entre el gobierno y la guerrilla de su país. Llamaba para confirmarnos que esa tarde el presidente Juan Manuel Santos llegaría a Cuba para encontrarse con Timoleón Jiménez, «Timochenko», el máximo comandante del movimiento revolucionario.

Meses antes, María Jimena, la primera periodista en ganar la confianza de la dirigencia de las Fuerzas Armadas Revolucionarias de Colombia–Ejército del Pueblo (FARC-EP), nos había presentado a los comandantes Pablo Catatumbo, Iván Márquez, Manuel Antonio Lozada y Pastor Alape, la plana mayor de la guerrilla.

María Jimena todavía no confirmaba la hora fijada para la cumbre ni sabía bien en qué consistiría su puesta en escena. Quedaba claro que la mediación del papa Francisco había sido importante para llegar a esta fase decisiva en la búsqueda de la paz, pero todo se había hecho con tal sigilo que Duzán pudo recabar pocos detalles. Lo único seguro era que esa tarde llegarían a La Habana el presidente de Colombia y el líder del movimiento insurgente más antiguo de América Latina, para ver cómo terminar esta guerra sangrienta. Aunque nadie lo dijera así, el fin de este enfrentamiento implicaba un paso crucial en el cierre de la historia de la revolución en América Latina.

El fin de la revolución

A eso de las siete de la tarde, cuando nosotros veníamos por la carretera a la altura del desvío de Cienfuegos, a doscientos cincuenta kilómetros de La Habana, Juan Manuel Santos estrechó su mano en el Salón de Recepciones de El Laguito con el comandante Rodrigo Londoño, el verdadero nombre de «Timochenko». Con ese gesto, ambos se comprometían a encontrar dentro de los seis meses siguientes una respuesta a todos los temas pendientes en las negociaciones y obtener así un acuerdo definitivo.

Los muertos a lo largo de esta guerra se calculan en más de doscientos cincuenta mil y entre heridos, familias que perdieron sus casas, cosechas, e innumerables bienes, algunos hablan de aproximadamente siete millones de víctimas que, en un Estado de Derecho pleno, tendrían la posibilidad de acudir a los tribunales para exigir reparación. Los miembros de las FARC, sin embargo, no estaban dispuestos a ser tratados como simples delincuentes.

—Nosotros no ingresamos a la guerrilla como a una organización de bandoleros —me había dicho el comandante Pastor Alape unos meses antes.

En 1966, el cura Camilo Torres justificó su adhesión a la guerrilla del Ejército de Liberación Nacional (ELN) asegurando que «las vías legales estaban agotadas». Dos años antes habían nacido las FARC. Eran los años de la Revolución y su proyecto socialista, pero también de las políticas del *enemigo interno* capitaneadas por los Estados Unidos y ejercidas con sadismo en el campo colombiano.

«Primero mataron a José Cabañas, dirigente comunista de Cimitarra, y después al sindicalista Darío Arango en Puerto Berríos. A Darío se lo llevaron a la base militar de Guasimal, donde lo asesinaron zambulléndolo en un tanque con agua, con ese famoso mecanismo que en América Latina se llamó «el submarino», técnica enseñada en la Escuela de Las Américas. Dijeron, sin embargo, que había muerto de un infarto cardiaco. Entonces muchos jóvenes nos preguntamos "¿aquí qué pana hacemos?". Eran tiempos de encarcelamientos, de torturas generalizadas, la época en que García Márquez tuvo que salir corriendo del país. Fue en ese contexto que una serie de jóvenes nos incorporamos a las FARC». Eso me contó Pastor Alape, un hombre cálido, de manos nerviosas y rostro apacible, cuando le pregunté por qué se había hecho guerrillero. En esa misma entrevista, agregó: «¡No jodan! Los oprimidos también se pueden encabronar».

Llegamos a La Habana a eso de las diez de la noche, cuando el encuentro entre Santos y Timochenko ya había concluido. Ni siquiera tuvimos tiempo de pasar por nuestras casas a ducharnos y sacarnos de encima las catorce horas de viaje antes de correr a encontrarnos con María Jimena en el restaurante El Cocinero, donde habíamos quedado de reunirnos.

María Jimena nos contó que antes de llegar a ese lugar la había llamado su hombre de contacto con las FARC. ¿El motivo? Proponerle un encuentro con Timochenko al día siguiente. La cita le provocaba gran ansiedad y nerviosismo. En una de sus últimas columnas para la revista *Semana*, había tenido palabras muy duras para el máximo líder de la guerrilla. «No sé si usted ha calibrado el impacto que en el país han causado el tono y el contenido de sus últimas cartas», le decía allí, pues «somos muchos los colombianos que aspirábamos a que a estas alturas su promesa de darles la cara a las víctimas se hubiera convertido en algo más contundente que una declaración sacada con pinzas».

—¿Serían tan amables de acompañarme? —propuso Duzán—. Este encuentro no me resulta nada fácil.

Timochenko

El 24 de septiembre por la tarde nos recogieron a María Jimena Duzán, Jon Lee Anderson y a mí, a las puertas del Palacio de Convenciones (PALCO), en una camioneta con vidrios polarizados, y fuimos conducidos a un sitio secreto en el que nos esperaban los comandantes. A María Jimena los paramilitares le mataron una hermana, durante los años ochenta conoció a Manuel Marulanda, y desde que comenzaron las negociaciones de paz viene a La Habana con regularidad a entrevistarse con ambas partes. Esta vez, sin embargo, el encuentro no podía ser publicado. Además de Pastor e Iván, estaría Timochenko, quien nunca había dado una entrevista ni jamás había aparecido en público antes de su encuentro con Santos el día anterior. Según escuché decir al procurador Ordóñez en un alegato público, las condenas judiciales en su contra sumaban casi quinientos años de cárcel.

—El 3 de abril —nos contó esa tarde— cumplo cuarenta años en las FARC.

Cuando partió tenía diecisiete y era hijo de campesinos analfabetos. Ahora acababa de protagonizar una noticia que dio la vuelta al mundo.

El lugar en que nos dejó la camioneta resultó ser el estudio del pianista Frank Fernández, a quien había conocido en la residencia del embajador de Chile, meses antes.

—¡Y tú, chileno, ¿qué haces acá?!

Fue lo primero que dijo al verme, mientras yo me acercaba a saludar a Pastor, el único a quien verdaderamente conocía ahí, a Iván Márquez y a Timoleón Jiménez, «Timochenko». En lugar de responder, sonreí. «Timo», como le llamaban sus amigos, era el más bajo y barrigón de los tres. Tenía una sonrisa leve, la barba bien recortada y con un delgado camino de pelos entre el bigote y el chivo. Estaban tomando vodka cuando nosotros llegamos.

Jon Lee es periodista del *New Yorker* y tiene un libro titulado *Guerrillas*, pero el que le dio fama mundial fue su biografía del

Che; a los pocos minutos de sentarnos, Timo sacó de su bolso un ejemplar de ese libro, un tomo envejecido por el traqueteo. Le dijo a Jon Lee que, luego de leer su biografía, no había querido saber más del Che. Con ella le había quedado claro de qué madera estaba hecho el personaje.

—No es que usted, Jon Lee, hable maravillas de él, pero se huele objetividad y justicia con el hombre. No tiene idea por cuántos lugares he acarreado este libro, y quería pedirle si puede autografiármelo —le rogó con la modestia de un estudiante provincial.

—¿Y qué fue lo que le gustó del Che? —pregunté yo, el único sin pergaminos para estar ahí, cosa que Frank se encargaba de recordarme cada tanto con la mirada o la exclamación «¡el chileno!», cuando al constatar mi presencia en su casa volvía a no entender.

—El compromiso —me respondió—. El mismo que sentimos nosotros en el monte.

—¿Y no has recibido comunicación del campamento —preguntó Frank— con los satelitales y todo eso?

—Allá no entran aún los teléfonos satelitales, maestro. Nos pillarían y nos matarían. Fue una de las cosas que me ofreció Santos, pero yo le dije: «Oiga, Presidente, con uno de esos nos caen encima todos los hijoeputas».

—A mí me llamó la atención que estando usted allí, para esa conferencia, se notó que le hablaba no solo a los suyos, sino al país entero —observó María Jimena.

—Mire, María Jimena, yo a usted la conozco desde que fue a entrevistar a Jacobo y a Marulanda por 1984, y entonces a uno lo miraba por debajo del brazo pues, como a un pendejo…

—No diga eso, Timo. Ni siquiera me acuerdo de usted ahí. Debe haber sido muy parco en palabras.

—Aunque no la he vuelto a ver desde entonces, me consta que usted es una mujer valiente. En medio de todo lo que sucede en Colombia, usted se atreve. Por eso estoy aquí, para conocerla antes de darle la entrevista que quiere —sentenció Timo.

—Para que usted sepa, María Jimena —dijo Pastor—, nosotros en las FARC leemos obligadamente a cuatro columnistas: a usted, Antonio Caballero, León y Daniel.

—Era lo que yo sentía —retomó Timochenko—. Vengo a hablarle a Colombia. Eso me pasó cuando terminé de leer el comunicado: pues tengo que decir algo más, pensé. Estaba en un escenario *hijoeputa* que nunca me había tocado antes, y me digo «esta es toda Colombia expectante, y Latinoamérica, y quién sabe si otros en el mundo entero». Entonces pensé que el camino que habíamos comenzado a recorrer era el correcto, pero para que logremos el objetivo necesitamos deponer los odios y las retaliaciones. Lo que yo quería expresar era un sentimiento que le escuché muchas veces a Marulanda. Fui guardia de Marulanda. Yo fui tropa y guardia de él, e incluso anduvimos los dos solos. Nos metíamos en un rastrojo para no dejarnos ver en el día y andar en la noche. Él se sentaba a echar carreta y durábamos hasta las once o doce de la noche conversando. «Bueno, Timo, me voy a acostar», decía él de pronto, «usted paga guardia hasta las dos de la mañana y entonces me llama». Pero yo, ¿despertarlo, a él? No, pues. Y entonces me amanecía. La gran preocupación suya era cómo resolvíamos este conflicto: o ganar a partir de la guerra, o buscar una solución negociada, política. Su inquietud era que mientras más pasaba el tiempo, las heridas eran más grandes en la comunidad colombiana, y sería más difícil de resolver este lío. Eso es lo que estamos sintiendo en el Secretariado, y de lado y lado. Nosotros no somos santos. Porque en la guerra no se habla de tirar flores, lo que se echa es plomo. Es la vida de usted o la mía, y es lo que toca decidir en unas circunstancias y en un contexto que son los que hay que tener en cuenta para analizar la guerra. Aquí, al calor de un vodka y de un whisky, es muy fácil hablar, pero otra cosa es allá, cuando están cayendo bombas, y plomo, y cayendo muertos, cuando se ve asesinar a las familias de la gente nuestra, etcétera, eso es distinto. Y toca reaccionar. Y a veces se toman decisiones equivocadas. Lo decimos ahí: nosotros estamos dispuestos a reconocer nuestros errores.

—Hay algo que destacar hoy, Timo —intervino Iván Márquez, el vocero de las FARC— y es que el Secretariado ha actuado como una sola fuerza, cohesionadamente, y le estamos apuntando a la solución política. Y que no la confundan con debilidad. ¡Díganselo a Santos!

—Y si aquí no hay nada, ¡pues nos seguimos echando plomo! —reforzó Timochenko—. Yo me acerqué al presidente y se lo dije ayer mismo. Me puse muy cerquita suyo, así, mire —mueve su silla hasta casi morder la oreja de Jon Lee—, y le dije: bueno, presidente, si no acordamos, seguimos con el plomo. Ojalá hubieran habido cámaras ahí. Yo llegué primero a la sala y me movieron, que la silla esta, que mejor esta, que viene no sé quién, que la puerta, y en eso se me acercó Humberto de La Calle: «Timochenko, aquí está el presidente Santos», y yo que andaba con una maletica tendí a darle un palmotazo en el hombro, igual que allá nomás, y no me va a creer el tremendo maleticazo que le di en la espalda al hombre.

—¡Como si estuviera saludando al compañero en el campamento! —se largó a reír Pastor. Todos reímos a carcajadas: unos porque les hacía mucha gracia, otros de borrachos que estaban, y otros porque cuando todos ríen, hay que reír.

—¡Y después le dijo «camarada»! —concluyó Alape, que de los comandantes ahí presentes, era el menos dogmático, el menos categórico.

—Oye, Timo –bromeó Frank—, o sea estuviste a punto de cagarla en grande.

—Después de mucha vuelta —continuó Timochenko— nos allegamos cerquita, y ahí empezó una dinámica interesante, porque yo le decía siempre «señor presidente», que es un reconocimiento, pero de pronto se me salió llamarle «camarada», pues. «La fuerza de la costumbre, presidente», le expliqué yo. Se sonrió el hombre. Creí de pronto que hablaba con Pastor.

—¡Y Santos que tiene la efusividad de un tapete persa! —rio María Jimena—. Ese es una cosa… Siempre le faltan como cinco whiskys para soltarse. Con cinco whiskys está bien.

— Además imposta, ¿no? —indagó Pastor.

—Estaba tieso —observó María Jimena—. Como quien dice «con un palo en el culo». Cuando entró y empezó a hablar, yo lo vi nervioso. Se calmó después de los discursos, cuando se hizo el saludo ese. Ahí se distensionó.

—Un saludo forzado, dicho sea de paso —aclaró Iván.

—Nosotros se supone que teníamos solo cuatro minutos para hablar, y ninguno sabía lo que diría el otro. Solo conocíamos el orden. Primero hablaría el presidente Santos, y después ¡hijoeputaaa!, tenía que hablar yo. Sinceramente, estaba asustado. Era la primera vez que me enfrentaba a un escenario de estos. Me dieron ganas de cagar y de *miar*, y desde esa silla que me senté miraba de ojo y reojo, y veía toda esa gente y decía «¡hijoeputaaa!», y mirando a las cámaras imaginaba América Latina entera pendiente de esto, y me puse a tachar ahí mismo lo que tenía escrito, que mejor esto, que esto, y me daban ganas de pararme y llamar a Iván y preguntarle cómo hacíamos para salir del enredo. Y fíjese que me acordé de un documental muy lindo, la historia de un tipo que ambicionaba ser cantante. Se inscribió en un concurso, donde había un jurado, y si pasaba la prueba de ese jurado él se proyectaba internacionalmente como artista. Maestro —le dijo a Frank—, el tipo preparó cada detalle para el examen musical, y cuando asoma para cantar, ya con la orquesta sonando, ¡no le sale la voz, hijoeputaa! Eso creía yo que me podía pasar. Ese era el sentimiento. No sabía ni cómo se prendía el micrófono. Se prendía una luz en uno, en otro, y yo ni eso entendía, hijoeputa. Yo sabía que si ahí me equivocaba, nadie comentaría de lo que dije, sino solo la torpeza. Entonces vi el botoncito que Santos apretó para hablar, y listo pues, solucionado.

Habían pasado varias horas. Ya estaba oscuro cuando salimos al patio, donde reposaba sobre una mesa medio puerco asado. Pastor me contó que a él le gustaba cocinar en los campamentos: cerdo, pollo, res, y también animales de caza.

El vodka y el whisky nunca escasearon durante el transcurso de la tarde, ni los vasos estuvieron vacíos mucho rato. El ambiente se había relajado hasta conseguir esa camadería «propia de las parrillas en torno al fuego». Eso fue lo que recordó Pastor cuando nos sentamos a comer escuchando unos boleros: las noches en el monte con una radio encendida, a lo largo de toda una vida oculta de la civilización.

—No diste esa impresión, Timo —dijo Frank—. Por el contrario. Pensé que ya tú habías tenido algún encuentro con Santos, porque el que estaba tímido era él. Yo creo que dentro de la autoridad, sin hacer ninguna concesión, ustedes tienen que ayudar a que la prensa categorice a Santos, porque a él le va a caer la ignominia del poder económico, que sabe que esta paz es buena para el país y mala para la oligarquía. Yo creo que hay que hacerle sentir a Santos que respetamos su valentía. Puede ser muy útil. Y, lamentablemente, hay que aliarse con los medios.

—Ya tenemos a estos, ¿no? —dijo Pastor buscando complicidad.

—Puede ser, pero estos no son pedos que rompan calzoncillos —se burló Frank—. ¿O sí? Debe haber algo que pruebe lo hijo de puta que es Uribe. Yo creo que él es descubrible. Solo falta saber por dónde le entra la ladilla. Él puede ser la llave que abra la negociación con la extrema derecha. La única puerta visible es él. Y quiero un vodka con hielo, por favor.

—Me gustaría que hablemos cómo se hace para poner las armas en desuso —planteó Iván—. Nosotros tenemos muchas fórmulas. El mismo Santos habló de la gendarmería francesa. Y nosotros estamos dispuestos a discutir unas cuantas cosas. La dejación de las armas podría estar en terceros países. Puede ser eso.

—¿Chile, por ejemplo? —propuso María Jimena.

—Pongamos aquí a este chileno dudoso como custodio de las armas nuestras —dijo Frank.

—También podríamos ponerlas al servicio del orden interno —planteó Iván.

—A mí me ha dado mucha moral lo hablado por la subcomisión técnica, donde están los generales. Ha sido un intercambio sumamente interesante —dijo Timochenko.

—Otro gesto berraco de Santos fue llevar al general Flores y a Carlos Antonio de uniforme, y el general Flores pues de pronto nos miraba y manoseaba su bastón de mando, como quien dice «espérense no más *hijoeputas*, que vamos a ir *p'allá*» —comentó Pastor.

—Esa fue una frustración mía de anoche, pues: no haber podido saludar personalmente al general Flores —confesó Timo—. Como yo no los distingo ni los conozco… El que se me acercó fue el embajador nuestro acá en La Habana, este Gustavo Bell, y me preguntó: «¿usted es el paisano de Joaco, el barranquillero?» Claaaro, le dije yo, y dale con saludos efusivos, y justo en eso me aparece el edecán, y primero pensé que era Flores, pero no, y dale que la bendición de Dios y tal.

—¡Marisaaa! Yo soy un hombre de paz, del arte —dijo Frank

—¿Y qué quiere, maestro? —preguntó Marisa.

—Un trago, Marisa.

Entonces su esposa le dijo que ya bastaba, pero él le respondió:

—Estoy hablando con la encargada de la guerrilla; hoy no hablo con civiles. Y no reclames. Mira que te tocó hace tres semanas y si sigues así no volverás a tener nada en otro mes. ¡Y el bolero!

Los tres guerrilleros gritaron al mismo tiempo: «¡El bolero!».

Había dos muchachas rondando, además de Alina, la esposa de Frank. Una sacaba fotografías y era novia de Pastor; la otra parecía una mánager a cargo de todo y era la pareja de Iván. Cuando comenzó el bolero, por primera vez en toda la jornada, que ya llevaba siete horas transcurridas, se acercaron a sus respectivos amores, y ellos las recibieron con dulzura, exhibiendo un afecto prohibido en sus vidas guerrilleras, donde cualquier vínculo cercano corría peligro. Sabían mantenerse en un disimulado segundo plano, como si sus novios continuaran solos, pero con ellas cerca. Ellos, en cambio, de inmediato sucumbieron a su presencia, y algo se relajó todavía más en sus rostros, algo que se adivinaba era nuevo para estos combatientes, una cosa parecida al reposo que da la confianza.

(Casi dos años después, ya desmovilizados y desarmados, Félix Antonio Muñoz —el verdadero nombre del comandante

Pastor Alape— fue acusado de "permitir y perpetrar" violaciones a menores al interior de la guerrilla. «Él llegó una vez a emborracharse durante dos o tres días y quemaba tiros a lo loco en todo el caserío de La Matilde. Después de eso a dos, tres, cuatro, cinco o seis peladas se las llevaba a tener toda clase de actos obscenos», denunció Sara Morales, quien ingresó a las FARC cuando tenía once años y, según dijo, de inmediato comenzó a ser violada.)

Solo Timochenko permaneció hermético, de brazos cruzados y con una toalla en el cuello que usaba para secarse el sudor, intentando verlo todo y participar al mismo tiempo, controlado y cansado de su control. Una semana atrás estaba en el monte con tenida de combate y viajó —sin nunca dejarse ver— en helicóptero desde la frontera ubicada en el Catatumbo hasta Caracas y, desde allí, oculto en un avión de Pedevesa hasta la capital cubana; después se reunió con el presidente de su país y por ende de las fuerzas armadas con las que Timochenko ha envejecido «echando plomo»; hasta se dieron la mano, cosa que, según contó, no estaba presupuestada, pero resultó que al final de sus discursos Raúl Castro tomó la mano de cada uno por su cuenta y gusto, y las juntó, obligándolos a sonreírse, cosa que a Santos no le resultó. Pasó, en lo que tarda un parpadeo, de la clandestinidad a la exposición mundial. Ahora los vodkas y la noche habanera lo invitaban al abandono.

—Mami, yo quiero agua tónica —dijo Frank.

—¿Y hielo? —preguntó Marisa.

—En todos los intentos de paz que se hicieron antes, Marulanda siempre trató de hablar en directo con los militares —recordó Timochenko—. «Con los militares nos entendemos», decía él. Si el general Flores estuviera a cargo de las negociaciones, hace años que habría terminado esta *huevonada* y hubiéramos llegado a un acuerdo.

—Ese hombre es muy valiente —afirmó Pastor.

—Y muy inteligente —complementó Iván.

—Pero llegan los políticos y se enreda todo —aseguró Timo.

—¡Y por qué no ayudas a poner el bolero, Pinto, en vez de mirarnos así! —gritó Frank, levantando los brazos.

(Al día siguiente supe que Pinto era hombre de confianza de Fidel, con quien contaba para procurar la seguridad a quienes más le importaban; es decir, su protección y conocimiento, porque en eso consiste la seguridad en Cuba: en cuidar que nada te pase y nada se les pase, en escoltar y vigilar a la vez. Y Pinto era ahí los ojos y los oídos de Fidel Castro.)

—¿Vieron lo que dijo Uribe hoy? Dijo que esto era darle el poder a la guerrilla. Impunidad total —comentó Pastor.

—A Uribe hay que ignorarlo. ¡Pongamos el bolero, guerrilleros! —concluyó el maestro.

El piano, en esa grabación, lo tocaba el mismo Frank.

Después que uno vive
veinte desengaños,
qué importa uno más.
Después que conozcas
la acción de la vida
no debes llorar.

(Este mismo bolero se lo escuchó cantar Leonardo Padura —o el narrador en que se escondió— a una tal Violeta del Río envejecida, en el bar La Cueva, en Miami—, treinta años después de que la cantante partiera al exilio sin despedirse de él, un joven estudiante con quien había pasado, según escribió el novelista, nueve noches de sexo «con una desbordada intensidad de creación que jamás he vuelto a encontrar en otra mujer».)

Hay que darse cuenta
que todo es mentira
que nada es verdad
Hay que vivir el momento feliz
Hay que gozar lo que puedas gozar

Porque sacando la cuenta en total
La vida es un sueño
y todo se va.
La realidad es nacer y morir
Por qué llenarnos de tanta ansiedad
La vida es un eterno sufrir
El mundo está hecho de infelicidad.

—Cómo es la cosa, *hueón* —me gritó el comandante Timochenko remedando a los chilenos—. *¡Hueón! ¡Hueón!* —ya ebrio y contento, mientras Iván Márquez escuchaba este bolero con la cabeza en el hombro de su novia, y Pastor acariciaba las manos de la suya—. ¡Eaaaa!, *hueón.* Ya somos amigos, *hueón.*

—Dígame la verdad, Timochenko —le pregunté—, ¿usted cree que el mundo está hecho de infelicidad?

—Permítame contestarle yo, camarada Patricio —interrumpió Pastor—: cuando uno está enamorado escribe las *huevadas* más pendejas y jura que son las más bonitas. Y por eso cuando uno está enamorado, cualquier pendejada le sirve. Eso son los boleros: pendejadas. Un buen bolero es una pendejada que le pega a uno en el alma. El maestro puede tocar este tema solo porque viene del campo y está vinculado con la gente. El que está en las alturas, no puede.

—Para que sepan, este lo escribió un ciego que había conquistado Nueva York —aclaró Frank.

—¡Qué bueno habernos conocido, cabrones! —festejó Timochenko, y a continuación cantó: «*Hay que vivir el momento feliz, hay que gozar lo que puedas gozar*».

Timochenko ya tenía los ojos casi cerrados. Era aproximadamente la una de la madrugada.

—Después del encuentro con Santos, compañeros, debimos habernos ido todos a celebrar y a brindar —concluyó Pastor.

—¡Esta canción está re buena! ¡Santa Bárbara bendita! ¡Esta la cantábamos allá en el campamento, maestro! —recordó Timochenko.

El jefe de la guerrilla se movió, amenazando un baile. Y María Jimena se puso de pie, pero cuando empezó a menearse ella, el comandante alcanzó a dar solo unos pocos pasos antes de secarse la cara con la toalla que tenía en el cuello y acercarse a mí para darme una palmada en el hombro, y repetir una vez más «*huifa hueones*».

—Todos ustedes, amigos, están invitados desde ya a nuestro primer acto cultural, cuando consigamos la paz —decidió Pastor.

—Pinto me ha cuidado todas las veces que he venido clandestino —dijo Timochenko—. Y no me deja ni ir a la esquina. «Vamos al Malecón», le proponía, y «no, no, no», me contestaba Pinto. ¡Yo quiero caminar el Malecón! ¡Quiero ir al Floridita!

Es difícil hablar de esta historia como de una novela movida por una fuerza ajena a sus personajes, pero mentiría si dijera que allí, conversando con los comandantes de las FARC, saboreé el veneno de la violencia. Estaban contentos, y creí percibir que más bien añoraban acabar con ella. Marulanda les había advertido que mientras más se prolongara la guerra, más difícil sería la paz, y la guerra se había eternizado. Sus vidas peligrarían para siempre.

Aseguraban compartir la convicción del Che. Y volví a pensar en lo lejos que quedaba su mundo, ese del que había llegado Timochenko recién ayer en un vuelo furtivo. Escucharlo fue como regresar al tiempo del cinematógrafo. Ahora él no tenía dudas acerca de la necesidad de la paz. No podían, sin embargo, terminar esta guerra convertidos en simples delincuentes.

Expuso sus temores, habló de sus lecturas, de los errores y las incomprensiones, y de lo difícil que sería restablecer las confianzas, mientras sus compañeros comandantes empezaban a ponerse cariñosos con sus novias.

Historia muerta

Para los guerrilleros y para los colombianos que han sufrido la guerra, este acuerdo de paz implica el fin de un ciclo de horror y mortandad, la posibilidad de emprender un camino de desarrollo conjunto donde la lógica de la política reemplace las razones militares. Pero de parte de la guerrilla aquí también hay algo más: una renuncia impronunciable por su dureza, imposible de reconocer sin que las piernas flaquearan: el fracaso de la Revolución.

Al cabo de más de medio siglo en el monte, lejos de sus familias —Pastor tiene una hija a la que no conoce y otra a la que no ve hace años— y de las comodidades de la civilización, levantándose y acostándose para combatir por un mundo en que todos fueran iguales mientras sus amigos caían muertos y mutilados, ahora les toca admitir que la vida fuera de la selva siguió su curso sin prestarles atención. Desapareció la Unión Soviética, y con ella el sustrato político que salvaba el proyecto socialista de ser una simple ilusión, además de darle sustento económico a una lucha que, huérfana de ese imperio, tuvo que buscar su sobrevivencia en negocios al margen de la ley, como fueron los secuestros y las drogas. Para que el desengaño fuera completo, se dieron a conocer las atrocidades y abusos cometidos por los soviéticos ahí donde gobernaron, los *gulags* y las hambrunas, las *razzias*, las policías secretas, y más tarde, ya derrumbado el comunismo, las fortunas amasadas por sus jerarcas, ahora organizados en mafias igualmente crueles aunque infinitamente más egoístas. El gran poder económico pasó de las manos de los dueños de las industrias a los especuladores financieros y muchos pobres dejaron de ser proletarios esclavizados por un sueldo miserable para convertirse en deudores atormentados por las cuotas de un crédito. La tecnología vivió progresos inauditos: surgió todo un universo paralelo, virtual e infinito, donde no crecen árboles, animales ni maquinarias, pero por el que fluye la información a raudales y con ella nuevos intereses y fortunas imposibles de aplacar a tiros, mucho menos desde un rincón desconectado; el planeta se llenó de teléfonos portátiles en los que caben todos los libros escritos a lo largo de la historia de la humanidad, los fantasmas de todas las pinturas y esculturas, y el foro de voces más grande jamás imaginado, una asamblea constante en la que nadie se roza, y en cuyos dominios, bajo el supuesto reinado de la interconexión, el individualismo alcanzó la gloria.

Mientras ellos permanecían en la selva amazónica, escondidos de una civilización que pretendían cambiar de raíz, viendo envejecer a esos pocos que no morían en el intento, en las ciudades desaparecían los movimientos obreros y los partidarios de la revolución. La propiedad privada, lejos de extinguirse, se iba apoderando progresivamente de los bienes terrestres y los proyectos comunitarios, en lugar de prosperar, fueron relegados a pequeñas agrupaciones de individuos unidos por intereses comunes, más burgueses que proletarios. Los sindicatos y hasta los partidos políticos perdieron su fuerza ante el avance de la autosuficiencia, y la izquierda se fue quedando muda, sin proyectos claros, extraviada entre una población que mejoraba sus condiciones materiales de vida al mismo tiempo que sacrificaba eso que alguna vez había sido su razón de ser: el cuerpo social.

Esa guerrilla refugiada en la espesura de los bosques tropicales constituía un pedazo de historia muerta. Antes de terminar la noche, les manifestamos a los comandantes nuestro interés de ir a visitar alguno de sus campamentos.

—No es fácil —nos respondieron—, porque si llegan a seguirnos es muy peligroso para nosotros. Todo intercambio nos vuelve vulnerables, pero déjennos estudiarlo. En las actuales circunstancias puede ser bueno que se sepa quiénes somos en realidad y cómo vivimos, más allá de las caricaturas interesadas.

Meses más tarde volveríamos a encontrarnos en la selva, en la región de Caquetá, donde terminan los Llanos del Yarí.

«Quizá dentro de cincuenta o cien años se escriba objetivamente sobre nuestras vidas durante el socialismo. Sin lágrimas ni imprecaciones. Harán arqueología de nuestra época, como se hace arqueología de la antigua Troya. Durante mucho tiempo era imposible pronunciarse a favor del socialismo. Tras el hundimiento de la Unión Soviética, en Occidente supieron comprender que las ideas de Marx no habían muerto y que requerían ser desarrolladas. Que no había que sacralizarlas. En Occidente, Marx nunca fue un ídolo como aquí. ¡Para nosotros era un santo! Primero lo divinizamos y después lo cubrimos de anatemas. Lo rechazamos de plano. También la ciencia les ha traído toda suerte de calamidades a los hombres. ¡Acabemos con los científicos, entonces! Maldigamos a los padres de la bomba atómica o, mejor aún, comencemos con los que inventaron la pólvora, sí, comencemos por ellos...»

SVETLANA ALEKSIÉVICH, *El fin del «Homo sovieticus»*

«¡Solo los cristales se rajan, los hombres
mueren de pie y nosotros los pioneros
moriremos como el Che!».

Grito de los estudiantes

La señora Ruth

«Yo tengo la mejor impresión de Fidel. ¡Por favor! Fidel ha dado
su vida por este país —asegura Ruth—. Lo adora, lo quiere, sin
necesidad, porque Fidel no fue ningún pobrecito. Y el hermano
igual, y el otro hermano igual. Tiene unas hermanas que se fueron y que hablaron mal de él y de la Revolución, y se quejaron.
Fidel ha luchado mucho, mucho, mucho por este país. Si en Latinoamérica hubieran existido más Fideles, estoy segura de que
el imperio no habría podido explotar tanto a sus países. Porque
Fidel ha sido fuerte, y se ha enfrentado con todos. Le ha dicho la
verdad a cualquiera. Los encara. Es fuerte. Y es una lástima que
ya esté tan viejito, porque quiero decirle que él es un hombre de
estatura, con aspecto grandioso, bonito, y magnífica personalidad.
Ha hecho mucho por este país pobre. Jamás pretendió hacerse rico
ni nada de eso. Al contrario. Antes había fortunas en manos de los
dueños de los ingenios azucareros. Se vivía de la caña de azúcar,
del ron, del tabaco. Ahora se vive de... no sé ni de qué vivimos. De
intercambios comerciales. Argentina, Brasil y China, por esto de

207

los intercambios comerciales, nos mandan arroz de mucha calidad. Aquí el arroz también se siembra, se le dice "arroz criollo", pero a mí gusta el que viene de esos países. Es un arroz desgranaaado, larguiiiito, y lo ponen en las bodegas. Cuando nos dan la cuota de arroz mensual, a la persona que mando para que me lo compre, le digo: "Oye, explícale al bodeguero que el arroz que yo quiero es de Argentina, Brasil o China. Que para eso lo ponen en la bodega, para que llegue a la gente, y no para que el bodeguero venda ese arroz más caro a quien le convenga". Exijo que me llegue el arroz que el Estado deja en la bodega para cualquiera. El arroz cubano es regularcito, hay que limpiarlo más. Pero hay quienes les gusta el criollo, porque *para gusto, los colores*.

Y sí, es cierto, yo milito en el Partido. Desde bastante joven. Milito, porque de acuerdo a como yo trabajaba, mi comportamiento y todo eso, me llevaron a reuniones y me dijeron «te estamos analizando, porque tú tienes las condiciones para ser una militante». Y el Partido para mí ha significado mucho. Me molesta cuando uno de los suyos no se comporta bien. Quisiera ser más joven para hacer más por el Partido, pero ya puedo hacer poco.

¿Sabe usted lo que hizo la Revolución? Lo primero que hizo la Revolución fue alfabetizar a todo el mundo, hasta en los campos, donde no había luz y tenías que ir con faroles para quitar la ignorancia. Sí, los jóvenes salieron a alfabetizar incluso de noche, porque había campesinos que trabajaban la tierra por el día. También fue importante que hubiera médicos y farmacéuticos. Yo nací en un pueblo pequeño, entre Bayamo y Manzanillo, y en ese tiempo había un médico para todo el pueblecito. Pero cuando la gente empezó a estudiar, también llegaron los médicos y los farmacéuticos, ¡y los dentistas! Ya no había que dar a luz con una comadrona, como cuando las mujeres morían pariendo. Todo eso salió de la educación y de explicar a los jóvenes que estudiaban para hacer un beneficio, y no para hacerse ricos. Eso se le enseña acá a los internacionalistas que vienen de Bolivia y de todas partes a graduarse: que deben servir a sus países.

Nada de esto habría ocurrido sin Fidel. Sabrá Dios qué hubiera sido de nosotros. Un cuartel famoso de Marianao, aquí en La Habana, lo hicieron escuela. Cuando cayó la Unión Soviética las vimos negras con pespuntes grises, pero luchamos y no nos morimos ni de hambre ni de frío ni de nada. Ahora tengo un poquito de temor a que vengan muchos para hacerse millonarios aquí. Estamos bien como estamos. Yo alquilo en mi piso, pero si no alquilara viviera igual. Tengo una pensión de jubilada, mis dos hijas trabajan, una es profesora de física y la otra ni sé bien lo que hace. Uno se la arregla con lo poco que tiene para ir viviendo. Yo no quisiera que acá volvieran los millonarios, porque ellos miran de lado al que tiene menos. Creen que lo pueden comprar todo. Como dijo Sabala, el cómico que imitaba a Julio Iglesias: "Me ha gustado tanto Chile, que creo que lo voy a comprar". Lo dijo en el Festival de Viña del Mar. ¿Qué habrá sido de Sabala? Fue acusado de acoso sexual el año pasado, obviamente. Mucha gente quiere riqueza, pero la riqueza no es todo en la vida. Déjeme contarle: yo tuve viviendo aquí durante siete meses a un italiano multimillonario, dueño de una casa que no alcanza a recorrer de día allá en Italia, donde le paga cinco mil dólares a un hombre para que se encargue del mantenimiento y le cambie los bombillos. Pero fíjate que se le murió un hijo y se vino para acá, y conoció una cubana de la que se enamoró, y se la llevó para allá, y la cubana le puso los cuernos (se lleva los dedos a la cabeza) y él regresó a la Habana y se instaló aquí solo, nada de feliz. Salía en las noches, iba a bailar, tenía relaciones con artistas, y gozaba un poquito la papeleta. Andaba con unas muchachas muy jóvenes que no venían bien con él que tenía más edad. Quería vender su mansión de allá para venirse, y yo le pregunté cuánto costaba. ¿Y te cuento lo que me dijo?: "Creo que un millón ochocientos mil euros". ¡Uhuhuuuui!

A esos que dicen que Fidel es un dictador, ¿sabes qué les diría? Que yo quiero que siga dictando, dictando leyes y otras cosas. No es necesario que se postule para nada. ¿Para qué, si va a salir? La democracia es buena, pero hay muchas cosas que son palabras, palabras, palabras, y las palabras dan para lo que sea.

En tiempos de Batista, las plantillas de trabajadores estaban llenas. Y se les llamaba «botella» a los que estaban en plantilla y cobraban sin trabajar. ¿Entiende? "Botella", como la que ve ahí, botella, botella, botella. Esos generales vivían en fincas, haciendo orgías. Ahí se reunían con los socios a festejar, a vivir bien, a gozar la vida, mientras la población tenía mucha pobreza. Y aquí había mucho racismo. Fidel quitó aquí el racismo. Él quiso que todos fuéramos iguales. Que tanto valor tenía un negro, un mulato, como un blanco. Por eso en Playa Girón Fidel reprendió a un negro. Le dijo: "Y tú, ¿qué haces aquí? ¿Qué viniste a buscar junto a los imperialistas, si la Revolución es para ustedes?» Porque un blanco millonario que luchara para recuperar lo que tenía, le pegaba, pero a este no le pegaba. Estaba luchando ahí para obtener qué, si iba a seguir siendo negro, y más con esa gente. ¿Entendió? ¡Había mucho racismo en este país! Usted iba a una tienda buena —como Fin de Siglo y El Encanto, que eran las mejores de La Habana— y las mismas tenderas, cuando veían que entraba un mulato, se hacían las bobas para no atenderlo. Yo tenía diez y pico de años, y lo vi con mis propios ojos. Pero para quitar las costumbres de un país tienen que pasar muchos años. Yo misma tenía una cuñada racista, que me vio con una compañera que fue a visitarme a la casa, y me dijo: "Ruth, cómo es que tú traes a casa una negra". Así, tal como te lo estoy diciendo. Y esa compañera después se hizo periodista. Estudió conmigo en la Escuela Normal de Maestros y volví a saber de ella cuando la escuché por la radio, porque hay negros que tienen mucho valor. Algunos valen incluso más que un blanco. Hay blancos que no sirven para nada. Claro, yo tengo mi edad, y a mí nunca me hubiera gustado que una nieta se casara con un negrito, por cosas de cómo uno se crio. Yo creo que cada uno tiene su… pero claro, si a ella le gusta y es bueno, uno no se puede oponer. Yo conocí a un médico negro, inteligentísimo. Ya no era tan negro. ¿Entiende? Y así, pero en esto de las razas todo ha ido variando. No es que se tengan que casar, pero el blanco puede tener amistad con el negro, el mulato, etcétera, muy normalmente. Acá vienen francesas, inglesas, y se enamoran de los negros de aquí. A esas rubias les gustan los negros, porque allá no hay negros. Entonces, el mundo está *patiparriba*. Lo importante es reconocer los valores, no casarse, pero reconocer los valores. Yo he tenido muy buenas amistades negras.»

Regla

Regla, la empleada negra de la señora Ruth, vive en la Habana Vieja. Llega todas las mañanas a eso de las siete para prepararle el desayuno a ella y a su hija Ruchi, que viven en la mitad posterior del departamento. El sector que tiene para la renta incluye el living, con los muros repletos de cuadros prerrevolucionarios, retratos y escenas de campos, Corot de tercera generación y otros más modernos, tendientes a la abstracción. Hay un estante de madera

En un departamento ubicado en El Vedado vive la señora Ruth. Las tareas de la casa están a cargo de Regla.

barnizada con dos hileras de libros, mucho clásico de la literatura cubana —Cirilo Villaverde, Carpentier, Lezama Lima—, libros de marxismo y hagiografías del Che, de Camilo, de Fidel, y otros más inexplicables: grandes tomos de ingeniería hidráulica, empastados oficiales con informes de producción, todas ediciones estatales de los últimos cincuenta años. El mueble tiene un gran espejo al medio, casi del suelo al techo, que refleja la mesa de comedor afrancesada, con sus seis sillas alrededor y un florero de cristal de colores lleno de ramas. Un costado del living se convierte en terraza techada, donde hay muchísimas plantas tropicales y un televisor. Es un espacio integrado a la casa, de manera que sin salir se está en un bosque. El paso de esta parte a la que habitan sus dueños, si yo estoy presente, es por la cocina. La norma de funcionamiento indica lo siguiente: si el huésped está en casa, se cierra la puerta corredera, de lo contrario, la familia hace uso de todos los espacios comunes del inmueble. Si se habita ahí, es poco lo que uno ve a la señora Ruth, menos todavía a Ruchi, que hace clases en la escuela de Línea y 11, a dos cuadras del departamento. Regla, en cambio, aparece con más frecuencia. Finge que lo hace para limpiar u ordenar algo, pero no tarda en sentarse si uno le conversa. No se queja. Ahora que le están arreglando su piso, todo por cuenta del historiador de la ciudad. Regla está contenta. Donde Eusebio Leal fija el ojo, es como si volviera la luz.

Regla es gorda, pero no lo sabe. Usa unas pantaletas de nylon adheridas al cuerpo, sudaderas de colores que resaltan sus pechos enormes y un pañuelo en la cabeza que apenas le deja ver el pelo. En los pies, sandalias plásticas, las mismas que calza buena parte de la población. Vive en una cuadra de santeros, donde hay *toque* todas las semanas. Limpia las hojas de las palmas o del Caisimón de Anís, y cuando por fin la miro, suelta el paño en su hombro y me pregunta sobre lo que estoy escribiendo. Me dice que a la señora Ruth este asunto la tiene inquieta. «Ella es muy sospechosa —comenta— porque es comunista y vive encerrá». «Como ella no hace la cola y solo se echa la comida en la boca…», continúa, pero no con resentimiento ni distancia, porque hay que decir que en ese aspecto la Revolución sí triunfó. Las clases sociales sobrevivieron, y la señora Ruth claramente no pertenece a la misma que Regla, posee otros gustos y otros hábitos, pero entre ellos conviven con una proximidad difícil de encontrar en otros países. Regla llama «Ruth» a la octogenaria señora Ruth y asegura que si ella «cree que aquí está todo bien, es porque no sale a la calle. ¿Viste allá en frente la cola de la papa?».

Por estos días llegó la papa al mercado del barrio, y para alcanzar a comprar antes de que se agote, las mujeres hacen filas que dan la vuelta a la esquina y en las que pueden pasar horas antes de llegar al tubérculo. Regla es la encargada de llevar a cabo la espera, y como ayer pasó casi todo el día ahí, tiene noticias frescas. Mientras por los medios de comunicación solo circula lo que al gobierno le interesa dar a conocer, es en esos lugares donde la población se interioriza de los acontecimientos que verdaderamente le competen. A esta agencia informativa de carácter interpersonal se le llama «la bola» o radio Bemba, y ese día, su principal titular hacía referencia al derrumbe de un edificio en la Habana Vieja.

★★★

El último grito de la madre, según Wilma, su vecina, fue el nombre de su hija de siete meses «¡Verenitaaaaaa!», la primera en ser aplastada por el edificio al derrumbarse. A continuación, o al mismo tiempo, murieron sepultados Edgar de diecisiete años, Atanasio de cuarenta y nueve, y ella misma, Aleila, de treinta y ocho. Es cosa sabida que La Habana Vieja está repleta de edificios que apenas se mantienen en pie. Los expertos sostienen que buena parte de los balcones y cornisas del centro de la ciudad, si no caen todos al mismo tiempo, es porque flotan según la «ley del milagro», como llaman al fenómeno físico que les permite sobrevolar las veredas cuando el apoyo al muro ya casi no existe. «Si fuéramos de verdad responsables», asegura Carlos, arquitecto de la Universidad de La Habana, «advertiríamos a la gente que camine por la mitad de la calle, y jamás buscando la sombra por los bordes, pero aquí olvidamos la palabra "responsabilidad" con el desembarco de Cristóbal Colón».

Yo llegué a la calle Habana 409, entre O'Relly y Obrapía, veinticuatro horas después de la tragedia, mientras, según los curiosos, desocupados y chismosos del barrio —características de cualquier habanero—, los perros continuaban buscando cadáveres, «porque nada asegura que los muertos sean solamente cuatro». Según una vieja flaquísima —que encorvada sobre un palo dejaba ver sus pechos secos a través del delantal—, ahí existían dos viviendas, y de momento solo se sabía lo ocurrido con la de Aleila, pero nada de Jeremías, que hace un año había llegado de Oriente acompañado por una *jevita* muda. Entre el piño de fisgones estaban los que de verdad sentían la tragedia. Algunos porque conocían a las víctimas, otros porque viviendo en los alrededores sabían que sus casas no estaban mejor que la del 409. La policía a cargo de la faena cerró las entradas por Obrapía y O'Reilly, más para evitar el comentario y la difusión de malas noticias que para prevenir los riesgos, porque si se tratara de lo segundo —como me dijo un negro con mohicano en la cabeza y una bandera americana convertida en sudadera— «no nos dejarían vivir así». Él, como otros, deambulaba en torno al derrumbe para aprovechar de lamentarse ante los turistas y alardear de lo difícil que es sobrevivir en Cuba, cantinela que para muchos ha llegado a ser un modo de ganarse el sustento.

Camino a Las Vegas

«¡Busco novio! ¡Busco novio!», gritó una chica de pelo rubio teñido que andaba con otra prieta, ya pasada la medianoche, en la esquina de L y 23. «Y tú, tan solito y transpirado», agregó, esta vez ya no como una vendedora de mamoncillos en la playa, sino directamente a mí, que en esos precisos momentos me sentaba a beber una cerveza recién comprada en el quiosco de Pollos DiTú.

«Yo te puedo bañar si quieres, mi amol, y secarte con la lengua», dijo casi rozándome la oreja con los labios, haciéndome temblar de escalofríos con un soplidito que alcanzó a entrarle al tímpano y que, por primera vez desde que gritara «¡busco novio!» me obligó a mirarla a los ojos. Si tenía dieciocho años era mucho y sonreía todo el tiempo, y antes de que le dijera nada ya me había pasado la mano por el cuello hasta empaparla y estaba chupándose los dedos como si los hubiera recién sacado de la miel, ahí en una de las veredas más transitadas del Vedado.

Cuando me vio poner cara de no sé qué, ya menos atento a mi teléfono que terminaba de conectarse a la red inalámbrica, preguntó: «¿Vamos?». Le pedí que esperara un poco, que debía revisar antes unos mensajes, y me lancé a manipular el iPhone con una torpeza inusual, mientras ella, para no bajar la tensión erótica, se mordía las uñas y luego jugaba con los labios.

—¿Dónde vamos? —dije tras comprobar que no había novedades.

—Si no tienes apuro, acompáñame a Las Vegas —respondió. Acto seguido, me pidió dinero para comprarse un jugo de melocotón en el quiosco de Pollos DiTú.

Los calores que hacían por esos días eran tema de conversación en todos lados, incluso más que los cortes de luz producidos en algunos barrios, donde alcanzaron a despertar el terror dormido —pero jamás muerto— de una vuelta al Período Especial. Los taxistas y choferes de almendrones llevaban una toalla pequeña o cualquier tela para secarse el sudor que, apenas enjugado, regresaba. Un amigo me dijo que había que comer plátano, porque tiene potasio, y «con estos calentones se le necesita mucho; de lo contrario, ¡a las tres de la talde te vas a la mieldaaa, cooñoooo!»

Pero si todos transpiraban, yo transpiraba más, y me estaba pasando parte de la camisa desabrochada por la cara cuando ella me dijo que la siguiera. Bajamos por la Rampa hasta la esquina de Infanta, donde había unos taxis viejos, informales, y sus conductores tomando cerveza en medio del tumulto, la mayoría negros o mulatos, en un ambiente antiturístico, sin visos de buen comportamiento. Mucho tatuaje, mucho corte de pelo, mucho ron, mucho gay, poco dinero, algo de desdén, y más allá, subiendo por Infanta, niños en las veredas oscuras, familias, la mayoría bebiendo algo, y pequeños almacenes abiertos —ya era la una de la madrugada— como si fueran las siete de la tarde.

A dos cuadras de la 23 ya se respiraba ese aire de los centros pobres de América Latina cuando es de noche, solo que si en todos los demás la posibilidad de un asalto es algo cierto, aquí no lo era. Hay robos, pero son muy pocos. Cada tanto, ella, que luego supe que se llamaba Gissella, me daba un beso en el cuello mojado.

—Chico, si no te gusta Las Vegas, me dices, y nos vamos al toque. Lo que es yo, tengo una curiosidad que resolver, ¿tú me entiendes?

Acontecía todo tan rápido que no entendía, pero tampoco alcanzaba a sentirme confundido; las preguntas se sucedían sin tiempo para pensar en responderlas, de modo que simplemente las ignoraba. Las Vegas, alguna vez, fue un importante casino de La Habana, por el que pasó Frank Sinatra y quizás Grace Kelly, propiedad de Santo Trafficante, uno de los mafiosos italoamericanos más poderosos de la ciudad hasta esa madrugada del 1 de enero de 1959. Medio siglo después, Las Vegas cambió de sede y ahora es un cabaret de travestis, más bien marginal. Tres dólares cuesta la entrada, donde las mujeres brillan por su ausencia y los homosexuales se comunican por vías misteriosas, sin molestar a los que se emborrachan fuera del juego. Nos sentamos en una mesa protagónica, porque el lugar, no más grande que cualquier cabaret de puerto, tenía muy pocas ocupadas.

«¿Qué tomas, Gissella?», le pregunté cuando se nos acercó una garzona maciza, de blusa nívea y chaquetilla negra con manga corta, bigotes blandos y piel demasiado porosa para ser de mujer auténtica. Pero Gissella estaba distraída, pensando en otra cosa, haciendo esfuerzos por permanecer mentalmente conmigo, cuando era evidente que su preocupación ya no era yo. Como no estaba empotado con ella, a mí me daba igual. Solo quien se halla de paso por esta ciudad puede sentir ansiedad sexual, porque acá el sexo es como el aire, y basta abrir la ventana para que entre.

Gissella de pronto desapareció por una escalera, y casi al mismo tiempo salió Imperio al escenario, con un vestido amarillo de plástico, botas negras de taco alto que le subían como medias hasta más arriba de las rodillas, guantes larguísimos, y una peluca morena y ondulada con una flor de crin en la nuca, atuendos a través de los cuales Abraham Bueno se convertía en Imperio, la travesti más inspirada de Cuba, la Rosita Fornés del barrio Belén, la luz de una estrella que en la mañana ya no existe.

Imperio

Yo comencé disfrazándome —afirma Abraham Bueno, alias Imperio, cuarenta y cuatro años— en unos eventos conocidos como «Lanzamientos» que se hacían en un barrio marginal llamado La Güinera. Antes de la Revolución era una zona de «llega y pon», casas que se levantan con unos paneles y ya. Cada uno imitaba ahí a la artista que le gustaba. Me hice una peluca rubia con los pelos de una muñeca de mi hermana. Como yo usaba sombrero, le pegué los pelos de la muñeca con *masking tape* para que colgaran por el borde. Después destruí la muñeca y la enterré para que no me pillaran. Así me trasvestí por primera vez, y me convertí en Tanjia Rodríguez, una cantante lesbiana que se hizo famosa con el tema «Ese Hombre está Loco».

La Güinera fue el primer sitio después de la Revolución donde empieza a desarrollarse el transformismo cubano. Todo esto sucedía muy a escondidas, porque había vecinos que nos denunciaban, y si llegaba la policía nos detenían. Luego aparecieron las compañías Cumbres, en El Cotorro, y Las Muñecas Marginadas, que después se convirtieron en las famosas Trasvestis de Cuba.

Todo fue clandestino hasta que Fifi, una mujer del Partido Comunista, más adelantada que las demás, nos propuso que los

Abraham Bueno, alias Imperio, uno de los transformistas más reconocidos de la isla.

sábados, en el sitio que durante la semana era el comedor de los microbrigadistas, nosotros hiciéramos una actividad cultural para los vecinos. Contra vientos y mareas, contra el Poder Popular, el Partido y el CDR, que una y otra vez se negaban, comenzamos a llevar a cabo nuestras actividades. Estaba a punto de estallar el Período Especial. El pago era la comida y la bebida.

En ese comedor se filmó *Mariposas en el Andamio*, de Luis Felipe Bernaza y Margaret Gilpin, un documental que recorrió el mundo entero en 1995 y donde yo participé. En el parque Lenin, los administradores de los restaurantes también comenzaron a solicitar nuestra participación, y de este modo se formó una ola que convirtió a los transformistas en un atractivo cada vez más requerido.

Mientras estaba en La Güinera trabajé como arsenalero en un hospital, en una fábrica de calzado —cortaba los moldes de las pieles—, fui artesano y trabajé en las fábricas de muebles de mimbre del Consejo de Estado. No pasé nunca por la prostitución, aunque sí tuve parejas con dinero de las que yo viví. Me mantenían, porque eran mayores que yo.

Te hablo de los años de las *jineteras*, que son personajes muy llamativos. Ellas exageraban a la mujer común y escondían su pobreza, y el transformista lo que hizo fue exagerar a las *jineteras*. Ahora prácticamente ellas han desaparecido. Debe haber alguna por ahí, pero fueron víctimas de una gran cacería. Chicas que ejercen la prostitución hay muchas, pero ya no son exuberantes. Si paseas por las principales avenidas después de las diez de la noche verás que las putas vistosas que van quedando son todas travestis.

El Período Especial me lo pasé al interior de un grupo donde todos teníamos las mismas vicisitudes, de manera que no lo sufrí tanto. Era joven, además. Comía col hervida, col asada, col en todas sus facetas. Nos hacíamos los vestidos con telas de mosquiteros —que teñíamos con «robotina» y con azul de metileno (medicamentos) para darles distintas tonalidades—, con sábanas y con sacos de harina. El que llegaba a tener relaciones con algún artista se conseguía lentejuelas. Como maquillaje usábamos las tizas de colores que tenían en las escuelas. El rojo de la boca se conseguía con escarlata que sacábamos de las farmacias. Con el papel de regalo, el celofán, confeccionábamos pequeños adornos. Lo mismo con las envolturas de los caramelos y los bombones, que siempre son plateados. Con esos forrábamos zapatos, hacíamos florcitas… Y el público lo disfrutaba mucho. Todo era clandestino, porque no nos daban entrada los grandes centros nocturnos. El lugar de espectáculos de transformismo más famoso que tuvo Cuba por esos años fue El Bar de las Estrellas, de Rogelio Conde, que era el peluquero de las grandes artistas. Él peinaba a Mirta, a Annia, a Rosa Forné, a todas esas divas. Rogelio puso un cabaret en la azotea de su casa. Y claro, cuando llegaba la policía te decomisaban todo, pero como ahí iba Formel con su esposa, y estuvieron los hermanos Barnet y otras varias personalidades, los vecinos dejaron de denunciar, porque creyeron que estaba autorizado. Igual, nunca faltaron esos que les molestaba la música o nos consideraban degenerados, y llamaban a la policía, y se tenía que suspender el show.

Este fue el lugar de puntera hasta que apareció un señor llamado Williams, que consiguió autorización para hacer unas fiestas que removieron a Cuba entera. De todas partes venían a las fiestas de Williams. Nunca se supo qué manija tenía, pero gestionó grandes espacios como el parque Lenin y el Forestal. Él, que era un gordo enorme, tuvo un evento de nivel mundial que se llamó «El Periquitón», porque allí íbamos todos los *periquitos*. Se hacía en Marianao y llegó a ser tan famoso que un día apareció Almodóvar con Bibi Ándersen, la aclamada transexual. En la película *Vestida de Novia* hay una escena que solo los que estábamos ahí entendemos. Es cuando un policía dice: «Ya salió, entremos ahora nosotros», y que se refiere justamente al momento en que Almodóvar y Bibi se retiran del Periquitón, y entra la seguridad.

Este mundo, en el cual he logrado sobrevivir, tiene una base marginal, de ex reclusos que en su momento fueron presos por el solo hecho de ser gais, y eso crea una manera de comportarte. Muchos de los liberados de Isla de Pinos y tal, son los que empiezan a bailar. Ya en la prisión lo hacían también. En sus cárceles existían unos pisos a los que les llamaban «La Patera», que viene de Pato, como les dicen en Cuba a los homosexuales. (Entonces le conté que yo me llamo Patricio, y que en Chile a los Patricios les dicen «Pato» y que cuando acá me presentan como «el amigo Pato», siempre debo dar explicaciones.) Aquí en Cuba, la manera de ofender al gay por mucho tiempo fue decir «pato», «ganso» o «cherna», como el pescado. Pero las persecuciones y todo eso me lo salté. Las UMAP (Unidades Militares de Ayuda a la Producción, donde concentraban a los heterodoxos) fueron en los setenta y yo nací el año 1973. A lo largo de mi vida conocí personas que estuvieron ahí y me hicieron cuentos del lugar, pero yo no lo viví.

En este submundo se crearon una serie de espectáculos como el «Festival Verano» y el «Festival Otoño», y existía el festival de «Lo Mejor del Año», que gané con «¡Basta Ya!» de Olga Tañon. ¿La conoces? «Lloraré hasta lograr que algún día ya no te pueda recordar». La compuso Marco Antonio Solís. En 1996 recibí el premio a la interpretación del año con el tema de Rocío Jurado «Déjala Correr». Ahí decía: *«Vienes y te vas cuando te place / cuentas con que yo te dejo hacer, / te preocupa solo tu persona/ pero todo acaba, alguna vez / y ese es el momento que no ves».* Entonces venía la mejor parte:

«Pues déjala correr
agua que no es de beber…
déjala correr»

Esa vez me vistió un diseñador que se llamaba Abraham, y su tenida me costó un ojo de la cara. Fue mi primera ropa despampanante de manos de un profesional. Por ese vestido pagué el dinero de un televisor que mi pareja iba a regalarme para el cumpleaños. Al momento de la entrega del premio se formó un enredo que no vale la pena explicar y se lo dieron a otro. Yo me frustré de tal manera, que dejé el circuito y partí a estudiar canto. Alcancé a presentarme en la Tropical, pero rápidamente me di cuenta que en Cuba había veinte mil cantantes y yo era el veinte mil uno. En cambio, como transformista ya tenía un nombre a nivel nacional. Por ese tiempo yo hacía de Annia Linares y cuando tumbé de la primera posición a uno que hacía de María Antonieta, comencé a cerrar todos los espectáculos a que me invitaban. No fue fácil tumbarla, porque María Antonieta tenía los pelos parados, más plumas, era mucho más agresiva y deslumbrante que Annia Linares. Debí dejar de ser Annia cuando ella, la verdadera, escapó a los Estados Unidos y el suyo se convirtió en un nombre mal visto. Representarla podía ser entendido como muestra de apoyo a una desertora.

Por esa época había un dibujo animado japonés muy famoso llamado «Boltus 5». Era un robot que se desarmaba en cinco partes y había cinco niños que lo armaban. Mi vestuario lo hacía Aurelio, que vestía a las hermanas Nuviola, una de las cuales, Aymée Nuviola, hizo de Celia Cruz en la serie colombiana. Con lo que le sobraba del vestuario de otras artistas, Aurelio me hacía los vestidos. Entonces le planteé que quería un traje desarmable, para sacármelo por partes. Y él me dijo: «Pero maricón, vas a ser Boltus 5, el Imperio Contraataca». «¡Ahí está el nombre!», grité yo, y me puse Imperio. El primer lugar donde me presenté así fue en Santa Clara con el tema «Historia de Amor», que después versionó Céline Dion, aunque yo la representé cantada por Ángela Carrasco. Fue un *boom*. Esto funcionaba todavía a nivel de circuito gay, clandestino y oscuro. Todavía no trascendía a los héteros ni a los turistas ni al gran público.

El año 2009 sube por primera vez un transformista al escenario de un teatro, no un actor que hace de mujer, sino un transformista propiamente tal, y fui yo. Sucedió en el cine teatro Astral, en la calle Infanta, a pocas cuadras de aquí. También fui el primero que apareció en la televisión, en el Canal Educativo. Me entrevistaron como Abraham para hablar del transformismo.

En lugar de las marchas de Orgullo Gay acá se crearon las Jornadas de Lucha Contra la Homofobia, organizadas por Mariela Castro. Y es de la mano de Mariela que llegamos a los grandes teatros. Carlos Rey tenía a su cargo el teatro Las Vegas, por el que antes de la Revolución pasaron Nat King Cole, Josephine Baker y muchos más, pero en esos momentos sus shows estaban de baja y entonces le da un espacio a los transformistas. Ahí entramos Imperio y Margot. Mariela consigue incluso que nos autorice el Ministerio de Cultura, de modo que todo fuera legal.

Mira, aquí son muchos, como el mismo Reinaldo Arenas, que prefieren abrirse camino contando historias trágicas para hacerse famosos. A mí me invitaron a participar de un documental, y a su directora le interesaba todo el tiempo que uno contara anécdotas terribles, que un vecino te violó, que un pariente te dio golpes, cosas así. Y cuando yo le explicaba que a mí no me había sucedido nada por el estilo, para ella no era suficiente y me decía: «pero es que yo veo en tus ojos una tristeza...». Yo le respondía: «pues limpie sus lentes, porque le están nublando la vista». Como no la llevé donde ella quería ir, montó mis palabras con unas imágenes que eran de gran agresividad. Un tema mío que se llama «Me he levantado», donde hablo de la vida de un artista, ella lo montó rescatando una sola frase y mostrándome de espaldas, muy dramático, para hacer la crítica a todo el régimen, siendo que yo no dije nada de eso. Tuve la suerte de que siempre me fue bien. He transitado con todas las altas y bajas que ha tenido el país, pero no me lo he sentido.

Hay dos formas de ver la Revolución. Una la encarna el revolucionario oficial y otra que se interesa por lo que significa la palabra «Revolución», que es cambiar, transformar siempre. Yo no tengo un sueño de sociedad, porque donde me ha tocado procuro hacer lo que quiero. Si tú no te preparaste lo suficiente vas a fregar en el paladar de un chino cubano, y si las cosas cambian, vas a fregar en un McDonald's. ¿Cuántos cubanos se han ido detrás del sueño americano? Yo me pregunto: ¿y qué hacen allá? Trabajar sin descanso para ganarse la subsistencia, esa que acá será modesta, pero está asegurada. Recogen escombros de la mañana a la noche o limpian baños, porque si no te preparaste para ser gerente en Cuba no serás gerente de la Chevrolet. Si vives esperando un cambio, tienes que prepararte para el cambio. Nosotros estamos viviendo un cambio por acá. Ahora salgo de mi casa todo pintado y si el automóvil en que voy se detiene junto a una patrulla, nos miramos tranquilamente. Antes debía viajar en un carro encerrado y si me paraban tenía que mostrar lo que llevaba en los bultos y dar explicaciones. La sociedad está viviendo una apertura. El que puede monta su paladar, el que puede renta dormitorios en su casa. Antes no se podía hacer eso. Solo se le podía trabajar al gobierno. ¿Pero para qué tú quieres que entren todas las marcas de carro si no te las vas a comprar? Ahora se le da mucha más importancia a lo material que antes. Cuando aún se defendía el valor de que todos éramos iguales, podía haber poco, pero la población vivía feliz. No aspiraba a más. Tenías tu cuota de la libreta y con eso comías. Tenías la ropa que te tocaba y así te vestías. Tenías dos canales de televisión en blanco y negro, y con eso vivías.

Lo importante es entender que las mejorías que quieras para tu vida no van siempre ligadas a lo que suceda con el gobierno. El respeto que me tienen al interior de Las Vegas, entre mis vecinos, en mi familia, me lo he ganado yo. No me lo ha dado el gobierno. A mí tuvieron que respetarme todo el tiempo, cuando se podía y cuando no. Sé que pasan muchas cosas en Cuba, pero no es mi realidad. Yo me levanto por la mañana, voy al gimnasio, pienso en Imperio, en cómo mantener en pie mi show, cómo ser feliz con Rey (su pareja).

Veo el «paquete», como todos los cubanos, y las noticias y la novela, pero no me hago cargo de lo que suceda en el mundo. Me interesan los premios, los eventos, qué se puso fulana de tal, el estado del tiempo… He ido tres o cuatro veces a Panamá, a Serbia, pero a mí me gusta mucho mi vida en Cuba. Acá, como transformista, estoy en un lugar cimero. He llegado a ser la anfitriona de Las Vegas los cinco días que abre. Nunca me ha tocado delatar a nadie cuando se hacen levantamientos de la población aplicando la «ley del peligro» (se considera en estado de «peligro» a esos que no trabajan, que no hacen nada). Con todo lo que hemos pasado acá, siempre imaginé que sería otra generación la que disfrutaría el camino abierto por nosotros, pero gracias a dios me tocó a mí. Gozo de la aceptación y preferencia de Mariela Castro hacia mi trabajo. Hay quienes imitan a Imperio, mi gestualidad, mi estilo. Para Cuba, el precio que yo me he puesto, es muy caro. Una persona que sabe mucho de esto me dijo un día: «Yo te admiro, no porque digan que eres el número uno o el dos, sino por lo bien que tú has sabido venderte». Y eso me llena de orgullo.

La Isla de La Fantasía

Es sorprendente cómo esta isla de doce millones de habitantes ha conseguido ocupar un puesto tan protagónico en la discusión política mundial. Abundan quienes por estos días, apostando que le queda poco a su situación de excepcionalidad y lugar detenido en el tiempo, de rareza histórica, están viajando a recorrerla. En cuanto se confirmó la visita de Barack Obama a La Habana, la prensa mundial se concentró en el proceso cubano. Me piden, mientras estoy en Chile, un texto para abrir un debate sobre Cuba, tema que sigue despertando pasiones dormidas, porque fuera de la isla, Cuba es mucho más que un país. Intenté una síntesis de lo que he visto hasta aquí, y este fue el texto que les envié:

Cuba es un país y una idea. Un territorio donde las vidas concretas se confunden con la imaginación. Quienes llegan allá de vacaciones por una semana repartida entre La Habana y Varadero suelen regresar con una impresión acabada, por lo general muy parecida a la que se habían hecho antes de llegar, solo que ahora enriquecida con anécdotas y observaciones. Quienes la conocen más, experimentan justo lo contrario: si llegaron para encontrarse con los espantos del socialismo, en cuanto los hayan constatado y si acaso se lo permiten, es muy probable que comiencen a disfrutar del alivio que genera la ausencia de tanto producto, de tanta tecnología, de tanta eficiencia. Y al revés, quienes llegan al paraíso de sus creencias comunistas, ya cansados de constatar las seguridades sociales que da la Revolución, si se lo permiten, conocerán sus controles, sus vigilancias, sus tristezas disimuladas, sus desesperanzas. Tiene mucho de la *Isla de la Fantasía*, esa serie protagonizada por Ricardo Montalbán y el enano Tatú, donde sus visitantes llegaban a cumplir algún deseo frustrado en sus lugares de origen —riqueza, belleza, gloria, poder— y por lo general, al mismo tiempo que sus ilusiones se realizaban, caían en la cuenta de que no era eso lo que les convenía, que en el cumplimiento de sus sueños no estaba la felicidad.
Algo parecido enseña Cuba.
Algunos arriban tras la fantasía de un amor o de una segunda juventud. La influencia africana alivió la pesada carga del catolicismo español, y las distintas olas migratorias terminaron por fecundar ahí una cultura de costumbres libres. Esa

libertad en las costumbres, esa informalidad también promovida por el calor y más tarde por la escasez, donde no existe la corbata y el sexo es un lenguaje coloquial, parte del olor de la ciudad y del modo en que sus habitantes se encuentran, convive con el hostigamiento de un Estado policial, donde buena parte de los habitantes trabajan vigilando a sus vecinos e informando a la autoridad.

Es muy difícil, diría que imposible, narrar Cuba sin dejarse invadir por sus contradicciones. Según algunos, es una tarea inabordable por el periodismo y quizás solo posible de alcanzar a través del arte y la literatura. Lo cierto es que no hay periodismo en Cuba —recién comienzan a nacer algunas voces tan excepcionales como secretas que circulan por internet—, mientras que los músicos, los artistas plásticos y los narradores ocupan un lugar destacado, aunque no libre de dificultades.

El 17 de diciembre de 2014, cuando Barack Obama y Raúl Castro declararon por las pantallas de televisión su voluntad de restablecer relaciones diplomáticas, se abrió un nuevo capítulo en la historia de esta isla literaria —llena de cuentos, de enigmas, de ilusiones y pesadillas—, una isla al mismo tiempo cerrada y céntrica, donde el tiempo no avanza igual que afuera, desprovista de apuros y de publicidad. Últimamente ya no brillan ni siquiera las consignas o las frases célebres de la Revolución, porque en Cuba ahora tampoco se vende socialismo. El Estado mantiene el control de cuanto puede, que no es poco, pero nadie discute que la economía no funciona. Los cubanos se las arreglan para vivir siguiendo las normas de la naturaleza, por los bordes del orden institucional.

Lo que nosotros solucionamos con un llamado telefónico, allá da pie a novelas completas. Buena parte de la vida transcurre en resolver problemas menores. (Basta ver el cine de Tomás Gutiérrez Alea, Titón: *La Muerte de un Burócrata*, *Guantanamera*, etc.) Nadie vive solo, aunque algunos sientan que se van quedando solos. Hay generaciones completas de amigos que se fueron. Mientras algunos aún parten en busca de mejor vida, otros comienzan a volver añorando la vida que dejaron. Otros regresan con ánimo comercial. Y es que ese 17 de diciembre de 2014, mientras muchas iglesias de La Habana hacían sonar sus campanas, no pocos cubanos entendieron que pronto nada sería lo mismo. Pero «pronto» es una palabra muy elástica en Cuba.

—Pronto —me dijo Rafael Grillo— nos daremos cuenta de que el hombre está siempre equivocado.

SEGUNDA PARTE

«Compañero Obama»

8 de marzo de 2016

El periódico *Granma*, órgano oficial del Comité Central del Partido Comunista de Cuba, anuncia: «El presidente de los Estados Unidos de América, Barack Obama, realizará una visita oficial a Cuba entre el 20 y el 22 de marzo próximos». Luego recordó que esta es «la segunda ocasión en que un mandatario estadounidense llega a nuestro archipiélago». En 1928 lo había hecho Calvin Coolidge, bajo el gobierno de Gerardo Machado, «un personaje local de infausta memoria». «Esta será la primera vez que un Presidente de los Estados Unidos viene a una Cuba dueña de su soberanía y con una Revolución en el poder, encabezada por su liderazgo histórico», aclaraba el artículo.

Tras rememorar distintos aspectos de la «heroica resistencia» que hace mucho llevan a cabo «siguiendo el ejemplo de Carlos Manuel de Céspedes, José Martí, Antonio Maceo, Julio Antonio Mella, Rubén Martínez Villena, Antonio Guiteras y Ernesto Che Guevara», el *Granma* aseguraba que «el mandatario estadounidense será bienvenido por el Gobierno de Cuba y su pueblo con la hospitalidad que los distingue y será tratado con toda consideración y respeto, como Jefe de Estado».

Más adelante, destacaba que sería una buena oportunidad para que el presidente norteamericano apreciara las virtudes de una Revolución capaz de «exhibir logros que constituyen una quimera para muchos países del mundo, a pesar de las limitaciones que se derivan de su condición de país bloqueado y subdesarrollado, lo cual le ha merecido el reconocimiento y el respeto internacionales». El papa Francisco y el patriarca Cirilo I de Moscú lo habían ratificado, al describir a Cuba, en una declaración conjunta, como «un símbolo de esperanza del Nuevo Mundo». La nota advertía, eso sí, que el camino para la normalización de las relaciones sería largo y complejo, porque:

> «el bloqueo se mantiene y se aplica con rigor y con un marcado alcance extraterritorial, lo cual tiene efectos disuasivos para las empresas y los bancos de los Estados Unidos y de otros países. [...] El territorio ocupado por la Base Naval de los Estados Unidos en Guantánamo, en contra de la voluntad de nuestro gobierno y pueblo, tiene que ser devuelto a Cuba. [...] La política de cambio de régimen tiene que ser definitivamente sepultada.»

El *Granma* era claro al advertir que «las profundas diferencias de concepciones entre Cuba y EE.UU sobre los modelos políticos, la democracia, el ejercicio de los derechos humanos, la justicia social, las relaciones internacionales, la paz y la estabilidad mundial, entre otros, persistirán».

Por lo general, este periódico no reportea, sino que opera como la voz del régimen.

«Esta es la Cuba que dará respetuosa bienvenida al presidente Obama», concluyó.

La llegada

Es difícil describir el aire enrarecido que soplaba por la Habana Vieja la mañana del domingo 20 de marzo. Me recordó ese nerviosismo que sienten los niños antes de que toque el timbre el primer invitado a su fiesta de cumpleaños, algo que oscila entre la dicha y el miedo a que no llegue nadie. Todo era preparativos: un camión cisterna manguereaba las calles mientras un escuadrón municipal las escobillaba, otros apuraban los últimos retoques de pintura a la puerta de un edificio vecino a la Lonja del Comercio, algunos deambulaban sin saber adónde ir. A la hora de almuerzo, el cielo estaba cubierto y era fácil adivinar que en cualquier momento estallaría la lluvia. Muchas arterias permanecían cerradas, de modo que costaba salir del centro de la ciudad. La llegada de Barack Obama a Cuba, la primera visita de un presidente norteamericano en casi un siglo de historia, tenía la vida habanera convulsionada.

Tal como había sucedido en septiembre del año anterior, para la visita del papa Francisco, el gobierno procuró asfaltar las avenidas y pintar la fachada de todos los edificios por donde pasaría el invitado, aunque esos muros siguieran escondiendo ruinas por dentro. A las calles que mejoraron para la llegada del pontífice, «la bola» les llamó Vía Sacra, y a las reparadas, esta vez, Vía Obama. Pero solo hasta ahí corresponden las comparaciones entre ambos visitantes, porque si al Papa se le esperó sin mayores expectativas, la llegada del «yuma» los tenía vueltos locos.

Las medidas de seguridad embrollaron el tránsito y los recorridos del transporte público, pero la confusión vial no era nada al lado de la confusión que había en la cabeza de sus habitantes. Fueron muchos los que irónicamente comenzaron a llamarle «compañero Obama» como un modo de manifestar su desconcierto. A las cuatro y cuarto de la tarde, cinco minutos antes de que aterrizara el Air Force One en la pista del aeropuerto José Martí, comenzó a llover. Yo estaba terminando de almorzar en el restaurante El Del Frente, en un segundo piso de la calle O'Reilly, con Wendy Guerra, su marido Ernán López Nussa, Jon Lee y la editora Paula Canal. Todos bebíamos, en realidad, mientras el dueño del restaurante intentaba sintonizar un televisor con la pantalla granulada en la que difícilmente se reconocía la figura del avión moviéndose sobre la losa. No pudimos ver a Obama descendiendo por la escalinata, y lo cierto es que no fue mucho lo que nos perdimos, porque una vez que la relatora del evento declaró que «Cuba en pie y soberana recibió al presidente Obama», y este montó en su limusina blindada conocida como «La Bestia», el suceso desapareció de la programación televisiva. Los domingos no sale el *Granma*, pero el sábado la noticia de portada tampoco había sido el inminente arribo de Obama, sino la visita del presidente venezolano Nicolás Maduro y la entrega que le hizo Raúl de la más alta distinción existente en Cuba: la medalla José Martí. «La idea es no abrirse de piernas, dejar en claro que si bien estamos conversando, la Revolución no ha traicionado a sus verdaderos amigos», me dijo Guillermo, un chileno que llegó como guerrillero y hoy ve con perplejidad el curso que va tomando esta historia.

Llovió fuerte esa tarde del domingo. Salvo el personal de seguridad apostado en las azoteas, esquinas y entradas de edificios, no eran muchos los que circulaban por La Habana Vieja. El agua y la dificultad para desplazarse, además de esos aires dominicales que invitan al recogimiento, disuadieron a la población de salir al encuentro de esta visita ilustre e inquietante al mismo tiempo. Algunos llegamos a los alrededores de la catedral a ver cómo este presidente negro del imperio capitalista daba sus primeros pasos por la isla comunista. (¿Será posible seguir hablando así?). La ciudad estaba pendiente de él, pero aún no entendía si el deseo oficial era celebrarlo o condenarlo. Raúl Castro, sin ir más lejos, no lo fue a recibir al aeropuerto. Esa noche, la llegada de Obama ocupó algo más de un minuto en el noticiero central.

Todo cambió el lunes 21. Durante la mañana, mientras desayunaba en la casa de Yarenis —donde la señora Ruth me envió esta vez, porque los dormitorios de su departamento estaban reservados hace semanas—, pasó un «autoparlante» anunciando que no podía haber carros en las calles, y que quien los tuviera debía guardarlos en el garaje. Yarenis encendió la televisión, y a eso de las diez de la mañana apareció Obama atravesando la Plaza de la Revolución, con la imagen del Che como telón de fondo. Cincuenta minutos más tarde el presidente de los Estados Unidos entraba al Palacio de la Revolución. En eso, Arleen Rodríguez, la conductora del programa *Mesa Redonda*, aseguró: «Lo importante es destacar que Cuba siempre prefirió el diálogo a la confrontación».

—¿Y qué dirá Fidel de todo esto? —comentó Yarenis—. Ahora parece que nadie se acuerda de él.

—Yo no sé si me estaré poniendo bobo, pero no entiendo ná —agregó Nolberto, su marido, que de pronto apareció a mis espaldas con el torso desnudo y un café en la mano.

—Estoy en pleno *llantén* —dijo mi amiga Rochy apenas le contesté el teléfono—, qué fuelte, no pensé que vería esto. Ojalá sea para mejor.

Ese mismo día, Barack Obama y Raúl Castro dieron una conferencia de prensa conjunta en el Palacio de la Revolución. En su primera intervención, Raúl enfatizó la necesidad de que ambos países se respetaran con sus diferencias y luego contó la historia de la nadadora Diana Nyad, que tras cuatro intentos fallidos —la última vez se lo impidieron las picaduras de las medusas— consiguió cruzar a nado las ciento tres millas del Estrecho de La Florida, sin jaula, entremedio de los tiburones. «Si ella pudo, nosotros podremos», concluyó Raúl.

Obama agradeció la bienvenida, homenajeó a un soldado muerto en Irak la noche anterior, y luego explicó que sus hijas no siempre aceptaban acompañarlo en sus viajes, por temor, pero esta vez quisieron hacerlo. Pidió disculpas porque se extendería más que su antecesor, y contó que Raúl se había reído con él de lo largos que eran los discursos de su hermano. Obama se expresaba con toda la soltura que le faltaba a Raúl. Dejó en claro el entusiasmo que le provocaba esta visita, la idea de nuevos negocios entre ambas partes, que se agilice el tráfico en las dos direcciones, que ya hubiera cruceros y un creciente acceso al dólar para los cubanos. Destacó el compromiso asumido para abrir la internet y para aumentar las becas de intercambio, y agradeció al gobierno revolucionario su papel de anfitrión en la búsqueda de la paz para Colombia. Reconoció los progresos en salud y educación que podían mostrar en la isla, y aseguró que un pueblo tan bien formado debía decidir por sí mismo su futuro. «No será fácil lo que nos espera por delante, pero por suerte no necesitaremos nadar para lograrlo», bromeó al terminar.

Entonces llegó el momento de las preguntas, y un periodista norteamericano cubanodescendiente tomó la palabra:

—Para Raúl Castro. ¿Por qué tiene presos políticos? ¿Por qué no los suelta?

Y luego lanzó:

—¿Prefiere a Hillary Clinton o a Donald Trump?

Era evidente que Raúl no estaba acostumbrado a este tipo de interrogatorios con periodistas sin las preguntas pauteadas. Se exponía a semejante ejercicio por primera vez en su vida. Un hombre se acercó para hablarle a Raúl en la oreja —algo inaudito en un acto de ese nivel—, ante lo cual Obama, sorprendido, exclamó:

—¡¿*Excuse me*?!

Raúl explicó que no había entendido la pregunta.

—¿Algo de presos humanos? —preguntó.

—*Prisoners* —le aclaró el presidente norteamericano.

Entonces Raúl comenzó a golpearse los audífonos, como si no pudiera escuchar al traductor.

—¿Cuál es su pregunta específica? —rezongó, mientras de otra parte continuaba moviendo el adminículo.

—Si acaso su país tiene presos políticos cubanos —preguntó el periodista, esta vez en perfecto español.

Raúl se agachó nuevamente para acomodarse los audífonos. Cuando ya el juego no daba para más, reaccionó molesto:

—Dame ahora mismo la lista de presos para soltarlos. Dime sus nombres, y si hay esos presos políticos, antes de que llegue la noche van a estar sueltos. ¡Ya!

Respecto de cuál de los dos candidatos a la presidencia norteamericana prefería, se limitó a explicar que, lamentablemente, aún no podía votar en los Estados Unidos.

Ya durante la tarde de ese lunes 21, Obama era el dueño absoluto de la escena. No había cubano que no hablara de él. No había cubano que no quisiera verlo. Si normalmente en Cuba se trabaja poco, ese lunes no se trabajó nada. La «radio bemba», como también llaman a la información que corre de boca en boca, indicaba a la velocidad del rayo por dónde pasaría «La Bestia» con el gobernante más famoso del mundo en su asiento trasero. Por Línea, por 23, por la Quinta Avenida, la gente comenzó a instalarse para verlo pasar. Lo que a comienzos de la Revolución sucedía con Fidel, acontecía ahora con Barack Obama. Yo llevaba más de un año siguiendo este proceso, y nada parecido había sucedido. La supuesta apertura que debía comenzar tuvo aquí su primera expresión pública.

Tras dejar la Plaza de la Revolución, Obama se dirigió a la Cervecería Habanera, frente al puerto y al Cristo de Casablanca, para reunirse con los emprendedores de la ciudad. A cada uno de esos individuos que habían levantado un proyecto personal, les hizo saber que su empeño era una utopía posible. Que en Cuba exhibían logros fantásticos en educación, pero que ahora había llegado el momento de explotarlos libremente. Les dijo que debían ser muy inteligentes para mantener activos los «almendrones», y que Estados Unidos quería ser socio de los genios capaces de tal proeza. Que llegarían los tractores Clever y los cruceros transoceánicos para aprovechar y dar placer a tanto ingenio, y que era una vergüenza inaceptable que congresistas de su país continuaran defendiendo el embargo económico que les impedía desarrollarse. También bromeó con una liviandad y cercanía que los cubanos no están acostumbrados a ver en sus autoridades. «Yo ni me acuerdo de cómo sonaba el teléfono de antes», les dijo para entusiasmarlos. Y no usó estas palabras, aunque el mensaje era este: «el mundo puede ser también de ustedes». «Pero no quiero hablar —agregó—, prefiero escucharlos». (Wendy me llama y me dice que no para de llorar. Su peluquero acaba de salir en televisión hablándole a Obama.)

Un rato después llegué al hotel Habana Libre, donde funcionaba el Centro de Prensa Internacional (CPI), con la intención de acreditarme como periodista para alguno de los dos eventos públicos a los que Barack Obama debía asistir al día siguiente: la lectura de su discurso oficial en el Gran Teatro y el partido de béisbol —que acá es conocido como «juego de pelota»— que presenciaría junto a su familia. Todo periodista debe registrarse en el CPI si quiere reportear en Cuba, pero acceder a un cupo para estos acontecimientos es otra cosa. La visita del presidente norteamericano a Cuba era, por lejos, la noticia del mundo que más atención concitaba en esos momentos, de manera que La Habana estaba invadida de periodistas. Cuando llegué al hotel, una larga fila de ellos —doscientos o incluso trescientos— esperaban poner su nombre y el de sus medios en un cuadernillo corcheteado que, según pude constatar al adelantarme para ponderar la situación, ya tenía casi todas sus páginas ocupadas.

—¿Vale la pena que haga la fila? —pregunté a la mulata veinteañera que supervisaba la situación con fingida seriedad.

En lugar de responder con palabras movió la boca para decir que no. Después miró a lo largo de la hilera que daba toda la vuelta al hall del hotel y levantó los hombros.

—Para el Gran Teatro solo hay veinte cupos, aunque para el estadio hay más —me informó.

—¿Y yo qué hago? —le dije, procurando que nadie más me escuchara. Ella volvió a levantar los hombros, esta vez echándome una mirada burlona que respondí con un gesto de horror exagerado.

Minutos después, el guardia que escoltaba a la mulata comunicó a los presentes que se cerraban las postulaciones. Los que llevaban horas esperando y ya casi llegaban al cuadernillo se agarraron la cabeza, y a medida que la noticia fue expandiéndose por la fila, un cúmulo cada vez más grande de gente rodeaba al guardia para escuchar la explicación oficial. Él se encargó de desplazarlos hacia el hall, donde había más espacio, y entonces yo aproveché de acercarme a la mulata, que en esos momentos desocupaba la mesa de formalita.

—Tú, chica, no me puedes hacer esto. Vengo de Chile, el país más lejano del mundo. Tú no sabes lo que me ha costado llegar aquí. Con esa carita de ángel no se puede ser tan cruel. Te invito a comer, te invito a bailar, te ofrezco matrimonio, pídeme lo que sea —cerré los ojos con fuerza—, pero anota mi nombre por ahí.

Ella miró a su alrededor y deslizó hasta el borde del escritorio un lápiz y un pedazo de papel.

—Escribe tu nombre, país, número de pasaporte y el medio que representas.

Obedecí rapidísimo y me alejé para no comprometerla, pero desde la distancia y saltando por encima de las cabezas de los periodistas que continuaban reclamándole al guardia, le tiré besos con la mano e hice tal cantidad de morisquetas que ella se llevó un dedo a la sien y movió la boca lentamente para que yo pudiera leer sus palabras:

—Estás loco, chico.

Cuando a las seis de la tarde —se suponía que la nómina de seleccionados sería expuesta sobre una plancha de corcho una hora antes— llegué sin esperanzas a revisar la lista, mi nombre estaba entre los veinte elegidos para el Gran Teatro. También aparecía entre la mucho más larga de quienes podrían entrar al estadio para ver el partido de béisbol.

El Gran Teatro

El martes 22, minutos antes de las diez de la mañana, entré al Gran Teatro de Cuba Alicia Alonso. Me senté en una butaca que encontré desocupada en las primeras filas, junto a los senadores norteamericanos. El resto de la platea estaba ocupada por médicos internacionalistas con delantales blancos, autoridades de gobierno y otras personalidades.

Al poco rato llegó al palco principal la mismísima bailarina Alicia Alonso, que parecía completamente operada, una especie de monstruo de fantasía que al mover los brazos para saludar al público se convirtió en una gacela de cera blanda, horrible y encantadora. Minutos después, el presidente Raúl Castro se instaló a su lado, y mientras el teatro de pie lo aplaudía, con la finura de los hombres de sexo ambiguo apuntó al escenario todavía desierto, como quien dice «aquí la estrella no soy yo».

Entonces entró Obama. Se acomodó frente a un atril en el escenario y sin aspavientos, comenzó a recitar una oda a la democracia. No a los Estados Unidos, sino a la democracia. Citó a José Martí: «Cultivo una rosa blanca, que traigo a Cuba como ofrenda de paz». Luego dijo: «El año 59, cuando triunfó la Revolución, mi padre llegó de Kenia al que sería mi país». También: «Vine aquí para dejar atrás los últimos vestigios de la Guerra Fría en las Américas». Podría reproducir otras frases que circularon en todos los medios, pero hubo una que quedó rondando, una que volví a

Barack Obama en el Gran Teatro de Cuba. Después de dar un discurso, partió al estadio a ver un partido de béisbol.

escuchar muchas veces por la calle mientras avanzaba hacia el Vedado por la avenida Neptuno, donde nadie es rico, donde ninguno habla inglés y que él dijo en español: «El futuro de Cuba tiene que estar en las manos del pueblo cubano». Esta frase quedó reverberando, como el eco, en todos los jóvenes de la ciudad.

Del Gran Teatro, Obama se dirigió al Estadio Latinoamericano de La Habana, mejor conocido como El Latino, a ver el partido entre los Tampa Bay Rays y la Selección de Cuba. Salvo que se formara parte de una comitiva oficial, no era posible participar de ambos eventos, porque el protocolo ordenaba que los invitados al estadio debían estar ahí a la misma hora que el discurso terminaba.

La afirmación de que «El futuro de Cuba tiene que estar en las manos del pueblo cubano» que Obama pronunció en español, fue entendida por la mayoría de los viandantes con que conversé desde el hotel Inglaterra hasta la escalera de la universidad, atravesando todo Centro Habana, no como un llamado a la democracia, sino más bien a una agilización del libre mercado. Que los negocios se arreglen entre ellos, no siempre a través del Estado.

—Que el que produce algo se lo venda a quien lo quiere comprar, y ya —me dijo el vendedor de fruta bomba que se instala con su carreta llegando a Galeano.

En su caso, no se trata de una demanda ideológica, sino enteramente práctica. Lo que reciben los cubanos y que queda registrado en sus libretas de racionamiento es una dieta, a duras penas, de sobrevivencia. Arroz, azúcar, leche —a ningún niño le falta leche—, pan, aceite, frijoles, huevos, y no siempre en la medida de sus necesidades. Nadie se muere de hambre, pero eso no basta. El resto de la economía doméstica se arregla en las sombras. Son pocos los que trabajan en algún eslabón de la cadena productiva del Estado únicamente por el sueldo, que bordea los treinta dólares mensuales, lo mismo que cuesta una cena sin mucho alcohol en el Vips. Ahí mismo, en sus lugares de trabajo, consiguen los productos que de otro modo les sería imposible, a veces para el propio consumo y otras para la venta en el mercado negro. Desde la carne hasta los remedios y permisos de cualquier tipo. Como el Estado lo mediatiza todo, la lucha por el bienestar pasa por engañarlo. Se trafican langostas y pescados, perfumes y hasta repuestos para computadores. En la calle Monte, yendo hacia Carlos III, este capitalismo subterráneo ha comenzado a ver la luz. Al llegar a la presidencia, Raúl liberalizó la compra y venta de casas y automóviles, y autorizó en ciertas áreas el «cuentapropismo» —como llamaron al ejercicio capitalista para no reconocer una derrota—, con lo que muchas de las viviendas de esa calle convirtieron sus livings en peluquerías, expendios de refrescos y café, de pernos y herramientas, o salones de belleza donde una manicurista le pinta las uñas a su clienta mientras los hijos ven televisión tirados en el sofá. Sus productos o servicios los ofertan hacia la calle y publicitan a través de carteles escritos a mano. En Cuba conviven varias economías: la oficial, la que dialoga con la oficial, y la de la calle. Según la ley de esta última, aquí hay de todo, el asunto es saber dónde y tener para pagarlo. De lo contrario no hay nada, «o casi nada, que no es lo mismo, pero es igual», como dice Silvio Rodríguez.

«Democracia», «elecciones libres», «derechos humanos», «libertad de expresión» son términos que rara vez salen de la boca de un cubano de la isla. Según Grillo, «la disidencia no ha conseguido seducir a la población, porque apuntan todo su reclamo al tema de los derechos humanos, y eso no es lo que le importa a la gente. Acá están todos preocupados de la escasez». Ya se acostumbraron al *Granma*, a las decisiones arbitrarias, a ciertos ámbitos de sometimiento, y los detenidos son más o menos los mismos de siempre: las Damas de Blanco y unos cuantos disidentes públicos, que horas después están libres. Los artistas y escritores más atrevidos han aprendido a convivir con unos límites que cada tanto generan indignación y dolor, rabia y frustración, pero no torturas ni desapariciones, como las que llevaron a cabo las dictaduras de sus enemigos acérrimos para combatir el comunismo en América Latina, o sus cómplices comunistas asiáticos. Algunos intentan conducir su libertad por caminos que no se crucen con los del régimen, aunque inevitablemente se rocen muchas veces. Solo renunciando a la intervención desobediente en el ámbito público, o bajándole su volumen hasta niveles apenas audibles, se puede habitar esta isla supervisada, donde una libertad difícil de hallar en las democracias circundantes —libertad de costumbres, diría yo, y de tiempo, y de posición— convive con la renuncia. No es posible vivir en Cuba enfrentado al gobierno, salvo que un apoyo externo lo permita, y aun así es muy difícil. El elástico se puede estirar, pero no cortar, porque una vez roto se está fuera de todo. «Se puede jugar con la cadena, pero no con el mono».

No existe ninguna corrección política que obligue a los que gobiernan aquí. Hace medio siglo que le llevan la contra a todos, sin contemplaciones. No es una dictadura cruel, pero sí totalitaria. El autoritarismo no es un estado de excepción, sino el costo permanente a pagar si se quiere resistir al capitalismo. El Líder es el Dios de un sistema panóptico, donde la vigilancia acabó por instalarse al interior del individuo. La dictadura sería legítima porque combate a un peligroso enemigo interno, mientras que el régimen totalitario lo anula: su misión es abortarlo ojalá antes de que germine. El último grado de la suspicacia establece que si alguien se atreve a mucho, es porque algún acuerdo tiene con la nomenclatura. El silogismo es sencillo: de lo contrario no podría.

El juego de pelota

Algunos me dijeron que El Latino estaba lleno de funcionarios del MININT, de «segurosos», pero incluso quienes afirmaban esto reconocían que el estadio entero ovacionó a Barack Obama al entrar. Recogí de varios que estuvieron ahí impresiones que sumadas con las imágenes que pude ver por las pantallas de la sala de prensa internacional en el hotel Habana Libre, transmitían una sensación de cercanía y relajo difícil de imaginar días antes. Obama y Raúl parecían departir como amigos una tarde de domingo, solo que ese día era martes, aunque de verdad nadie sabía qué día era.

El siguiente relato de esa última escala de Obama fue publicado en 14ymedio.com, el sitio web fundado por Yoani Sánchez, la bloguera cubana que se hizo famosa narrando las visicitudes cotidianas de la isla y a quien la revista *Time*, el año 2008, por razones de estrategia política o lo que sea, nombró entre los cien personajes más influyentes del mundo, mientras en su país todavía sin acceso a internet, poquísimos sabían de ella. Hoy las posibilidades de conexión a la web son mucho mayores —mes a mes aumentan las esquinas con wifi—, pero las autoridades se han encargado de que medios como este no puedan ser leídos al interior de la isla. Así describió 14ymedio.com, en sus párrafos centrales, ese juego de pelota:

«El presidente de Estados Unidos, Barack Obama, coronó este martes su visita a Cuba asistiendo, junto a Raúl Castro, a un amistoso de béisbol entre la selección cubana y los Tampa Bay Rays, un partido convertido en un símbolo de unión y reconciliación entre los países, que comparten la pasión por ese deporte.

Obama llegó al emblemático Estadio Latinoamericano de La Habana, remozado casi en su totalidad para el evento, acompañado por el mandatario cubano —que se sentó a su izquierda en el palco presidencial— y su esposa e hijas, Michelle, Malia y Sasha Obama, quienes se unieron a él en este histórico viaje.

Sin chaqueta y en camisa blanca, el jefe de la Casa Blanca fue saludado con una sonora ovación por el coliseo repleto y antes del juego, en el que permaneció poco más de una hora, se acercó a los asientos cercanos a saludar a los familiares de Castro y a miembros de su delegación oficial, entre ellos el secretario de Estado, John Kerry.

Entre los invitados especiales a este histórico encuentro, el primero con una selección estadounidense en 17 años, también se encontraban la leyenda cubana Luis Tiant y su compatriota, el exjardinero José Cardenal, famosos en las Grandes Ligas estadounidenses, y el mítico exjugador de los Yankees de Nueva York Derek Jeter.

En la Cuba del deshielo y la reconciliación, significativa fue la presencia como invitados de las delegaciones del Gobierno de Colombia y las FARC —que negocian la paz en La Habana desde hace más de tres años—, incluido el máximo jefe de la guerrilla, Rodrigo Londoño, alias Timochenko, ataviado con la equipación del equipo cubano.

El amistoso entre los Rays de Tampa (Florida) y el equipo de Cuba concluyó con la victoria de los visitantes (4-1), tras cuatro horas de duelo en el Latino, donde en 1960 el entonces líder cubano Fidel Castro anunció las primeras nacionalizaciones de empresas estadounidenses en la isla tras el triunfo de la Revolución.

En el partido, «símbolo de paz» para las dos naciones, se lanzó una bandada de palomas blancas y cada pelotero salió al terreno acompañado por niños con el uniforme de Cuba y flores en las manos.

La señal de la televisión estatal, que trasmitió íntegro el amistoso, se mantuvo emitiendo regularmente un vídeo con imágenes de archivo de juegos emblemáticos de equipos cubanos y estadounidenses, con las palabras: "Dos países, una gran rivalidad, unidos por una misma pasión: el béisbol"».

El negro y el patrón

Ese martes 22, a las cuatro de la tarde, Barack Obama subió las escaleras del Air Force One. Lo hizo con su esposa Michelle, sus hijas y su suegra. Que visitara la isla de la Revolución con toda su familia se leyó en Cuba como un gesto amistoso. Raúl Castro no lo fue a buscar cuando llegó, y a muchos cubanos con que conversé durante esos días les pareció mal. «Se recibe a un invitado, así sea tu enemigo», me dijo Artemio, que atiende un pequeño almacén instalado en una casa rodante a un costado del cine Acapulco, en la avenida 26. Hace un par de años que el Acapulco dejó de dar películas, pero como alguno de sus funcionarios, quizás para justificar su puesto, suele cambiar los afiches de la cartelera, no parece del todo muerto.

Al momento de su partida, Obama tenía a los cubanos encantados. Se hablaba de él como de una estrella de rock. Debía ser el tirano prepotente, el agresor, el imperialista, y en cambio había resultado un personaje próximo, consciente de los errores del pasado, respetuoso de la soberanía cubana. Alguien me comentó que en la escalera del avión le sostuvo el vestido a su esposa cuando el viento intentó levantárselo. Que le ofertó su sombrero a un funcionario menor al que notó afligido por el sol. Obama mostró una modestia y cercanía admirables y, sin explicitarlo, les habló a los jóvenes en un país gobernado por viejos. Habló de posibilidades para ellos y no de logros ajenos, de retos por venir en lugar de causas heredadas, del libre mercado y el emprendimiento como utopías en una revolución ya sin ilusiones. Reconoció que Cuba tenía logros que él desearía para los Estados Unidos en materias como educación y salud, «pero no solo de eso vive el hombre», dijo, «sino también de sueños y libertades». Y no recuerdo cómo fue que lo dijo, pero hasta osó preguntarle a uno de su comitiva cuánto había ganado con su pequeño negocio de máquinas agrícolas, y el tipo contestó, para horror y maravilla de su auditorio socialista, que ciento y tantos millones de dólares, una suma inimaginable, una pretensión inexistente hasta ese momento. Obama trastornó a los cubanos. Fascinó a un país de negros obligados a contentarse con no ser menospreciados, con tener —es cierto— un lugar digno en la comunidad, pero no verdaderamente igualitario. Pocos negros, aseguraba la señora Ruth, «han de verdad dejado de ser negros», y este, mandamás del imperio opresor, llegaba para testimoniar que en su país «había muchas cosas inaceptables en la relación del dinero con la política, pero en ese país imperfecto, yo llegué a ser presidente». Lo dijo ahí donde el padre de la justicia social era un hijo de hacendados, donde el dueño de la moral seguía siendo un patrón de fundo.

Bastó que se fuera Obama, para que ni la prensa ni la televisión volvieran a hablar de él, salvo para criticarlo. Los blogs del sitio Cubadebate.com, el sitio web oficial del castrismo, se llenaron de posteos que matizaban o directamente despotricaban en contra de su actuación durante la visita. El punto central al que apuntaban todas las críticas era que pretendió ignorar la historia, borrarla de un plumazo, como si no hubieran existido Playa Girón, la operación Mangosta, el bloqueo y los cientos de intentos de atentados a Fidel. Como había anotado David Rieff en su libro *Contra la memoria*: «Lo que era cierto no era nuevo, y lo que era nuevo no era cierto».

Los habaneros —con la excepción de la oficialidad— ya hablaban de Obama como el nuevo amigo de Cuba con quien Raúl bromeaba mientras veían un partido de pelota, cuando les informaron, de esa manera que solo los cubanos entienden con rapidez, que mejor no hablaran más. El hombre que los había cautivado no era lo que parecía. Si repasaban nuevamente su visita, notarían que se trataba del mismo maldito imperialista que pensaban que era antes de la confusión, el que nunca les había gustado en realidad. En el programa *Mesa Redonda* —fundado por Fidel durante lo que se llamó «La Lucha de las Ideas»—, revisaron su mensaje y fueron concluyendo paulatinamente, programa tras programa durante esa semana, que al menos en el terreno de las convicciones la guerra continuaba. En las calles, la gente ahora no sabía qué correspondía pensar, pero algo se había trizado, algo de una profundidad que no era posible predecir el tiempo que tardaría en cuajar, algo que se vería confirmado una semana más tarde, en el concierto de los Rolling Stones.

La reflexión de Fidel

Fidel fue el gran ausente en la visita de Obama. No lo mencionaron ni el presidente norteamericano ni Raúl, el hermano que al sucederlo en el poder una década atrás parecía destinado a ser su sombra diminuta, y que aquí figuraba concluyendo la Guerra Fría. Hace tiempo, en realidad, que el nombre de Fidel apenas suena en la isla. «Hasta de Chávez se habla más», reclamó mi amiga Mariela, «ya parece que nadie se acuerda de él». «Para mi hijo de veinte es un viejito de barba y buzo», me dijo Sergei, «o el héroe de unas imágenes de archivo en blanco y negro que, cuando aparecen, él cambia de canal». Era un tema de especulación, entre los más atentos al acontecer, cuál sería el verdadero estado de su cabeza. Desde que tuvo esa explosión de diverticulitis en 2006, ha sido evidente el deterioro de su salud. Evidente y escondido, porque rara vez se deja ver, pero cuando sucede, es noticia. Los más viejos, en cambio, lo conocen, lo intuyen, hasta diría que lo huelen detrás de la toma de ciertas medidas o silencios.

«¿Qué estará pensando?», agregó Mariela. ¿Qué pensaría de la declaración de paz que Obama había hecho en el Gran Teatro? ¿De su reconocimiento de los errores norteamericanos, de su llamado a las nuevas generaciones —entre las que se incluyó— a superar una historia de la que no eran responsables, a tomar las riendas de su destino? ¿Del nuevo trato respetuoso que les ofertaba?

A las 22.25 del 27 de marzo, Fidel Castro Ruz, que firma con fecha y hora, respondió en el *Granma* del siguiente modo:

«Ninguno de nosotros está diseñado para el papel que debe asumir en la sociedad revolucionaria. En parte, los cubanos tuvimos el privilegio de contar con el ejemplo de José Martí. Me pregunto incluso si tenía que caer o no en Dos Ríos, cuando dijo "para mí es hora", y cargó contra las fuerzas españolas atrincheradas en una sólida línea de fuego. No quería regresar a Estados Unidos y no había quién lo hiciera regresar. Alguien arrancó algunas hojas de su diario. ¿Quién cargó con esa pérfida culpa, que fue sin duda obra de algún intrigante inescrupuloso? Se conocen diferencias entre los Jefes, pero jamás indisciplinas. "Quien intente apropiarse de Cuba recogerá el polvo de su suelo anegado en sangre, si no perece en la lucha", declaró el glorioso líder negro Antonio Maceo. Se reconoce igualmente en Máximo Gómez, el jefe militar más disciplinado y discreto de nuestra historia.

Mirándolo desde otro ángulo, cómo no admirarse de la indignación de Bonifacio Byrne cuando, desde la distante embarcación que lo traía de regreso a Cuba, al divisar otra bandera junto a la de la estrella solitaria, declaró: "Mi bandera es aquella que no ha sido jamás mercenaria...", para añadir de inmediato una de las más bellas frases que escuché nunca: "Si deshecha en menudos pedazos llega a ser mi bandera algún día... ¡nuestros muertos alzando los brazos la sabrán defender todavía!...". Tampoco olvidaré las encendidas palabras de Camilo Cienfuegos aquella noche, cuando a varias decenas de metros bazucas y ametralladoras de origen norteamericano, en manos contrarrevolucionarias, apuntaban hacia la terraza donde estábamos parados. Obama había nacido en agosto de 1961, como él mismo explicó. Más de medio siglo transcurriría desde aquel momento. Veamos, sin embargo, cómo piensa hoy nuestro ilustre visitante: «Vine aquí para dejar atrás los últimos vestigios de la Guerra Fría en las Américas. Vine aquí extendiendo la mano de amistad al pueblo cubano». De inmediato, un diluvio de conceptos, enteramente novedosos para la mayoría de nosotros: "Ambos vivimos en un nuevo mundo colonizado por europeos", prosiguió el Presidente norteamericano. "Cuba, al igual que Estados Unidos, fue constituida por esclavos traídos de África; al igual que Estados Unidos, el pueblo cubano tiene herencia en esclavos y esclavistas".

Las poblaciones nativas no existen para nada en la mente de Obama. Tampoco dice que la discriminación racial fue barrida por la Revolución; que el retiro y el salario de todos los cubanos fueron decretados por ésta antes de que el señor Barack Obama cumpliera 10 años. La odiosa costumbre burguesa y racista de contratar esbirros para que los ciudadanos negros fuesen expulsados de centros de recreación fue barrida por la Revolución Cubana. Esta pasaría a la historia por la batalla que libró en Angola contra el apartheid, poniendo fin a la presencia de armas nucleares en un continente de más de mil millones de habitantes. No era ese el objetivo de nuestra solidaridad, sino ayudar a los pueblos de Angola, Mozambique, Guinea Bissau y otros del dominio colonial fascista de Portugal.

En 1961, apenas dos años y tres meses después del Triunfo de la Revolución, una fuerza mercenaria con cañones e infantería blindada, equipada con aviones, fue entrenada y acompañada por buques de guerra y portaviones de Estados Unidos, atacando por sorpresa a nuestro país. Nada podrá justificar aquel alevoso ataque que costó a nuestro país cientos de bajas entre muertos y heridos [...]

Es de sobra conocida la experiencia militar y el poderío de ese país. En África creyeron igualmente que la Cuba revolucionaria sería puesta fácilmente fuera de combate. [...] No hablaría siquiera de esto, a menos que tuviera el deber elemental de responder al discurso de Obama en el Gran Teatro de La Habana Alicia Alonso.

No intentaré tampoco dar detalles, solo enfatizar que allí se escribió una página honrosa de la lucha por la liberación del ser humano. De cierta forma yo deseaba que la conducta de Obama fuese correcta. Su origen humilde y su inteligencia natural eran evidentes. Mandela estaba preso de por vida y se había convertido en un gigante de la lucha por la dignidad humana. Un día llegó a mis manos una copia del libro en que se narra parte de la vida de Mandela y ¡oh, sorpresa!: estaba prologado por Barack Obama. Lo ojeé rápidamente. Era increíble el tamaño de la minúscula letra de Mandela precisando datos. Vale la pena haber conocido hombres como aquel.

No sé qué tendrá que decir ahora Obama sobre esta historia [...] Mi modesta sugerencia es que reflexione y no trate ahora de elaborar teorías sobre la política cubana.

Hay una cuestión importante: Obama pronunció un discurso en el que utiliza las palabras más almibaradas para expresar: "Es hora ya de olvidarnos del pasado, dejemos el pasado, miremos el futuro, mirémoslo juntos, un futuro de esperanza. Y no va a ser fácil, va a haber retos, y a esos vamos a darle tiempo; pero mi estadía aquí me da más esperanzas de lo que podemos hacer juntos como amigos, como familia, como vecinos, juntos".

Se supone que cada uno de nosotros corría el riesgo de un infarto al escuchar estas palabras del Presidente de Estados Unidos. Tras un bloqueo despiadado que ha durado ya casi 60 años, ¿y los que han muerto en los ataques mercenarios a barcos y puertos cubanos, un avión de línea repleto de pasajeros hecho estallar en pleno vuelo, invasiones mercenarias, múltiples actos de violencia y de fuerza?

Nadie se haga la ilusión de que el pueblo de este noble y abnegado país renunciará a la gloria y los derechos, y a la riqueza espiritual que ha ganado con el desarrollo de la educación, la ciencia y la cultura. Advierto además que somos capaces de producir los alimentos y las riquezas materiales que necesitamos con el esfuerzo y la inteligencia de nuestro pueblo. No necesitamos que el imperio nos regale nada. Nuestros esfuerzos serán legales y pacíficos, porque es nuestro compromiso con la paz y la fraternidad de todos los seres humanos que vivimos en este planeta.

FIDEL CASTRO RUZ
Marzo 27 de 2016
10.25 p.m.

«CUBA ESTÁ CAMBIANDO»
(The Rolling Stones en La Habana)

War, children, it's just a shot away

The Rolling Stones se formó en la ciudad de Londres en abril de 1962, seis meses antes de que tuviera inicio la «Crisis de los Misiles». Ese año pudo estallar la Guerra Nuclear. Los rusos apuntaban a los Estados Unidos con proyectiles instalados a noventa millas de Miami. Un año antes, Cuba había ingresado a la órbita soviética. Fue entonces cuando Norman Mailer le escribió esa carta a Fidel —a quien veía «como si el fantasma de Cortés hubiera aparecido en nuestro siglo montando el caballo blanco de Zapata»—, una carta desesperada en que le pide que no renuncie a la revolución entregándose a los brazos de la Unión Soviética: «Es usted el único que puede mostrarle al mundo que un revolucionario no le pertenece a nadie. [...] Si no recibimos ninguna noticia, eso significaría que ya no le importan quienes desean creer en usted, significaría que ha perdido todo interés en todo, salvo en su odio a Estados Unidos».

A las ocho y media de la tarde, cuando el sol se escondió casi en el mismo lugar en que asomó la luna detrás del público que llenaba la explanada, se encendieron las pantallas led de última generación a ambos costados del escenario, y no solo aparecieron sobre él sus «Majestades Satánicas», sino que Cuba viajó en el tiempo a la velocidad de la luz. Los británicos se dieron el gusto de estrenar su última tecnología de sonido en un país que detuvo su desarrollo

material en 1959. Las pantallas fueron invadidas por rápidas suce-
siones de imágenes, guitarras que se convertían en carreteras reco-
rridas por el público sobre un auto descapotable que, transformado
en nave espacial, atravesaba varias galaxias, y así sucesivamente, sico-
délicamente, hasta que aparecieron ellos, a todo color, con la misma
edad de la Revolución a cuestas, pero ostentosamente más vitales.

A sus setenta y tres años, Jagger entró saltando, con pantalones
apretados, camisa entre roja y rosada, y una chaqueta con lágrimas
de plata. «¡Buenas noches mi gente de Cuba!», dijo mientras se
sacaba la chaqueta y en las pantallas su famosa boca con la lengua
afuera se desfiguraba hasta transformarse en guitarras, pianos y
otros instrumentos que se multiplicaron convertidos en dados,
prometiendo que la suerte aún no estaba echada.

—Sabemos que años atrás era difícil escuchar nuestra música
aquí en Cuba —dijo en español, al terminar la tercera canción—,
pero aquí estamos tocando para ustedes en su linda tierra. Pienso
que finalmente los tiempos están cambiando. ¿Es verdad o no?

El público multitudinario, vestido con pantalones cortos y a
veces sin polera, contestó que sí.

Esa noche estaban allí prácticamente todos los jóvenes de La
Habana.

—Esto es el final de una etapa y el comienzo de otra —me
dijo Jon Lee—. No sé si el final de la etapa represiva de la Revolución cubana, pero hay dogmas que están quedando atrás. De algún
modo, Cuba comienza a ser como los demás.

—Empataremos la película con el resto del mundo —insistió
Wendy.

Nadie gritó consignas ni levantó pancartas, pero evidentemente participábamos de un acto político. La imaginación de los
presentes viajó con el sonido y las imágenes de los Rolling Stones
muy lejos de los símbolos revolucionarios. Una luna llena aparecía
y desaparecía entre dos franjas de nubes a las espaldas de la Ciudad
Deportiva, donde a comienzos de 1959, cuando todo era esperanzas, los milicianos ajusticiaban a los esbirros de Batista.

«¡Ustedes están escapados!», gritó Jagger, que se encargó de averiguar las palabras de los veinteañeros en un país gobernado por abuelos. Keith Richards saludó golpeándose con el puño la cabeza, el corazón y la entrepierna, en lugar de levantarlo como una piedra amenazante, y abrió su mano para arañar una guitarra vieja, según pude ver con nitidez en las pantallas. El rock and roll recuperaba su fuerza originaria. La lengua afuera de los Rolling Stones, que ha cobrado millones de dólares alrededor del mundo, volvía a llenarse de sentido.

—Me sentí tan vivo como hace tiempo no me sentía —me dijo Rubén.

Grupos de treinta o cuarenta personas, de pronto, comenzaban a bailar unas coreografías espontáneas, moviéndose todos en una misma dirección y aplaudiendo al mismo tiempo. «You can't always get what you want», cantaron ellos, y aunque pocos de los presentes podían traducir la letra de la canción, todos sabían que era cierto. Mick Jagger se puso una boina que a muchos nos hizo pensar en la del Che Guevara, pero en vez de vociferar «Hasta la victoria, ¡siempre!», entonó «Satisfaction».

«¿Los Rolling qué?»

La planificación de este concierto no tuvo nada que ver con la visita de Obama. Coincidieron de casualidad. Fue obra de Gregory Elias, un abogado rico de Curazao, amante del rock, que entusiasmado con el proceso de apertura que vivía Cuba consiguió el número de Jayne Smith, la gerente de los Rolling Stones, y le propuso organizar un concierto gratuito en La Habana. El abogado, hoy canoso y elegante, tenía el festival de Woodstock en la cabeza. «Bueno, esta es ciertamente una propuesta única», le dijo Smyth. «Déjeme llamarle en otro momento». «Yo no esperaba que ella me devolviera el llamado, pero veinticuatro horas más tarde lo hizo. Y estaban de acuerdo», le contó Smith emocionado a un periodista del *Miami Herald*. Se trataba de llevar al conjunto de rock más venerado del mundo a la Cuba comunista, la misma donde hasta hace poco fue delito escucharlos. Y sin que cobraran un dólar. Los gastos de producción corrían por cuenta suya. Tanto a Elias como a la banda los motivó la potencia del evento y, de hecho, en cuanto se supo que los Rolling Stones cantarían en La Habana durante su gira por América Latina, sus fanáticos de todo el mundo alucinaron con estar ahí. Varios miles viajaron a verlos. Pude divisar allí a la modelo Naomi Campbell y al actor Richard Gere. Los rumores aseguraban que también llegó Leonardo Di Caprio.

Para realizar el concierto, eso sí, los Stones exigían el mejor estándar de producción existente en el planeta, y en Cuba, cuando mucho, hay pernos y tuercas. Hasta las botellas de agua debieron traerlas en avión. La puesta en escena costó siete millones de dólares, pero de eso Elias no quiso hablar: «por favor, ahórrense las preguntas indecentes», dictaminó. Autoridades del gobierno de Curazao lo ayudaron a ultimar los detalles con los ministros cubanos de Cultura, Finanzas y Economía. Según Elias, los problemas que se presentaron fueron más prácticos y generacionales que ideológicos: «Recuerdo un señor de edad —no voy a mencionar su nombre— que cuando empezaron las negociaciones a nivel gubernamental, dijo:"¿Los Rolling qué?"».

Aquí la generación que participó de la gesta revolucionaria continúa al mando del poder político. La de sus hijos, esa que no estuvo en la Sierra Maestra pero puso sus mejores esfuerzos para llevar adelante el socialismo, comenzó a ejercer el relevo durante los últimos años de Fidel en el gobierno, pero la decapitó Raúl cuando llegó a la presidencia.

—Díaz-Canel sobrevivió porque es del Partido Comunista de Santa Clara —me dijo Mansilla— y la razia no llegó allá.

Según él no hay políticos para el relevo, solamente militares, y en manos de ellos caerá el país a medida que los ancianos mueran. Es muy probable que al dar su autorización, no le tomaran el peso al significado de la visita de los Rolling Stones. "Si alguien me hubiese dicho cuando era adolescente que algún día ellos podrían actuar en mi país, le hubiese respondido que era un enfermo mental sin causa posible de reparación», aseguró Leonardo Padura.

Terminado el concierto, las cientos de miles de personas ahí presentes se retiraron emocionadas, pero en calma.

—Realmente —me dijo el periodista Abraham Jiménez mientras caminábamos entre la multitud— es el colofón a una semana impresionante que se resume en la frase «Cuba está cambiando». Esa es la frase del concierto —concluyó.

Una noche inmensa

La mañana del concierto, Sofía, mi ex novia inolvidable, me despertó con la noticia de que pocas horas antes su hermano menor había muerto. Al hablar, le faltaba el aire. Me contó que se había electrocutado en la ducha. Apenas terminaba las frases. Llamé a Chile para que me consiguieran un pasaje en el primer vuelo que hubiera al día siguiente, y encontraron uno a las siete de la mañana. El rostro de León, como se llamaba su hermano —mi hijo también se llama así— se me instaló como una veladura entre los ojos y el mundo, que ahora era La Habana de mis amigos excitados, reuniéndose en las esquinas para coger un almendrón hasta la Ciudad Deportiva.

Llegamos al mediodía —ocho horas antes del inicio del concierto— para ubicarnos cerca del escenario. A esa hora, muchos de los presentes eran extranjeros que habían viajado especialmente para el suceso. Canadienses, ingleses y australianos de pelo largo y barrigones, con chaquetillas de cuero sin mangas que algunos llevaban desabrochadas y desnudos debajo. Reporteros y camarógrafos. No había sillas, y en la zona reservada para los invitados —después supe que los pases se conseguían por cinco dólares, para una posición que en cualquier otra parte costaría entre quinientos y mil— casi todos venían de escuelas de música, de organizaciones

En la Ciudad Deportiva, a horas del mítico concierto. «Los Rolling Stones pueden hacer cosas que los gobiernos no pueden», aseguró después Keith Richards.

de baile y de centros culturales, además, por supuesto, de los que gracias a sus contactos podían obtener una credencial.

Esa larga tarde de espera, incomunicados —los celulares no accedían a la señal en el recinto—, fue calurosísima. No se permitía entrar con botellas, o al menos eso advertía la convocatoria, de manera que muy pocos se atrevieron a ingresar algún líquido. Por los bordes del lugar vendían agua de manera informal, y cuando se les acabó el suministro, algunos partieron a rellenar las botellas en las casas vecinas. No es recomendable para un visitante tomar el agua habanera. Quienes llevaron alcohol debieron compartirlo tanto, que no había borrachos. De pronto el sol fue reemplazado por una luna descomunal. Tan roja como el sol, pero tibia. Atrás quedaba toda la muerte. Y ese ritmo, esas luces, esa fuerza, no invitaban a mirar atrás. No tenía tiempo para las lamentaciones. Ese «ahí y ahora», que minutos antes era un futuro lejano, se apoderó de la audiencia. Creo que Mick Jagger hubiera pagado para hacer ese concierto. El rock volvía a su primer día, mientras los cubanos viajaban al porvenir.

Viajaban al porvenir con su imaginación, digo, porque aún son muy pocos los cambios concretos que ha traído este proceso de apertura: turistas norteamericanos por las calles, nuevos restaurantes, alguna plaza céntrica que se prende, más esquinas con internet. El poder adquisitivo permanece igual, la televisión es la misma, no han llegado autos nuevos —o muy pocos—, ni cadenas de supermercados o comida rápida. Hoy, sin embargo, la gente habla más libremente por las calles —hasta años atrás nadie se atrevía a mencionar el nombre de Fidel si no era para alabarlo, y por eso le llamaban «Caballo» o apuntaban con el dedo para arriba o se pasaban la mano por la barba para aludirlo con otros fines, por si estaban siendo espiados—, especulan acerca de lo que vendrá y sobre el aumento de circulación de dinero que podría implicar todo esto, aunque también hablan de desprotección. Un taxista que maneja un Lada de 1976 con la puerta delantera amarrada con alambres me aseguró que si llegan los gringos traerán sus propios autos, y ya nadie subirá en su carcacha.

Pero una cosa es especular acerca de los cambios, y otra experimentarlos como un hecho. Fue lo que creí ver cuando Abraham bajó la cabeza: una constatación, un dato indesmentible, porque había acontecido en él. Si Cuba estaba cambiando en él, es que Cuba está cambiando. Todos los amigos que íbamos ahí —Natty, Jon, Jeremías, Grillo, Andrés— lo vivimos así, de modo que bastaba mirar, escuchar, rozar a la multitud que se retiraba llenando la avenida Boyeros en absoluto orden y calma, para concluir que, en mayor o menor medida, a todos les sucedía lo mismo.

No hubo gritos de protesta, ni ebrios destruyendo semáforos ni furia de ninguna especie. Cuba no es una olla a presión a punto de explotar. Lejos de lo que algunos quisieran imaginarse, aquí el descontento no deslinda con la indignación.

Al cabo de una hora caminando por avenidas siempre repletas de gente —no existía otra manera de salir de ahí— y todo un día de pie a la espera del concierto, lo que había era hambre, sed y dolor de espalda, pero no cansancio. Al menos nosotros, antes de dormir, queríamos hablar, así que pasada la medianoche nos reunimos en un restaurante recién abierto en la calle 3 del Vedado, entre A y B, llamado New George.

Éramos cerca de quince, sumando cubanos y extranjeros, quienes llegamos allí (varios se habían contactado por teléfono, porque después del recital tampoco querían dormir), y las frases volaban de un lado al otro de la mesa sin dar tiempo de distinguir quién decía qué: «Hemos presenciado un concierto extraordinario». «No estoy de acuerdo, esto fue mucho más que un concierto». «Yo que he vivido toda mi vida bajo el socialismo, experimenté un acto de liberación inaudito». «¡Sonaban de la puta madre!» «¿Y vieron cómo se movían?» «Mick tiene un pacto con el diablo». «Keith Richards es un dios». «Supiste lo que dijo Mick Jagger en Colombia: "La economía colombiana le debe mucho a Keith... porque él ha consumido mucho café"». «Se lo tomaba por las narices». «El asunto es cómo seguirá esta historia». «Convengamos que fue un acto político de la mayor trascendencia; no me imagino un discurso que provoque algo parecido». «¡Muchos bailaban con los ojos cerrados!» «¡Y eso que casi nadie conocía las canciones!». «Los cubanos siempre prefirieron a los Beatles». «Hasta ahora, *asere*, hasta ahora». «Volví a enamorarme del rock». «Es que tú, huevón, te enamoras hasta de las verrugas». «Hijo de puta». «Yo estaba en las primeras filas, en una zona vip, con los miembros de la oficialidad: Fernando Rojas —viceministro de Cultura—, una hija de Raúl media loca, y te juro que no bailaban». «¿Y qué hacían?». «Miraban como palitroques». «Para ellos son la representación máxima de la decadencia capitalista: se visten como maricones, consumen drogas, ganan dólares en cantidá; se la pusieron en China, compadre, y aquí "¡te la comiste!"». «Ha sido una semana increíble. En pocos días ocurrieron acá más cosas que en cincuenta años». «¿Habrá sido planeado por los gringos?» «Dicen que no, pero yo digo que sí». «Yo digo que sí». «Yo digo que no». «Donaron a unas escuelas de música el equipo de amplificación que trajeron». «¿Qué opinará

Fidel?» «A mí me dicen que está sordo». «A mí que entiende la mitá». «Mejor así».

A la una y media de la madrugada nos separamos y a las cuatro me recogió el taxi. Dejaba un bautizo para volar a un entierro.

ABRAHAM JIMÉNEZ ENOA
(27 años)

Yo nací en el Nuevo Vedado. Mi papá es militar. Fue miembro de inteligencia y ahora trabaja en una academia de la contrainteligencia, que se llama Capitán Eliseo algo. Es jefe de un departamento y teniente coronel. Mi mamá es abogada y yo estaba en segundo grado —tenía nueve años— cuando se separó de mi papá y me fui a vivir con ella a Centro Habana. Al terminar la secundaria sufrí un quiebre; todos mis amigos querían irse a estudiar a la Lenin, donde estudian los más inteligentes y los hijos de la dirigencia, pero yo no quería, porque siempre he preferido estar fuera del elitismo, así que opté por una beca, o sea, un escuela normal, para los no inteligentes.

Cogí periodismo, pero lo que yo quería era narrar pelota y fútbol. Le sacaba las muñequitas sin brazos ni piernas a mi hermana y las ponía a relatar partidos que inventaba de comienzo a fin. Me pasaba el día en eso, armándole jugadas imaginarias a muñecos con el nombre de jugadores reales. En mi casa decían que estaba loco. Pero mientras estudiaba periodismo, las cosas se me giraron y comencé a instruirme, a interesarme en la cultura y a formarme una opinión de las cosas.

Mi mamá se volvió a casar y mi hermana mayor se hizo militar, igual que mi papá. Soy de familia militar. Mi abuelo, José Inés Ríos, estuvo en la clandestinidad del movimiento revolucionario, y fue escolta personal de Fidel y del Che. Fue el guardaespaldas de ellos. Cuando Fidel aparece en esa foto famosa, disparando desde un tanque en Playa Girón, el que está detrás es mi abuelo. Por eso

261

vivo ahora donde vivo, ahí en el Vedado, en la misma manzana de Celia y donde Fidel tenía su casa número dos. Al lado de esa casa, Fidel mandó construir un edificio para su escolta, y ahí vivo yo. Llegué cuando mi abuelo estaba viejo, para cuidarlo, y ahora que se murió, sigo ahí con mi abuela.

Mi abuelo siempre recordaba cómo fue cuando el Che partió a África. Ni siquiera a los escoltas les contó. Tenía una perrita sata a la que le decían «Negrita». La cosa es que un día el Che partió a Pinar del Río, sin dar explicaciones. Después supieron que había ido a prepararse. Contaba mi abuelo que cierta mañana llegó un tipo calvo al que no habían visto nunca, con un par de acompañantes, y se paseó saludándolos a todos, y él no entendía por qué la perrita se le iba encima. Recién al despedirse, cuando lo miró a los ojos, se dio cuenta de que era el Che. Fue la última vez que lo vio.

De Fidel decía que no se podía competir con él sin dejarlo ganar. Él era el pitcher de Fidel cuando jugaban pelota, y si no iban adelante paraba el partido para decirles que la cosa no podía seguir así. Mi abuelito murió siendo un fidelista absoluto, aunque mi familia quedó un poco dolida, porque el viejo dio la vida por él y la Revolución, y lo cierto es que durante su agonía no se le recompensó con una buena atención. Después de jubilar, su chequera era una mierda y la casa se le estaba cayendo a pedazos. Así y todo, él nunca dijo nada en contra.

En mi familia son todos del Partido. Yo también lo fui hasta el otro día (meses atrás), que devolví el carnet de la Juventud. También creía, pero me di cuenta de que todo era una falacia, un embuste que no funciona. Durante la universidad, las reuniones de la Juventud no eran reuniones. Tú ibas y llenabas un acta simplemente, sin que nada se discutiera. Todo era un juego. Se iba allí para recibir monsergas y, en el caso de algunos, para conseguir trabajo. Finalmente el Partido actúa como aval. Si dos concursan por un puesto y uno de ellos es del Partido, se lo dan al del Partido.

Escribí un artículo sobre el VII Congreso. Ahí fueron muchos los que me dijeron: «antes, cuando había un congreso del Partido, se paraba el país». Mal que mal, es donde se decide el rumbo para los siguientes cuatro años. Este que acaba de acontecer, en cambio, pasó desapercibido. Ya la gente no cree en los discursos. Son muy pocos los que siguen a sus líderes. Esperábamos que dieran a conocer cambios, pero no los hubo. La gente quedó asombrada cuando Machado Ventura salió elegido nuevamente como Segundo Secretario. Ya era hora de relevarlo. Todos se dan cuenta de que hay un reciclaje en los cargos del gobierno. Por una razón que no entiendo, de pronto vuelve al Ministerio de Cultura Abel Prieto. Los jóvenes siguen sin ascender ni formar parte de las decisiones. El Congreso entregó datos del tipo «nos hemos rejuvenecido en un tanto por ciento», «tantas mujeres», «tantos negros», pero todos sabemos que allí adentro continúa todo igual.

La gente ha cambiado mucho, eso sí. Antes se aguantaba la lengua, pero ya no. Ahora está expresándose y hablando con nombres. Antes nadie decía «Fidel tal o cual cosa». Ahora sí, y lo mismo con Raúl. Si tú vas a la cola del pan escuchas a la gente expresar barbaridades. Cuando comenzó la crisis en Venezuela y se asomó de nuevo una pestañita del Período Especial, la población se puso como loca. Algunos hablaban de salir a la calle. No sé qué sucedería si vuelven los apagones, este pueblo ya no es el mismo de hace veinticinco años. Están siendo cuestionadas muchas cosas y la situación sigue siendo muy difícil. Acceder a cualquier bobería cuesta mucho. La propiedad privada se está expandiendo por el país, y entes allegados a los altos cargos se están quedando con todo. El hijo de «Furry», Abelardo Colomé Ibarra, ex ministro del Interior al que sacaron justamente porque este hijo se llevó más de un millón de dólares al exterior, ya tiene no sé cuántos restaurantes. ¿Conoces «Estar Bien»? Ese es de él. Kcho puso el mejor restaurante de Varadero [otros me contarán que es estatal y que él solamente lo decoró y le dio el nombre]. Entonces tú dices: bueno, se están repartiendo el pastel. Y la gente lo sabe.

En mi facultad, teníamos por las tardes un espacio de debate que se llamaba La Cafetera, pero la cosa se puso tan candente que lo suprimieron. Llegó mucho infiltrado de la seguridad del Estado y gente del Partido. Un compañero del aula se atrasó dos años porque publicó en su blog un texto sobre la prostitución en Cuba. Pero acá las cosas son raras, Pato, porque al mismo tiempo estamos todos mezclados. En ese encuentro al que tú fuiste en la casa de Juan Manuel, donde fue Jon Lee, ¿te acuerdas?, estaba uno que ahora es el director internacional del *Granma*. Ese mismo tipo en la facultad era un incendiario, iba en contra de la corriente, cualquiera hubiera dicho que pertenecía a la disidencia, pero ahí lo tienes ahora, como autoridad del periódico oficial. ¿Cómo se transmutó? Pues nada, entra al diario y a diferencia de la mayoría, que llega por el servicio social y se va, a él lo invitan a quedarse, le pasan carro, viaja y recibe montones de prebendas, y para seguir disfrutándolas tiene que entrar en la canal, mantener una conducta, allanarse a la disciplina. ¿Y dónde quieres que trabajen los egresados de periodismo en un país sin periodismo? Acá los lugares en prensa escrita, si eres habanero, son el *Tribuna de la Habana*, que es el periódico de la ciudad, *Granma*, *Juventud Rebelde* y *Trabajadores*, del sindicato de trabajadores de Cuba, que sale los lunes. También está *Agencia Latina* o *Agencia Internacional*. En la facultad, el idilio era trabajar en *Juventud Rebelde*, porque tiene más espacio de opinión y el aura de ser para los jóvenes, pero cuando estás ahí es perfectamente al revés. A las finales, todos los órganos de prensa en Cuba están regidos por el Partido Comunista. Todos. *Juventud Rebelde* lo rige la Unión de Jóvenes Comunistas.

La censura no necesita aquí de un tipo que te diga qué puedes publicar y qué no. Lo sabemos de antemano. Si matan a un individuo aquí mismo y pasa un periodista de *Juventud Rebelde*, entiende que eso no lo puede publicar. No está permitido contar nada malo, no hay crónica roja, no hay denuncias; salvo, a lo lejos, en algún trabajo opinativo. Las únicas noticias son institucionales. Las áreas de los medios se dividen por ministerios: unos atienden a las FAR, otros Construcción, otros MININT, otros Agricultura y otros Salud Pública. Y las noticias son lo que ellos quieren comunicar. No hay calle. No existe el reporteo. Y lo mismo en la televisión y la radio; en realidad, ahí es peor todavía. En el Comité Central existe el departamento ideológico del Partido, que es el encargado de regir esto. Todos los meses, Alfonso Borges —Alfonsito— se reúne con los directivos de los medios de prensa y ahí les indica lo que debe cubrirse durante el mes.

Ese mismo que ahora es el encargado internacional del *Granma*, cierta noche, ya borracho, contó que lo habían hecho firmar artículos que nunca escribió, y no solamente una vez. Tengo otro amigo que atiende las FAR, y cuando lo mandaron a entrevistar a un general le dieron las preguntas que tenía que hacerle, y no solo eso: su entrevistado lo esperaba con las respuestas listas, y directamente se las leyó. Es decir, es una obra teatral, solo para decir que hiciste la entrevista.

Últimamente, con la apertura, han nacido algunos medios digitales que incluso pagan un poco mejor, como *OnCuba*, *Progreso Semanal*, *El Toque,* y que también dan más libertad. Ahí los que trabajan para la prensa oficial tienen que escribir con seudónimo, aunque a veces los pillas con su nombre, y entonces te encuentras con el absurdo de que sobre un mismo tema dicen en *Granma* una cosa y en *OnCuba* otra.

Es cierto que ahora hay más lugares. A mí no me gusta mucho el periodismo que hace Yoani Sánchez, pero también es verdad que ella es demonizada. El cubano normal la mira mal. Pasa que el cubano es muy patriota y puede estar en contra del gobierno o de ciertas medidas, pero si ve que ella le hace daño al país con sus cosas… Ella no es periodista, es una activista política. Solo habla de piñazos, manifestaciones, detenciones y cosas que desprestigian al país. Alguna vez la seguridad sacó a relucir unos trabajos televisivos que ponían al desnudo a todos estos disidentes. Mostraron, por ejemplo, a Marta Beatriz, que se supone que estaba en una huelga de hambre, cuando le entregaban yogures y aguacates por la ventana. El trabajo ese se llamó «La Huelga del Aguacate». Entonces la gente dice «estos son unos descarados». Yo tampoco quiero que sean ellos los que dirijan mi país. Un miembro de la seguridad que infiltró a las Damas de Blanco haciéndose pasar por reportero de radio Martí, contó cómo ellas le daban dinero y le pedían que hablara de los golpes que recibían cuando no había sucedido nada. Esa gente no tiene credibilidad en Cuba. Y Yoani está en ese mismo saco. La verdad es que no hay opositores al gobierno que sean respetados. No hay ni uno. Todos han caído en el plano de la desfachatez».

—¿Y no será que el gobierno sabe destruir bien a sus opositores? —interrumpí—. Porque es raro pensar que son todos una mierda.

—Puede ser. Puede ser. Mira, hay uno... Hay uno que terminó de manera extraña, y que es el lado oscuro del gobierno: Oswaldo Payá. Él murió en un accidente en la carretera, y nunca quedó claro si lo habían matado o qué. Félix Varela también se murió de manera extraña. Había reunido once mil firmas y estaba saliendo a la luz pública cuando falleció.

—¿Y a ti te parece que contar lo malo que pasa acá con el gobierno es hablar mal de Cuba? ¿Que estaría mal hacerlo?

—Claro que no. El periodismo consiste en contarlo todo. Tú no puedes pertenecer a ningún bando, y es lo que queremos hacer nosotros en *El Estornudo*. Nosotros estamos cansados de que Cuba sea o Yoani Sánchez o *Granma*. No es ni una cosa ni la otra. Yoani es tan mala para Cuba como lo es el *Granma*. ¿Entiendes? Los dos son activistas políticos. Lo que hay que hacer es narrar Cuba con la verdad. Yo, por ejemplo, acabo de escribir una crónica sobre los deportados, sobre lo mal que el gobierno trata a estas personas y tal, pero también tenemos perfiles a gente súper buena. O sea, si alguien sale bien o mal parado dependerá de cómo sea esa persona, y punto.

—Lo que te puede pasar, es que queriendo eso, el gobierno te tilde de disidente, porque para ellos cualquiera que diga algo malo ya lo es. ¿O no?

—Es verdad. La gente y especialmente los cubanos que se han ido nos preguntan siempre si tenemos miedo, si no irán a tomar represalias. Pero yo no tengo miedo ni tampoco ha pasado nada. Quizás pase algo y me cago, pero no creo. Nuestra aspiración principal es que *El Estornudo* perdure.

—¿Cómo fue que nació *El Estornudo*, Abraham?

—A partir de todo este contexto que te estoy contando, de esta Cuba cambiante. Y también a partir de *OnCuba*. Nosotros —Carlos Manuel Alvarez y yo— salimos de la universidad y a sabiendas de cómo era la cosa en los medios estatales, cuando llegó la versión digital de *OnCuba* partimos para allá. Nos sumamos súper embullados, porque ahí podíamos decir lo que en otros lados estaba prohibido. *OnCuba* empieza a coger *boom* y a darse a conocer, hasta que pasa lo de Hugo Cancio. A las finales él es un empresario y le importa su plata; que *OnCuba* sobreviva y le continúe reportando dinero. Y esto hizo que su discurso se corriera. No es que *OnCuba* fuera radical como Yoani, pero se permitía hacer periodismo, reportajes de verdad, etc. Y al parecer lo pincharon un poco. *OnCuba* está inscrita en el CPI, y la cosa es que para mantener su estatus se ordenó y se jodió. De modo que estamos obligados a hacer nuestro propio medio, así, a fuerza de voluntad, porque dinero no hemos tenido nunca. Lo decidimos en medio de una borrachera, en una fiesta a mediados de 2015. Carlos se acababa de fajar con Cancio y me dijo: "¿por qué no hacemos un medio, *asere*?". Y bueno, lo sacamos en marzo de este año (2016). El nombre salió de manera casual: estábamos en la casa de un amigo que también quería participar y pasó un tipo gritando: «¡Para el catarro, aspirina, miel, limón y no sé qué para que no estornude!» Nos quedamos todos callados. ¡Cojones! ¡El Estornudo! Así nos cuadró el nombre. El estornudo es una reacción biológica al contexto. Después nos hallamos con la verdad, a la hora de llevarlo a cabo, porque no teníamos un centavo, ni sabíamos cómo armarlo, ¡ni siquiera teníamos internet! Un amigo australiano nos compró el dominio, una amiga en Miami y otro socio de México nos montaron el sitio, el diseño nos lo hizo una amiga de aquí, y aunque no quedó como queríamos, bueno, es lo que tenemos. Yo subía clandestinamente el material desde las oficinas de *OnCuba*. Hoy sacamos una crónica de largo aliento semanal: las escribo yo, o Carlos, o Carla —la novia de Carlos—, o Diana, o Michel, o Lázaro. Cada uno trabaja desde su casa, me pasa el texto a mí, que soy el director, y yo lo subo desde la oficina de *OnCuba*... bueno, hasta ayer en la tarde, que me echaron.

—¿Y qué historias buscan?

—Yo, por ejemplo, me fui por un mes al Fanguito, que es un barrio marginal pegado al río Almendares. Queda en medio del Vedado y aunque tiene más de novecientas casas, solo una estuvo contemplada en el censo. Esa gente vive sin electricidad ni agua ni nada. Es una favela en medio del Vedado. A veces sube el agua del mar y se les meten cocodrilos en los bohíos esos. Una locura. Carlos hizo otra muy buena sobre una chica que partió a Ecuador para llegar a Estados Unidos, y descubrió que se fue porque era lesbiana y la madre no quería eso. El asunto es que la tipa con que partió, su pareja, la maltrataba tanto que la mató a golpes. Entonces comienza la historia de su madre intentando traer el cadáver de su hija lesbiana para acá. Esto pasó en 2014 y el cadáver todavía está en Ecuador. Otra de la novia de Carlos es sobre la venta de objetos sexuales en Cuba —consoladores y eso—, cosa que está prohibida. Raro, ¿no? Asuntos de un gobierno retrógrado en el país más sexualizado del mundo. Son las cosas de esta isla. Y así. La mayor parte de nuestras visitas vienen de afuera. Primero Estados Unidos, segundo España y tercero Cuba.

—¿Y cómo vas viendo el futuro? ¿Estás animado, preocupado?

—Yo ya la tengo clara, Pato. Para que Cuba cambie tendrán que dejar de gobernar los que están gobernando. Ellos están anclados a ideologías dogmáticas que el tiempo ya se llevó. Eso frena el desarrollo social del país. Sin darse cuenta, lo que están haciendo con esto es acentuar las diferencias sociales. Todo lo contrario a lo que siempre han abogado. «Sí, claro, todo está bien, porque tú vas al Cimeq y yo al clínico», cantan los Aldeanos. Comienzan a verse diferencias. Ya hay círculos infantiles que dan hasta el escolar, y eso no está permitido. Los círculos esos no se pueden meter con la enseñanza escolar, que es gratuita para todos, pero lo están haciendo. En esos círculos los niños tienen uniforme y pagan cien dólares al mes, y te los recogen en la casa. A los chamacos les enseñan inglés. Cosas que tú dices «¡guau!, este país está cambiando». Creo que la fecha es el 2018, cuando se vaya Raúl... Aunque tal vez no, porque los que vienen atrás... Yo no quiero que Cuba vuelva a ser lo de antes, la putica de los Estados Unidos. No quiero que sea Puerto Rico.

—¿Qué es lo que más te gusta de La Habana?

—Lo que más me gusta es el Malecón, la gente, la tranquilidad espiritual de tú salir y que no va a pasar nada, y si pasa algo, tú sabes que puedes pedirle una mano a cualquiera y de seguro te va a ayudar, sin necesidad de conocerte ni saber nada de ti. Me gusta el desenfado de la gente, que no se andan con medias tintas, que si sales mal vestido se ríen contigo y no de ti, si rompes el carro la gente para y te ayuda, si te falta azúcar el vecino te la da, si cogiste un taxi y no encuentras dinero el chófer te dice que no hay problema, son todas esas cosas buenas que ha engendrado la Revolución. La Revolución es un concepto mal desarrollado. Pudo ser una cosa idílica, lo más fantástico del mundo, pero en el camino se torció, se cometieron errores humanos y testarudeces, pero de otra parte ha gestado un ser humano bueno que es el cubano medio. Ese es su mayor logro, y no lo que muchos repiten, que la salud, que la educación, porque eso ya se jodió, ya se fue al carajo.

—¿Y lo que no te gusta?

—La poca influencia que uno tiene en la elección del propio destino. Al final siempre queda supeditado a los que mandan. Tampoco me gusta el doble discurso que impera por acá: el gobierno dice una cosa y sucede otra. Se habla de apertura con los Estados Unidos y mira el *chantón* que se han pegado después de la visita de Obama. Terminado el Período Especial vino la resignación, y cuando creíamos que ya nada podía cambiar o mejorar, llegó el 14 de diciembre, comenzamos a ver un aire nuevo, pero se fue Obama y nos quedamos en *stand by*, como un corcho en el agua. De todas

las cosas, a lo que le tengo más miedo es a quedarme solo. Todos
los cubanos se quieren ir del país. Ya se fueron todos mis amigos de
infancia. Generacionalmente, yo me perdí: habito un limbo entre
los adultos y niños mucho más chiquitos que yo. Y los intereses de
ellos son distintos. Mis compañeros de universidad se fueron y el
mismo Carlos, que es mi mejor amigo, ya no está. Él no ha dicho
«me fui», pero se fue. Mi miedo es quedarme en Cuba solo con
El Estornudo. Yo nunca he salido de Cuba, y quiero tomar aires y
conocer, pero no irme de acá, aunque quién sabe, quizás salga y me
quede… A mí Cuba me encanta, pero temo que se quede vacía.
(Abraham no puede salir de Cuba. Lo han invitado varias veces a
distintos festivales periodísticos y foros internacionales, pero tiene
prohibido viajar. Cuando terminó la universidad hizo el Servicio
Social en el MININT, en asuntos vinculados a la Seguridad.)
Esto, según las leyes del régimen, lo obliga a permanecer dentro
de su radio de control por al menos cinco años después del retiro. No pocos afirman, sin embargo, que es imposible abandonar
la Seguridad.

—Yo no estoy en contra del régimen, Pato —continuó Abraham—. No soy un anticastrista, por formación no puedo serlo,
pero soy crítico. Finalmente los quiero, nací con eso y no puedo
evitarlo, pero también veo lo que sucede y no me engaño. Y en
mi casa esto cuesta. Paradójicamente, mi papá es el más recepti-
vo. Cuando estamos los dos solos podemos dialogar, pero si hay
alguien más me dice «Pero Abraham, ¿y ese criterio de dónde lo
sacaste?». Con mi hermana simplemente no puedo hablar. Con
ella se ha instalado una distancia enorme por simples diferencias
de criterio, por ideología. Es raro, porque es la más joven, pero es
como un caballo con anteojeras. Y eso que los jóvenes de acá no
se sienten para nada identificados con la Revolución, están completamente desapegados. Nacieron en pleno Período Especial y
nunca tuvieron afecto. Es todo muy contradictorio. Muy difícil de
explicar. Yo mismo, con todo lo que te he contado, hay mañanas
en las que quisiera despertar en otra parte. Me digo: «no quiero

más», «no puedo más». El otro día, por ejemplo, estábamos en la playa con mi familia, yo saqué un pan de la canasta de mi abuela y ella me dijo: «no saques pan, que ya está la comida hecha, y si te comes uno vas a descompletar los panes para el desayuno». Como yo me lo comí igual, ella se quedó furiosa. No conseguía sacarse de la cabeza que los panes habían quedado descompletados para el desayuno. Se me aprieta la garganta de angustia al pensar que acá se puede producir una gran pelea familiar por un pan.

ÁLBUM FAMILIAR

Desde que entrevisté a Graziella para que me contara su historia, hemos mantenido una permanente relación epistolar. Esa primera vez que conversamos me dijo que había cortado todo lazo con Cuba. Supongo que era su manera de protegerse, de no vivir cotidianamente el dolor de la tierra perdida. Al parecer yo fui el culpable de despertar en ella una vez más la añoranza por su Ítaca. El asunto es que desde entonces me reenvía todo el tiempo artículos, cartas, opiniones, cables de prensa que caen en sus manos o que ella misma encuentra buceando en la red. La última vez que charlamos me contó que estaba volviendo a activar antiguas relaciones perdidas, y que ahora formaba parte de un gran diálogo disperso. Internet había reunido en ninguna parte, simplemente en una conversación fantasmal, a los miembros de esa patria errante que es la Cuba prerrevolucionaria.

—Este texto te puede interesar —me escribió hace unos días—. No sé quién es su autor, pero circula por mailings de cubanos exiliados:

«Ahora que está de moda criticar a los viejos cubanos, vale la pena abrir el álbum familiar. Ahí están bajando del avión, en los años sesenta, con sus ropas de domingo y una sonrisa nerviosa, todavía mojada por las lágrimas de la partida. Acostumbrados a una cultura mediterránea en todo su esplendor y tolerancia, con una creciente permeabilidad entre clases, razas y credos, no es difícil imaginar el desgarramiento, el temor y la amargura de aquellos exiliados que al buscar apartamento tropezaban con un letrero de "No Cubans". "No pets". La más pujante clase media de América Latina recogiendo tomates y aguacates en Kendall y Homestead. Miami, que hoy es un campo de contradicciones, era un campo a secas.

El rencor desfigura. Basta mirar las ruinas de La Habana para recordar lo que estaba en pie: estos despreciados con carro del año, casa propia, y los hijos a punto de entrar a la universidad. Y de pronto: morderse la lengua en inglés y español. Es natural, pues, que odien a Fidel con saña inmisericorde y fanática. Y que ese odio con frecuencia paralice su razón. Ellos guardaron la receta y recordaron la canción. Los viejos cubanos horadaron en la roca, con uñas y dientes, las puertas que yo encontré abiertas.

¡Déjalos quejarse! Déjalos refugiarse en sus pesares. La taza de café se les enfría en las manos mientras leen las noticias de la isla. Y vuelven a oler las magnolias de desaparecidos patios. Y en el frío cristal de la tarde vuelven a tocar el rostro de sus muertos. Los viejos cubanos, curtidos a la intemperie. Déjalos que sean como son. ¡Porque son la sal de nuestra tierra!»

Marguerite Yourcenar escribió: «Cuando dos textos, dos afirmaciones, dos ideas se oponen, complacerse en conciliarlos en vez de que se anulen uno a otro; ver en ellos dos facetas distintas, dos estados sucesivos del mismo hecho, una realidad convincente porque es compleja, humana porque es múltiple».

El padre de Gerardo

«Yo nunca fui comunista, mi padre sí, pero yo no estaba hecho para eso. A mí me gusta pasarla bien, hermano. Tomarme un ron, aceitar una *jeva*, y no pido comer siempre lo mejor, porque como decimos acá, "el que come bueno y come malo, come el doble".

273

Las chamacas son mi vicio desde chiquitico, desde que una vecina me llevó a su cuarto por primera vez. Ya tú sabes: no solo de pan vive el hombre.

Yo con lo que gano me las arreglo. A mi familia no le falta nada ni le sobra nada. Mi mujer a veces reclama por la carne o la papa, pero desde que terminó el Período Especial que arroz y frijoles siempre hay. Ahí sí la cosa fue dura.

En ese tiempo se fue mi hermano mayor, no mucho después de la tragedia del Remolcador. No le contó a nadie, mucho menos a nuestro padre, que se enfurecía incluso si veía a alguien comiendo chicle, porque eran costumbres de yuma. ¡Imagínate tú que odiaba el chicle por capitalista! Mi papá nunca lo perdonó y recién después de la visita de Obama dejó que mi madre le contara que se había echado al mar en una balsa de ocho cámaras de camión, con otras quince personas, una vela de lona y otra de plástico. Tardaron cuatro días y de milagro llegaron todos vivos.

Hace un mes que mi hermano vino de visita. Trajo a sus dos hijos —George, de quince y John, de doce—, y acá nos contó que lleva un año separado de su mujer. Él es tranquilo, no como yo, que ya me he casado tres veces. Llegó cargado de regalos: a mi mamá le trajo una maleta llena de ropa, perfumes, jabones, cosas así, y a mi papá le obsequió unos botines Puma, como la nueva salida de cancha de Fidel. Eso fue lo que le dijo cuando se los entregó: "son de la misma marca que usa Fidel, papá". Y el viejo se rió. Después se puso a llorar.

Una noche nos quedamos bebiendo ron con mi hermano y mi papá, y el viejo, ya *jumao*, comenzó a quejarse de que la Revolución le había robado la vida. Repitió varias veces que él se lo había dado todo, que le había sacrificado hasta el amor de un hijo, y entonces hizo algo que nunca creí que vería en mi vida: le pidió perdón a mi hermano, le dijo "nunca debí juzgarte", y mientras lo abrazaba el viejo lloró como un niño, y yo jamás lo había visto llorar así, te lo juro. Dijo que la vida se le había ido, que esta revolución de pinga le tenía el alma podrida, que sentía envidia, porque los que se

274

fueron ahora regresaban vencedores, y los mismos a quienes el gobierno trató de gusanos comemielda y de escoria antisocial, ahora recibían ofertas de negocios, mientras para los que se quedaron, ni frijoles. "¡Qué van a ofrecernos a nosotros, dijo, si ya aprendimos a contentarnos con nada! ¡Nos cortaron los timbales!"

A mí me gusta Cuba, Patico. Te lo juro por una crica virgen. Me gusta la gente, tengo lo que necesito, aunque debo juntar unos CUC para comprarle al Lada los repuestos que me pide el chapistero. Me divierto con los amigos, mis hijos tienen educación y salud, y si las cosas cambian, solo espero que sea para mejor. Porque también son muchas las cosas que se pueden perder si llegan los americanos con sus maletas llenas de dólares. Te pongo solo un ejemplo: ¿tú piensas que alguna hembra se subirá a este carro si un yuma le toca la bocina desde un deportivo del año? ¿Qué tú crees?».

Damaris

Cuando le dije a Damaris que quería conocer su historia para que formara parte de este libro, me respondió: «Tú no sabes que me estás cumpliendo un sueño. Tú no sabes lo que esto significa para mí. Tú no sabes lo que es vivir un cuento y no poder contarlo».

Puso cara de concentración, y comenzó:

«Yo nací en Oriente, en el pueblo de Granma, donde llegó Fidel con su bote y comienza toda esta odisea. Mi papá era un agricultor, descendiente de españoles, que tenía muchas tierras entre Río Cauto y Bayamo, la mayor parte plantadas con caña de azúcar. Cuando llegaba la zafra quemaban los cañaverales y yo salía como encantada a ver a toda esa gente negra limpiando las matas quemadas.

El parque Central de Bayamo tiene unos suelos con mármoles antiguos, preciosos, y en su iglesia es donde se cantó por primera vez nuestro himno nacional el 20 de octubre de 1868, el mismo día que Carlos Manuel de Céspedes declaró la libertad de todos los esclavos. Ahí, cada 12 de enero se conmemora el incendio de la ciudad, y dos veces me correspondió a mí representar a la Canducha Figueiredo y encabezar el desfile envuelta en la bandera, como hizo ella para alentar a los patriotas. Salí fotografiada en los periódicos, vestida con los trajes típicos por el medio del parque. Imagínate tú lo importante que era mi padre, que solo por ser su hija yo hacía de la Canducha, "La Embanderada". Te diría que tuve una infancia dichosa, de cuna de oro en medio de la Revolución, y juraba que Cuba era todo, que no existía nada fuera de ahí.

Luis Leyva se llamaba mi papá. Usaba guayaberas bordadas y sombreros anchos de paño. Si tú ves un retrato suyo piensas que se trataba de un mafioso. Era un hacendado, mujeriego, que mantenía a todas sus amantes. Mi mamá era la dueña de casa y las queridas se aparecían, normal. Ella no se hacía problemas. Tenía grandes caballerizas con *fina sangre* y sacaba sus mejores pingos para los desfiles de las Mambisas. Nosotras, las niñas, nos trasladábamos en carretas. Éramos las que teníamos los mejores juguetes y vestidos. Si tú querías ir de la ciudad a nuestra casona, cualquiera te llevaba gratis, porque al que llegaba ahí mi papá le regalaba frutas, verduras, hasta carne les daba. Era un patriarca. También tenía un tractor con el que tiró un coloso lleno de revolucionarios de la columna oriental el año 1957, hasta los mismísimos bordes de la Sierra Maestra. Después Fidel le intervino ese tractor. Los caballos se los pasó a los comandantes, porque aunque era muy rico, entonces apoyó la Revolución. Yo no había nacido todavía, pero me lo contaron. Mi papá fue el primero en tener televisor y refrigerador. Los vecinos llegaban a ver la tele sentados en unas bancas de madera como si fuera un cine. Nicolás Guillén, el escritor, era uno de sus grandes amigos. Iba siempre a mi casa y se acompañaban en la farra. El poeta se quedó ahí varios Primero de Mayo y se montaba en las tribunas junto a Fidel Castro y mi papá, que fue por mucho tiempo el hombre más poderoso de Granma. Él era rico de los tiempos del capitalismo, pero hasta que yo fui grande siguió siendo un privilegiado del nuevo régimen. Le fueron confiscando poco a poco lo que tenía, sin quitarle todo de golpe, porque era comunista y fue uno de los pocos terratenientes que se quedó. Resistió cuanto pudo, pero al final lo entregó todo. Tuvo el mundo en sus manos y terminó con nada. Lo mató la angustia. Antes de morir, ni siquiera tenía casa.

Amó a Fidel Castro por sobre cualquier otro ser vivo del planeta, y del mismo modo lo terminó odiando. Ya era otro pobre más de Oriente, cuando cayó en la cuenta de que todo era un engaño. Por un campo que valía millones le dieron seiscientos pesos cubanos. Los cañaverales dejaron de crecer, todo se fue pudriendo y ahora esas tierras están llenas de maleza, llenas de marabú.

El asunto es que mientras él envejecía ahí, en el campo, yo me mudé a una casa que mi papá tenía en Bayamo, estudié en un Tecnólogo Médico y comencé a trabajar en el laboratorio del hospital de la ciudad. Entonces tenía diecinueve años y me enamoré. Mi primer hijo lo tuve a los veinte. El otro lo tuve a los veinticuatro, con otro hombre. Con el primero me casé en la finca, te mueres, en una fiesta maravillosa. Eran fiestas de tres días. Mataban dos puercos hoy y dos más mañana. Por eso a mí me gusta hacer fiestas largas. Cuando quieras una fiesta buena, me avisas y te la organizo. Tengo pavos reales blancos, gansos, faisanes, de todo tengo, hasta conejos, y si a alguien le dan ganas de comerse alguno, se lo mato y lo comemos, Patico. Pero te juro que como las fiestas de mi padre en Oriente no he conseguido hacer ninguna. Esta vida duró hasta finales de los años ochenta.

Ese primer marido que tuve es médico y hoy trabaja en España, en Mirilla. Yo lo conocí en el hospital y nos separamos cuando partió a cumplir misión con los militares en Mangos de Baraguá, donde conoció a su actual esposa. Me dejó cuando el niño tenía seis meses. Lo bonito, mira tú, es que él llegaba cansado con su amiga doctora y yo los atendía mientras aún me costaba caminar. Qué quieres que te diga. Corderito para acá y pescadito para allá. Cuando empecé a sospechar, me iba en bus a los campos militares para comprobar si era verdad. Nunca los pillé *in fraganti*, pero terminaron confesando. Imagínate lo desfachatado que sería él, que después de separarnos concluyó que el niño tenía que ir al sicólogo, ¿y sabes cuál era la sicóloga donde lo llevaba? Ella, la amante. Eso se ve en las teleseries. Y qué le iba a hacer yo. Ser egoísta es una pérdida de tiempo. Lo dejaba nomás. La verdad es que los cubanos no se caracterizan por su fidelidad. Cada uno tiene dos o tres mujeres. Las mujeres, al menos entonces, éramos fieles. Parece que ya no.

El papá de mi segundo hijo también es médico —el doctor Birelle— y lo conocí en el mismo hospital de Bayamo. A ese lo cogí besándose con la vecina en su terraza, un año después de casarnos.

Ya tenía dos hijos pequeños y vivía con mi mamá cuando apareció el hombre que me sacó de ahí y me llevó a La Habana. Lo conocí en la calle. Me persiguió varios días, me esperaba a la salida de la casa, de pronto lo veía aparecer por una esquina, en fin, tú sabes, andaba enganchado conmigo sin que siquiera nos hubiéramos presentado. Yo tenía veinticuatro y él más de cuarenta. Rápidamente me lo ofreció todo: que nos fuéramos juntos a la capital con mis hijos sin que yo me preocupara de nada. Como lo único que quería era dejar todo eso —los desengaños, la tristeza de mi familia que ya no tenía un metro de tierra, la falta de un lugar donde vivir con mis niños—, acepté enseguida. Era delgadita, alta, un pelo negro largo, y lo vi a él tan loco por mí que no lo pensé más, y partí. Una semana antes lo había saludado por primera vez. Me arriesgué. Él me generaba tranquilidad, una estabilidad de hombre mayor y no de chiquillo que andaba en la tontería. Me llevó a lugares lindos, a restoranes buenos, y caí encantada. Primero partí sola, porque como apenas sabía quién era este hombre no podía poner a mis hijos en juego. Dejé a cada uno con su papá. Piensa que yo estaba de allegada donde mis padres, que ya lo habían perdido todo y vivían en una casa chica en Bayamo. Estábamos en pleno Período Especial y no tenía ni paños para cruzarle a mis chiquitos. Esa decadencia mató a mi papá muy rápido. Se puso tonto, su mente comenzó a extraviarse, le hablaba a las murallas, hasta que una tarde cayó al suelo, se golpeó en la cabeza y murió... pobre y amargado.

Pero bueno, me vine a La Habana con este hombre que tenía carro. ¿Entiendes lo que te quiero decir? En Cuba el que tiene carro es poderoso. Yo no me enamoré, me fui buscando la sobrevivencia. A mis hijos los traje de a poco. A él, que era un habanero casado con una de Bayamo, lo acababa de abandonar su mujer. Y sabes, creo que me buscó para sacarle celos a ella, porque yo era de lo mejorcito que había en la zona y la mujer esta me conocía. La verdad es que él tampoco se enamoró de mí.

Una noche, a los siete meses de estar viviendo juntos, me despierto y no lo veo en la cama. Eran las tres de la mañana. Entonces me levanté calladita y no te imaginas la escena con que me encuentro: él, con los pantalones abajo, en pleno acto de masturbación, mirando por la ventana a la vecina que le hacía un show erótico. La otra le abría las piernas en pelotas desde el edificio de enfrente. Date cuenta. Entonces empecé a indagar, porque así es una, y resulta que mi marido guardaba su auto en el estacionamiento de un vecino que no tenía carro y que era muy simpático conmigo, porque veía que yo era campesina, de Oriente, y me tenía piedad. Le conté lo que había visto, lo de la paja de mi esposo con la mujer esa, y entonces él me confesó que estaban juntos desde hace tiempo. Adivina lo que sucedió: como el vecino estaba solo, agarré mis cosas y me mudé a vivir con él. Ese sí que estaba enamorado de mí, de manera que le prohibimos volver a estacionarse en la cochera y armamos nuestra vida juntos. Llevaba menos de un año con él cuando mi ex marido, el pajero, se murió de un infarto cardiaco.

Este hombre recibió a mis hijos y fue todo miel sobre hojuelas hasta que comenzó a celarme. Según él, los vecinos me miraban y cosas por el estilo. ¡Fantasía pura! Yo nunca le di motivos. Mira, a mí me gusta ser sensual, si yo bailo me meneo, y disfruto si provoco, porque dejémonos de cuentos, eso te tira para arriba. A una le fascina sentirse vigente, que te piropeen, a quién no. Pero de ahí a meterme con otros, eso no lo hice nunca. Si pasa y llega, es porque iba a pasar igual, pero ahí no pasó.

Los celos le aumentaron cuando trabajé de noche en el hospital naval. Como mi puesto era en el banco de sangre, cuando me pasaba a ver no lo dejaban entrar, y él sospechaba más, hasta volverse loco. Me exigía que le llevara copias firmadas por mis superiores de todo lo que había hecho en la noche, pero nada consiguió calmarlo, de modo que me obligó a renunciar.

En la casa empecé a hacer dulces con azúcar derretida que salía a vender en los colegios. Les llamaban «Chupa-Chupa». También compraba pollitos recién nacidos para criarlos en la parte de atrás del departamento. Les encargaba pienso robado a los camiones estatales y los engordaba. Ese alimento lo escondía debajo de la tierra de los maceteros. Después, cuando ya estaban grandes, vendía a cinco dólares cada pollo. Así me volví una mujer con independencia económica durante aquel tiempo de miserias que fue el Período Especial, y eso tampoco lo soportó. Nuevamente le bajaron los celos. Cuando salía, me dejaba encerrada con candado: yo, los niños y los pollos ahí adentro. Vivíamos en Guanabacoa, cerca del reparto de Chibás. La historia se fue poniendo muy brava, Pato, muy brava. Me daba golpes. La verdad es que a mí igual me gustaba. Había algo masoquista en esa historia. Él me daba miedo y me excitaba al mismo tiempo. Entonces mi mamá comenzó a temer por mi vida y me sacó de ahí, segura de que ese hombre me mataría o se incriminaría con alguno de mis hijos, así que le pidió a mi hermana que me sacara de Cuba. Ella estaba viviendo hace años en Chile con un médico allendista al que conoció por mi culpa en el hospital de Bayamo, cuando yo tenía catorce años y me llevaron por una rotura en las rodillas. Pero esa es otra historia.

Cuando llegué a Chile tenía treinta y dos años y no entendía nada. Llegué solita y flaca como un dedo. Me costó salir del aeropuerto, porque estaba muerta de miedo. Le temía a los carros, al ruido, y a la guerra. Las únicas noticias que había en Cuba de este país tenían que ver con la dictadura de Pinochet y yo pensaba que me podía caer una bala en cualquier esquina. Todo eso había terminado acá —estoy hablando de 1997—, pero en la televisión allá solo se veían tiroteos, manifestaciones, asaltos y cosas así. Juraba que acá había pobreza terrible por todas partes. A mis hijos los traje tres años más tarde.

Tenía treinta y dos años y aún causaba escándalo. Los hombres se daban vuelta para mirarme en las calles. Debo haber sido la vendedora de seguros más exitosa de este país. Ganaba una enorme cantidad de dinero. Todos me compraban. Conocí a los Matte, a Paulmann, a varios de los tipos más ricos de Chile. Me buscaban, fíjate tú. Y eso me fue dando una fuerza impresionante. Paulmann decía que le recordaba a su madre cuando llegó sola, porque él también es inmigrante, y que por eso me ayudaba. Me invitaba a su casa cuando llevaba gente importante, políticos, hasta el embajador de Cuba, imagínate tú. Después, cuando puse mi restaurante —el Damaris—, hasta Augusto y Marco Antonio —los hijos de Pinochet— llegaban a comer ahí. Iban políticos de derecha y de izquierda. La presidenta Bachelet fue más de una vez. Ahí se juntaban los artistas cuando venían a cantar a Chile: Chayanne, Julio Iglesias, el «Puma» Rodríguez. Hasta hoy, si el Puma viene a Chile, me pide que le cocine y le lleve la comida al hotel. Ahí fue donde conocí a Óscar, que es mi pareja actualmente. Acababa de enviudar y nos enganchamos.

Me fui a vivir con Óscar a su parcela ubicada en Calera de Tango y ahí puse un centro de eventos. En ese lugar he reconstruido algo de la Cuba de mi infancia. Primero llevé a vivir conmigo a mi hermano Tani, que es el barman de las fiestas. Después a un matrimonio de amigos cubanos y luego a mi mamá con su nuevo marido. Las bodas, los bautizos y las celebraciones de todo tipo que realizo ahí son como las que hacía mi papá. Terminan todos borrachos y felices. A veces creo que estoy en mi Oriente perdido, que nada de lo que recuerdo fue cierto, y hasta creo ver a mi papá, vestido entero de blanco, escondido detrás de los mangos. Pero aquí no hay mangos. Solo distingo, en realidad, el ala de su sombrero por los bordes de los troncos. El resto me lo imagino yo.»

LOS NOVENTA DE FIDEL
(Agosto de 2016)

El gobierno revolucionario decidió que la visita de Obama no fue lo que pareció. En la última de sus reflexiones —consignada páginas atrás—, Fidel estableció la lectura correcta de los hechos para evitar cualquier confusión. Algunos murmuraron entonces que ya no era él quien hablaba, sino sus titiriteros, pero lo cierto es que los analistas con tribuna, atendiendo a sus órdenes, escribieron columnas apuntando a la impresentable voluntad de borrar la historia y a la importancia de mantener en pie los valores patrios. Los efectos del paso de Obama por la isla habían ido más allá de lo esperado. En el proceso de apertura que vive Cuba, una de las grandes preocupaciones de la nomenclatura es mantener el control, el ritmo de los acontecimientos, y en esta pasada sintieron que se les iba de las manos. Había expectación entre los más atentos a la política con lo que pudiera suceder en el VII Congreso del Partido Comunista que se realizaría en abril. Esperaban que indicara los pasos siguientes en este camino de liberalización que ya parece sin retorno. Pero no fue así: el «efecto Obama» jugó en contra. En lugar de diseñar el nuevo mapa del poder, lo que podría ser la ruta a tomar en la era poscastrista, lo reconcentró en las viejas guardias y, más aún, en el entorno familiar de Raúl. La seguridad del Estado quedó en manos de su hijo Alejandro y la economía en las de su ex yerno Luis Alberto Rodríguez López-Callejas. Su llamado final fue «en pos de la consecusión de una nación soberana, independiente, socialista, próspera y sustentable». Para muchos esto evidenciaba que se le había puesto freno de mano al desborde.

Por estos días, a Fidel se le ve, o se sabe de él, en rarísimas ocasiones. Después de su editorial publicada en el *Granma* donde se refería a la visita del presidente norteamericano, solo había aparecido una vez y fue para el VII Congreso. Ahí recordó su admiración por Lenin y la Revolución rusa; se preguntó cómo alimentar a la población mundial en el futuro, cuando falten el agua potable y los recursos naturales: «Ojalá no sigamos como en los tiempos de Adán y Eva comiendo manzanas prohibidas», dijo. A continuación, se despidió: «Pronto seré ya como todos los demás. A todos nos llegará nuestro turno, pero quedarán las ideas de los comunistas cubanos como prueba de que en este planeta, si se trabaja con fervor y dignidad, se pueden producir los bienes materiales y culturales que los seres humanos necesitan». Y al terminar insistió: «Tal vez sea de las últimas veces que hable en esta sala».

El sábado 13 de agosto de 2016, día en que cumplió 90 años, asistió a un evento organizado en su honor en el Teatro Karl Marx. El recinto estaba lleno y la platea colmada de militares. Fidel apenas se podía mantener en pie. Vestía un buzo blanco marca Puma. Lo acompañaban su hermano Raúl y el presidente de Venezuela Nicolás Maduro, aunque los protagonistas de los homenajes fueron niños que cantaron y recitaron odas en su honor. Lo mismo hicieron los niños en todos los orfanatos de la isla, en todas las escuelas y en muchísimos CDR de la capital. Para ellos, Castro es ese abuelito parecido a Santa Claus y no el guerrillero iluminado ni el padre autoritario. Yo estaba en un bar cuando aparecieron en la televisión unas escenas de Fidel en la Sierra Maestra y una niña le preguntó a su padre «¿quién es?». El hombre, sorprendido, contestó riendo con incomodidad: Fidel Castro.

Agosto estuvo enteramente dedicado a Fidel. En los ventanales de muchísimos locales donde venden pollos fritos y croquetas, o en los mercados hoy más desabastecidos que lo habitual por la nueva crisis que viven desde que Venezuela les recortó su aporte de petróleo, se lee la misma leyenda pintada con la misma caligrafía y los mismos colores: «Viva el 26 de Julio. Fidel 90 y más».

Los carnavales que debían realizarse en conmemoración de la toma del cuartel Moncada fueron trasladados al fin de semana de su onomástico. La televisión transmitió durante días —de manera ininterrumpida— documentales sobre su vida y entrevistas y mesas redondas sobre el significado de su obra. El *Granma* sacó un número especial dedicado a glorificar su figura: «Cada siglo tiene su hombre que lo marca en la historia, el siglo XX es el de Fidel» (Juan Almeida); «Fidel, en pocas palabras, es la verdad de nuestra época. Sin chovinismo, es el más grande estadista mundial del siglo pasado y de este; es el más extraordinario y universal de los patriotas cubanos de todos los tiempos» (Ramiro Valdés); «Vámonos / ardiente profeta de la aurora, / por recónditos senderos inalámbricos / a liberar el verde caimán que tanto amas» (Ernesto «Che» Guevara).

Hay dos maneras de leer la arremetida fidelista en ocasión de su cumpleaños. Una apuntaría a ese esfuerzo por retomar las riendas históricas de la Revolución luego de la visita de Obama, cuando una gran cantidad de cubanos alcanzó a sentir que la apertura cultural y económica estaba a la vuelta de la esquina. Solo tres días después del cumpleaños de Fidel, Madonna arrendó completa la terraza del restaurante La Guarida —donde se filmaron los interiores de *Fresa y Chocolate*— para festejar el suyo. Desde que vinieron los Rolling Stones a fines de marzo, no es raro encontrarse con estrellas del rock y del pop en las calles de la ciudad.

Pero hay otra manera de leer esta apoteosis de fidelismo.

Al comandante es evidente que le queda poco, y se le podrá querer u odiar pero no es cualquier hombre. La Revolución cubana no es la obra de un pueblo, sino de un invididuo, y eso los cubanos lo saben. Hasta su peor enemigo reconoce en Fidel al más grande de los suyos. Fidel es también un resabio del siglo XIX, una rémora anacrónica del tiempo de los patriotas, eso que apenas lograron la independencia de España comenzaron a pelear con los norteamericanos. El único cubano que no baila. Un tipo al que el presente dejó atrás para convertir en personaje de la Historia, así con mayúscula, esa a la que le habló siempre y que ya antes de cumplir los treinta años él mismo aseguró que le «absolverá». Su verdadero enemigo nunca fue el capitalismo. Fidel morirá luchando contra los Estados Unidos.

Solo buenas noticias

En uno de los artículos del especial que el *Granma* dedicó a los noventa años de Fidel, hay una nota de su editor general en la que, emocionado, rememora los tiempos en que el comandante se aparecía por la redacción del periódico a altas horas de la noche y, «como uno más de ellos», se abocaba a corregir titulares, «buscando la mayor claridad de las ideas».

Es cosa sabida que Fidel Castro dormía poco y que no había ningún aspecto de la realidad de su país que le fuera ajeno. «Para él Cuba no es un país, sino su casa», me dijo Regla mientras regaba una «mariposa» (*Hedychium*) en la terraza de la señora Ruth. Eso explicaría, pensé yo, que no se saque el buzo ni siquiera para las ceremonias oficiales, que vista la misma tenida hogareña en el dormitorio que al dirigirse al país, que no es sino la extensión de su familia, de la que él es padre y madre. Dalia Soto, mujer con la que lleva cuarenta años casado, es completamente desconocida para la población. Muy pocos le han visto el rostro y ni su círculo más cercano ha intimado con ella.

Un día, Fidel decidió que generaba ahorro si el arroz se cocinaba en ollas eléctricas, y comenzó personalmente una campaña para que en todos los hogares hubiera un olla arrocera. Desde entonces es el electrodoméstico cubano por excelencia y muchas veces, al partir, los exiliados se la llevan con ropa dentro. Me contaron incluso la historia —no me consta que sea cierta— de una balsera que llegó a las costas de Florida aferrada a una de ellas como si fuera una boya.

Estábamos comiendo pizzas y tomando cervezas en casa de Paula Canal, que ahora está de novia con Abraham, cuando Mandi, que hace años vive en Nueva York, contó el siguiente chiste a propósito de lo que conversábamos: «Un día estaban Napoleón y Fidel tomándose unos rones, y mientras Napoleón leía el *Granma*, Fidel le dijo: "Chico, si tú hubieras tenido estas milicias aguerridas —y le mostró sus tropas— y estos oficiales, y estos Migs —y le mostró sus aviones— ¡y este pueblo que tenemos nosotros!, de seguro no hubieras perdido en Waterloo". Y Napoleón, que se hallaba muy concentrado en su lectura, le respondió: "Y si hubiera tenido el *Granma*, Fidel, de seguro nadie se entera de que perdimos esa batalla"».

La mujer de Mandi —le llamaremos Amaranta para evitarle problemas— trabaja en el canal de televisión de La Habana para cumplir con sus tres años de «servicio social», trabajo por el que le pagan trescientos pesos cubanos al mes, algo así como quince dólares, y eso cuando no le hacen descuentos por realizar notas que la dirección considera inservibles, es decir, inconvenientes. Ahí, como en toda la prensa nacional, no se reportan crímenes ni suicidios ni robos ni desperfectos de ningún tipo. «Los apagones, cuenta, se explican por trabajos de mejoramiento, y lo mismo si se corta el agua. Nuestras noticias festejan los logros escolares del liceo tal o cual, la gran asistencia que tuvo determinada muestra de pintura, los nuevos métodos de colaboración ciudadana ideados por la policía, y cosas así. Imagínate tú, nada muy estimulante para alguien que se acaba de recibir de periodista».

En los periódicos cubanos, sin embargo, el verdadero estado de las cosas se filtra con frecuencia en relatos esperpénticos. Días atrás publicaron uno sobre la captura de un grupo de pescadores ilegales de camarones. La noticia describía cómo, a lo largo de la persecución por agua, los antisociales habían intentado detener a la policía arrojándole, en primer lugar, una llave inglesa «enorme», después un cocodrilo vivo que acababan de cazar, y finalmente una cazuela, «en franca actitud intimidatoria», según el periódico *Girón* de la ciudad de Matanzas.

Ahora, mientras escribo en la terraza del hotel Paseo, me informan que se ha caído la red de wifi en todos los recintos donde esta se halla habilitada en la ciudad. Pregunto a uno de los garzones si sabe a qué se debe y cuándo se solucionará el problema, y el hombre, mirándome fijamente, responde levantando los hombros: «¿que tú te crees que yo soy mago?».

«Ni un Castro más»

Éramos seis y estábamos en una sala con aire acondicionado, las ventanas cerradas y las persianas abajo. Solo hombres. Afuera hacían treinta y tantos grados. Sus esposas miraban a los niños que jugaban en torno a una piscina de lona. Nosotros tomábamos ron. La palabra pasaba de uno a otro y a veces hablábamos todos juntos. Dos eran militares, otro un empresario emergente y los otros dos nunca llegué a saberlo, pero también aseveraban con propiedad.

«Me dicen que hay un grupo de militares que no comparte las decisiones de Raúl. Un grupo de militares rebeldes al interior del Partido que impidieron que Alejandro, el único hijo hombre de Raúl, fuera elegido en el VII Congreso. No querrían a Miguel Díaz-Canel —el delfín oficial de Raúl Castro— y su líder es un comunista-fidelista, pero crítico de muchas cosas. Sería Gerardo, el de los cinco héroes que estuvo preso en Estados Unidos. El calvo. Tiene una inmensa ascendencia en el ejército, en primer lugar, porque se pasó quince años preso, segundo porque es brillante y tercero porque es crítico constructivo. De hecho, la gran queja en el mundo militar es que a ninguno de los cinco los metieron al Congreso. ("¡Eso no es verdad!", gritó uno de los militares.) Piensa que esos son los súper agentes, y en especial este, Gerardo, que era un súper súper agente —insistió mirándome a mí—. Los gringos le pillaron el 30 por ciento de lo que tenía y hacía, o sea, nada. ¿Me entiendes? No es cualquier pelado. Los milicos en todas partes respetan a los que se han ganado los galones, a los que han combatido, estado presos, y sufrido estoicamente por fidelidad a su causa. ("¡De pinga!", gritó el mismo.) Aquí si no has estado en Angola, en Etiopía, en Nicaragua o no te has metido en Estados Unidos, no vales nada. ("¡Eso sí! ¡Eso sí!") Aparentemente, a Alejandro ya lo bajaron. No le tienen respeto, ni menos a Díaz-Canel, porque es civil. Son los militares los que van a decidir este baile. Ni el Partido ni nada: los militares, compadre.

El 2018 debiera quedar una organización armada por Raúl, pero no va a durar. Aquí el punto de inflexión será la muerte de Fidel, y el punto de quiebre la muerte de Raúl. Ya vas a ver.

El 2018 vendrá una transición y luego llegará el minuto en que los militares dirán "este es el camino". Será el que te digo yo u otro negociado con los gringos, porque aquí la cosa es con ellos y el resto es música. Pero el futuro lo decidirán cincuenta tipos de las FAR. Y ahí, según me dicen, Alejandro no las tiene fácil. Un tipo dedicado a la contrainteligencia nunca es muy popular, como te podrás imaginar. Conoce los pecados de todos y está listo para usarlos en tu contra. Putin era de la KGB, pero no era el jefe de la KGB. Alejandro, en cambio, se baila a todos sus compañeros. No tiene muchos méritos. Ahora, claro, para esto se tiene que morir Raúl. Mientras Raúl esté vivo, yo creo que van a dividir la cosa en tres: Partido, Ejército y Presidencia. Díaz-Canel de presidente y Raúl se queda con el Partido Comunista. El ejército no importa qué cara visible tenga, porque lo manda Raúl.

En todo caso, me dicen cosas contradictorias: de una parte, que a Raúl lo tienen cercado y que no le llegan las cosas; de otra, que el poder económico está en el círculo de Raúl y que ellos no creen en nadie. Que por eso han retornado al núcleo duro. Ya veremos cómo sigue esta historia», fue lo último que escuché decir al empresario, mientras me llevaba en su auto a mi casa. Uno de los que estaba ahí, del que nunca supe su nombre completo, pero al que el resto le reconocía cierta ascendencia y cada tanto llamaban «Pepín», antes de concluir la reunión dictaminó: «Lo único que puedo asegurarte, amigo chileno, es que después de estos no manda ningún Castro más».

La valla de Wajay

Gerardo decidió llevar al Giro, su gallo de pelea, a la valla de Wajay. Poseía este gallo desde hacía cinco meses, lo había criado con buena comida en el patio de su casa, en Marianao, y si en un comienzo él, que de gallos no sabía nada, había reído cuando unos primos se lo regalaron para su cumpleaños número 43, una semana más tarde ya estaba imaginando las hazañas del animal que lo encumbraría a la gloria. Un día, entrando a la Plaza Vieja, que con sus últimos afeites está superando la vida pobre y barrial de sus alrededores para recuperar el sofisticado aire italiano de sus orígenes, me dijo que su gallo cantaba «muy fuelte» y que tenía «una velga de cochino». Se consiguió una pata de pollo, la amarró a un palo, y con ese instrumento lo toreaba para entrenar su rabia. Si no, lo tenía en brazos. Según me dijo, le había tomado cariño al gallo al mismo tiempo que fantaseaba con sus aires de luchador, admiraba su pico corvo y la inteligencia con que atacaba la pata aferrada al palo. Al cabo de cinco meses de convivencia, uno de los primos le aseguró que veía listo al animal para cualquier enfrentamiento, y lo puso en contacto con un tal Amadeo, dueño de la valla de Wajay, donde ese mismo domingo había peleas.

Antes del mediodía Gerardo pasó a buscarme por la casa de la señora Ruth, en el Vedado. Llevaba en el asiento trasero del Lada a su gallo Giro en una jaula: plumas blancas en el cuello y como paja en el pecho, pico negro con manchas de cal, la cresta sanguinolenta y arrugada como un meñique quemado, y el cuerpo de un gris lustroso, «más de embajador», pensé cuando lo vi, «que de asesino». Su primo le había pasado cincuenta CUC para que le apostara y él se arriesgaría con doscientos, casi la totalidad de los ahorros que tenía para pagarle por su carro al chapistero.

Wajay está a unos veinte kilómetros del centro de La Habana, camino del aeropuerto, muy cerca de Fontanal, en la zona del Chico, donde la tierra es roja y pastosa, y sirve de cantera a los alfareros. Las indicaciones para llegar, a partir de la salida de la carre-

289

tera, había que obtenerlas preguntando. Ya en un camino interior, nos guio un hombre que iba a la valla en bicicleta. Al llegar a una casa en el borde del camino recomendó dejar ahí el auto, donde él mismo guardaba la bicicleta, y continuar caminando. Si llegaba la policía y encontraban el vehículo en la valla, podían requisarlo. Las peleas de gallos se supone que están prohibidas, aunque todos saben que entre los miembros de la jerarquía cuentan con varios seguidores. Fue en una valla de gallos donde el 24 de febrero de 1895, en la ciudad de Bayamo, un grupo de patriotas dio el grito de libertad —conocido como el «Grito de Oriente»— que inició la Segunda Guerra de Independencia cubana.

—En todo caso —explicó el hombre que nos sugirió dejar el auto—, desde que se metieron unos gualdias en la valla de Río Cristal y cayeron cuatro mueltos a cuchillazos, dos de ellos gualdias y dos galleros, que llaman al dueño, pero nunca entran.

Avanzamos por un sendero hasta una quebrada que descendía entre marabús, y junto al «pozo de la muerte» —como le llamó uno que tenía la espalda tatuada con una sirena—, dos mujeres vendían cerveza, refrescos, plátanos fritos y sándwiches de mortadela. El resto era una cincuentena de hombres, casi todos reunidos en torno a los espueladores, donde uno agarraba al gallo mientras el otro le limaba el callo crecido desde el talón, cuyo exceso de grasa acababa de cortar con una sierra. Al llegar a la primera gota de sangre, apenas un punto rojo al centro de la protuberancia limada, el espuelador la limpió con un desinfectante que además servía para sellar la herida. Sobre la costra esparció pasta de silicona con un pequeño palo, hasta ordenarla como un merengue en la superficie plana del callo. Ahí montó la espuela, un cacho largo y afilado, con esa forma apenas serpenteante del cuerno de un alce, y con la silicona que se desbordó al empotrarla fusionó los bordes del nudo con el cartílago y el arma. Eso fue lo que Manuel y Hortensio, los tipos encargados de la faena, hicieron con las dos patas del Giro.

Entonces le pasaron el gallo a Gerardo, y rodeados por un lote de apostadores que lo auscultaban para decidir si se la jugaban por

Preparando al Giro para su combate en la valla de Wajay.

él o no, Gerardo lo condujo hasta la balanza romana que colgaba de un árbol como una cuna de tela, donde los jueces constataron su peso. Uno de ellos usaba bermudas y sombrero de paja; el otro tenía bigotes y la camisa abierta. El Giro pesó 2,4 kilos, medio kilo más de lo recomendado, según Hortensio. Gerardo lamentó haberlo mimado tanto. El Giro tenía plumas en los muslos, no como el Indio, su contrincante, un gallo erguido y nervioso, con el cuello y la cintura listos para la olla o para la guerra. La mayoría de los apostadores estaba con él, y en cuanto su dueño y Gerardo entraron a la valla con sus respectivos gallos en brazos la gritadera lo dejó en claro: «¡dieciséis pavos y me quedo con el Indio!», «¡veinte al Indio!» Solo uno gritó: «¡Voy con el Giro!».

Ya en el campo de batalla, con toda la baranda llena de gente, los enfrentaron en el aire hasta casi chocar sus caras, y acto seguido los soltaron en el tierral. Gerardo se hizo a un lado sin abandonar la liza, y ambos animales abrieron sus collares de plumas como paraguas o escudos, y se dieron los primeros picotazos en vuelo, buscando asentar golpes con las patas encuchilladas.

La furia del Indio se impuso rápidamente sobre la elegancia del Giro. Nuestro gallo todavía no terminaba de entonar su caballeresco canto de combate cuando el Indio, como un choro de barrio cualquiera, le clavó ambas espuelas en el lomo y comenzó a picotearle el cráneo. «Ahí, ahí, ahí», gritaba, hasta rajarse la garganta, el público del coliseo. El Giro reaccionó intentando manotazos, pero a los pocos minutos ya era evidente que sería una masacre. Más de una vez quedaron ambos gallos enganchados y entonces sus propietarios los separaban. Si Gerardo se limitaba a soplar al Giro en la cara y bajo las alas para alentarlo, el encargado del Indio se metía toda la cabeza del gallo en la boca para limpiarla y refrescarla. Luego escupía.

A los quince minutos ambos gallos sangraban, y los largos ataques dieron pie a los aleteos cansados y los espolonazos esporádicos, en su mayoría soportados por el Giro. Cuando intentó escapar cojeando y con una de las alas levantadas, pregunté por qué no daban la pelea por terminada si era obvio que ya no podía ni defenderse, pero el adolescente que estaba a mi lado fue claro y conciso: «Es a muelte». Los gritos del público, a medida que nuestro gallo agonizaba, aumentaban en intensidad: «¡Termínalo!», «¡Pícalo!», «¡Ahí!», «¡Ahí!», «¡Ahí!».

En cierto punto, el Giro dejó de combatir. «Está ciego», dijo Hortensio. En efecto, ya no se le veían los ojos en la cara, que era una sola mancha de barro y sangre, cuando dejó de caminar y se echó como una gallina. Estaba empollando su propia muerte. El Indio le dio la espalda con desprecio, mientras el Giro posaba su pico sobre el pecho.

Gerardo me contó que al recogerlo, el Giro todavía temblaba. Él también estaba entero transpirado, como si hubieran compartido los esfuerzos y la agonía. Dejó el gallo muerto con la cabeza colgando de una rama para abrocharse los zapatos, lo recogió luego de ambos tobillos, entre las espuelas (que ahora parecían inofensivas) y las garras tibias, y nos fuimos sin despedir de nadie. Yo también le había pasado a Gerardo cien dólares para que los apostara, pero lo que yo había perdido no tenía comparación con la fortuna apostada por él, y no obstante, le importaba tan poco como a mí.

Al día siguiente embalsamó al Giro.

Cosas que antes no veías en La Habana, y ahora sí

Grúas, andamios, puertas muy bien cuidadas al lado de otras roñosas, celulares, tabletas y ordenadores portátiles, gente conectada en las esquinas. Clubs y pubs con muchos autos estacionados en la puerta, guardias privados negros para lugares en que todos son blancos, M&M's, Snickers y MilkyWay en las tiendas estatales, cruceros en el puerto —Royal Caribbean, Carnival, Pearl Seas y Norwegian Cruise Line—, botes a vela y megayates de extranjeros en la costa, departamentos arrendados por Airbnb, tours de norteamericanos, parejas de norteamericanos, mochileros norteamericanos que, aunque les está formalmente prohibido viajar como turistas, acceden a compañías que les ofrecen hacerlo sin problemas, habaneros inventando negocios, gimnasios, salones de belleza, muchísimas casas que arriendan sus dormitorios, posadas que se rentan por horas, productos que se consiguen por internet, loterías ilegales, medios periodísticos online, relojes más grandes que caros, reggaetón, tatuajes, medias ecuatorianas, boutiques de lujo.

Después de muerto

Volví a encontrarme con Gerardo un par de días después de la pelea para ir a Guanabacoa, donde asistiríamos a un acto de santería en el que un ex compañero de curso suyo, devenido *babalao*, realizaría su primer «toque de santos». De camino pasamos por Centro Habana y se desvió por la calle Ánimas, para mostrarme el sitio donde el Giro estaba siendo embalsamado. Entonces le pregunté por qué se le había ocurrido embalsamarlo, y su respuesta me pareció que decía mucho acerca de lo que viven en esta isla difícil de explicar, tan liberadora y tan asfixiante:

—Bueno, porque las cosas que uno ama quisiera que estuvieran para siempre, y yo llegué a estimar de verdad a este gallo. Por eso lo quiero conmigo, aunque esté muerto.

ROTE KAPELLE

«*Die Rote Kapelle*, que significa "La Orquesta Roja" en alemán, es un famoso libro de espionaje de Gilles Perrault, pero en nuestro caso no tenía nada que ver con espionaje, sino con un pequeño grupo de revolucionarios inconformistas que se dedicaba a pensar. Llamarnos así era una broma entre nosotros, no un nombre institucional. Los miembros éramos Padrón, Briones —que pertenecía a la inteligencia y era hermano de un héroe de la Revolución que peleó en Machurucuto, en Venezuela, donde lo mataron— y yo», retomó Max Marambio.

Y prosiguió:

«Interpelábamos incluso a los ministros. Tony Briones era muy querido en la estructura conspirativa de los militares, aunque no pertenecía a las FAR. Formábamos parte del MININT, con Fidel detrás. Éramos inseparables. Delirábamos con mil ideas de lo que se debía hacer para que la economía cubana fuera autosustentable. De pronto nos encontramos con un tipo muy izquierdista, Osmani Cienfuegos, hermano de Camilo, casado con Marcia Leiseca. Camilo era sastre y su hermano era un arquitecto muy radical, muy extremista, muy extraño. Nunca tuvo casa. Vivía en un camastro que tenía en su oficina. En el terreno emocional, era de trato seco, aunque intelectualmente potentísimo. Él nos entendió, cachó nuestra onda. Iba a hacer ejercicios al gimnasio de Tropas Especiales, de las que yo era oficial. Briones era miembro de la inteligencia y Padrón era jefe de despacho del mandamás de la Seguridad del Estado, o sea, éramos incuestionables. Por eso cuando planteábamos nuestras ideas, nadie las veía como un diversionismo ideológico de tipos a los que mirar de reojo. Los ministros nos acompañaban hasta donde podían, porque de ahí para allá, decían, "era jugar con el mono y no con la cadena". De ahí para allá era Fidel quien decidía y ellos bajaban la vista. Debido a esto te encontrabas todo el tiempo con conformismos garrafales. La connivencia con la improductividad era impresionante. Imperaba ese famoso sistema según el cual yo hago como que te pago y tú haces como que trabajas. Se trabajaba poco en Cuba, todo era de todos y lo del Estado era de cada uno. Nunca se llevaron cuentas de nada. No existía el cálculo económico. Ninguna empresa tenía que hacer balance.

En la historia de Cuba quedó acuñado el dicho "Sin Azúcar no hay País" desde antes de la dictadura de Machado. Y para mayor condena, Fidel armó una teoría ideológica completamente genial, pero a la larga sin destino, llamada "Del Intercambio Desigual". Una teoría económica del socialismo basada en los postulados de Marx, según la cual los valores de un producto no provienen de su escasez ni de ninguna característica intrínseca, sino del valor social que llevan incorporado. Es decir, el precio de un bien dependería exclusivamente del trabajo humano que requiera para existir, de la cantidad de horas-hombre que exija. Siendo así, para que haya relaciones de verdad, les dijo a los soviéticos, no se pueden establecer los valores de la burguesía, que le paga una basura a Cuba en el mercado internacional por el azúcar, sino que se impone hacer una valoración distinta. Entonces les explicó a los soviéticos que a ellos les costaba tantas horas-hombre el barril de petróleo y a Cuba tantas horas-hombre el quintal de azúcar, de modo que sumando y restando correspondía que los rusos entregaran cuatro barriles de petróleo por cada libra de azúcar. Los moscovitas podrían haber comprado el azúcar en el mercado de *spot*, donde no conocían la teoría del intercambio desigual, y se habrían ahorrado millonadas de dólares.

Eso fue lo que nosotros pusimos sobre la mesa, que esta historia no podía prosperar con esa lógica. En la economía real las cosas tienen un precio y de ahí la palabra *commodity*, que significa un precio común. Y Cuba en su relación con los países socialistas imponía un criterio muy de otro orden, argumentando que era un país chico, que todo le costaba, que no tenían ni agua dulce, y que, por ende, sus productos valían cien veces lo que costaban en el mercado de capitales.

No es que nosotros le dijéramos esto al comandante con la franqueza con que te lo estoy diciendo a ti, pero sostuvimos que era necesario hacer un modelo de desarrollo que volviera a Cuba independiente de la Unión Soviética. Decíamos algo muy simple: la economía del socialismo no está escrita y nosotros tenemos dos condiciones que contemplar: debemos reconocer la diáspora cubana, y no puede ser que los consideremos gusanos. Son compatriotas que viven en el exterior. Este fue el primer cambio, y créeme que fue duro. Osmani, un tipo de la izquierda ortodoxa, nos compró la idea, y me llevó a trabajar con él.

Con Osmani armamos CIMEX, empresa que llegó a producir, años después, mil millones de dólares de utilidad anual. Tenía un dato trucho en su partida, y es que nosotros no éramos dueños del Estado, pero es cierto que mejoramos a niveles aceptables la eficiencia. Era lo único que podíamos hacer. Realizamos convenios con distintas industrias, por ejemplo, con el Inpud, que producía toda la línea de electrodomésticos existente en ese tiempo: ollas a presión, cocinas y refrigeradores. La arrocera eléctrica la desarrolló Fidel mucho más tarde. La nuestra se ponía en el gas. Hicimos muchísimas cosas, en realidad, y llegamos a ser tan grandes, que hasta el Banco Central nos pedía dinero para ordenar sus cuentas. Y claro, también nos ganamos más de un lío.

Una vez, por ejemplo, recuperamos un ferry que había sido comprado para ir a la Isla de la Juventud y que, como había otro y con uno bastaba, lo tenían prácticamente abandonado. El ferry se llamaba Comandante Pinares, en homenaje a un revolucionario admirable que luchó en la sierra y que luego integró la Guerrilla de Ñancahuasú, comandada por el Che en Bolivia. Ahí el comandante Pinares murió en combate. Él había estado en la misma columna de la Sierra Maestra con Juan Almeida, el Negro, otro de los héroes de la Revolución. (La frase más famosa de Almeida es: "Aquí no se rinde nadie"). El asunto es que le cambiamos el nombre al barco. Osmani hizo el trato. Se trataba de convertirlo en una versión flotante del Tropicana, para mandarlo a Cancún, donde teníamos una relación privilegiada con el gobierno de esa rivera maya, encabezado por el padre de Pedro Joaquín Codwel, entonces uno de los tapados del PRI. Tú entenderás que ese barco no me lo podía llevar como Comandante Pinares, así que le cambiamos el nombre por Cancún Tropicana. Recogían a la gente en lanchas desde Cancún y la llevaban al barco donde se reproducía en chico el espectáculo del Tropicana. Iba todo muy bien hasta que un día suena el teléfono y me dicen «te llama el comandante Almeida». Yo nunca había hablado con él. Y el compadre —jamás se me va a olvidar, porque entonces supe lo que era el alza de presión arterial— comenzó así: "Cuando yo me muera, voy a dejar dicho que no le pongan mi nombre a nada, ni a una escuela, porque va a aparecer un hijo de puta y le va a cambiar el nombre y lo va a convertir en un prostíbulo. Lo que tú has hecho con la memoria de Pinares es algo indescriptible, vil, bajo. Mira que convertir a Pinares en una cosa mercanchifle".

Almeyda era un tipo del Granma, del Moncada, albañil y compositor musical, aparte de jefe del departamento de control del Partido. El Negro podía bajarle la caña a quien se le diera la gana con solo mover el dedo. Él decidía las medidas de sanción disciplinaria al interior del Partido, imagínate: poderosísimo. Era el encargado de recibir a los embajadores cuando llegaban. La única persona en Cuba que andaba en el asiento de atrás del auto. Bueno, él me puteó hasta que le dio puntada, y cuando yo le digo "es que Osmani…" fue como echarle bencina a un incendio: "¡No me venga con que Osmani ni nada, no se te ocurra darme excusas y andarte escondiendo de TUS responsabilidades!" Quedé temblando y comencé a ver candelillas. En fin, esas cosas también pasaron.

Yo de lo que me arrepiento es de no haberle dicho a Fidel un día —porque me dio la confianza para contradecirle y, de hecho, lo hice muchas veces, cosa que me volvió famoso en su círculo íntimo porque en Cuba nadie lo hacía—, algo así como "oiga, Comandante, es que no es como usted dice, usted está equivocado". Yo debí decirle a un cierto punto que esto no daba para más. Por ejemplo, las operaciones encubiertas en terceros países. Unas menos graves, como las del Líbano, y otras más aberrantes, como la que se llevó a cabo en Argentina, con los montoneros. Pero estábamos perdidos en la épica absoluta, en historias de capa y espada.

Mi refugio emocional era soñarme muerto, a orillas de un sendero, con los ojos y la boca llenos de hormigas, parecido a la imagen del cadáver del Che; yo me veía ahí, solo en medio de la nada, mientras llovía y me caían las hojas encima, y de pronto, eran solamente hojas. Nadie se enteraba ni cómo había muerto, ni dónde. Y a mí me parecía que eso era lo más grande a lo que podía aspirar. Hoy me doy cuenta, de manera vergonzante, que eso era lo que quería. Ese era mi premio. Puro narcisismo. No tenía otra ambición que morir de la manera más pura posible.

Lo que me hizo clic en este cuento, fue que hasta tus amigos, la gente que no te quiere mal, consideraran una lástima que hayas cometido "los errores que cometiste". En dos palabras: qué pena que le robaste a los cubanos, qué pena que los estafaste, ¡nada me ha pasado en la vida más horrible y más duro que esto! Te quedas como niño en la lluvia. Para seguir defendiendo las cosas que quiero defender, tengo que abstraerme de que ahí los que mandan tienen un poder infinito. Resulta que lo que yo podría contar de esa realidad es apabullante. El poder que tiene el Estado en Cuba no tiene parangón en la historia. Hasta para la gente más crítica, cuando algo aparece en el *Granma*, se convierte en parte de su catecismo. Es una verdad revelada que no tiene discusión. Por eso cuando te bajan el dedo, todos los cuentos que echan a correr son pocos, la leyenda se activa y se acaba el análisis imparcial. La María, a quien tú le diste mi teléfono, y su marido Sergio, que es un tipo muy inteligente —persona *non grata* desde hace muchos años, porque alguien dijo que lo había visto saludarse con un miembro de la Sección de Intereses de los Estados Unidos sin reportarlo, ganándose así una "O" de "objetivo" en su expediente— llegó a Chile con su hijo, un cabro oftalmólogo que vino a buscarse la vida aquí. Los recibí con todo el cariño que me merece esta gente, los invité a mi casa con mi esposa, y la María, que me conoce y trabajó conmigo, mientras charlamos sentados en la mesa, se quedó mirándome fijamente y en silencio cuando yo, riendo, le dije: "y pensar que a mí me acusaron de conspirar contra la salud del pueblo cubano". Me di cuenta de que ella, sin capacidad de disimulo, creía que yo había atentado contra la salud del pueblo cubano. Entonces me bajó una depresión… Y me acordé de ti, de lo que me habías contado que decían de mí allá, y lo único que te puedo asegurar es que el perro de Pavlov existe, y el poder del Estado cubano para determinar lo que tú debes creer es abismante. ¡Yo no hice nada contra la salud del pueblo cubano! Lo único que hice fueron cosas a favor de ese país. Y todo lo que le debo a ese país, especialmente en términos emocionales, se lo retribuí con creces. No puedo culpar a María, porque sería no entender el grado de influencia que me consta que tiene el Estado en la vida de la gente. En Cuba lo que el Estado dice es lo que es. Y eso es lo que yo me recrimino. No supe cuestionarlo a tiempo.

Escúchame lo que te voy a decir, porque si me muero, quiero que tú lo sepas: mi confusión actual, y mi tortura, es saber que me convertí en un conservador cuando confundí mi cariño por Fidel, inmaculado hasta el día de hoy, con la renuncia a mi visión crítica. Yo no debí renunciar nunca a decirle lo que pensaba exactamente. Me torturo por no haberlo hecho. No haberle dicho, con la sinceridad que alguna vez me permitió, "esto no va a ninguna parte, esto se jodió, la Revolución no es rentable, no garantiza su propio sostenimiento". Es muy probable que nadie se hubiera enterado, que no hubiera cambiado nada, pero el problema es conmigo. Esto no admite salida. Es una derrota conceptual. Yo lo homologo a una gran historia de amor con una mujer a la que uno quiso muchísimo, la cosa se complica y termina en separación. Y ya divorciado, con la frialdad que da la distancia, te preguntas por qué la amaste tanto y cómo contar esa historia si ya estás con otra. No lo puedo hacer. Este es un libro que me debo, pero del que no sé si soy capaz.

Pensar que estuve dispuesto a dejar el pellejo por esto. Quizás fue una forma de narcisismo, o lo que tú quieras, pero fue real. No quedó nada por entregar. Si estoy vivo es de milagro, y no porque me cuidé. Es muy difícil contar esto conociendo el final sin traicionar lo que verdaderamente pensábamos entonces. Lo locas que podían ser algunas cosas, en verdad de orates. Nosotros promovíamos la lucha armada en tiempos de Frei Montalva, cuando Chile no tenía nada que ver con ella. Un país que era una de las tres perlas democráticas de América Latina junto con Costa Rica y no me acuerdo ahora cuál otra. Es fácil acomodar el relato hoy. Yo lo único que puedo ser es un cadáver sobre la mesa de disección al que le sacas las tripas y estudias lo que comió, no lo que debió comer.

Hay un cuadro de Chirico en el museo de Estocolmo que se llama *El Cerebro del Niño*. Tiene atrás uno de sus típicos paisajes con columnas de medio punto, con nubes en el cielo azul y un primer plano con una mesa y un hombre calvo de bigotes largos, los ojos cerrados, de pie y desnudo de la cintura para arriba. Y le preguntaron a Chirico: "¿Quién es el hombre de este cuadro?". Y él contestó: "Es mi padre". "¿Y por qué lo pintó con los ojos cerrados?" "Es que yo no me hubiera atrevido nunca a pintar a mi padre desnudo con los ojos abiertos". A mí me pasa exactamente eso. Lo que yo tendría que hacer al escribir esta historia es pintar a mi padre, que es Fidel, desnudo. Y desnudo significa desnudo. Y ese retrato, al final de los finales, es duro. Es un hombre obcecado en su propia verdad, que contra todo lo que dijo siempre —y hablamos de un hombre muy consecuente— fue incapaz de olvidarse de sí mismo para hacer lo que tenía que hacer.»

TERCERA PARTE

La muerte de Fidel

El viernes 25 de noviembre de 2016, a las 22.29 de la noche según indica el parte oficial, murió Fidel Castro. Apenas pasada la medianoche las autoridades cubanas mandaron callar todas las fiestas en curso. En los jardines de La Tropical se realizaba un festival de música electrónica y cuando recibieron la noticia, sus organizadores la ignoraron. Temían que se tratara de otra falsa alarma. La noticia de la muerte de Fidel había circulado varias veces antes.

Luego de que Raúl notificó su fallecimiento por cadena nacional, los distintos canales continuaron con su programación habitual —no contaban con el personal ni con la infraestructura necesaria para reaccionar enseguida—, de modo que quienes no lo vieron en vivo no tenían cómo comprobar el rumor que empezó a expandirse. Tuvo que ser el mismísimo viceministro de Cultura quien diera la orden a los encargados de ese evento para que se cumpliera. Ellos temían, además, que una información semejante causara algún tipo de comportamiento incontrolable entre los más de cinco mil asistentes a la fiesta. Nadie podía anticipar cómo reaccionarían los cubanos. La señora Ruth, según me contó su hija Ruchi más tarde, se tendió de espaldas en el suelo, como una alfombra, porque ni uno solo de sus músculos le respondía. Diaumara, la hija de siete años que su vecina parió pasados los cincuenta, al ver que su madre lloraba inexplicablemente comenzó a gritar como una loca. Silvio Rodríguez corrigió a una periodista que lo saludó esa mañana, diciéndole que no eran buenos días. Horas después, en un espacio de televisión, se filtró «al aire» la voz de dos conductores que, informados del incidente, discutían si correspondía empezar el programa saludando así —«buenos días»— en una jornada de luto como la que se avecinaba.

El sábado 26, La Habana amaneció cubierta por una nube de silencio. Hacía tanto calor como cualquier mañana de noviembre, pero parecía que hiciera frío. La gente tardó mucho en salir de sus casas. Como casi no había autos en las calles, el sonido de un mismo almendrón podía escucharse durante largo rato, igual que esos moscardones inquietantes a la hora de la siesta. Incluso las conversaciones telefónicas parecían llevarse a cabo en sordina. A Wendy, que cuando contesta suele hacerlo con un grito, ese día apenas le salió la voz para decir «estoy anonadada». Es cierto que Fidel llevaba diez años enfermo, y se suponía que podía morir en cualquier momento, pero cualquier momento es ninguno, y al suceder los tomó a todos por sorpresa.

Ese sábado, cumpliendo el que fue su último deseo, lo cremaron. Sus cenizas fueron guardadas en una urna de cedro del tamaño de un cajón frutero y alojadas hasta el día miércoles 30 en el edificio del MINFAR, donde solo la familia y un núcleo estrechísimo de colaboradores pudieron visitarlo.

—Supongo que se lo llevaron al Ministerio de las Fuerzas Armadas y no al Palacio de la Revolución —me dijo Pablito—, porque como Raúl es ahora el amo y señor, decidió recibirlo en *su* casa.

El pueblo recién pudo ver las cenizas a partir de ese día miércoles, cuando instalaron la urna en una vitrina rodeada de flores blancas sobre un pequeño carromato tirado por un jeep militar, y una caravana escoltada las llevó en procesión hasta Santiago de Cuba. La idea era que el comandante muerto llevara a cabo, esta vez en sentido inverso, la «Caravana de la Libertad» o «Marcha Victoriosa» que el 8 de enero de 1959 llegó a La Habana desde Santiago, recorriendo toda la isla, para festejar y consolidar el triunfo de la Revolución. Fue ese el día que, mientras Fidel daba su primer gran discurso público luego de dos años en guerra, unas palomas se posaron en sus hombros.

Las cenizas de Fidel transitan en dirección a Santiago de Cuba.

A la mañana siguiente de su deceso, el sábado —cuando todas las embajadas, salvo la norteamericana, tenían sus banderas a media asta—, la televisión comenzó a transmitir imágenes suyas en la Sierra Maestra, entrevistas con su hijo Alex —el fotógrafo—, con su hermana Ema —la que más quería y lo quería—, con Ramiro Valdés —el más poderoso de los combatientes del Moncada y el Granma, después de Raúl—, testimonios de todos quienes conociéndolo ensalzaban su dimensión humana y de estadista, y poetas y cantantes que le dedicaban sus versos y su música.

Recién el lunes, en el hall del monumento a José Martí que está en la Plaza de la Revolución, fue montada una foto de su rostro todavía vigoroso junto a unos ramos de flores para que los habaneros le rindieran homenaje. Las cenizas permanecieron en el MINFAR. La multitud perfectamente ordenada —un individuo tras otro— desfiló todo ese día y esa noche, hasta las seis de la tarde del martes, cuando el altar con su retrato fue clausurado para dar pie a la ceremonia oficial. A esa hora comenzaba a anochecer y la plaza ya estaba llena de gente. Grupos de deportistas, sindicatos, CDR, médicos y enfermeras de blanco, escolares, pioneros de

307

pañolín amaranta, representantes de diversas instituciones —centros de investigaciones metalúrgicas, energéticas, alimentarias— y mucho uniformado verde oliva del ejército y del MININT esperaban de pie o sentados en el piso, algunos con carteles que decían «Adiós, Comandante», «Hasta la Victoria Siempre», «La historia te absolverá», mientras entre los más jóvenes abundaban quienes tenían escrito a plumón en la frente o las mejillas el nombre de Fidel. Muy pocos, sin embargo, portaban imágenes suyas —la mayoría llevaba banderas cubanas—, porque si algo nunca le gustó al comandante fue que su persona resplandeciera por encima de sus palabras. Ya en Santiago de Cuba, una semana más tarde, cuando Raúl leyó su discurso de despedida, recordó que su hermano solía repetir un verso de Martí en que aseguraba que «toda la gloria del mundo cabe en un grano de maíz», y que por eso nunca aceptó que llevaran su nombre calles ni instituciones, ni que le levantaran monumentos.

—Pediremos a la Asamblea General —dijo Raúl entonces— que permita proyectar ese deseo suyo.

Cuba es Fidel

A las seis y media de la tarde de ese martes 29 de noviembre ya estaba oscuro y en la Plaza de la Revolución no pasaba mucho rato sin que la multitud gritara «¡Yo soy Fidel!». El *Granma* había titulado su primera portada tras la muerte con la frase CUBA ES FIDEL. En el frontis del Teatro Nacional, a un costado de la plaza, había un lienzo gigantesco del ancho de una cuadra que decía: «Esto que la sombra se volviera luz, esto tiene un nombre, solo tiene un nombre: FIDEL CASTRO RUZ».

A las siete en punto empezaron a sonar por los parlantes los primeros acordes del himno patrio y los presentes, ya todos de pie, lo entonaron con una mano en el pecho. A continuación, la actriz Corina Mestre recitó el poema «Se llama Fidel», que terminaba con los versos escritos en el lienzo. Apenas concluyó, se inició una larguísima ronda de discursos de cada uno de los presidentes y representantes de los países extranjeros que llegaron a despedirlo. El primero en hablar fue Rafael Correa, presidente de Ecuador. Recordó que Fidel había muerto el mismo día que zarpó el Granma de México y con voz fuerte exclamó: «¡En una fortaleza sitiada, cualquier disidencia es traición!». Lo siguieron Jacob Suna, presidente de Sudáfrica, y Alexis Tsipras, presidente de Grecia, quien señaló: «Despedimos al Fidel de los pobres, de los oprimidos, de los que se rebelan». La emisaria vietnamita dijo que Fidel sobrevivía en el Partido Comunista, encabezado por Raúl. El gobernante de Qatar, con turbante, tras agradecer el compromiso de Fidel con la causa descolonizadora, invocó a Dios el altísimo y pidió la paz y la clemencia y las bendiciones de Alá para este pueblo huérfano. Evo Morales improvisó un discurso trabado por la emoción, y cada vez que su mente quedaba en blanco repetía «¡que vivan los pueblos antiimperialistas!». El presidente de Namibia informó que su país había decretado tres días de duelo en homenaje a Fidel. Ellos y otros hablaron hasta cerca de la una de la madrugada, cuando finalmente Raúl, con voz de fumador cansado, agradeció la presencia de todos ellos y advirtió que no diría más nada hasta la ceremonia final en el parque Maceo de Santiago de Cuba.

El cortejo

—¿Y esas medallas?

—Son condecoraciones, reconocimientos de la Asociación de Combatientes de Cuba. Y usted, ¿quién es?

—Periodista chileno. ¿Lo molesto si le hago algunas preguntas?

—Me cuesta hablarle ahora, periodista.

—¿Lo dejamos para después que pasen las cenizas?

El viejo, negro y canoso, movió la cabeza afirmativamente, y cuando comenzaba a darme la espalda para volver a ocupar su lugar a orillas de la avenida Paseo, por donde en cualquier momento debía pasar el jeep con las cenizas de Fidel, alcancé a preguntarle:

—¿Cuál es su nombre?

—Juan Mario Lendi de España, ex miliciano de la Columna Número 1 José Martí. Yo combatí junto al comandante.

Eran casi las siete de la mañana y recién empezaba a salir el sol. La avenida Paseo nace en la Plaza de la Revolución, desde donde estaba por arrancar el cortejo fúnebre que llevaría los restos de Fidel hasta Santiago, en una caravana de tres días destinada a recorrer las principales ciudades del país.

A esa hora, la gente ya estaba apostada en las distintas calles de La Habana. En muchas escuelas se quedaron a dormir los alumnos de los cursos superiores para hacer vigilia y salir temprano a esperar el paso de las cenizas. En la vereda donde me encontraba el silencio era absoluto. Lo interrumpían solamente los tosidos de la concurrencia que, ya fuera por resfríos, la obstrucción pulmonar de fumadores y ancianos, o simplemente un modo de sobrellevar la mudez, estallaban por todas partes. Un helicóptero militar comenzó a sobrevolar la zona y casi de inmediato las policías a cargo de esa cuadra abrieron los brazos indicando que todo el mundo debía subir a las cunetas o *contén*, como les llaman acá.

Todo sucedió tan rápido que quienes estaban ahí apenas tuvieron tiempo de prepararse para el golpe emocional que significó, al menos en el caso de los mayores, ver pasar frente a ellos la urna con los restos del hombre que, más que ningún otro, había marcado y definido sus vidas. Fueron muchos los que rompieron a llorar cuando el cortejo pasó a su lado. El barrendero que hasta el instante previo arrastraba su escobillón de alambres con aparente desidia, de pronto estaba en cuclillas, abrazando su estómago para resistir el dolor de una puntada. Una anciana en silla de ruedas debió ser atendida porque sufrió un desmayo, y en los diez o quince minutos siguientes al paso del coloso, una mujer de mechón teñido no pudo despegar su cara del pecho de la vecina, quien intentó calmar sus convulsiones haciéndole cariños en el cuello y la espalda.

El ex miliciano Juan Mario Lendi, parte de la Columna Número 1 José Martí.
Luego de paso de las cenizas, me dijo: «Yo combatí junto al comandante».

—Don Mario, ¿lo molesto?

Las nueve medallas que colgaban de su guayabera apenas se movieron cuando este hombre, girando la cabeza, cerró los ojos y secó el borde de su nariz. Acto seguido, con el pañuelo ahora ocultando los tiritones de su boca, me dijo:

—Son muchos los recuerdos, periodista.

—Cuénteme alguno.

Pero como Bartleby el escribiente, me respondió:

—Preferiría no hacerlo. Ahora no puedo.

El viaje de las cenizas

Se suponía que esa mañana llegaría Jon Lee y que seguiríamos juntos a la caravana mortuoria en un auto que él ya tenía comprometido, pero a última hora no pudo viajar. Desesperado, comencé a buscar alternativas para emprender el viaje. Primero llamé a los *rent a car* de la ciudad, y en todos me respondieron no tenían carros disponibles. Periodistas de todo el mundo se habían apurado en reservarlos. El precio al que los estaban rentando, por lo demás, superaba con creces mis posibilidades de pago. Llamé a Abraham para que nos fuéramos juntos, y me respondió que a esas horas ya estaba camino a Santa Clara, donde las cenizas harían su primera parada. «Pablo de Llano, me dijo, aún no parte. Llámalo». Pablo, un corresponsal del diario *El País* de España con quien nos conocimos en algunos de sus viajes anteriores, había conseguido un vehículo para las tres y media de la tarde.

—Voy yo y un fotógrafo —me respondió—, de modo que cabes. ¡Vente ya!»

Nos reunimos en la puerta del hotel Sevilla, donde poco después llegó a recogernos Osmel, un veinteañero blanco del puerto, en un Oldsmobile celeste del año 1952. Ya estábamos montados en el auto cuando nos preguntó: «¿Les parece bien si voy con mi novia?». Yo no me hubiera atrevido a contestarle que no, pero como el trato lo había hecho Pablo aproveché que Osmel se agachó a recoger algo y le hice un gesto con las manos que significaba «por ningún motivo». Pablo, como buen europeo, no tuvo mayores problemas en ser claro: «La verdad, Osmel, es que preferimos ir solo nosotros». En lugar de protestar, guardó silencio.

Osmel se detuvo a comprar combustible en un criadero de cerdos en la localidad de Catalina de Guines, a media hora de La Habana. Primero llenó el estanque y luego subió cuatro bidones en la maleta del carro. Después pasó a dejarle pizzas a una tía suya que trabaja de portera en ciertas despensas de Mayabeque. La frustración que le ocasionó la negativa de llevar a su *jeva* lo tuvo sin decir palabra hasta que a eso de las siete y media de la tarde, con la carretera ya completamente a oscuras, distinguimos un montón de gente con banderas reunida en el paso sobre nivel de Ranchuelo, y cuando le pedimos que se detuviera, adivinando que el cortejo estaba a punto de pasar por ahí, comenzó a reclamar que no podía, que la policía le pondría problemas, y siguió avanzando hasta que

Saúl, el fotógrafo, le ordenó que no jodiera y regresara ya, porque si la policía se acercaba nuestras credenciales periodísticas resolvían el asunto.

—Te hemos contratado para seguir esta caravana, Osmel —le dijo Pablo.

—¿Pero dónde doy la vuelta? —preguntó.

Y ahí fui yo el que contestó:

—Aquí mismo.

Sin más excusas, se montó sobre el bandejón de tierra que separa la vía de ida de la de vuelta, y el Oldsmobile con más de sesenta años de vida corcoveó sobre los montículos antes de caer en el pavimento del otro lado, por donde regresamos hasta el paso nivel de Ranchuelo. Nos bajamos en la berma en medio de la noche cerrada y subimos el terraplén en que cerca de doscientas personas, a ambos lados del camino, esperaban con velas, afiches y el grito «¡Yo soy Fidel!», para despedir las cenizas del comandante.

El jeep en que iban las cenizas, tres generales y el chofer, no iba escoltado por una gran comitiva. Eran apenas cuatro o cinco automóviles y un par de motocicletas que avanzaban a sesenta kilómetros por hora. La población de cada localidad, advertida del lugar y la hora en que el cortejo pasaría, lo esperaba apostada a orillas de la carretera, las calles o los caminos. Aguardaban muchas veces durante horas solo para estar ahí al momento de su paso, que duraba un parpadeo.

En Ranchuelo, era una mujer la que lideraba a la concurrencia.

—De aquí se lo llevan a Cienfuegos —me dijo—, y después a dormir en Santa Clara, con el Che.

En eso las luces de la caravana se distinguieron a lo lejos y la mujer gritó «¡ahora sí, con todas las fuerzas! ¡Yo soy Fidel! ¡Yo soy Fidel!» Los más jóvenes alistaron sus teléfonos celulares para fotografiarlo. Una que estaba a mi lado se puso de espaldas a la vía para conseguir una selfie con la urna de fondo. Un gordo de overol tomó de la mano a su esposa mientras ella estiraba la cabeza. «¡Yo soy Fidel! ¡Yo soy Fidel!», apenas alcanzaron a gritar los presentes, cuando ya las últimas luces traseras de la caravana se perdían en la noche de los campos.

—Gracias, Osmel —le dije mientras le daba un sorbo a una botella de ron—. Ahora media vuelta y a Santa Clara.

Y en eso estábamos, atravesando nuevamente el bandejón central de la carretera para enfilar hacia Oriente, cuando Osmel empezó a girar el manubrio sin que las ruedas se movieran.

—Se rompió la dirección —dictaminó, mientras conseguía allegar el Oldsmobile a la berma. Miré a Pablo consternado, esperando que volviera a hacerse cargo de la situación. El corresponsal de *El País* preguntó:

—¿Entonces...?

La carretera de las Ocho Vías

La autopista o carretera de las ocho vías es tan ancha como su nombre indica. La transitan, sin embargo, poquísimos automóviles. Alguna vez fue pensada para que, si estallaba la guerra con los Estados Unidos, allí pudieran despegar y aterrizar los Migs soviéticos de la flota cubana. Para evitar que sirviera de aeropuerto también al enemigo, instalaron a orillas de la autopista unas inmensas bolas de concreto de modo que, desplazándolas al centro, la carretera queda bloqueada.

A esa hora, las ocho vías eran una bóveda cerrada. Los escasos vehículos, en su mayoría viejos, que cada tanto la recorrían, en vez de iluminarla aumentaban la sensación de orfandad con sus faroles agónicos.

—Nosotros continuamos, Osmel. Cuando soluciones el problema, nos llamas por teléfono.

Una vez más, movió la cabeza en lugar de responder. Recogimos nuestros bultos, avanzamos hasta el cruce, donde solo quedaba un camión al que subían los últimos feligreses y le preguntamos al chofer si iba a Santa Clara.

—No —respondió—, vamos a Fomento.

Pasó un bus que no se detuvo, un transporte militar y luego un auto de policías que paró para preguntar cuál era el problema. Le indicamos, a lo lejos, el Oldsmobile con la dirección rota ya desaparecido en la noche, que éramos periodistas cubriendo las exequias del comandante y que nos urgía llegar a Santa Clara antes que sus restos. Felizmente, uno de ellos resultó ser un tipo de buen carácter y detuvo el Lada que apareció a continuación, con uno de sus focos parpadeando como ampolleta de carnicería.

—¿Hacia dónde se dirigen, muchachos?

—A Santa Clara, oficial —respondió el conductor.

—Me lleva entonces a estos periodistas.

—Claro, suban, suban —y mientras entrábamos con nuestros bultos en brazos a la parte trasera del carro, el conductor se presentó:

—Rolando, mucho gusto.

Su acompañante, Maris Lady, nos contó que venían de Santa Isabel de las Lajas, «un pueblo aburridísimo en el que no ha sucedido nada después del nacimiento de Benny Moré», dijo la veinteañera. Conocía, sin embargo, a muchos en Santa Clara, de manera que si no teníamos alojamiento ella nos recomendaba uno. Cuarenta minutos más tarde nos dejó en el hostal de Marive; allí, mientras la dueña de casa registraba nuestros pasaportes —aquellos que arriendan dormitorios deben informar diariamente quiénes pasan por sus casas—, escuchamos por televisión que la urna «de cedro impecable» llegaría a pernoctar junto «a los restos de su amigo y compañero Ernesto Che Guevara cerca de la medianoche».

Buena parte de los habitantes de la ciudad se reunieron frente al mausoleo del Che a esperarlos. Había algo de música, y a medida que la noche avanzaba y las cenizas no aparecían, el silencio respetuoso daba paso a los bostezos.

«Me siento tan patriota de Latinoamérica, de cualquier país de Latinoamérica, como el que más y, en el momento en que fuera necesario, estaría dispuesto a entregar mi vida por la liberación de cualquiera de los países de Latinoamérica, sin pedirle nada a nadie, sin exigir nada, sin explotar a nadie», se lee en una placa de granito. Las palabras del Che habían sido transcritas tal cual, sin ninguna edición, porque de lo contrario no se entendía tanta repetición de palabras. Pero así son las religiones, pensé, cuando ya eran las 00.40 y la canción «Cabalgando con Fidel» —compuesta por Raúl Torres y estrenada el día antes como himno de despedida— volvía a sonar por los parlantes de la explanada, luego de que el jeep que transportaba las cenizas, ignorando a la multitud cansada de esperar durante horas, ingresara al mausoleo por uno de sus bordes, casi sin dejarse ver.

Cabalgando con Fidel

Dicen que en la Plaza en estos días
se les ha visto cabalgar a Camilo y a Martí
y delante de la caravana, lentamente sin jinete,
un caballo para ti.
Vuelven las heridas que no sanan
de los hombres y mujeres
que no te dejaremos ir.
Hoy el corazón nos late afuera
y tu pueblo aunque le duela
no te quiere despedir
Hombre, los agradecidos te acompañan
cómo anhelaremos tus hazañas
ni la muerte cree que se apoderó de ti.
Hombre, aprendimos a saberte eterno
así como Olofi, Jesucristo,
no hay un solo altar sin una luz por ti.
Hoy no quiero decirte Comandante,
ni barbudo, ni gigante
todo lo que sé de ti.

Hoy quiero gritarte, Padre mío,
no te sueltes de mi mano,
aún no sé andar bien sin ti.
Dicen que en la Plaza esta mañana
ya no caben más corceles llegando
de otro confín.
Una multitud desesperada
de héroes de espaldas aladas
que se han dado cita aquí
y delante de la caravana
lentamente sin jinete
un caballo para ti.

El Hueco

A pasos de la estatua de bronce en que se ve al Che con más de seis metros de estatura y un brazo enyesado, en cuya base reposan sus restos, hay un chocerío miserable que sus habitantes conocen como «El Hueco». Solo ellos le llaman así, porque para el resto no existe. No figura en ningún mapa, catálogo, registro o memoria. En ese lugar solo a veces consiguen electricidad con instalaciones caseras. Hay mucho barro y poca comida. Cuando llueve con fuerza o pasa un huracán, los que viven en chozas de madera o cartón se refugian en la casa de ladrillos que tiene Carlos, cuya «fortuna» proviene de un puesto de hortalizas. El resto no trabaja.

La policía no permite que los habitantes de El Hueco se asomen por la Plaza de la Revolución, donde descansa el Che de bronce, porque las «Conductas de asedio al turismo» son penadas, pero igual lo hacen cuando necesitan dinero para comer. La mayor parte de estos pobladores ha pasado por la cárcel.

El Negro, que acaba de ser liberado, está por cumplir cincuenta años y vive en El Hueco desde que tiene diez.

—Esto era un monte y tuve que chapearlo para levantar mi casa. Pero así y todo se me ha caído dos veces —dice.

Todo iba bastante bien hasta que construyeron la plaza y el monumento, en 1987. Ramón es granitero y trabajó en esas obras. Antes pulió losas, baldosas y mosaicos.

—Por culpa de ese señor que está ahí parado, a todas estas casas que están a su alrededor las han querido tumbar —asegura Ramón, mirando al Che.

Él ya no va a las reuniones del Partido Comunista. «Arriba lo que hay es mucha mentira», por eso dejó de confiar en ellos.

—Pero mis ideas nadie me las quita. —aclara—. ¡Yo nunca me voy a meter en esa mierda de la disidencia!

—¿Y Fidel?— pregunto.

—¿Lo vio entrar?

—Sí, pero de lejos.

—Ni siquiera lo pasearon para que uno se despidiera. Lo guardaron inmediatamente junto a los restos del Che.

—Deben haber tenido mucho de qué hablar…

—¡Ayayayayyyy! Yo creo que prefirieron quedarse callados.

Un paradero en el cruce

A la mañana siguiente recibimos un llamado telefónico de Osmel. Había pasado la noche en el auto y aún no podía responder a qué hora llegaría el mecánico. He contado antes que los tiempos en Cuba son impredecibles. Yo mismo pasé una tarde completa por ahí cerca, en el desvío a Nazareno, un año atrás, esperando el repuesto de una rueda. Iba camino a Ciego de Ávila, acompañando a Skeepy, quien debía recoger ahí, entre otras cosas, el gallo que le regalarían al primo Gerardo para su cumpleaños.

Gerardo me había presentado a Skeepy —un gordo con cara de niño que apenas cabía en el asiento del conductor— el día antes, y como no tenía nada mejor que hacer, decidí acompañarlo con la intención de continuar después en tren hasta Santiago. Viajar en «El Lechero» era una experiencia que me habían desaconsejado tanto que a un cierto punto consideré imperdible. «El Lechero» es un tren pobre y viejo que se va deteniendo en cada uno de los pueblos por los que pasa, de manera que si con dificultad cumple su horario de partida en La Habana, es imposible anticipar qué día y a qué hora llegará a su destino final en Santiago. Al interior de sus carros la gente come, duerme y orina en los rincones, pelea a gritos, supongo que tienen relaciones sexuales, y quienes hacen el trayecto completo —que puede durar cerca de tres días— se van volviendo seres de otro mundo en esos vagones, desprovistos de perspectiva, silenciosos, indolentes, con los ojos inyectados de un líquido salivoso y blancuzco, cuando no lo enrojece una pizca de sangre. La mayoría, sin embargo, sube y baja en cada una de las estaciones. Lo que ahí puede verse es la presencia africana en la isla, cada vez más intensa a medida que se avanza hacia Oriente, por donde entraron como esclavos cañeros a partir del siglo XVI.

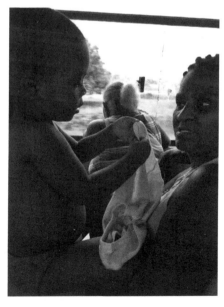

Una madre y su hijo en «El Lechero».

Casi todos sus pasajeros son negros, las mujeres cargan hijos en los hombros y tejen moños altos en sus cabezas que luego cubren con pañuelos de colores. En las estaciones aguardan junto a bolsos que en verdad son sábanas atadas y sobre los cuales duermen los bebés como cualquier otro animal en su pesebre. La mayoría de ellas viajan solas con sus críos, o bien parecen solas mientras los hombres, en su mayoría largos y flacos, las ignoran a dos pasos de distancia.

El asunto es que Skeepy «ponchó» una rueda recién saliendo de La Habana y en el desvío a Nazareno «ponchó» de nuevo, y ya sin repuesto al que echar mano debimos esperar por cerca de cinco horas la llegada de otra rueda. Todo ese tiempo lo pasamos sentados en una banqueta que hacía las veces de paradero desde donde, silenciados por el bombardeo de la lluvia sobre el toldo metálico, contemplábamos un potrero con media docena de cabras deprimidas, además de las tres gallinas que había en la casa del cruce. Casi no vimos automóviles durante el tiempo que duró la espera. Pasaban carretas tiradas por caballos, bueyes y bicicletas con hombres que sostenían el sombrero y la capota plástica con una mano, mientras apoyaban la otra en el manubrio.

Ningún ser humano se detuvo ahí, hasta que de pronto llegaron a refugiarse del agua dos mujeres, a las que sin tardanza les pregunté:

—¿Alguna de ustedes fuma?

—¡No, no! —gritó una de ellas como si la hubiera insultado—, nosotras somos cristianas.

Cuando le dije que conocía muchísimos cristianos fumadores, me respondió que quizás fueran católicos, pero no cristianos. Casi de inmediato llegó corriendo a fondearse del agua —que comenzaba a caer en forma de diluvio— todo el resto de la cofradía pentecostal. De pronto estábamos en medio de un piño de quince evangélicos de la comunidad Belén Sefranista Internacional. Varios cantaban a capela. La enemiga del cigarrillo aclaró, cuando se lo pregunté, que desde hace mucho tiempo no había conflicto entre ser comunista y ser cristiano. Según ella, era al revés:

—Ambas creencias ahora se llevan de maravilla —me dijo.

Iban a participar de un encuentro de Sanidad Interior en la ciudad de Nazareno. Como continuaba lloviendo, nos apretamos en la zona que cubría el techo. En eso uno de los pocos hombres del grupo salió hacia la lluvia para ayudar a una joven que venía empapada y con un bebé colgando.

—¡Ahí viene un bendito! —gritó una mujer, y todos empezaron a cantar un himno en que se repetía mucho la palabra «bendito».

El ánimo festivo duró hasta que la madre, una adolescente, le explicó al hombre que la rescató del agua que las lagañas en los ojos de la criatura se debían a una infección de nacimiento, y ahora iba a Nazareno justamente a revisárselas. El hombre se puso rápidamente de pie —parece que era el líder del grupo—, estiró su mano sobre la cabeza del niño, cerró los ojos y comenzó a conjurarlo:

—¡Que Dios te bendiga, bendito, que su pureza completa se pose sobre ti y anule cualquier tiniebla! —vociferó— ¡Que te bendiga y te proteja y te bendiga, con su infinita bondad!

Al salir de La Habana uno se encuentra con carretas tiradas por caballos o bueyes.

Para entonces ya la comunidad completa tenía sus manos posadas sobre el niño, juntando energía, repitiendo «¡amén!» o «¡bendícelo!».

—Ya está mejor —dijo una al terminar el tratamiento.

Entonces las mujeres respiraron fuerte, como si acabaran de correr una maratón, y a medida que recuperaron la calma volvieron a sus conversaciones anteriores.

Pasadas las tres de la tarde, al cabo de cuatro horas cincuenta y tantos minutos, según calculé en el acto, apareció el Lada proveniente de Nazareno con una llanta tan espectacular que a simple vista parecía más grande que las otras del vehículo. Y lo era, pero Skeepy «cuadró» el problema ayudándola a entrar donde no cabía. Dos patadas solucionaron el inconveniente. Bastó que partiéramos para que el roce de la rueda con la cobertura del parachoques se volviera insoportable. Cuando lo hice saber, Skeepy resolvió mi preocupación subiendo el volumen de la música. Como a la mayoría de los jóvenes, le gustaba el reggaetón. Según él, no debía temer que se incendiara la rueda, porque si bien comenzaba a oler a caucho, el pavimento mojado lo evitaría. Poco antes de llegar a Ciego de Ávila terminó el silbido. El tapabarro ya estaba suficientemente desgastado. La rueda había hecho su espacio. El viaje que debía durar cerca de cuatro horas, se había prolongado por casi diez.

Decidimos olvidarnos de Osmel. Quién sabe cuántas horas más permaneció ahí. Por nuestra parte, ese jueves 1 de diciembre lo comenzamos con tranquilidad. Marive nos sirvió uno de esos desayunos que dan los cubanos cuando no quieren que se note pobreza: jugo de guayaba o de mango, fruta bomba, banana y piña partidas en cubitos, huevos revueltos, jamón de pésima calidad, queso en láminas —en todas partes es el mismo queso y el mismo jamón—, pan, galletas y un termo con café.

Cuando Marive salió a buscar agua potable al pozo de la plaza, su marido, Guilver, se instaló a un costado de la mesa para conversar. Quería «echar carreta». A los cubanos les gusta tanto hablar

En entrevista con *El País*, Guilver afirma que «Fidel era un padre a quien debemos todo lo que somos».

como escuchar, pero cuando las discusiones se acaloran suben la voz de tal manera que el diálogo desaparece. Suelen asumir posturas inamovibles.

—Vienen por lo del comandante, supongo.

—Así es.

—¿Y qué les ha parecido?

—Pues díganos qué le ha parecido a usted —contrapreguntó Pablo, que a diferencia mía tenía la obligación de mandar entrevistas y reportes todo el tiempo. *El País* es el principal diario de España y Felipe González fumó durante mucho tiempo los puros que le regalaba Fidel. Es decir, Pablo casi no tenía tiempo para nada que no fuera trabajar.

—Para mí es una cosa lamentable. Fidel era un padre a quien debemos todo lo que somos.

Guilver tenía un aspecto muy particular. Vestía un beatle rosado adentro de un pantalón de buzo color concho de vino, y usaba unos suecos plásticos con chiporro fucsia en el interior. Como además tenía la piel muy blanca y lavada, invitaba a pensar en un bebé maduro recién salido del mudador. Pero lo más excéntrico era que Guilver no terminaba de vestirse hasta que se ponía un jockey con la visera roja, y sobre este un casco de bicicleta con listones de espuma. El casco procuraba llevarlo siempre bien amarrado a la mandíbula.

—¿Y qué crees que pasará ahora? —continuó Pablo de Llano.

—Bueno, continuará Raúl, como ya viene sucediendo desde hace años. Aunque, claro, Raúl no es Fidel...

El Caballo

«Raúl no es Fidel» es una frase que por estos días no cuesta conseguir. Nadie se siente mal si lo dice, muy por el contrario, constituye una declaración políticamente correcta. Fidel es el líder indiscutido. El más admirado de todos los cubanos. «Cuba es más fidelista que comunista» fue otra declaración que escuché decenas de veces. No importa cuán disconformes estén con la situación de su país, la mayoría de los cubanos exculpa a Fidel. «Aquí hay mucho burócrata inútil», «se toman decisiones sin que él las sepa», «Fidel piensa bien, lo que pasa es que debajo suyo hay unos que entienden mal», explican por las calles. Son muy pocos, aunque cada día más, los que se atreven a criticarlo de frentón, y responsabilizarlo, por ejemplo, del mal funcionamiento de la economía. Los menores de treinta no alcanzaron a sufrir su embrujo.

—¿Te gusta Fidel? —pregunté a un adolescente en la plaza de Santa Clara.

—A mí lo que me gusta es diveltilme —contestó.

Para el resto fue un padre sagrado, un macho cabrío, uno que no les quitaba los ojos de encima. El más inteligente de la especie. Honesto. Severo, pero gentil. Orgulloso. Potente. Enorme. Fidel fue «El Caballo», que en Cuba es como decir «el que se las sabe todas». Pero no solo eso. «El caballo es el sacerdote de la santería, porque durante la iniciación de un sacerdote, se cree que los santos toman posesión de ellos montándolos», dice Georgie Anne Greyer, una de las biógrafas de Castro. Cuentan que poco después de adentrarse en la Sierra, Fidel le encargó a santeras de las montañas orientales que le fabricaran talismanes protectores a él, a su hermano Raúl y a un selecto grupo de cercanos. La condición impuesta por la santera fue que devolvieran los «resguardos» una vez que hubiera triunfado la Revolución.

El 8 de enero de 1959 Fidel entró en La Habana y a la medianoche pronunció un discurso ante miles de cubanos. En medio del éxtasis general —«fue como una misa», contarían algunos después—, una paloma blanca revoloteó en torno a su cabeza y se posó en su hombro derecho. «Hubo un silencio profundo», relató el periodista Luis Ortega. «El Espíritu Santo iniciaba una epifanía posándose sobre Fidel», dijo después el poeta y sacerdote nicaragüense Ernesto Cardenal. Algunos hasta se persignaron. Según otros, sin embargo, eran los dioses *orishas* que lo ungían.

Una «Largualargua», que es como llaman a las santeras viejas, me dijo que recordaba a Fidel vestido de blanco y rodeado de babalaos en un viaje por Nigeria a comienzos de los años setenta, y que «ella dedujo que era Oddua, *orisha* de la Creación, porque en la ceremonia que le hicieron allá en África había elefantes.

—¿Viste qué casualidad? —agregó su sobrino Ismael, que también vestía de blanco y le hacía de lazarillo—, será enterrado nueve días después de su muerte, como se hace con todo santero.

Fue tema de especulación la fecha que fijaron para su entierro. Escogieron el día 4 de diciembre, que es cuando celebran a Santa Bárbara, la imagen cristiana que sirvió para esconder la adoración a Shangó, el *orisha* guerrero de los truenos, los rayos, la justicia, la virilidad, la danza y el fuego. Las nueve jornadas de duelo no solo coincidían con el período de espera antes de sepultar a un santero, sino que además concluían el día que los miembros de la religión *yoruba* celebran a su rey más temido, al que algunos consideran un tirano, sin por eso dejar de ser el *orisha* más popular del panteón.

Después, el sobrino de la Largualargua agregó:

—Si con un diente de león se puede cambiar el curso de un río, ¿tú te imaginas el poder que llegaría a tener quien se robe un hueso del Fidel? Apostaría que por eso lo incineraron, para evitar problemas. Aunque nadie sabe quiénes estaban ahí al momento de cremarlo. Yo creo que al menos una parte de esas cenizas están en manos de santeros. Para algunos, los restos de «el Caballo» valen su peso en diamantes. Quien los tenga, es el brujo más poderoso de Cuba.

Guilver y Marive

Saúl instaló su cámara sobre un trípode y Pablo de Llano le hizo un interrogatorio a Guilver para subirlo al Facebook de *El País*. Se trataba de un juego, en realidad. Él le decía una palabra y Guilver debía responder lo primero que se le viniera a la cabeza.

—Santa Clara —disparó Pablo.

—Importante ciudad cubana. La más bella de todas. Ciudad heroica. ¿Está bien así?

—Si es lo que piensa, sí, está bien. Otra: socialismo.

—Sistema político que aspira a la igualdad entre los hombres. (Esta respuesta generó evidente satisfacción en Guilver, quien miró hacia el lado buscando la aprobación de su mujer. Ella movió la cabeza afirmativamente y él contuvo una sonrisa orgullosa.)

—Carne de res.

—Se encuentra poco. Aunque no nos quejamos. Lo que más me gusta es la «falda real» preparada por Marive —agregó, y ahora fue ella la que reprimió el gesto de orgullo.

—Fidel Castro.

—El cubano más importante, como Martí. Un padre para nosotros.

—Revolución.

—Triunfo de los pobres sobre los ricos. Cuba.

—Muchas gracias —cerró Pablo.

—¿Y eso sería todo? La verdad es que recién me estaba soltando. ¿Seguros que estuvo bien? ¿No será bueno hacerlo de nuevo? —preguntó Guilver mientras Saúl le sacaba el micrófono del borde del beatle.

Guilver y Marive posaron para unas fotos, pagamos los veinte CUC que nos cobraron a cada uno por la noche y el desayuno, recogimos los bolsos y partimos caminando hacia el parque Central de la ciudad, donde nos conectamos a internet. Saúl tenía un mensaje del periódico en que le ordenaban volver de inmediato a La Habana por razones que no nos supo explicar. Al parecer en *El País* consideraban que ya tenían suficientes imágenes de la «urna de cedro» y sus alrededores, y los servicios fotográficos de Saúl resultaban más urgentes en otra parte. Al día siguiente supimos que esa misma noche había volado a México.

La plaza estaba llena de escolares con uniformes celestes y cortes de pelo iguales a los de otros adolescentes del continente: rasurados en la nuca y alrededor de las orejas, largo en la parte superior de la cabeza.

—¿Cómo te llamas? —le pregunté a uno que vestía sudadera fluorescente y un gorro de béisbol con la visera hacia atrás.

—Pablo Escobar Gaviria —respondió, imitando el acento del famoso narco colombiano.

Por esos días la serie que recrea la vida del mafioso estaba circulando en «el paquete», un pendrive cargado con diverso contenido de internet que puede comprarse por pocos pesos en el mercado negro.

—De política nosotros no sabemos —dijo otro cuando le preguntamos por la muerte de Fidel.

—¿No quisieran mejor entrevistar a Britney Spears? —agregó señalando a una de sus amigas que tenía el pelo teñido de amarillo y usaba la falda de su uniforme dos cuartas arriba de las rodillas.

—Esta *bollicandela* puede hablarles de su política sexual —dijo otro, y de inmediato una negra que se dio por aludida se puso de pie y comenzó a perseguirlo, mientras el muchacho se escondía entre sus compañeros para evitarla.

—¡Tiene fuego uterino! —gritó.

—¡Cállate, chernícola, mira que si tú no eres pato, sabes dónde queda la laguna! —contestó ella sonriendo.

—¿Y si te llevo a la casita del *pica pica* y te cojo el *fambá*? —le propuso olvidando nuestra presencia.

—Con ese bicho, papito, tú no le das brillo a ningún muñeco —concluyó la muchacha, y ya cansada del jugueteo regresó a tomar asiento junto a Britney Spears y el resto de sus amigas.

En la plaza de Santa Clara, por donde el jeep Weaz pasó temprano con las cenizas de Fidel, parecía vivirse un día cualquiera. Tras preguntar a varios taxistas por cuánto dinero nos llevarían a Camagüey, terminamos acordando con Addiel y Oscarito, dos amigos veinteañeros que, sin nada mejor que hacer ese día, se ofrecieron para llevarnos por bastante menos que los demás. El padre de Addiel le había prestado ese día su Moskvich, y mientras lo llamaba para pedir autorización, Oscarito nos explicó que si bien el carro se veía viejo por fuera, la verdad es que tenía un motor Lada «del año 1980», aseguró con el orgullo de quien presenta tecnología de punta. Media hora más tarde estábamos en la autopista, camino de Sancti Spiritus.

Addiel y Oscarito

La autopista de las Ocho Vías empezó a construirse en 1970 y alcanzó a cubrir seiscientos kilómetros, desde Pinar del Río hasta Sancti Spiritus, cuando el año 1990 su avance debió interrumpirse a causa del Período Especial. La caravana que llevaba las cenizas de

Fidel no viajaba por ella, sino por la mucho más angosta Carretera Central, obra del dictador Gerardo Machado, quien la terminó a comienzos de los años treinta. Por ella habían llegado las tropas revolucionarias en enero de 1959, y por ella regresaban a Santiago los restos de su líder. Como el cortejo nos llevaba la delantera, teníamos el reto de llegar a Sancti Spiritus antes que él si acaso pretendíamos verlo entrar a Camagüey, donde sus cenizas pasarían la noche.

—Este es el único país del mundo en que se vive sin trabajar —dijo Oscarito.

—Por suerte para ti —agregó Addiel—. Te cansa abrir los ojos, compadre. Tu pinga se para y ya quiere dormir.

—No es lo que dice tu hermana, *asere*.

—Querrás decir mi hermano, el que te da la leche.

—No me provoque Addielito, que les cuento a los periodistas de tu gusto por las negras *gollejonas*.

—Al menos prefiero los huevos fritos al barquillo, compadre.

—Yo con una negra, jamás.

—¿Ah, no? ¿Y qué fue lo que yo vi la semana pasada, entonces?

—Ese no era yo. Fue un borracho como uva el que se tumbó a la mulatica. ¿Y viste lo que mi abuelo le dijo al *jumao* ese que se parecía a mí, pero que no era yo? «Eres un cochino», le dijo.

—A mí me gustan. Tienen el culito apretadito. ¡Venga gavilla!

—Este es un animal —nos dijo Oscarito—. Yo tengo dos bueyes, a uno le puse Negro Bueno y al otro No Hay Ninguno. Así cuando los llevo con la yunta les voy gritando: «¡Negro Bueno!», «¡No Hay Ninguno!», «¡Negro Bueno!», «¡No hay Ninguno!» Y me obedecen.

—¿Fueron compañeros de escuela? —les preguntó Pablo.

—De los pocos que quedamos. En mi clase éramos treinta y once escaparon a Miami. Los otros fueron abducidos por hembras.

—¿Tienen novia?

—Yo no —contestó Addiel—. Tuve una galáctica, y la conquistó un astronauta. ¡Hijoeputa! La mujer cubana es brava. Hay

que mantenerla nerviosa, insegura. Si se siente dueña de la situación, perdiste. ¡Y hay que darle cabilla todos los días para que no
te pegue en los tarros! Ese es el verdadero trabajo del cubano,
compadre.

—¿Es verdad que en Europa no permiten gritarle a las mujeres
por la calle?

—¿Obscenidades? —preguntó Pablo—. Sí, es cierto.

—¡Pero ustedes están locos, *man*! ¡Acá les gusta que les miren
el bollo! ¿Y cómo *singan* si no les pueden celebrar el guardafangos?
¿Te imaginas, Addiel? «Oiga, señorita, mucho gusto en conocerla,
¿quisiera usted tener una relación sentimental conmigo?». ¡De
pinga! Acá te mueres virgen.

Addiel y Oscarito nos contaron que por esos días, a fines de
noviembre, se debía llevar a cabo la zafra, pero fue postergada por la
muerte de Fidel. No es mucha la caña que queda, por lo demás. Los
campos han sido invadidos por el marabú —una maleza del tamaño de un arbusto— y son miles de miles las hectáreas incultivadas
que atraviesa la carretera. La Revolución, cuyo principal logro fue
mejorar las condiciones del campesinado —lo alfabetizó y le dio
atención médica—, tuvo también como consecuencia una altísima
migración a las ciudades. Si bien mejoró las condiciones básicas en
las provincias, al democratizar el ingreso a la universidad y abrir
el acceso a viviendas capitalinas que antes estaban en manos de la
burguesía, muchos hijos de guajiros corrieron a buscar las bondades
de La Habana. El nivel de desarrollo de la capital estuvo siempre
muy por sobre el de cualquier otro asentamiento isleño. Si a fines de
los años cincuenta La Habana no tenía nada que envidiar a Nueva
York, en los campos se vivía una miseria equivalente a la de cualquier otro país centroamericano. El dinero de los ricos provenía de
los ingenios de Oriente, pero sus dueños lo gastaban entre La Habana y Varadero. Como dice Sartre en su libro *Huracán sobre el azúcar*:

«Esto era Cuba hasta el primero de enero de 1959. Tenía
un patrón. Uno solo, un solo empleador, un solo vendedor,

prácticamente un solo comprador, un solo acreedor. Usaba sus fuerzas y fatigaba sus tierras para producir azúcar, en la esperanza cada vez más vana de reconquistar su libertad».

Y la Revolución, lejos de cambiar las cosas, agudizó el problema. Arrasó con los escasos cultivos de cítricos y mangos y otras frutas tropicales que había en la isla, y descuidó también la ganadería, todo con miras a concentrar sus fuerzas en la producción azucarera para el bloque soviético o CEI —Comunidad de Estados Independientes—, que a cambio la abastecía de todo lo demás. «La frase de Martí adquirió un sentido nuevo, la gente la repetía sin alegría: "El pueblo que quiere morir vende a un solo pueblo"», concluía Sartre, sin calcular que estas palabras escritas el año 1960 asumirían un sentido verdaderamente dramático al despuntar la década de 1990, cuando desaparecido ese mercado comprador la economía cubana cayó en la ruina absoluta.

El año 2012, Raúl Castro —«ese no tiene pueblo, a diferencia de Fidel», aseguró Oscarito— quiso promover el desarrollo agrícola y permitió la actividad privada entregando pequeñas extensiones de tierra a parceleros interesados en explotarlas. Un millón y medio de hectáreas fueron cedidas en usufructo a ciento cincuenta mil agricultores. Pero «el usufructo es una figura muy frágil», me dijo el economista cubano Alfie Ulloa, «de modo que no dio la seguridad suficiente para invertir en dichas tierras». No tenían mucho, por lo demás, que invertir. En Cuba no hay fertilizantes, el transporte es muy escaso, la maquinaria moderna no está a su alcance y, como dicha concesión termina si la autoridad considera que la tierra no produce lo esperado, fueron numerosísimos los casos en que las revocaron. Cundió la frustración entre aquellos que alcanzaron a deslomarse por volver fértiles terrenos abandonados.

Pero eso no es todo: al cabo de tantos años de socialismo, las energías productivas suelen ser miradas con sospecha. Reinier, que vive cerca de Matanzas, me contó lo siguiente: «Yo comencé a criar ganado, y ya estaban crecidos mis primeros tres novillos cuando una mañana me encuentro con que hay solo dos. Fui a la policía y entablé una denuncia, pero en el juicio se presentó uno de los sospechosos y dijo que yo estaba armando un engaño, que me había visto vendiendo carne por la izquierda de manera que lo más probable era que intentara culpar a otros por desaparición de un novillo que yo mismo había matado». Como en Cuba sacrificar una res sin autorización es un delito tan grave como matar a un hombre —esto viene del Período Especial, cuando al hacerlo dejabas sin su carne a la comunidad—, Reinier pasó de acusador a acusado, y en las semanas siguientes debió dedicar todo su tiempo a defenderse. Estaba abocado a demostrar su inocencia cuando le robaron un segundo animal y su juicio se complicó todavía más. Entonces decidió entregarle al presidente del CDR el único novillo que le quedaba, porque tuvo miedo de terminar irremediablemente en la cárcel si desaparecía.

Algo por el estilo padeció Elisa «la Ingeniera», que vive bajo el puente de Bacunayagua: una vecina celosa porque a su marido le gustaba conversar con ella —vaya uno a saber si solo conversaban— la acusó de vender gallinas sin permiso, y desde entonces empezaron a llegar todas las semanas unos policías que le iban a contar los pollos. Para seguir viviendo en paz, tanto Reinier como Elisa abandonaron sus emprendimientos.

«Tú no mueres»

Llegamos a Taguasco, en Sancti Spiritus, donde termina la autopista de las Ocho Vías, justo a tiempo para adelantar a la caravana mortuoria. De ahí en adelante la carretera se angosta y los campos se vienen encima. A la entrada y a la salida de cada uno de los pueblos que atraviesa, encontramos largas hileras de gente esperando ver pasar a Fidel: campesinos con sombreros de paja, militares de beige y de verde, familias sentadas en la hierba, muchos con morrales, porque buena parte de ellos han viajado para estar ahí. Todos los buses y camiones de la isla se pusieron al servicio del traslado de gente. De pronto eran kilómetros de camiones que avanzaban con sus camas llenas de guajiros. Los más jóvenes cantaban o gritaban: «¡Yo soy Fidel!», «¡Yo soy Fidel!», la consigna oficial de la despedida. Algunos llevaban una flor, otros un cartel escrito a mano, pero lo más vistoso eran las banderas cubanas. Es una zona en que habitan jutías, venados y búfalos. Por momentos la carretera es un caminito delgado, y en sus bordes podían verse tarros con flores en honor al muerto. Pasaban columnas eternas de buses azules sin un solo asiento libre y camiones tolva repletos de uniformados.

—Estos militares son unos analfabetos —me indica Oscarito.

Adelantamos tractores que tiraban colosos llenos de personas. «Camellos» —como llaman a esos transportes con más de un vagón y distintas alturas— rebalsados de cabezas que asoman por sus ventanas. En Oriente, la región más pobre de Cuba, está el corazón de la Revolución. Esa población acarreada no estaba ahí porque la obligaran. Si no le hubieran ofertado traslado, no hubiera podido llegar. Acontecen tan pocas cosas por allá, que igual viajarían para ver pasar a un elefante, pero este no era el caso. Llegaban para despedir a su padre.

A medida que le sacamos ventaja a la caravana, encontramos cuadrillas trabajando a toda prisa para mejorar el aspecto del lugar. Unos cortaban el marabú del borde del camino mientras otros ponían parches de asfalto en la calzada izquierda de la carretera, que es por donde pasaría el jeep con los generales y el carromato con las cenizas, y un poco más atrás los periodistas. Ya no alcanzaban a mejorar el lado derecho, pero como ahí seguramente habría buses y gente dentro de poco, no se notarían los hoyos. En la loma de varias colinas habían escrito «Adiós Fidel» con piedras blancas. Donde había casas aisladas, las familias instalaban monolitos, ramos, fotografías o pintaban frases de despedida en las rocas: «Tú no mueres», «Te Amo Fidel», «Adiós Comandante», «Hasta la Victoria, Siempre».

El hostal Vallejo

En Camagüey casi no quedaban dormitorios disponibles para pasar la noche. Tras preguntar en una decena de pensiones, hallamos sitio en la calle Bembeta, entre Cielo y 20 de Mayo, un barrio apartado y oscuro.

El dueño del hostal Vallejo —donde nos instalamos— se llama Mario Vallejo y, como nos contó esa tarde, tenía quince años cuando partió a la Sierra Maestra y se incorporó a la Columna Número 11, donde lo pusieron bajo las órdenes directas de Víctor Mora, que era analfabeto.

—Yo le escribía las cartas y le leía los documentos —dijo—, y por eso después me llevaron a La Habana, donde teniendo apenas diecisiete años participé de la fundación del MININT. Me correspondió combatir junto a Ramiro Valdés —actual vicepresidente del Consejo de Ministros—, a quien apodamos «Vinagrito» porque se reía con la boca fruncida.

Algunos de sus compañeros, conocidos como Los Veteranos de Guisa, todos hombres de más de ochenta años, rindieron una Guardia de Honor que duró cuatro días en homenaje a Fidel. Don Mario, en cambio, ya no estaba para eso. Su entusiasmo y entrega a la Revolución había sobrevivido hasta 1992, cuando el último de los hijos que le quedaba, siguiendo los pasos de sus hermanos, decidió largarse de la isla. Nos mostró fotografías de cada uno de ellos, junto a sus esposas, hijos, autos y casas en Miami. Su esposa los fue a visitar, pero él no. El mayor, Mario Vallejo Jr., había trabajado un tiempo en radio Colo-Colo de Chile como conductor.

Fue cuando la estrella de la emisora era el señor Omar Gárate, que promovía una pulsera de cobre llamada «La Pulsera de los Once Poderes».

—Él me la envió, y si la busco, la encuentro. Pero después mi hijo partió a Florida, y hoy es un famoso periodista de Univisión —contó orgulloso.

Pablo de Llano, que lleva unos meses instalado en Miami Beach, lo conocía perfectamente.

—Primero me costó aceptar que se fueran —continuó—. Los juzgué con mucha dureza. Yo había arriesgado mi vida, lo había entregado todo por una promesa que no llegó nunca. Fidel no era un mal hombre, todo lo contrario, fue un hombre excepcional, pero lo que ocurrió acá se le escapó de las manos, y yo me resistí a aceptar que las cosas no estaban bien durante mucho tiempo. Mi mujer no, ella entendió antes: cuando partió Mario la vida se le vino abajo. Murieron más de cinco mil personas luchando entre Angola y Etiopía, cuando los africanos no sabían ni siquiera que Cuba existía. Y yo consideraba que si era por el triunfo de la Revolución, valía la pena. Tuvo que partir mi último hijo hombre y no tener qué comer, para que renunciara. «Esto no tiene sentido», me dije. Varias veces lloré a escondidas. Ahora ya no queda ni Fidel, y Raúl no tiene ese don suyo que llevaba a obedecer.

Bum bum toda la noche

Esa noche, después de cenar, fuimos a la Plaza de la Revolución Ignacio Agramonte Loynaz, donde se realizaba un acto cultural en honor al comandante. Había comenzado después de almuerzo y la idea era que durara hasta la madrugada. Cerca de la medianoche solo quedaban jóvenes ahí, jóvenes que conversaban en grupos sin ponerle mayor atención al trovador que acababa de cantar, ni al poeta que lo sucedía con sus versos justicieros. Ellos hubieran preferido un concierto de reggaetón, de Jacob Forever, de Gente de Zona, de Osmani García —«me lo paró / el taxi»— o de Elvis Manuel, pero cuando volvía a sonar «Cabalgando con Fidel», inevitablemente la murmuraban. Era lo que había.

Para entonces, ese tono religioso y ceremonial en torno a la figura de Fidel me tenía hostigado. Terminó por hartarme la divinización del líder muerto, la ausencia de reflexión en torno a su figura, ese ambiente de misa que se repetía a lo largo de la isla en cada homenaje y donde él hacía las veces de mesías. Era un mismo sonsonete, una devoción que ya no encontraba eco en esa generación para la que Fidel Castro era un viejo del que todos hablaban, pero que llevaba diez años desaparecido de la primera plana.

Permanecimos algo más de media hora y buscamos una bici-taxi que nos llevara de regreso al hostal. El negro que lo conducía y pedaleaba se llamaba Roberto Gallardo.

—¿Por cuánto nos lleva hasta Bembeta? —le pregunté.

—Tres pesos. Uno, dos, tres —dijo levantando sus dedos uno por uno, como si no entendiéramos sus palabras.

—Nosotros también hablamos español —le explicó Pablo, pero no pareció convencerlo, porque de inmediato repitió moviendo sus dedos:

—Uno, dos, tres pesos. Tres solamente.

—Llévanos por dos —ofrecí yo.

—Bien. Dos. Uno, dos —y movió las manos para indicar que subiéramos—. Arriba, vamos, Bembeta. Aquí muy bonitas chicas. Chicas, bonitas —comentó ya pedaleando.

—Oye, compadre —le dije—, no tienes para qué hablarnos así. Entendemos perfectamente tu idioma.

—Ahá. Sí, muy bonitas. Yo ayer una, bum bum toda la noche.

—¿Toda la noche?

—Sí, bum bum toda la noche. Dejó exhausto. Primero cuarenta minutos, segundo cuarenta minutos, tercero también cuarenta minutos.

Cada tanto giraba levemente su cabeza para asegurarse de que lo escuchábamos y entonces aprovechaba de hacer nuevos gestos con las manos.

—Antes, joven, una hora, una hora y media. Ahora, viejo, 45 minutos. Uf. Exhausto.

Se hallaba todo tan oscuro que no era fácil saber dónde estábamos. De pronto el mismo Roberto Gallardo dudó y se detuvo.

—Bembeta más atrás. Pasé de largo. No importa, conversación buena —dijo con la respiración entrecortada, y se dio la media vuelta.

—¿Le pagaste o la enamoraste? —pregunté antes de llegar a nuestra dirección.

—Yo di sesenta pesos, no porque ella pidiera, pero mejor quedar bien para después, para la próxima.

Ya en la puerta de nuestra casa, acezando, se despidió:

—Ustedes, simpáticos.

—Y tú —le dijo Pablo— más Gallardo que Roberto.

Entonces se largó a reír, y por primera vez se dignó a hablarnos de modo normal:

—¿No quieren una chica antes de dormir?

La iglesia comunista

En lo que va de estas jornadas, no he escuchado a nadie esbozar una crítica, ni un «pero» siquiera a la trayectoria de quien es despedido como un redentor. Los penitentes han sido movilizados a lo largo de toda la isla, desde los centros urbanos y los campos hasta las orillas de las carreteras, y vicarios de civil, con sombreros guajiros o jockeys de beisbolistas coordinan las plegarias que acompañan la espera y los gritos que estallan al pasar la urna: «¡Yo soy Fidel!», «¡Patria o Muerte, Venceremos!», «¿Quién estuvo en la Sierra Maestra? ¡Fidel! ¿Quién estuvo en Girón? ¡Fidel! ¿Quién formó a esta juventud? ¡Fidel! ¿Quién es el gigante? ¡Fidel! ¿Quién es el caballo? ¡Fidel! ¿Quién está aquí? ¡Fidel! ¡Fidel! ¡Fidel!».

Ya en el parque Marte de Santiago de Cuba, una centena de escolares repiten una y otra vez: «Si de la sangre de los estudiantes / depende la soberanía / comandante Fidel Castro / puede contar con la mía».

Años atrás, estuve también en el entierro del ex presidente de Venezuela Hugo Chávez. Recuerdo que entonces se barajó la posibilidad de llevar su cuerpo embalsamado en procesión desde Caracas hasta Barinas, su ciudad natal. La distancia que separa ambos puntos es de mil kilómetros, casi la misma que hay desde Santiago a La Habana. Ellos, eso sí, harto más extravagantes que los cubanos, pensaron trasladarlo en andas, haciendo turnos para portar el féretro. Finalmente renunciaron al proyecto. La revolución chavista siempre fue una mueca de la cubana, un remedo, la copia en cartón de un hecho histórico tallado en piedra. El chavismo es más hijo del petróleo que de una convicción profunda. En ese funeral, sin embargo, al igual que en este, se comparó al muerto con Jesucristo. Los venezolanos enarbolaban carteles en que aparecían Jesús y Chávez abrazados, pintaron murales donde Chávez figuraba sentado junto a Jesús en *La última cena*. «Chavuzcristo de Venezaret», leí en un muro de Caracas. Y ahora, aunque el paralelo era menos folclórico —el cristianismo popular de los cubanos es de mucha menor intensidad—, el aire religioso se repetía. «Hombre, aprendimos a saberte eterno / así como lo fue Jesucristo / no hay un solo altar sin una luz por ti», cantaba el himno mortuorio que Raúl Torres compuso para Fidel y que sonaba en todas las esquinas. La caravana que trajo sus cenizas desde La Habana, por la Carretera Central —la Vía Dolorosa—, en un viaje de tres días —lo que tarda en resucitar un mesías—, rememorando en sentido inverso la Marcha Victoriosa de los revolucionarios luego de vencer a Batista, ha sido una gran liturgia.

El socialismo en cualquiera de las versiones que le hemos conocido, más y menos sólidas, más y menos radicales, más y menos virtuosas, es siempre una fe que, como el cristianismo, se mueve entre la creencia en un hombre superior —el Cristo redentor que la funda: Mao, Lenin-Stalin, Fidel, Chávez— y su iglesia. Mientras los valores de la democracia se diluyen en el pueblo que la practica, los del socialismo parecen requerir de un santo que las encarne y una organización bien jerarquizada que las perpetúe.

—Este pueblo de Santiago, compañero, es más fidelista que comunista —volvió a decirme un peatón.

No es de extrañar entonces que todos los esfuerzos apunten ahora a fortalecer la imagen del Partido. El domingo 27 de noviembre, en la primera edición del *Granma* luego de su muerte, cada página venía encabezada por una cita de Fidel. Todas se referían a la importancia del Partido Comunista: «La organización de vanguardia es fundamental. ¿Saben ustedes lo que da seguridad a la Revolución? El Partido. ¿Saben ustedes lo que le da perennidad a la Revolución? El Partido... Sin el Partido no podría existir la Revolución», había dicho en marzo de 1974. «A los que nos piden que nos fragmentemos en mil pedazos, les decimos: ¡No! A los que nos piden que tengamos veinticinco partidos, les decimos: ¡No! A los que nos piden que tengamos dos partidos les decimos: ¡No!, porque con este es suficiente, este basta y es el que garantiza la unión, el futuro, la independencia de nuestro país», aseguró en noviembre de 1996; «Aquellos que creen que cuando desaparezca un líder desaparece una revolución, han sido incapaces de comprender —y no sé si alguna vez lo comprenderán— algo que hace años dije: "los hombres mueren, el Partido es inmortal"».

«Toda la gloria del mundo cabe en un grano de maíz», decía Martí, y Fidel siempre fue fiel a esa máxima, por eso no quiso calles, ni instituciones, ni monumentos», declaró Raúl en su último discurso. Según Mariela, la más política de las hijas de Raúl, Fidel aprendió todo de los jesuitas y terminó convertido en algo parecido a un monje. «No le importó la familia ni nada. Fue como un cura. Se entregó a su creencia por completo», me dijo Luar, que es Raúl al revés. «El verdadero sueño de Fidel era ser considerado santo», dijo muchas veces Max Marambio.

LA ROCA

«Muchos lugares solitarios sirven de cementerio
a los valientes. Solamente en el campo de tiro del
Ejército hay cinco enterrados. Algún día serán des-
enterrados y llevados en hombros del pueblo hasta el
monumento que, junto a la tumba de Martí, la patria
libre habrá de levantarles a los *Mártires del Centenario*».

FIDEL CASTRO, *La historia me absolverá* (1953)

A las 6.40 de la mañana del domingo 4, partió el convoy con
las cenizas de Fidel Castro desde el Parque de la Revolución de
Santiago de Cuba hasta al cementerio Santa Ifigenia. Miles de
personas esperaron para despedirlo y gritarle por última vez: «¡Yo
soy Fidel!». De nuevo hubo llantos, mujeres que se desvanecieron
y otras que alcanzaron a sujetarse en los hombros de algún vecino
para mantenerse en pie.

Los deudos anónimos solo podían llegar hasta medio kilóme-
tro antes del cementerio. A la ceremonia del entierro propiamente
tal estaban convocados únicamente los parientes cercanos y los
amigos, entre los que se contaban los presidentes de Bolivia, Evo
Morales; de Venezuela, Nicolás Maduro; de Nicaragua, Daniel Ortega; y los ex mandatarios de Brasil, Dilma Rousseff y Luiz Inácio
Lula da Silva.

Fue Raúl quien introdujo la urna de cedro en el agujero de
la roca redonda de aproximadamente dos metros y medio de diá-
metro que, según dicen, fue traída desde la Sierra Maestra para

Madres e hijos. «Santiago de Cuba está despierto porque Fidel no duerme.Ven, camina con nosotros», reza el cartel.

guardar sus restos. A su derecha está el panteón de los mártires del cuartel Moncada, sus primeros compañeros en la gesta revolucionaria que culminó el Año Nuevo de 1959. A su izquierda, el mausoleo de José Martí, el más fastuoso e institucional de todo ese cementerio, con guardia de honor las veinticuatro horas del día. También están depositados en Santa Ifigenia (Santiago de Cuba es conocida como la cuna de la Revolución) los restos de treinta y dos generales de las guerras de independencia; Mariana Grajales, la madre de los libertadores Antonio y Rafael Maceo; el padre de la patria cubana, Carlos Manuel de Céspedes; los combatientes antibatistianos Josué y Frank País, y músicos emblemáticos como Compay Segundo.

Yo llegué a conocer su tumba a las cinco de la tarde, hora a la que cierran el camposanto. Estaba abierta al público desde la hora de almuerzo, recién concluido el funeral, pero durante esa tarde no aparecieron muchos visitantes. Los cubanos están acostumbrados a considerar prohibido todo lo que no está expresamente autorizado, al menos en el terreno público. Y como se sabía que el entierro era solo para invitados, lo dejaron para otra vez. Había muy poca gente en el cementerio cuando llegué. Justo comenzó el cambio de guardia en el mausoleo de Martí. El sol empezaba a perderse detrás de la torre de ese mausoleo en el momento en que llegó un guardia del cementerio a ordenarme salir de ahí. Apenas quedaban militares. Dos de ellos, con uniforme de campaña y boina roja, escoltaban su nueva y última morada. Una placa de mármol negro verdoso afirmada por cuatro tabiques dorados con el nombre de Fidel al centro cubría el agujero en que fueron depositadas sus cenizas. Su tumba era ni más ni menos que una piedra.

La figura de Raúl asoma una y otra vez, reemplazando a la de su hermano en la pantalla de televisión. Durante el discurso que dio ayer en la plaza Antonio Maceo, sus palabras se centraron en el futuro de la Revolución. Vociferó varias veces el eslogan de Obama —«¡Sí se puede!»— para terminar invitando a todos los presentes, con esa voz solemne, ronca de fumador y cadencia inalterable que lo caracteriza, a jurar defender la patria y el socialismo (que según él son la misma cosa) repitiendo las palabras de Maceo: «Quien intente apropiarse de Cuba, solo recogerá el polvo de su suelo anegado en sangre, si no perece en la lucha».

La pregunta que queda rondando al cabo de estos nueve días de duelo —bandera a media asta, ley seca y prohibición de cualquier algarabía— es hasta cuándo esta iglesia sobrevivirá a su profeta.

La paloma

A partir del día siguiente, la tumba de Fidel se convirtió en lugar de peregrinaje o atractivo turístico, dependiendo de quién cuente esta historia. Cerca de un millón de personas la visitaron durante los siguientes seis meses. La prensa oficial destacó que los peregrinos «vienen desde toda Cuba y el resto del mundo para hacer una reverencia silenciosa o dejar una flor ante el monolito en que yacen los restos del eterno Líder de la Revolución cubana». Muy pronto, los reporteros del régimen cayeron en la cuenta de que no solo eran personas quienes lo frecuentaban. «Entre los 133 mil metros cuadrados del camposanto santiaguero, sembrado de tumbas monumentales, una paloma escogió para posarse el conjunto escultórico de Fidel. Nadie sabe exactamente cuándo llegó, pero hace más de seis meses se alza, vuela lejos, pero siempre regresa aquí». Este pájaro ha sido bautizado como Símbolo Mesiánico de Paz. Se trata de su tercera aparición en lo que algunos medios llaman «el Evangelio de la Libertad»: la primera fue el 8 de enero de 1959, cuando Fidel entró en La Habana y mientras se dirigía a la multitud desde la Fortaleza de Columbia, una paloma se posó en su hombro y otras varias revolotearon en torno suyo; la segunda ocurrió cuarenta años después, cuando esta paloma volvió posarse sobre él a mitad de un discurso que dirigía a la juventud. Ahora, dicen, la paloma volvió para quedarse, y «desde aquí acompaña su descanso, atraída por toda la gloria de este grano de maíz», como consigna el periódico *Sierra Maestra*, perteneciente al Órgano Oficial del Comité Provincial del Partido Comunista de Cuba en Santiago de Cuba.

Al salir del cementerio, me detuve a ver cómo soldados con ropas de ceremonia recogían la bandera hasta ese momento izada a medio mástil. Terminaban nueve días de luto, sin trabajo, sin escuela, sin música y sin alcohol. Es cierto que un borracho siempre se las arregla para tomar, y Santiago de Cuba está lleno de ellos, pero hasta ese día no se dejaron ver. El ron desapareció de las tiendas y bares, y aunque se encontraba uno casero vendido de manera clandestina, esa noche salieron a beber del «bueno».

La primera ciudad fundada en Cuba volvía a encenderse. El parque Céspedes se llenó nuevamente de grupos que cantan. Hasta marihuana me ofreció Beatriz, una amiga a la que conocí en mis viajes anteriores, y que forma parte de un lote de rastafaris que se reúnen en esa plaza.

—Ahora que al palque le pusieron wifi, viene mucha más gente en las noches —me dijo—. Pero con el duelo, ha estado muelto. Estoy loca pol un tanque —en otras palabras, quería tomar cerveza.

Camino del Isabelica, el bar ubicado en la otra esquina, pasamos frente a una gran bandera rojinegra del 26 de Julio, el movimiento fundado por Fidel para hacer la Revolución. Le pregunté a Beatriz:

—¿Qué significa esa bandera para ti?

Y haciendo un gesto de aburrimiento me respondió:

—Nada, chico, asolutamente nada.

«UN VACÍO...»

De regreso en La Habana, me reuní con Rafael Grillo después de casi un año sin verlo. Había sufrido un accidente ridículo al interior de su casa que le rompió ambos tobillos y lo dejó postrado durante meses. Ahora recién volvía, lentamente, a dar sus primeros pasos.

Cuando hablamos por teléfono, propuse visitarlo en su casa para evitarle esfuerzos innecesarios, pero contestó que no, que prefería justamente hacer el empeño de encontrarme en La Habana Vieja, así fuera en el embarcadero para Regla, pues sentía la urgente necesidad de salir de ahí. Aunque Regla queda a diez minutos en lancha del centro de la ciudad, posee una vida pueblerina que lo tiene «podrido, como si llevara un siglo perdido en el culo del mundo, mientras allá suceden cambios espectaculares», me dijo.

A las once de la mañana lo encontré sentado en una mesa del café del embarcadero recién remodelado, con su boina de siempre y más flaco que nunca, junto a Jacque, que esta vez era la sana de la pareja, aunque no fuera cierto.

—¡Esperaba verte gordo, Grillo, después de tanto tiempo sin caminar, pero estás como un espárrago!

—Dijo que estaba gordo y empezó a hacer dieta —explicó Jacque.

—Primero engordé, Pato, pero comencé a cuidarme la boca, porque no quería echarme más peso encima. No es fácil obligar a las piernas a cargar un elefante si están débiles.

—¿Y qué te pasó?

—La cosa más tonta: me caí en la casa, subiendo una escalera. Perdí el equilibrio y pensé que convenía caer de pie antes que de cabeza, para lo que me enderecé todo rígido, como un riel de tren, y al caer me hice trizas los dos talones. Se me desplazó el hueso. Se me partió y salió hasta afuera. Tuvieron que pasar una varilla para poner el hueso en su lugar, con un dolor que no te cuento. Ese mismo día por la noche me operaron y cuando desperté estaba con yeso en ambas piernas, desde la planta de los pies hasta las rodillas.

—De ahí conseguí una silla de ruedas, y ya —concluyó Jacque.

—Estuve cuatro meses con los yesos. Iba de la cama a la silla de ruedas y de ahí vuelta a la cama. Como no podía entrar la silla de ruedas al baño tenía que tirarme en el piso y arrastrarme hasta la taza como un gusano. Debí reptar. No, no, no, aquello fue horrible. Pensaron desbaratarme los huesos y armar el pie de nuevo. Felizmente el pie terminó por reconfigurarse muy decentemente. Suerte que tuve. En septiembre comencé la kinesioterapia. Esta señorita tenía que llevarme en silla de ruedas hasta las afueras, donde queda el policlínico.

—Lo hacía con la pastilla de nitro debajo de la lengua —explicó Jacque—. Todo es loma por allá. En una misma cuadra tú subes y bajas. Y yo con este corazón, subía un poco y ponía el freno para que la silla no volviera, y a veces perdía el aire.

—Esta es la segunda vez que vengo a La Habana por mis pies. Me tiene *obstinado* el encierro en ese pueblucho.

—¿Y tú, Jacque, cómo vas? Mira que esta caída podría tener explicaciones psicoanalíticas profundas.

—¿Qué tú quieres decir? ¿Que me dejé caer para que me cargue ella a mí, para que vea lo que es cargar con la enfermedad de otro? ¡¿Es que tú, comemierda, te crees que esto me ha gustado mucho?!

—Mira que algo de eso puede haber —contestó Jacque—. Cansado de ser personaje secundario en nuestra historia de dificultades quiso tomar el protagonismo, ser el centro de atención.

—La verdad es que no solo me enfermé de los pies, sino que también de la cabeza, porque me deprimí como una alfombra. ¡Me pasó todo por arriba! Hacia finales del año pasado las cosas habían comenzado a funcionar. Me estaban invitando al exterior, tenía un proyecto de libro y hasta Jacque estaba mejor. Para lo de los Rolling Stones, ¿te acuerdas? Yo estaba felicísimo después de lo de Obama y tal, y hasta hice cobertura para *ABC*. Estaba muy fértil, pero esto lo pudrió todo.

—¿Cómo vivieron la muerte de Fidel?

—Fíjate que quince días antes —arrancó Grillo— yo le comenté a mi suegro: «Fidel no pasa este año». Lo dije porque no se le veía hace meses, pero dos días después apareció por lo del vietnamita (el 16 de noviembre, en su última aparición pública, Fidel Castro recibió en su casa al presidente de Vietnam, Trần Đại Quang), y mi suegro llamó para recriminarme que no fuera pájaro de mal agüero. Pero el hombre era evidente que entraba y salía de la realidad. El día 25 estaba leyendo con la televisión prendida, pero sin volumen, cuando vi aparecer a Raúl, y enseguida supe que Fidel había muerto. Únicamente dos veces antes había Raúl aparecido así, solo frente a las cámaras hablándole a los cubanos: cuando comunicó la enfermedad de Fidel, en 2006, y el 17 de diciembre de 2014, cuando anunció con Obama el restablecimiento de las relaciones diplomáticas. Entonces dije: ¡candela! Subí el volumen y oí la noticia.

—¿Y?

—Nada. Yo salí a la calle a los diez o doce minutos y en la calle no había un alma. No se hablaba de eso.

—Todo sucedía al interior de las cabezas —aclaró Jacque.

—Al otro día, en Regla, tampoco se hablaba nada de esto. Se decretó ley seca y lo único que escuché durante esa semana fue a unos borrachos protestando por la falta de alcohol y algunas mujeres porque no tenían la novela en la televisión. Nueve días sin nada que no fuera Fidel.

—Lo que esto produce —dijo Jacque— es una salsa agridulce.

—De inmediato comenzaron a llegarme mensajes de todas partes, de gente de izquierda. Y cada uno tenía su propio Fidel: el Fidel de la nostalgia, el de tus años mozos... En mi caso personal, yo tengo una situación muy ambigua con este hombre.

—Una situación de amor y odio —me explica Jacque.

—Yo la idealización la rompí tempranamente. Hay muchos que la mantienen hasta hoy, y en mi generación hay quienes fueron fidelistas y luego rompieron, pero yo nunca lo fui. Para mí Fidel y mi papá eran lo mismo, y el lado de mi papá que más me molestaba venía de él: esa personalidad autoritaria, que se metía en todo, que lo sabía todo, que su palabra era una orden. Pero el papel que Fidel ha jugado en la historia de este país es innegable. Cuando se murió, en todo caso, a mí no me pasó nada. No me vinieron sentimientos.

—Es de tira y afloja— retomó Jacque—. Tienes mucho por qué amarlo, y mucho por qué odiarlo. Increíble, ¿no? Si tú lo piensas a él hasta los años setenta, tú lo amas. Si tú lo piensas después de esos años, bueno, ya empieza un «te amo pero te odio», vienen los cuestionamientos, pero tienes todavía una larga historia para admirarlo. No es tan fácil que exista un ser humano con tal carisma, que de solo mirarlo, y sin que nadie te lo mande, tú bajes los ojos. Era una personalidad muy abarcadora. Podía estar hablándote la estupidez más grande del mundo, pero el *cómo* te la decía era tan fuerte, que te embrujaba.

—Yo hace tiempo —decretó Grillo con la suficiencia del intelectual— decidí ni amarlo ni odiarlo, sino entenderlo. Hay un libro, *Temor y temblor*, de Søren Kierkegaard, donde habla de los «caballeros de la fe». Ahí se refiere a la «suspensión teleológica de la moral», y usa la parábola de Abraham. Dios le habla al oído a Abraham y le pide que sacrifique a su hijo. Y él decide obedecer sin cuestionarse nada, porque su asunto es con Dios. Para mí, eso encarna a Fidel. Es un tipo que, él mismo lo dijo, le hablaba al oído a la Historia. El juicio de los hombres no le importaba. Es decir, si había que sacrificar al pueblo de Cuba en nombre de tal idea, vale.

—Yo, en cambio —repuso Jacque—, decidí nunca intentar entenderlo. Me consuela la convicción de que en la vida no todo es para entender. Es más, no me interesaba ya entenderlo. Yo no dirijo un país, yo no gobierno un país.

—Lo que se vivió esta semana fue un vacío. Un vacío…

Grillo se quedó repitiendo «un vacío», hasta que Jacque se sumó, «sí, un vacío», y los dos alcanzaron a repetir una vez a coro: «un vacío».

—Puedo elaborar esto mentalmente —siguió Grillo—, pero claro, queda como un huequito adentro de uno, una cosa rarita, ¿no?

—En el fondo, para todos los cubanos Fidel tuvo algo de padre —dijo Jacque—. Rafael lo comparó por razones personales con el suyo, pero todos tienen razones personales para considerarlo su padre querido y odiado. Y los padres son así. Cuando se va, igual quisieras que vuelva.

—Él lo decidía todo, *asere*. Hasta los refrigeradores. El 2004 mandó sacar todos los refrigeradores rusos y americanos para cambiarlos por unos chinos. Y todos tuvimos que pagar eso. Nosotros todavía estamos pagando el nuestro. Por la misma fecha mandó cocinar arroz en la olla arrocera.

—Con él la cultura tuvo su espacio, bueno, su espacio y su no espacio, pero con este otro lo único que existe es el ballet. Más nada. A Raúl lo que le gusta es el ballet.

—Ahora no hay dinero para hacer libros. La última Feria del Libro fue un desastre. Desde que Raúl llegó al poder, todos los generales han publicado sus memorias. Les ha dado por escribir. En la feria lanzaron tres o cuatro títulos cada día. La mitad del papel del país se gastó en la biografía de Raúl que publicó Antonov. Pocos días atrás, uno de mis amigos «talibanes» (así llaman a los comunistas más ortodoxos y obedientes) me comentó que entre las autoridades se me consideraba «liberal». Y eso es una mierda, porque los liberales son los más odiados de todos, la Yoani, Rodiles, ya tú sabes. Yo tuve que explicar que quizás fuera liberal, pero liberal-socialista.

Hay una cosa que quiero preguntarte, ya que vienes de Santiago de Cuba. ¿Qué te pareció la tumba? ¿Es un mojón, no es cierto?

—¿Qué impresión te dio? —se sumó Jacque con ansias.

—Mi primera impresión —dije— es que optó por algo sobrio. Es una roca sólida, pulcra, duradera, pero no impresionante.

—¿Un túmulo, verdad? —quiso saber Grillo.

—Una roca, sí, un túmulo, un bollo, un mojón si tú quieres, un enorme mojón de conejo.

—¿Acaso Jesús no se hubiera enterrado en una roca así? —preguntó Jacque.

—¡Es que así fue! —exclamé, emocionado por el hallazgo de Jacque—. De hecho, en los evangelios se dice que cuando llegan las tres Marías al sepulcro de Jesús, lo que encontraron ahí fue la roca desplazada de su tumba.

—Se lo dije a Rafa. ¿Te lo dije o no te lo dije? Me lo discutiste y me gritaste que «no» mil veces, pero yo lo sabía. Lo siento —le dijo a Grillo, que dejaba ver una cierta irritación, aunque hacía esfuerzos por disimularla.

—Eso de pedir que no le pongan su nombre a ninguna calle, que no le hagan estatuas y tal, es para que no se las tumben como le pasó a Lenin y a Stalin —aclaró Grillo.

—Yo digo que no es así. Fíjate que en todos sus últimos escritos se refería a cosas bíblicas. Él era tan grandioso que como no pudo ser el presidente del planeta Tierra, porque ese es el presidente de los Estados Unidos, puso todo su esfuerzo en ser el más importante de América Latina.

—Yo creo que aquí se perdió una gran oportunidad para humanizarlo al menos un poco. Entiendo que su familia no tuviera un rol protagónico, pero tenían que dejarse ver. Al menos su mujer y sus hijos debieron estar en la Plaza de la Revolución, así fuera en segunda fila. Y no estuvieron en ningún momento. Los eslóganes del funeral fueron: «¡Yo soy Fidel!» y «¡Ordene!», y a mí eso me cargó como una patada. ¿Por qué yo tendría que sacrificarle mi individualidad a este hombre hasta después de muerto?

—Bajito, mi amor —le ordenó Jacque.

—No te preocupes, que aquí estamos en un punto ciego —le contestó Grillo que, de todos modos, obedeció—. Yo diría que Raúl no salió debilitado de todo esto. Este funeral le va a dar aire para aguantar los dos años que le quedan, incluso con lo que pueda significar la subida al poder de Trump (lo pronunciaba tal como se lee en español). La herencia del hermano impulsará el orgullo revolucionario todavía un rato.

—Raúl lo ha hecho bien, exactamente al revés de lo que hizo Maduro, que trató de imitar a Chávez con discursos largos y chistecitos que a él no le resultan. Este hizo todo lo contrario: se quedó callado —explicó Jacque.

—Me tinca que comenzará una lucha por el poder —dije yo—. No creo que Raúl consiga mantenerlos a todos cuadrados por mucho tiempo.

—Cuando Raúl llegó al poder hizo una purga. Y con esa purga eliminó a la generación que le tocaba llegar al poder y que había sido formada por Fidel. Esos que habían hecho toda la carrera política desde la UJC y la FEU hasta el Partido. A toda esa generación civil, él la eliminó —explicó Grillo.

—Bajito, bajito —insistió Jacque.

—En su lugar colocó a los militares. De la línea histórica de la Revolución están todos muertos. Solo quedan tipos que nunca tuvieron poder ni carisma. Ninguno de estos militares son políticos, empezando por Raúl, que tampoco lo es. O sea, lo que queda es una casta de la generación de sus hijos —Alejandro y compañía— que son tecnócratas con grados militares. Y con dinero, porque los militares son los dueños del 90 por ciento de lo que sirve en este país. Además, no son auditados. Aquí existe un poder paralelo al de los ministerios. Todos los ministros tienen asesores militares puestos al lado, gente de las FAR que están ahí para controlarlos. Esos son los que van a pugnar por el poder cuando muera Raúl, que, dicho sea de paso, será bastante pronto. Raúl siempre fue segundo. Era el báculo de Fidel. Y sin él, se desmoronará en cualquier momento.

—Fidel también fue un padre para Raúl —asintió Jacque.

—Un padre que lo trató a las patadas. Prefería a cualquiera antes que a su hermano Raúl. Nunca fue su preferido, pero sí su hombre de confianza. Sabía que él no lo iba a traicionar, pero siempre prefirió a Ramiro, o al Che, a los Lage y compañía. Por eso cuando llegó al poder tuvo que deshacerse de todos ellos. Y el argumento que usó fue decir: «fíjate, Fidel, que se estaban riendo de ti». Con eso justificó la purga a sus ojos. Mira, hay una anécdota de la Sierra que ha circulado mucho, según la cual Fidel, a un cierto punto, enfurecido por ciertas conversaciones radiales que Raúl estaba teniendo con gente en La Habana, pidió que le trajeran a su hermano porque lo quería fusilar. «Pero si es tu hermano», le decían, y él respondía «¡eso no me importa un carajo, igual lo voy a fusilar!». Raúl fue el verdadero sovietista de la Revolución. Fidel lo mandaba a él a hablar con los soviéticos. Ahí fue que aprendió de purgas y esas cosas que le encargó a Machado Ventura. Raúl fue quien persiguió por acá todo pensamiento crítico. Pero en resumen, lo más letal (le gusta mucho a Grillo usar la palabra «letal») de todo esto es que en Cuba no hay políticos. Raúl habla del Partido, pero resulta que el Partido Comunista no tiene cuadros calificados.

—Para mí —observó Jacque—, lo peor de todo es que miras a la gente que va por la calle, miras a los miembros de esta sociedad y te preguntas qué estarán pensando, qué pasará ahora mismo por sus mentes y corazones, y la verdad es que todo les da igual. Les da igual que vengan los americanos o los esquimales, con tal de que algo cambie.

—La generación mía, los que ahora tenemos entre cuarenta y sesenta años, pudimos haber hecho algo. Pero la purgaron entera. Solo quedó Díaz-Canel, porque hizo su carrera en provincia. De hacerla aquí le hubieran cortado la cabeza hace siete años, con Lage y Pérez Roque. Es el único representante de esa generación política, fíjate. Y tiene un partido insignificante y fragmentado entre los viejos como Machado Ventura, ya terminales, y las muchachas como esas de la UJC y la FEU que tú escuchaste hacer discursos gritones en el acto de Santiago de Cuba. Oye, Pato, y a propósito: ¿ya leíste el artículo que escribió Padura sobre la muerte de Fidel?

—No.

—Claro, porque no ha escrito nada. Ni él ni ningún Premio Nacional de Literatura, ni de Arte, ni de Cine. Los intelectuales de este país se quedaron callados. Yo lo encuentro increíble.

—Ni Silvio Rodríguez —dijo Jacque— que, según yo pienso, debió cantar en su funeral. Más importante que estar de acuerdo con una persona es la lealtad. Imagínate que él le compuso a Fidel la canción «El Necio», que hasta la citó Rafael Correa en su discurso, pero en estas circunstancias prefirió no aparecer.

—Cobardía pura. Es lo que te quiero decir: tenemos un montón de intelectuales cobardes. Ninguno quiso salir en la foto, ni para bien ni para mal. No hubo nadie para ponerle inteligencia ni matices a esta historia, para contarla con alguna distancia del endiosamiento, y de la chabacanería de Miami. Nadie lo hizo ni lo va a hacer. Salvo si lo empujan, y eso no vale. A mí esto me duele.

—Estaría bueno —provoqué yo— que alguien diga que Cuba ya no es Fidel.

—Y la verdad es que no lo es. Los fidelistas son una generación envejecida.

—Nosotros siempre decíamos que hasta los huracanes le temen a Fidel —recordó Jacque—. No sé si sabes, pero en el medio siglo que él estuvo en el gobierno, nunca pasó un huracán por La Habana. Los ciclones llegaban hasta Florida. Después del 2006, cuando se enfermó, cayeron tres huracanes por Holguín, después otro desbarató Santiago y ahora este último que arrasó con Guantánamo. Mientras Fidel mandó, hubo un par de ciclones que se atrevieron como mucho con Pinar del Río. Se asomaron apenas por la puntica de la isla.

—¿Y tu salud, Jacque? —pregunté.

—Con esto de Rafa me desestabilicé un poquito. He tenido que tomar más nitro para dilatar las arterias. Con la invalidez de este...

—¡No hables de invalidez, por favor! Esa palabra no la puedo oír —reclamó Grillo.

—Bueno, como le quieras llamar. Con tu problemita no me ha dado tiempo de ir al hospital.

—Eras tú la que no podía estar sola allí. Digamos las cosas como son. Ahora que esté un poco mejor podré acompañarte y atenderte lo necesario.

—Yo decía: dios mío, dame vida para dejar a Rafael recuperado. Porque hubo veces que pensé que no llegaba. Hubo momentos en que me quedé botada con la silla de ruedas en medio de la calle, en un contein, bloqueando el paso. Como él no se podía mover lo dejé en un cuarto y unos vecinos me llevaron a la posta médica sin que se enterara. Me pusieron oxígeno mientras juraba que me iba. Y yo lo único que pedía eran fuerzas para dejarlo caminando. Pero fíjate que yo pienso que el 2017 se nos viene bueno, porque con la racha que hemos tenido, una detrás de otra, peor no puede ser.

«¡DATE CUENTA!»
(Marzo de 2017)

Raúl al revés

Luar —«Raúl» al revés— es nieto de José Luis Tasende, uno de los ciento treinta y cinco guerrilleros antibatistianos que el día 26 de julio de 1953 participaron del asalto al cuartel Moncada. «Lo mataron cuando empezó la primera parte de esta película», me dijo. «Era la persona que Fidel más respetaba en el ámbito de la acción revolucionaria, lo consideraba el más guapo de todos». Fue su abuelo, me contó Luar, quien recogió a Raúl Castro en La Habana, lo subió a un tren y se lo llevó a Santiago para participar de la gesta. Tasende pensó que si lo dejaba ahí, su vida peligraría todavía más. Los esbirros de Batista, cualquiera fuera el resultado de la operación, podían tomar represalias con él.

—Mi abuelo se lo llevó en el «lechero», y mientras viajaban en ese tren comiendo arroz con pollo le contó que se iban a tomar el Moncada.

Tasende, al llegar, convenció a Fidel de que lo incorporara. También fue él quien le presentó a Abel Santamaría, otro de los mártires del asalto.

—El día que mi abuela comenzó con los dolores de parto, quienes estaban con mi abuelo eran Fidel y Abel Santamaría. Quien manejó el auto hasta el hospital fue Fidel. Y el padrino de bautizo de mi mamá, que fue la que nació entonces, es Raúl. Ella tenía un año y medio cuando murió Tasende, su padre —prosiguió Luar—.

Mi abuelo fue el único, junto con Renato Guitart, que entró al Moncada. Ramiro Valdés se quedó vigilando el ingreso. Cucho Montané y Pepe Suárez estaban con él, pero cuando vieron que no podían hacer nada, lo dejaron solo. Desde que soy chiquito que Raúl me repite siempre: «si yo estoy ahí, tu abuelo se salva».

Su abuela les hizo los uniformes para el combate, y su abuelo es quien aparece herido en una de las fotos más recordadas del evento. Según Luar, Fidel y Raúl se encargaron de hacerle honor a esa amistad durante toda la vida.

—Fidel no era un hombre de familia, pero siempre que se encontró conmigo fue afectuoso. «¿Caballero, cómo está usted?», me preguntaba, tomándome la mano delante de todo el mundo. Imagínate lo orgulloso que me sentía después de eso —me dijo Luar y a continuación agachó la cabeza, como si le diera pudor lo que acababa de contar—. Raúl, en cambio, me adoptó. Me considera el hijo de su hija mayor. Yo tenía nueve años y escribió una carta invitándome a ser su hermano más pequeño.

Luar remarcó un par de veces el hecho de que fue su abuelo quien llevó a Raúl al Moncada, y «sin el Moncada le faltaría un capítulo muy importante para ser quien es. Si no estuviste ahí, te falta la pata derecha».

Uno de los grandes amigos de Luar es Pablito. Si Luar tiene cuarenta, Pablito tiene cincuenta. Es uno de los dueños del restaurante O'Reilly 304, ubicado precisamente en esa dirección de La Habana Vieja. Les fue tan bien, que ahora abrieron otro justo al frente, llamado El del Frente. Al parecer, Pablito y sus socios no se hacen problemas con los nombres. La especialidad de ambos boliches son los cócteles. Ni los mojitos ni los daiquiris, sino los gins, los bloody marys, los martinis, los old fashions. Pablito, sin embargo, esquiva tanta sofisticación. Prefiere tomar ron y cerveza, como cualquier cubano. Ha ganado dinero, pero está muy lejos de ser un tipo que se desvele por la riqueza. Es flaco, alto y le gusta divertirse. Desde que el negocio anda sobre ruedas, le dedica a eso buena parte de sus energías. Tiene mujer e hijos, al igual que Luar, pero juntos se las arreglan para no sentir el peso de tal responsabilidad. Pablito dice riendo que le gusta La Habana, entre otras cosas, porque todavía puede manejar tomando cerveza. «Somos *madurescentes*», aseguran ambos.

Ayer pasaron por mi departamento a eso de las siete de la tarde. Llegaron discutiendo. Debatían acerca de la persona de Fidel. Mientras yo sacaba las Bucanero del refrigerador, Pablito argumentaba:

—Lo que sucedió con Fidel, *asere*, es que como los americanos se le fueron duros, él se radicalizó. Después convirtió esta pelea en una convicción, y ahí se jodió la cosa. La revolución fue víctima de sus propias ideas, porque todo poder absoluto corrompe absolutamente. No es el dinero, pueden ser también las ideas. Desde el momento que un jefe de Estado no le reporta a nadie, hace lo que le da en los cojones, saca dinero de aquí y lo pone acá porque le dio en los cojones, o retira una autoridad sin dar explicaciones a la Asamblea porque le sonrieron los cojones, esto ya es una mierda.

—¿Y cómo tú limitas eso? —dijo Luar, mientras yo le entregaba su cerveza—. Cuando se te va la vida en un proyecto, ¿cómo lo paras? Este es mi criterio, tú tendrás el tuyo y ya. Ceder el poder cuando lo has tenido tanto, por razones sicológicas, siquiátricas, no es tan sencillo. Además, sabes que si cedes el poder, te joden. Te pueden matar en una esquina.

—Eso está mal —reclamó Pablito.

—Déjame desenredar mi criterio —Luar se tomó una pausa—. Raúl tiene 85 años, y cuando él suelte todo esto, el carro tiene que seguir blindado.

—Ya eso está mal concebido, compadre —insistió Pablito.

—Para ponértelo claro —Luar cerró los ojos con fuerza y al reabrirlos continuó—: si se le poncha la rueda la debe cambiar, porque no tiene a nadie detrás.

—¡Qué claro ni qué pinga, *asere*, eso está mal!

—Esto es muy difícil, Pablito.

—¡No! ¡No, no es nada difícil! Tienes que estar convencido de que tú trabajas para la gente y no la gente para ti. Ese es el punto.

—¡Es muy difícil! Lo único que quiero es que me entiendan.

—Okey, te entiendo —concedió Pablito—, pero no lo comparto ni soy así.

No se trataba de una discusión acalorada. La defensa de Luar distaba de ser la de un fanático, pero se sabía obligado a respaldar algo difícil, entre otros motivos, porque la lealtad era un bien del que los Castro nunca lo habían privado. Luar no es rico, pero disfruta de beneficios que le conceden una vida muy agradable por el hecho de pertenecer a la familia de la Revolución. Entiende que los tiempos están cambiando. Convive tanto con funcionarios del corazón del aparato como con artistas, emprendedores y bohemios de la ciudad. También quiere hacer negocios. Un día fuimos juntos a ver una casa que vendían a orillas del mar en Jaimanitas. Las olas entraban por su living y comedor cada vez que subía la marea. Él me propuso que instaláramos un restaurante, algo muy rústico, con una parrilla en el patio donde se frieran pescados y se tomara ron en los cocos de sus palmeras. Una playa llena de basura la rodea por todos lados, «pero basta limpiarla para que sea un paraíso caribeño».

—Si tú eres el presidente de un país —siguió Pablito— y llega el presidente de otro país, y te dice que te bajes los pantalones para que él te meta la pinga, o de lo contrario en pocos minutos estallará una bomba que matará a toda la población, y tu sacrificio es la única salida… ¿Qué hace el buen político? ¿Defiende su honor, o lo sacrifica por su pueblo?

—El santo de verdad se baja los pantalones —acoté.

—Y salva a su pueblo —concluyó Pablito.

—¡Pero estamos hablando de un ser humano, señores! ¡Y de situaciones muy fueltes! —reclamó Luar.

—Todos los cubanos sabemos que Fidel es un personajazo, un hombre excepcional, pero que con tal de demostrarlo nos echó a la olla, y se lio con los Estados Unidos, y le dio con la lucha antiimperialista, y nos embarcó a todos. Y eso está mal. ¿Tú me preguntas si yo lo hago? Pues no, no hago eso.

—Modestamente, lo que yo he notado es que todo cubano hubiera querido ser como él. Pero él era más que todos, de manera que no se podía. El político no puede pretender la santidad, porque no es él lo que importa —opiné yo, procurando un tono conciliador para no acorralar a Luar más de la cuenta.

—Pero es que bajarte los pantalones y que te den por el culo... No sé.

—Es un extremo, *asere*, no te quedes con eso —matizó Pablito.

—Cuando había que pelear con los americanos aquí se dio pelea, compañero. Yo te voy a hacer una pregunta Pablito: ¿Qué tiene Cuba, que hace que estos no bajan el bloqueo? ¿Por qué los americanos no acaban de quitar la pinga esa?

—¡Porque no la pueden quitaaaaar!

—Yo sostengo que por culpa de unos cuantos huevones de Florida capaces de desequilibrar cualquier elección —intervine.

—Entonces esos sí están secuestrados por una mierda de Estado —dedujo Luar.

—Después de terminar la Guerra Fría, tras la caída de la Unión Soviética, ¿por qué no se quita el bloqueo? —continué—. Por un cálculo político menor. Mira qué raro, ¿quiénes son acá los enemigos de este proceso de apertura con los Estados Unidos? Las Damas de Blanco, los anticastristas más furiosos, y también los fidelistas más ortodoxos. A ellos se les acaba el negocio si este diálogo se normaliza.

—Puede ser —dudó Pablito—. Pero aquí el problema de fondo es una actitud que tiene Raúl, y que se la enseñó Fidel, producto de tanto tiempo administrando todo el poder. A Felipe

Calderón, ex presidente de México, amigo de este país, lo cogieron en el aeropuerto de La Habana y lo mandaron de vuelta. ¡Por favor! Todo porque venía a un acto no autorizado. Él fue quien levantó las relaciones con Cuba destruidas por Vicente Fox. ¡Date cuenta! Dime tú, ¿a quién le importaba el evento de Payá?

Pablito hizo un alto, y antes de seguir:

—Lo que tergiversa la realidad, para el cubano de la isla, son los dos millones que viven en Miami. Desde acá los ven rodeados de bienes materiales, dándose la gran vida, y no saben la mentira que es. Yo los veo allá con los buzones llenos de facturas, añorando todo el tiempo su vida acá. Pero cuando vienen, se encargan de demostrar que tomaron una opción correcta. Muchos ni siquiera pueden enviar dinero. Esa es la triste realidad.

—Por lo que me ha tocado experimentar, si alguien tiene mil quinientos dólares al mes, esta ciudad es lo máximo. Se vive como rey: tienes tiempo, tienes amigos, tienes playa, tienes salud, tienes mujeres. ¿Qué más quieres? Es el mejor lugar del mundo —aseguré yo.

—Pero tienes que tener los mil quinientos dólares —acotó Pablito.

—Y aquí hay algunos a los que les alcanza solamente para comer arroz. ¿Le puedes decir a un tipo que solo come arroz que esta es una sociedad mejor que las demás?

—Peor todavía cuando tienes parientes o amigos fotografiándose a noventa millas junto a su carro y con un perro caliente en la mano —agregó Pablito—. Mira esto: yo tengo una cuñada que llevó a mi madre y mi esposa para Miami, y a mí me está costando dos mil dólares pagados desde acá mantenerlas, porque esos están embullados y apenas les alcanza. ¡Es una estafa! Me han trasladado un problema con dos cañas que yo acá tenía resuelto con tan solo doscientos cincuenta dólares.

Guardó silencio unos segundos y continuó:

—Yo soy de izquierda, de izquierda real, porque me sensibilizo con la gente, *brother*. Y tengo dinero, pero aquí la gente cada día es más pobre y eso hay que resolverlo con comunismo o como sea. Esto no es ideológico, esto es el país. O se va a la mierda, o hacemos algo. Hoy seguimos ideológicos a *full*. Empezando por tu padrino, por el Partido, por la dirigencia.

—Mira tú, mandando dinero desde Cuba a Estados Unidos —devolvió Luar.

—Pienso que si hoy alguien es «ideológico» en Cuba, lo es para mantener una parcelita de poder. Nadie habla en serio de socialismo —dije yo.

—¡Nadie! —gritó Pablito—. Yo tengo amigos a cargo de grandes empresas y no hablan de socialismo, ¡ni de muerte menos! Y déjenme decirles que eso, desde que pude razonar, fue lo primero que no me gustó de Fidel: muerte sí que no. Ni patria o muerte, ni socialismo o muerte, nada de eso. La muerte no es una opción. Esto hay que arreglarlo. No fue la muerte para Fidel, ¿por qué tiene que serlo para mí?

—Él siempre fue el primero. No me vengas con cosas —se molestó Luar.

—Si había un hueco para salvarse de la bomba atómica en esta isla, era para él.

—Pablito, nuevamente discrepo. Desde que lo dejaron salir de Isla de Pinos, su opción fue el triunfo o la muerte.

—Eso es él, pero no yo. Su filosofía, pero no la mía. ¡Que no me la imponga, pues!

—Claro que era su opción, y la gente lo aplaudía en la plaza. ¿Te acuerdas, Pablito?

—¡Vamos a hundirnos en el marrr! ¡De pinga! Lee a Gustavo León, *Psicología de las multitudes*, léelo para que tú veas. Y ahí entenderás cómo es que se hace eso.

—Será lo que quieras, pero se propuso algo, y la gente lo siguió. Y se murió de viejo. Hay una anécdota del libro *Rafa, el desordenado*, que recoge todas las anécdotas de Rafael García Bango.

—Lo conocí, lo conocí, murió borracho en la Quinta Avenida, con una *jevita*, cruzando pa la casa del Yogui.

—A mí me encanta tu rudeza, Pablito, pero déjame hablar. Este Rafa fue abogado de Santo Trafficante, uno de los grandes mafiosos italianos. Y Santo Trafficante, estando preso en Triscornia, le dice a Rafael García Bango: «a Fidel nadie lo va a matar, ni los mafiosos ni los americanos; ese muchacho se va a morir en una cama el día que le toque». Esto fue el año 1959 o 1960, no estoy seguro.

—Y también Fidel dijo, «el día que nos muramos, regresaremos por el mismo camino que vinimos hasta Santiago de Cuba, haciendo el recorrido inverso de la Caravana de la Victoria». Mira que lo dijo en 1959. Y tal cual fue —concedió Pablito.

—Los escucho y concluyo que Fidel es un personaje demasiado admirado como para ser un político democrático —sentencié.

—Ese es tu criterio, yo tengo el mío, pero concuerdo completamente con eso. ¿Y por qué Raúl le está haciendo tanto bien a Cuba? Porque no es Fidel —resumió Luar.

«Yo soy Fidel», gritaba la gente a lo largo de la isla cuando veía pasar la urna con sus cenizas. «Cuba es Fidel», tituló el *Granma* al día siguiente de su muerte. Es obvia, entonces, la pregunta que una vez desaparecido queda rondando: si él no está, ¿qué es Cuba? Si Fidel yace enterrado: ¿quién eres tú, cubano?

La pasarela cubana

Han transcurrido cuatro meses desde la muerte de Fidel. Nadie sabe a ciencia cierta qué está sucediendo, qué se planea, cómo piensan en el entorno íntimo de Raúl Castro continuar esta historia. El hermetismo es completo. Algunos especulan que en 2018, cuando Raúl entregue la presidencia, lo reemplazará Miguel Díaz-Canel, un grandulón de pelo canoso y tez clara, desprovisto de todo carisma: de los pocos de su generación que sobrevivieron a la *razzia* de Raúl. Aseguran que él se quedará como máxima autoridad del Partido Comunista que, según la Constitución de 1976, «es la fuerza dirigente superior de la sociedad y del Estado». Dicen que al único hijo hombre de Raúl, Alejandro, hoy al mando de la seguridad del Estado, le crearán algo parecido a un Ministerio de Defensa. Hay los que piensan que será él quien finalmente asumirá la presidencia.

Pero todo esto, aunque proviene de conversaciones con miembros de los grupos más informados del país, lo comentan sin el apoyo de fuentes confiables. La prensa, de más está decirlo, no tiene ni la más mínima posibilidad de indagar en los refugios del poder.

—En tiempos de Fidel uno siempre sabía lo que pasaba. Ahora se halla todo mucho más concentrado y hermético —me dijo un funcionario del MININT—. *E pur si muove* —agregó.

El hecho que sí está a la vista de cualquiera, es que Raúl ha instalado en puestos clave a miembros de su familia. La economía la dejó en manos de Luis Alberto Rodríguez López-Calleja, ex marido de Deborah, una de sus hijas. Radio Bemba, es decir, «la bola», murmura que se separaron porque él la golpeaba, pero al parecer Raúl lo perdonó. Rodríguez López-Calleja es quien controla GAESA, el mayor emporio empresarial de Cuba, perteneciente a las Fuerzas Armadas. Los militares, está dicho, son los dueños de prácticamente todo el escaso aparato productivo del país. El ex yerno de Raúl se supone que coordina y negocia las inversiones extranjeras que ya comienzan a llegar en escalas más grandes que la apertura de uno o varios paladares. Semanas atrás aparecieron unas grúas en el puerto de La Habana, donde estaría proyectado un terminal para cruceros, apartamentos exclusivos y un hotel cinco estrellas, administrado por la hotelera militar Gaviota y la empresa francesa Accor Hotels. Los habaneros todavía no se acostumbran a la presencia de esos enormes brazos de fierro. No veían algo así desde la construcción del hotel Cohiba, inaugurado en 1995. En la planta baja del Hotel Kempinski, el primer hotel cinco estrellas plus que acaban de inaugurar en el centro de la ciudad, abrieron tiendas Versace, Armani, Montblanc y L'Occitane. Albañiles traídos de la India, y que reciben un salario de mil seiscientos dólares al mes —ochenta veces mayor al que paga el Estado cubano a sus obreros—, han estado a cargo de la faena. Los vecinos de La Habana Vieja se pasean por ahí vitrineando relojes y lapiceras que ni siquiera ahorrando varios años podrían comprar, mientras desde la piscina temperada de la azotea los turistas consiguen una estupenda panorámica de la degradación centrohabanera. Muchos se toman selfies desde allí.

«Cuba está convertida en el paraíso de la moda, por eso quise venir aquí», declaró el empresario italiano Giorgio Gucci. Después de Obama y los Rolling Stones, Karl Lagerfeld organizó un desfile de la casa Chanel por el Paseo del Prado, en el que participaron algunas de las modelos mejor pagadas del mundo. Entre los espectadores se hallaban Omarita Portuondo y el actor Vin Diesel, que por esos días filmaba en La Habana un nuevo capítulo de la saga *Rápido y Furioso*, quizás la película hollywoodense más taquillera del momento. Días antes, Khloé, Kourtney y Kim terminaban de grabar su reality show *Keeping Up with the Kardashians*. La mediática familia Kardashian no elige cualquier escenario para mostrarse con impudicia, sino esos donde sus millones de televidentes se supone que sueñan estar.

—Fidel siempre se opuso a la inversión extranjera, incluso al turismo internacional. Durante los años noventa se abrió a las dos cosas solo por necesidad. De hecho, las únicas inversiones que entraron en la isla lo hicieron entre el 90 y el 96. Hasta que llega Chávez. Ahí se detiene —me explica Ángel Domper, ex marido de Celia, la hija menor del Che Guevara, y uno de los pocos empresarios exitosos de la isla—. Hay una capacidad hotelera que no se había desarrollado porque Fidel no quería que vinieran extranjeros a La Habana. El turismo debía quedar fuera, sin contaminar la ciudad.

Se habla de más de veinte propuestas de hoteles de lujo a desarrollarse próximamente en la capital cubana.

—La muerte de Fidel apuró los procesos —cuenta Domper—. Están sucediendo cambios a una velocidad difícil de percibir para alguien que no está metido en este cuento. Dicen, por ejemplo, fuentes muy bien informadas, que Ivanka —la hija de Donald Trump— y su marido, Jared Kushner, que ahora es asesor de Trump en el gobierno, estuvieron tres meses antes de ganar las elecciones negociando la compra de los hoteles Neptuno y Tritón. Vino también, esta semana, una comisión de republicanos a conocer las condiciones comerciales de la isla, y se reunieron con algunas empresas mixtas para discutir planes de inversión.

Entre los rumores del último tiempo —«cuando el río suena es que lleva elefantes», me dice el chismoso— estaría la concesión de unos cayos a cierta firma turística norteamericana, adonde los estadounidenses podrían ir sin necesidad de sacar visa, siempre y cuando no pasen de ahí a la isla grande. Hay una línea de supermercados europea llamada Spar que ya abrió un local en Quinta Avenida y otro cerca del Puente de Fierro. El puerto de Mariel también tiene un proyecto de desarrollo en curso donde participan fondos brasileños de la empresa Odebrecht (hoy sumida en megaescándalos de corrupción) y se supone que los franceses asumirían pronto la remodelación del aeropuerto José Martí. Empresas canadienses están invirtiendo en minas de níquel y los chinos financiarían sus plantas de procesamiento.

Como nunca antes se ven casas en restauración. Son muchos los extranjeros que están comprando propiedades a nombre de cubanos, porque aún no es posible que lo hagan directamente. En la Plaza Vieja, la más remozada del casco antiguo, se han instalado elegantes marcas internacionales como Lacoste, Diesel y Paul & Shark. Algunos de los departamentos que dan a ella, que hace un par de años podían adquirirse por cincuenta mil dólares, hoy refaccionados están costando casi quinientos mil. El aumento en el precio de las propiedades es notorio y ahora que fue derogada en los Estados Unidos la ley de los «pies secos, pies mojados», que permitía a los cubanos llegar allá y ser de inmediato acogidos como refugiados, es de suponer que subirán todavía más. Hasta antes de este gesto de amistad realizado por Obama a pocas horas de dejar el mando —el fin de esa norma constituía una vieja demanda del gobierno cubano—, eran una excepción quienes se resistían a vender sus casas si cualquiera les ponía una maleta de dólares delante. Con el dinero en sus manos, emigraban enseguida. Wendy asegura que la derogación de esta ley traerá graves problemas, porque «con el fin de ese incentivo migratorio se cierra la mayor válvula de escape que tenía la Revolución». Aún no está claro qué sucederá con esos que abandonaron la isla y quedaron estancados en alguna frontera latinoamericana camino a Norteamérica. En el último tiempo solían viajar a Ecuador, que entregaba visas con facilidad, y desde ahí avanzaban por tierra hacia los Estados Unidos.

Si pocos meses atrás no había vuelos directos a los Estados Unidos —salvo charters esporádicos—, actualmente son cerca de treinta los aviones de líneas como Delta, American Airlines, United y Jet Blue que despegan diariamente con ese destino. Ya se consiguen boletos de ida y vuelta a Miami por alrededor de doscientos dólares. El crecimiento de esta oferta fue tan explosivo, que la semana pasada estas aerolíneas decidieron repensar sus frecuencias de vuelo, porque el interés de los *yuma* por visitar la isla no fue de la dimensión esperada. Como sea, son muchísimos los estadounidenses que hoy pasean por La Habana. Se han organizado incluso tours por las calles Ánimas, Virtudes y Concordia que ofrecen entrar en las casas de los residentes para conocer cómo se vive en el comunismo. La presencia de cruceros en el puerto ya no produce extrañeza. Si antes los niños se agolpaban en las barandas del puerto para verlos llegar, hoy son tan parte del paisaje como el Cristo de Casablanca.

Nada de esto, en todo caso, ha cambiado el nivel de vida de los habaneros. La economía pasa por momentos difíciles. Existen proveedores a los que el Estado les está pagando con treinta meses de tardanza, dejándolos al borde de la quiebra. Si alguno de ellos osa reclamar más de la cuenta, las autoridades le quitan la confianza, de manera que sufre en silencio. Últimamente cuesta encontrar petróleo. Escasea el transporte público y hay barrios en los que han vuelto, aunque muy ocasionalmente, los cortes de luz. Los almendrones, esos autos viejos en manos de particulares que funcionan como taxis colectivos pagados en moneda nacional, ya no encuentran combustible en el mercado negro. Antes se lo compraban a transportistas o empleados de las empresas estatales que lo robaban en sus puestos de trabajo, pero ahora lo encuentran solo en los expendios oficiales, donde además subió de precio. Quienes prestan este servicio plantearon la necesidad de elevar sus tarifas, pero la autoridad se negó rotundamente para no generar malestar en la población. Resultado: los almendrones han dejado de trabajar y hoy cuesta mucho desplazarse por la ciudad. El precio de una carrera en taxi puede ir de los cinco a los quince dólares, lo que para un cubano medio resulta imposible si se piensa que el sueldo mensual va de los veinticinco a los treinta.

La existencia de las dos monedas —el CUP y el CUC, el peso cubano y el peso convertible— ha generado la existencia de dos economías paralelas, es decir, de dos modos de vida. En Cuba se puede sobrevivir con poquísimo dinero si se habita en el sistema de la moneda nacional, y con precios internacionales si se paga en convertible. Tampoco es lo mismo lo que se compra con una y otra moneda. Todos los nuevos restaurantes funcionan en CUC. Una cena, en esos sitios, cuesta en torno a los treinta dólares, mientras que un sándwich de minuta (pescado frito) puede comprarse en un puesto callejero por menos de medio dólar. Lo mismo las pizzas, los bocadillos de jamón y queso fundido, el café, los jugos naturales, las croquetas y los platos del día en los mercados de verduras. Son muchísimos, no obstante, los productos que solo pueden adquirirse con los pesos convertibles, y ya existe una emergente burguesía que ha abandonado casi del todo la moneda nacional. Los taxis se pagan en CUC, ni hablar los hoteles y cualquier cosa de mediana calidad. Cuesta responder si se trata de una ciudad cara o barata. La apertura comercial del último tiempo aún no consigue equilibrar los precios en productos muy parecidos. Yo arriendo un piso en cuarenta CUC diarios, y acabo de enterarme de que el departamento de abajo, exactamente igual al mío, se ofrece por internet en doscientos.

Se han multiplicado los parques donde uno puede conectarse a internet por wifi. Las tarjetas de ETECSA, necesarias para hacerlo, cuestan un dólar y medio la hora. Dos años atrás, costaban cinco. Últimamente han aparecido hackers que se sientan en las plazas con sus notebooks y echando mano a un procedimiento que no soy capaz de explicar, multiplican la capacidad de estas tarjetas y, por un dólar, ofertan conexión sin límite de tiempo. Si se tiene el dinero suficiente, no es difícil conseguir quien te instale internet ilegalmente en la casa. Las embajadas, para mantener la privacidad en sus comunicaciones, prefieren este servicio que el propuesto de manera oficial. Con plata, a decir verdad, se consigue aquí cualquier cosa: langosta, perfumes, joyas. En cuanto tienen algo de dinero, lo primero que se compran los cubanos son gruesas cadenas de oro o relojes enormes.

Dos años atrás, las muchachas que se paseaban por la Rampa o el Malecón ofreciendo sexo cobraban veinte dólares por irse con quien las deseara y no se les ocurría pensar en el tiempo que le dedicarían a la aventura. Hoy piden el doble y han empezado a cobrar por hora. En el Tocororo o en la Casa de la Música llegan incluso a los cien dólares, aunque todavía se permiten negociaciones muy elásticas. Un amigo argentino llegó la semana pasada de vacaciones y se prendó de una mulata con dieciocho años recién cumplidos que habita en el barrio de Belén. Él tiene sesenta y dos. La noche que se conocieron ella le cobró treinta dólares, pero al día siguiente, luego de pasar el día besándose como novios en las esquinas, lo llevó a su casa, le presentó a su madre, y acordaron que mientras estuviera en La Habana, en vez de gastar en restaurantes, él compraría la despensa y comería todos los días con ellos. «Si tú me cuidas a Lisandrita y me traes comida, esta es tu familia», le dijo Lázara, su madre, que se llama así porque nació un 17 de diciembre.

En la zona de Miramar, existen pubs donde los únicos negros que hay adentro son los guardias de seguridad: tipos grandes y macizos como los que custodian las discoteques de Nueva York o París. Recién ayer fui a uno de esos —el Mío & Tuyo— y cuando pretendí llegar al recinto en que se encontraban las mujeres más admirables, uno de esos me detuvo poniendo su mano en mi hombro: «de aquí para allá, es VIP», dijo. «Para pasar debes comprar una botella de Chivas Reagal, o ser socio del club». Fue entonces cuando pensé: aquí se termina la Revolución.

Se acabó la magia

Anoche fui al teatro Trianón, ubicado en la avenida Línea casi esquina Paseo, a ver la obra «Harry Potter, Se Acabó la Magia», del director Carlos Díaz. La sala estaba llena. Los amigos que la recomendaron me advirtieron: «una puesta en escena de este tipo, hasta ayer, era inimaginable». Se trata de una obra evidentemente contestataria, que rescata esa tradición de denuncia tan antigua como la dramaturgia misma, en la que es llevada al escenario una realidad que atosiga. Fidel nunca lo permitió. Ya el año 1961 estableció su criterio en un famoso discurso para los intelectuales realizado en la Biblioteca Nacional: «¿Debe haber o no una absoluta libertad de contenido en la expresión artística?», se preguntó. «El artista más revolucionario es aquel que está dispuesto a sacrificar hasta su propia vocación artística por la Revolución», respondió. «El pueblo es la meta principal. En el pueblo hay que pensar primero que en nosotros mismos. Y esa es la única actitud que puede definirse como una actitud verdaderamente revolucionaria. [...]

Dentro de la Revolución, todo; contra la Revolución, ningún derecho», concluyó.

Pero en Cuba hoy es evidente que la Revolución acaba de perder su encanto. Su proceso de degradación no es nuevo, pero ahora se encuentra en una etapa terminal. El régimen vivió un veranito de San Juan mientras Chávez —otro que vio en Fidel la figura de un padre— gobernó Venezuela con el petróleo a buen precio y se convirtió en el mecenas que Cuba necesitaba para mantener en pie su ilusión. Ya está claro que una ideología improductiva solo perdura mientras tenga quien la financie. Arruinada Venezuela, Cuba vuelve a vérselas consigo misma.

Actualmente, el gobierno piensa en su sobrevivencia. De la generación que llegó al poder el año 1959 quedan Raúl Castro, Ramiro Valdés, Machado Ventura y unos pocos más. Los jóvenes talentosos, al llegar a cierta edad, se van. El caso de los deportistas es el más visible: varias de las estrellas del béisbol mundial son cubanos, pero hace poco la selección del país jugó contra Israel, y perdieron. «¡Eso no puede ser, chico! ¡Es una vergüenza! Si pudieran jugar por nuestra selección los peloteros que tenemos repartidos por el mundo, seríamos los mejores del planeta, pero basta que se vayan para que no los dejen jugar por Cuba», me explicó un fanático en el parque Central. De los médicos que parten a prestar servicio en el extranjero son cada vez menos los que regresan. «Esta Revolución nos dio alas —me dijo Margaret, la actual esposa de Ángel Domper— y a continuación nos puso un techo. Yo le debo el haber aprendido a volar, pero no me dejan hacerlo. Frustrante, ¿no?»

Ya ni su sistema de salud, admirado por moros y cristianos, es capaz de presentarse simplemente como un derecho por pertenecer a la comunidad. Días atrás en los hospitales comenzaron a entregar facturas que no se cobran, pero en las que se indican los costos del tratamiento recibido. Es decir, monetarizaron la salud, así el Estado continúe a cargo de los gastos.

—Yo pensé que era una varita, pero era una lágrima. ¡Sal, lágrima hija de puta! Vine a despedirme, a decirte adiós. ¡Se acabó la magia! Una parte de mí te quiere escupir. Otra te quiere dar un abrazo —decía uno de los personajes de la obra. Y cuando bajaron el telón, el público aplaudió de pie.

EL TIEMPO PERDIDO

Conté antes aquella sorprendente jornada con Timochenko, Pastor Alape e Iván Márquez, en casa del pianista Frank Fernández, ocurrida el 24 de septiembre de 2015. Entonces, con María Jimena y Jon Lee les manifestamos nuestras ganas de visitar uno de sus campamentos guerrilleros. Ellos nos expresaron las dificultades que esto implicaba en términos de seguridad, porque era muy fácil que nos rastrearan y que de ese modo el ejército diera con su paradero. Pero buscarían la forma y, si la encontraban, se lo harían saber a María Jimena, que era quien mantenía contacto con ellos.

A mediados de junio de 2016, con las conversaciones de paz ya más avanzadas, accedieron, y un mes después nos reuníamos los tres en Bogotá para emprender el viaje. Volamos a Florencia, capital del departamento de Caquetá, para luego seguir en camioneta hasta San Vicente del Caguán, donde pasamos la noche. En lo sucesivo, el camino fue una huella.

—Hace tiempo que no hay tiros —me dijo el cabo primero Pérez frente a la barrera que cierra la salida del pueblo—. Ya no es como antes, que la región del Caquetá fue campo de enfrentamientos entre el ejército, los paramilitares y las FARC, especialmente durante el gobierno de Uribe, cuando la violencia recrudeció.

Desde el 23 de septiembre del 2015, cuando el presidente Santos y el comandante Timochenko firmaron en La Habana el cese al fuego de una guerra que ya superaba el medio siglo, con

372

doscientos cincuenta mil muertos, más de cincuenta mil desaparecidos y cerca de siete millones de desplazados, las cosas eran
distintas. Aunque hasta llegar a esa barrera —e incluso un poco
más allá— la zona continúa plagada de soldados en tenida de combate, el ambiente se ha distendido. El rigor de los controles ya no es
como tiempo atrás, cuando incluso el ganado debía descender de
los camiones para que lo inspeccionaran antes de seguir hacia La
Macarena, atravesando aproximadamente un millón de hectáreas
bajo el control de la guerrilla. Desde ahí a la frontera con Venezuela, en plena selva amazónica, incluyendo todos los llanos y las
sabanas del Yarí, no es la ley del Estado, sino la ley de las FARC la
que gobierna. Las vías que surcan ese territorio no aparecen en los
mapas. Son caminos en pésimo estado, interrumpidos por grietas
profundas y llenas de agua que no cualquier carro ni cualquier
chofer es capaz de superar, menos cuando lluvias como las de
esa semana las inundan hasta convertirlas en piscinas de hondura
impredecible.

Pasando el pueblo de Los Pozos pagamos un peaje de tres mil
pesos colombianos —casi un dólar— a la insurgencia. El siguiente
caserío se llama La Sombra. Apenas un par de campesinos recorrían sus calles, había solo un almacén abierto con mercadería
básica y una gasolinera Terpel fuera de servicio desde hace tiempo.
La venta de combustible la realizan en envases plásticos de dos
litros acumulados en estantes de madera, como aguardientes en
una botillería de feria. Fue un poco más allá, frente a una casucha
de la villa El Recreo, que encontramos al motorista anónimo que
nos conduciría al campamento guerrillero José María Carbonell.
Faltaba, sin embargo, todavía un camino de varias horas que, entre
otros hitos reconocibles, atraviesa el puente colgante del río La
Tunia, y el hoy abandonado pueblo de Caquetania, donde, según
supe más tarde, ocultaron a Ingrid Betancourt durante sus primeros días de cautiverio.

El campamento estaba escondido al interior de un bosque de
palmeras al final de una inmensa zona de pastizales. Era la entrada

a la selva amazónica. De ahí salieron a buscarnos, como si fueran personajes del bosque, una decena de jóvenes, hombres y mujeres, en tenida de campaña, algunos con polera blanca y otros enteros de verde olivo cargando sus armas y cartucheras. En una mesa de madera, bajo un toldo plástico montado en una estructura curva de ramas, nos recibió el comandante Mauricio Jaramillo, también conocido como «El Médico», jefe de todo el Bloque Oriental y el primero en llegar a La Habana para adelantar las conversaciones que ahora estaban poniendo fin a la guerra.

—Los representantes del gobierno querían que nos rindiéramos y que no habláramos nada de paramilitares ni de reforma agraria ni de terminar con la compra de votos —nos dijo—. Al finalizar esos encuentros, el representante del gobierno le envió de regalo a Timochenko un libro de Lisístrato en griego. ¿Qué les parece? —rió El Médico. Agregó con sorna que su amigo Timo apenas leía en español.

Después contó cómo había sido el bombardeo en que murió el Mono Jojoy —«arrojaron más de sesenta toneladas de explosivos»—, que ahí donde estábamos el ejército y los paramilitares eran los mismos y que la droga había destruido la cultura campesina. Acto seguido nos dijo que debía salir a dar «una vueltica», de modo que fuéramos a instalarnos, y que durante los días que permaneciéramos en el campamento conversáramos libremente con quien se nos antojara, y sacáramos fotos y filmáramos si queríamos, salvo, pidió, «a los dos maestros que vienen del pueblo, porque para ellos puede ser complicado».

Ahí oscurecía a las seis y media, y había pasado esa hora cuando guerrilleros que ya no distinguíamos nos condujeron a nuestras caletas con camas de tierra cubiertas de hojas, plástico y una colcha, todo velado por un mosquitero negro. Al día siguiente, el movimiento de la guerrillerada comenzó a las cinco de la mañana, única hora en que la compañía sale del bosque al llano con todas sus armas y atuendos a realizar los ejercicios matutinos, hasta que termina de amanecer y vuelven a su escondite.

El campamento

Qué duda cabe, la gran historia de la Revolución en América Latina está por terminar. Y no podía ser sino en La Habana, capital de esa fe que se desmorona, que las Fuerzas Armadas Revolucionarias de Colombia acordaran incorporarse a la vida política de su país. La última gran guerrilla latinoamericana encontró en Cuba el modo de renunciar a la guerra, pero también a la pretensión radicalmente transformadora que la vio nacer el año 1964. La idea del hombre nuevo, de una sociedad sin clases, donde los individuos produzcan lo que puedan y reciban lo que necesitan, quedó archivada hasta nuevo aviso. El sistema capitalista, en cualquiera de sus formas, terminó de expandirse a lo largo y ancho del planeta.

En el campamento José María Carbonell, sin embargo, todavía no lo tenían claro.

El promedio de edad de esta compañía compuesta por sesenta guerrilleros (dieciocho mujeres y el resto hombres) bordeaba los veintisiete años. Todos aquellos con quienes conversé durante la semana que acampamos ahí llegaron entre los once y los catorce, algunos con el beneplácito de sus padres y otros huyendo de ellos. Es sabido que las FARC también han reclutado a la fuerza, pero ninguno de los que hallé ingresó de ese modo. Combatieron por primera vez antes de cumplir los quince y ninguno se salvaba de haber visto morir a un amigo. Lisandro Rondón, de treinta y tres años, entró con su hermano, pero al cabo de un par de años este falleció en combate. «Cuando murió, sentí mucha pena por tres días», me dijo, «pero acá somos como una gran familia, y el comandante, que es como mi padre, me explicó y me consoló».

Aún no imaginaban su futuro lejos de las FARC. Los jóvenes tenían en su mayoría el pelo corto y con dibujos, como los futbolistas o los reggaetoneros, mientras ellas usaban más de un aro en cada oreja, tejían pulseras con sus nombres o la cara del Che con mostacillas y bordaban las cartucheras de sus armas y municiones con una coquetería kitsch. Una vez adentro, la mayoría

En el campamento José María Carbonell los ejercicios militares comienzan al amanecer.

nunca volvió a ver a sus parientes, y si alguno lo hizo fue en circunstancias breves y especiales, pero jamás regresaron a la ciudad. Habían constituido una secta al interior de la selva, enteramente desconectada de la vida del resto del mundo. Para el grueso de los colombianos las FARC eran una banda de criminales vinculada al narcotráfico, al crimen y a los secuestros. Al verlos ahí, en cambio, parecían más bien una pandilla de adolescentes extraviados, una comarca ajena al tiempo, el residuo de una historia que solo podía permanecer vigente muy lejos de la realidad. Si se les pregunta qué harán cuando se firme la paz y deban incorporarse a la vida normal, unánimemente responden: «lo que ordenen nuestros comandantes». Si se les insiste, reconocen ambiciones sin demasiado énfasis. «Enfermería, porque ya sé un poco», fue la tímida confesión que pude obtener de varias de las jóvenes.

—En tiempos de tensiones —me contó Schneider, que usaba boina y cargaba una metralleta calibre 223 americana con una larga tira de balas enrollada cerca del gatillo— permanecemos cuatro o cinco días en un sitio y nos trasladamos. Pero ahora las cosas están tranquilas y aquí llevamos más de dos semanas.

Yo hubiera jurado que vivían ahí hacía años. Caminos de maicillo recorrían las caletas dormitorios, donde además de cama tienen un escritorio de palos en el que sus moradores estudian durante las horas libres los distintos puntos del *acuerdo de paz* que un par de profesores, miembros clandestinos de la organización provenientes de la ciudad, se han encargado de explicarles malamente durante los últimos tres meses. «Bonita tu caleta», le comento a Juliana mientras me concentro en los afiches que cuelgan de una piola, con el rostro de Marulanda en lugar del artista de moda.

Esos mismos senderos de gravilla enmarcados por bambúes los recorre un delgado cordel a la altura de los hombros para guiar a sus viandantes de noche. Casi nadie tiene linterna y el que la tiene rara vez la usa, pues la disciplina guerrillera ordena mantenerse oculto, sin dar señales en la oscuridad.

Tres veces al día se reúnen para asistir a clases en el búnker, un hoyo en la tierra de aproximadamente cincuenta metros cuadrados y dos metros y medio de profundidad, con techo de madera cubierto de adobe, imposible de adivinar desde la superficie, y al que se desciende por unos agujeros que, cuando llueve, se llenan de lodo. La guerrillerada usa botas de goma, porque vive con los pies en la humedad.

Cada uno de los guerrilleros con que conversamos tenía su encanto. Ellas una feminidad joven, más inmadura que la de las citadinas de su edad. Shirley, de veintiséis años y que también se hacía llamar Churri, escribía en un cuaderno maltratado pensamientos románticos que luego envolvía en el dibujo de una nube. «Hay palabras que duelen dependiendo de quién vengan. Chao amor», «Las huellas bien puestas, jamás se borran», «No quiero ser más tu marioneta. Prefiero ser una persona normal. No sentir nada por nadie jamás». Hacía más de un año que había terminado con su novio —un guerrillero del campamento que ahora andaba con otra—, pero aún tenía colgando de una cadena la medalla de lata con las iniciales de los dos. «Él me abrazaba», me dijo, «cuando le contaba mis penas de niña». Todo esto lo relataba sin caritas conmovedoras, como quien narra hechos consumados.

Todos tenían su encanto, menos los profesores. Yo, al menos, no tardé en despreciarlos. Eran dos jóvenes bien parecidos, Violeta, blanca y de ojos abiertísimos, y Pablo, un tipo alto y delgado. Ambos explicaban el proceso de paz desde una lógica marxista. «Somos comunistas», explicaba Violeta, «porque estamos en permanente transformación. Los pueblos están cansados de la opresión, de morir de hambre, de las mentiras de los medios de comunicación. La oligarquía tiene miedo de darse cuenta que la mayoría sigue a las FARC». En el búnker lleno de guerrilleros jóvenes reclutados al final de la niñez, Violeta terminó su lección con estas palabras: «La educación tradicional es sesgada, solo el marxismo nos permite ver la realidad tal cual es. Estudiar, estudiar, estudiar».

Aunque asistí a varias de sus cátedras, nunca escuché a estos profesores hablar de democracia, de abrirse a las diferencias con que se encontrarían en la vida ciudadana, de la importancia de pensar por uno mismo. Jamás les hablaron del mundo nuevo que se les venía por delante, donde la comida no proviene de una olla común, ni el único peligro es un pelotón que se aproxima. Ellos les machacaban que la lucha continuaba ahora por otros medios, pero que era la misma lucha.

Al conversar con los comandantes, no era eso lo que daban a entender. En Cuba, Pastor Alape llegó a decirme que solo querían que se respetara la constitución. En el campamento, Mauricio me habló de lo importante que sería, al ingresar a la vida política, rescatar lo aprendido en la vida sencilla de medio siglo en la guerrilla, siempre fundidos con la naturaleza y desligados de ambiciones materiales. De cómo eso, más que lo otro, suena hoy revolucionario. A lo largo de este proceso de paz, también descubrieron la política, es decir, el arte de lo posible. La guerrillerada todavía lo desconoce. Y estos profesores no hacían nada por explicárselos.

Una noche, al terminar las clases, Pablo puso un video de propaganda anticapitalista —«Servidumbre Moderna», creo que se llamaba— donde la vida en las grandes ciudades aparecía como un infierno. Se sucedían las imágenes de líderes mundiales y de grandes magnates mientras una música chirriante y angustiosa taladraba el cerebro. Yo tuve que salir a tomar aire. Era demasiado grande el contraste entre el canto de los grillos y otros bichos selváticos, a veces interrumpidos por el grito de un mono en la oscuridad completa —tanto que ni las manos se podían ver— y el crujir forzoso de la conciencia que provocaban esas imágenes en el agujero. Si tuviera que denunciar algo, sería esto: en ese hoyo en medio del bosque presencié un macabro ejercicio de manipulación cerebral.

Una vez que los profesores se marchaban, el búnker se convertía en un salón de juego de damas y de ajedrez. Ahí los guerrilleros recuperaban su personalidad propia. Mientras jugaba damas con uno de ellos, ya en la confianza que produce la ausencia de toda autoridad, le pregunté a mi contrincante y a los espectadores de la partida si no tenían películas algo más divertidas, menos discursivas, y me dijeron que sí, que muchas. Pero cuando uno mencionó a Jean-Claude Van Damme y otro al *Acorazado Potemkin*, les pedí «algo más rocanrolero», y se largaron a reír. No hay música en el campamento. Hablan de un tal Julián Conrado, cantor de la guerrilla, pero jamás escuché un acorde mientras permanecimos allí.

—¿Te da miedo estar acá? —me preguntó Shirley la primera noche que nos encontramos ahí.

—No —le dije—, ¿debería?

En lugar de responder, sonrió con la malicia de una quinceañera.

—Hubo un tiempo que todos debíamos cargar un *chiro* (trapo) con agua para cubrirnos, porque después de los bombardeos el olor no te deja respirar —me explicó.

Shirley debe medir menos de un metro sesenta. Tiene los ojos negros y se amarra un mechón que salta hacia arriba de su cabeza como un chorro de agua turbia. Capturó de inmediato mi atención cuando a las cinco y cuarto del día siguiente a nuestra llegada me acerqué a ver los ejercicios del pelotón. Ese moño enchuecaba su gorro de tal manera, que vestida de uniforme completo y con su arma recortada subiendo y bajando según Schneider ordenara a la compañía, le daba un toque de distinción. No era la desordenada del grupo: de hecho, mientras estaba en formación, por más que buscara su mirada ella la mantenía atenta y marcial. En los días sucesivos, aunque ya había logrado con ella cierta complicidad, durante los ejercicios jamás conseguí distraerla.

Shirley había ingresado a los trece en la guerrilla. «Me fui con ellos porque me parecieron gente buena». Por esos días, su vida era un desastre. Nadie necesitó contarle cuentos de terror, porque asomaban apenas cerraba los ojos en la noche.

—El ejército llegó a mi pueblo cuando yo tenía once años. Había enfrentamientos entre los militares y la guerrilla incluso adentro de la escuela. Tenía dos años cuando mi papá y mi mamá cayeron en la cárcel, porque los cogieron con drogas. Recién liberados, mi papá se suicidó porque mi mamá no se quiso ir a vivir con él. El 2002, cuando tenía nueve años, mi mamá se enfermó. A nosotros nos sacaron del pueblo, porque la mayoría de mis tíos tenían orden de captura. Eran todos narcos en mi familia. Escapé del caserío al que nos llevaron y volví por el río Guaviare en una canoa hasta Calamar. Tenía once años y lo que encontré fue mi pueblo con todo cerrado. La heladería y el billar cerrados. Las calles vacías. De ahí me fui a un sitio que se llama Argelia, y pedí ingreso en la guerrilla, pero como era muy chica no me quisieron llevar. Cuando cumplí trece años me encontré en la carretera con otros guerrilleros y a esos les insistí hasta que aceptaron. No me despedí de nadie. A mí mamá le dejé una nota donde le decía que no aguantaba más esa vida, y que iba a buscármelas sola.

Todo esto me lo contó Shirley en voz baja, como se habla en los confesionarios, los dos sentados en una mesa de palos en medio del bosque, mientras el resto de los guerrilleros almorzaba unas cazuelas en platos de aluminio y con las armas apoyadas en los árboles vecinos.

—Yo era tan pequeña que no había uniformes para mi tamaño —retomó riendo—. Me pasaron un bucito y unas botas y me mandaron a la escuela del campamento. Antes de enseñarle a disparar a uno le forman la cabeza. Me trataron siempre bien. Era una vida mucho mejor que la de donde yo venía. Mi mamá, cuando me fue a buscar, me dijo que volviera con la familia y yo le contesté que mi familia estaba acá.

Comenzó a llover muy fuerte, ruidosamente, pero Shirley no se inmutó.

—Cuatro meses después salí a un enfrentamiento. La primera arma que me pasaron fue una MP5 de nueve milímetros, livianita, como una mini Uzi. Todavía no cumplía catorce. Es difícil describir lo que se siente la primera vez. Estás en el medio del susto y viene ese vacío en la barriga. Uno hace lo que dice el mando. Si es vamos, vamos. Y partimos a la emboscada. Ahí murieron dos compañeros. A mí me decían «¡queme pa' allá!», y yo disparaba. No es un susto que dé ganas de escapar, sino eso otro, el vacío en la barriga. Ese primer enfrentamiento a uno no se le olvida jamás.

No tenía idea de a cuántos había matado. «Quizás ninguno, porque en los enfrentamientos uno echa ráfagas y no sabe qué pasa con esas balas». Tampoco tiene la cuenta de cuántos cientos de kilómetros ha recorrido caminando —«regiones enteras, pues»— ni de la cantidad de campamentos que ha dormido.

Hacía trece años que no ponía los pies en una ciudad, que no interactuaba con gente común y corriente —así fuera pobre o rica—, que se acostaba y levantaba combatiendo por una causa que ya duerme en la literatura y que los miembros de su generación jamás encuentran al interior de sus teléfonos celulares. Ahí no se drogaban ni se emborrachaban. Los comandantes tomaban whisky en las tardes, pero la tropa no se permitía ningún exceso. Celebraban recitando, brindando y cantando himnos socialistas el 27 de mayo, día del aniversario de las FARC, el 8 de octubre, durante el día del Guerrillero Heroico, cuando conmemoran la última batalla del Che Guevara antes de ser capturado, y también el 8 de marzo, día de la mujer. Es cierto que ninguna mujer formaba parte del Secretariado o comandancia, pero en la vida del campamento cumplían un rol protagónico. Me parecieron más despiertas e inteligentes que los hombres. Una amiga me dijo que no le extrañaba nada, que eso era propio de toda comunidad de *homo sapiens*: «al ver llegar a un grupo de hombres desconocidos, las hembras de la manada se vuelven locas, intentan seducirlos o por lo menos llamar su atención; si eso pasa en cualquier reunión con desconocidos, imagínate aislados, en la mitad de la selva. Los machos del grupo, a su vez, asumen una actitud entre a la defensiva y desconfiada, como marcando territorio».

—Los explosivos se usan principalmente para causar sicología en el enemigo — continuó Shirley—. Las minas antipersonales no es que maten, pero quitan pies. Yo he colocado muchas minas. Y eso, claro, es algo de cuidado, porque cualquier falla queda en la historia. Tampoco es que me dé orgullo ser explosivista. Nadie se siente contento de tumbarle los pies a un soldado, pero es la manera de evitar que se metan en las áreas nuestras. No hay de otra. Así como ellos utilizan los *borbandeos* nosotros necesitamos recurrir a esto. Son muchas las áreas con minas y parte del trabajo de paz será desminarlas.

—¿Hay algo de lo que has visto o hecho durante todo este tiempo que no te haya gustado? —le pregunto.

—Cosas que tuvieron que ver con la población civil. Cometimos fallas. No siempre nos expresamos bien ante la población. Hay guerrilleros que por venir de la sociedad a la que pertenecemos traen cantidad de defectos, como el machismo, que algunos lo llevan en la sangre. Esa cosa de «yo mando aquí». Esto ha cambiado muchísimo. Si alguien se pone bravo con una mujer, hoy le caen todos encima, pero no siempre fue así. Y con la población civil tuvimos la falla de acostumbrarla al interés. Que no ayuden porque les nazca, sino por esperar algo a cambio. Plata o cualquier ayuda.

Cuando todo es por un interés… el día que uno no tenga nada para ofrecerles, ¿se acaba la masa, entonces? Pero estoy segura de que si no fuera por la represión del Estado y los paramilitares tendríamos a la mayoría de la población con nosotros, porque somos del pueblo y sufrimos las necesidades de ellos. Errores claro que ha habido, pero yo no he participado nunca de una acción que me avergüence.

—¿Y lo más triste que te ha tocado vivir?

—El *borbandeo* cuando hacíamos la travesía del séptimo al veintisiete y murieron treinta y seis camaradas. Íbamos todas las compañías de marcha. No me la podía creer. Fue un estruendo del berraco. Si el *borbandeo* es cerca toca quedarse quietico, porque caen las bengalas y ahí te ven los soldados que desembarcan. Los que murieron eran «cursantes», venían entrando, y yo los conocía a todos. No pudimos rescatar los cuerpos. En el camino encontramos heridos, eso sí. Tipos con las piernas todas rajadas. Con los muslos descolgados.

—¿Te gustaría casarte y tener hijos?

—No me gustaría casarme. Casarse no es la palabra adecuada para estar al lado de la persona que uno quiere. Casarse es más bien un vínculo de manipulación de poder por otra persona. Si encuentro al chico que me guste quisiera compartir con él, vivir juntos, pero que entienda mi razón de luchar. Estoy segura que será alguien de la organización, con las ideas mías. No puedo imaginarme que no tenga convicciones revolucionarias. Tiene que ser un comunista. No me puedo imaginar emparejada con un borrachín después de tanto tiempo dedicada a esto. No funcionaría con un *man* del cine, por ejemplo, que le gusten los lujos y las joyas. Querría decir que boté mi aprendizaje a la basura.

—¿Y qué esperas de la paz y la nueva vida que se te viene? ¿Te imaginas viviendo en una ciudad?

—Me imagino lo que me toque. Te voy a ser sincera: me gustaría estar al lado de los camaradas, cuidándolos a ellos, o sea, participando en su guardia personal. Porque los quiero y porque siento

Shirley, quien ingresó a la guerrilla cuando tenía trece años.

por ellos no un cariño de jefes, sino de padres. Y no creo que sea la única. Las convicciones permanecerán, porque hay algo que ya está adentro de nosotros.

—Y esta guerra, Shirley, ¿valió la pena? ¿Sirvió para mejorar a la sociedad?

—No se puede decir que haya valido la pena la guerra, porque querría decir que me gusta. Se dio y la enfrentamos, y sobrevivimos a ella. Y la sociedad no es mejor todavía, pero va a serlo. No hemos sido derrotados. Hemos estado en guerra porque no nos han dejado hacer política, porque no nos han querido escuchar. Y ahora, aunque entre dientes, están escuchando más. Y por eso ahora nos pasamos estudiando en lugar de tener entrenamientos de tiro.

VÍA CRUCIS
(Septiembre de 2017)

Desde que estoy viviendo en Cuba —porque he ido y venido, pero nunca me fui— los Estados Unidos perdieron su condición de potencia enemiga. Desapareció la palabra «imperialismo» de los discursos públicos y si aparece en una conversación de amigos, es siempre pronunciada con ironía.

—¿Andabas por Miami, Rochy?

—Mi baño semestral de imperialismo, chico.

Obama terminó su gobierno y fue reemplazado por Donald Trump. No hay en Norteamérica dos personas más diferentes. Uno negro y el otro naranja. Trump es el brillo superficial del capitalismo y Obama sus profundidades. Uno la gloria del dinero y el otro una promesa de libertad.

A Obama le interesaba el pueblo cubano, y se lo hizo saber mirándolo a los ojos; a Trump, no. Para este último es otra moneda que apostar en la ruleta de la popularidad. Con tal de ganarse el apoyo de unos senadores proembargo, al asumir emitió frases altisonantes: «los días de la política de Obama hacia Cuba se acabaron», fue la primera. Intentó escenificar el retorno de la grandeza norteamericana recurriendo a la verborrea de la Guerra Fría, aunque ni siquiera los descendientes del exilio cubano en Florida lo aplaudieron. Según las últimas encuestas, más del 60 por ciento de ellos apoya la apertura promovida por Obama.

La sensación de cambio que los cubanos experimentaban hasta hace algunos meses, de pronto se detuvo. Las ansias que despertó este movimiento entre los inversionistas extranjeros se apagaron abruptamente. El exceso de incertidumbre jurídica espanta incluso a los emprendedores más osados, y todos saben que en Cuba la ley tiene nombre y apellido. Sin un rol activo de los Estados Unidos respaldando los pasos siguientes, más valía esperar.

Semanas atrás, el gobierno de Raúl Castro suspendió la entrega de licencias de trabajo por cuenta propia. Explicaron que el objetivo era «frenar la ilegalidad y el desorden». Muchos lo vivieron como una noticia terrible: una vez más, el mundo parecía detenerse. Durante estos meses se habían multiplicado los pequeños comerciantes de todo tipo, los que viajaban y volvían con mercancías, los productores artesanales, aquellos que prestan servicios muy diversos. Una economía de espaldas al Estado, que no paga impuestos ni obedece regulaciones, un capitalismo biológico germinando entre las ruinas del socialismo. Esta decisión afectó a casi una treintena de ocupaciones, desde arrendadores de viviendas a productores caseros de alimentos y bebidas. «La venta mayorista, minorista y ambulatoria de productos agropecuarios» fue suspendida «de manera definitiva». También la licencia de «comprador vendedor de discos» y «operador de equipos de recreación para artefactos rústicos».

La muerte de Jacque
(2 de septiembre de 2017)

Al despertar, el primer correo electrónico que leí era de Grillo. Decía lo siguiente:

«Amigo, para Jacque el dolor de la vida acaba de terminar, anoche, con un paro cardiaco. Para mí comienza el dolor de la muerte, el de la tristeza y el recuerdo. Los últimos meses han sido purgatorio e infierno, agotamiento, desconsuelo y tontas esperanzas. No fue en vano. Fue hermoso luchar con alguien hasta el final… Debes saber que Jacque te recordó anteayer. Me pidió que te escriba y mande saludos. Tardaré todavía un tiempo, supongo, en recuperar fuerzas y reanudar mis actividades profesionales, mis contactos, mi vida normal. Ya te escribiré con más calma. Por lo pronto, un abrazo grande para ti».

Con Jacque nos vimos por última vez hace dos meses, cuando Grillo me invitó a su casa en Regla para seguir tomando ron. La casa de Grillo es una de las construcciones más viejas de Regla, una casa de madera que desde afuera se ve chueca. Él estaba de buen ánimo y caminaba sin dolores, aunque como palitroque. Jacque, en cambio, había adquirido ese tono ceniciento de la muerte. Sabía bien qué venía y lo sobrellevaba sin disimular la ansiedad. De pronto parecía estar harta: de los tratamientos, de la precariedad, de su casa repleta de gatos, de las habitaciones sin ventanas, de los libros que Grillo decidió regalar por esos días. Convocó a sus alumnos predilectos de la facultad de Periodismo —a Darío, que pertenecía al Partido, a Joe, que sobrevivía de manera camaleónica, y a Frikie, que padecía el régimen en silencio, con una expresión de dolor que no cesaba ni cuando reía— y les dio sus ejemplares más preciados. Todos ellos entendieron que Grillo tenía planeado matarse cuando Jacque muriera.

—No regaló sobrante —me dijo Darío más tarde, ya camino del embarcadero—, sino Chandler, Capote, Talese, Tom Wolfe, Rodolfo Walsh, sus preferidos, esos de los que habla siempre, *asere*. Para mí que anda con mucha fatalidad en la cabeza. Me preocupa, compadre, porque este *man* es muy hermético.

Jacque sonreía, y aunque sus labios y dientes lucían secos, ella de nuevo estaba ahí. Esa noche, antes de llegar al muelle, nos despedimos en la plaza del pueblo, donde la señal de wifi recién inaugurada trajo nueva vida. Los niños correteaban, sus madres conversaban de pie o miraban los teléfonos conectados a internet. Aunque hacía mucho calor, sentí que ella tenía frío cuando nos abrazamos para despedirnos. Me dijo: «No te pierdas. Pronto sabremos cómo sigue esta historia».

★★★

«Querido Rafa —le contesté desde mi celular, a eso de las cinco de la madrugada—, no sabes la pena que me causa lo que me cuentas. Justo o injusto, Jacque tenía que irse. Hace tiempo lo sabía ella y lo sabías tú. (Escribía con esa honestidad extrema del desvelo.) Así me lo hicieron saber los dos sin muchas ambigüedades. Tú la acompañaste a ella hasta el andén y ella te fue mostrando lo que solo quien viaja puede ver. Era tan tenue la luz de Jacque esos últimos días en que nos encontramos, tan claro el aprendizaje en que estaban ella y tú. Esa cara suya cargada de noticias muy lejanas me quedará grabada para siempre. Te mando un gran abrazo y dale una flor de mi parte».

Su respuesta no tardó:

«La puta muerte, Pato, cuando llega de a poco, es todavía más terrible. Te lo juro. La gente cree que uno se acostumbra a su cercanía, a su presencia paulatina, y eso es falso. La persona que amas se está degradando en vida, y cada día que pasa te deja un peor recuerdo… Cuando la puta muerte termina de revelarse, ya la desangró, la despojó, a ella y a ti, que estás al lado, cada vez más herido, cada vez más furioso, cada vez más exhausto».

★★★

Hubo un día en que, con la distancia insoportable de quien habita un mundo para narrarlo, yo supe que estas crónicas terminarían con la muerte de Jacque. Las últimas veces conversé con ella y con Grillo sabiendo que iba a suceder. Si las novelas son la historia de la humanidad en unos cuantos personajes, me resultaba inevitable comparar su muerte ante los ojos de Grillo con la mirada de los cubanos que veían morir la revolución. Él la amaba sin destino. Estaba decidido a acompañarla hasta el final. A cuidarla incluso mientras la odiara. A esperar su muerte, al mismo tiempo como una tragedia y una liberación.

Huracán

Jacque murió el viernes 1 de septiembre, y el domingo 3 a Grillo le entregaron las cenizas. Se encerró en su destartalada casona de Regla, sin ventanas —una bodega, en realidad—, sumido en una «cuasi ausencia física y mental, desgajado de todo», como me dijo. Recién la noche del jueves se enteró de que un huracán grado 5 llamado Irma —el más fuerte desde que hay registro— avanzaba en dirección a Cuba. Esperaban su arribo a La Habana dentro de las veinticuatro horas siguientes, y tanto en la isla como en el resto del Caribe no se hablaba de otra cosa. La única preocupación de los cubanos consistía en alistarse para enfrentarlo. Cuando lo supo, Grillo no hizo nada. Permaneció junto a sus tres gatos en el mismo sofá con el tapiz roto desde el que contempló el vacío toda esa semana. Tras la muerte de Jacque, Rafael no había querido volver a dormir en su cama matrimonial. De pronto se cortó la luz y el agua, y los vientos que llevaban días rugiendo sin que él les prestara atención, remecieron la techumbre y los muros. En esa sala de estar el techo son unas planchas de mampostería que volaron como hojas de papel. En plena madrugada del ciclón, el viento había hecho saltar los pestillos y Grillo tuvo que salir al patio bajo la lluvia y agarrándose de lo que fuera para cerrar las puertas que dan al cuarto trasero, «y la verdad es que no sentía ni miedo, ni angustia, ni nada; solo vacío, un vacío enorme a mi alrededor», me dijo. Allí enclaustrado el calor era insoportable, pero él no se daba cuenta. Apenas comió durante esos días, y cuando al bajar la intensidad de la tormenta quiso salir a la calle en busca de alimento, la puerta estaba trancada. El ciclón derribó la parte superior del frontis de la casa «y así se ha quedado, porque no he movido un dedo».

El huracán Irma arrasó con los últimos brotes de esperanza sobre-vivientes de los tiempos en que Obama visitó la isla. Trump res-tringió los permisos para que los norteamericanos viajen a Cuba. Puso trabas al intercambio comercial con las Fuerzas Armadas cubanas, sabiendo que ellas tienen la economía a su cargo. Según Wendy, «la cosa está grave, todo el mundo anda muy deprimido, es tristísimo, Patico».

Jon Lee me dijo una mañana en el hotel Nacional: «Cuba tiene algo que me encanta». Acababa de aterrizar y ahí lo esperaba yo para salir a dar vueltas, a encontrar amigos, a solucionar problemas prác-ticos, a perder el tiempo. «Algo sucede aquí, a pesar de todo, que lo vuelve un sitio extraordinario». Lo constataba cada vez que volvía, desde comienzos de los años noventa, cuando vivió acá tres años para terminar su biografía del Che. Nuestras conversaciones busca-ban con frecuencia la explicación de ese «algo». ¿Por qué, si gobier-na una dictadura, el viajero que llega experimenta una liberación?

Incluso Max Marambio, que devino un rico empresario, que conoció las sombras del régimen, que disfrutó y padeció sus pode-res desmedidos y hoy no duda de las virtudes del mercado, cuando habla de Cuba, de sus calles y playas y habaneros y de su Revolu-ción, los ojos le sonríen. Su juventud coincidió con esa juventud de la Historia. No necesito preguntárselo. Hoy todo está en orden, le alcanza para comprar cualquier cosa, pero ya la vida no es una aventura. Lo cierto es que en Cuba tampoco. La Revolución es un bloque de granito que nadie quiere cargar. Parece una lápida. Y, no obstante, ese pueblo deprimido es formidable. Se tratan de igual a igual. Casi no hay roles. Pueden ser muchas las necesidades, pero son muy pocas las urgencias. Les consta que hay un problema para cada solución, y se despreocupan. Últimamente, sin embargo, la despreocupación ha dado paso al desencanto.

Gerardo estuvo tres meses preso. La policía le cayó encima durante una transacción frente al hotel Cohiba. Nunca había cambiado una suma tan alta de dólares: seis mil trescientos. Para empezar, lo tuvieron encerrado veintiún días en la prisión de un cuartel próximo a La Habana.

—Ahí la comida era buenísima —me dijo—. El problema es que te cogen, te caen a preguntas y te comienzan a amenazar con cosas. O ponen el aire acondicionado. A ver, te explico: la ropa del preso es un short y una camisetica de manga corta, y ellos encienden el aire acondicionado de la oficina donde te van a entrevistar a *full*, y cuando está bien fría la oficina el instructor te manda a buscar. Él viste camisa de manga larga y pulóver por debajo, bien abrigadito, y tú llegas ahí y después de tres minutos comienzas a temblar del frío, y te dicen: «¿tú qué? ¿Tienes miedo? ¿Por qué tú tiemblas?». Dan ganas de decirles «me cago en tu madre, me resingo en tu madre, ¿o es que no te das cuenta que tienes el aire acondicionado a todo dar?». Y los muy hijoeputas se ríen y te ofrecen café, y cuando tú aceptas te dicen: «¿café quería ella, y no quieres también un roncito de doce años, comemielda?».

Le imputaron el delito de «tráfico de moneda, diamantes y piedras preciosas». Luego lo enviaron a la prisión de Valle Grande.

—Yo no he visto nunca un diamante, Pato, y me echaron cuatro años, pero estoy apelando —me dijo mientras me llevaba al aeropuerto en un auto prestado—. Ahora solo me queda esperar la sentencia definitiva.

Me contó que la mayoría de sus compañeros de celda estaban ahí por malversación, es decir, por robarle al Estado desde sus puestos de trabajo. Se encontró con «Los Disciplina»:

—Ellos mandan de la reja para adentro. Los hay muy hijoeputas y también buenos. Lo que no puedes permitir es que te digan «maricón». Si te mariconean, te jodiste, *asere*. Ahí las tasas no tienen puertas ni nada. Encuentras tipos que mientras estás cagando te preguntan: «Oye, Gallego, ¿y qué has sabido de tu hija?» Y tú estás cagando, ¿me entiendes? Ahí mismo te piden un cigarrillo o azúcar o lo que se les venga en mente. Yo le dije a mi mujer que esto me había costado, porque bañarse todos en pelotas es natural, no pasa nada, pero yo para cagar necesito concentrarme. La limpieza, eso sí, es muy buena. A los tipos que hacen el aseo se les conoce como «los benéficos». El benéfico es alguien sin familiares ni conocidos al que los días de visita el resto le paga con cigarrillos para que limpie. Hay muchos santeros y cosas de esas. Ellos meten un buen trozo de dulce de guayaba en agua, lo dejan fermentar por ocho o diez días, y los sábados, todos muy arregladitos, nos lo bebemos. El agua con ese producto se convierte en vino. Mientras toman, los santeros prenden velas, tocan y echan humo con sus tabacos para dar resguardo a cosas que tienen. Suena bonito, pero son lo más problemáticos que hay. Pertenecen a distintos grupos *abakuá*, que antiguamente era una creencia de fraternidad, pero ahora son guapos y se viven peleando.

El 27 de septiembre de 2017, visitamos con María Jimena al comandante Pastor Alape en Bogotá. Las FARC ya habían entregado las armas y desmantelado sus campamentos. La mayor parte de sus miembros continuaban viviendo en los territorios «veredales». Pastor estaba encargado de la logística. Nos recibió en una oficina vacía, en el piso veintitantos de las torres Taquendama, mientras hablaba por su smartphone. En el escritorio solamente había un Ipad. Su vestimenta ya no era la del guerrillero, sino la de un funcionario cualquiera: pantalones grises y camisa apenas rosada. Continuaba, eso sí, calzando bototos altos, aunque ahora bien lustrados.

—Nos cambia la vida —dije apenas lo vi.

—Como usted ve, pues uno es juicioso —fue su única respuesta.

Comenzaba a narrarnos las promesas incumplidas por el gobierno, con quien él negociaba lo necesario para la sobrevivencia de los ex milicianos, cuando sonó su celular y antes de responder dijo: «A propósito». Era su contraparte en el poder ejecutivo quien, en esos momentos, le advertía que ellos seguirían a cargo de la comida, pero en lo sucesivo las FARC debería solucionar por su cuenta lo referente a los bebestibles. Esa fue la palabra que usó el funcionario gubernamental: «bebestibles». Pastor pidió explicaciones y se las dieron. Ahora el agua filtrada, las gaseosas y los jugos tendrían que autoprocurárselos. No les bastaba con alojarlos como animales en unas barracas descuidadas. Toda humillación era poca. Ahora les mezquinaban los líquidos. Durante medio siglo habían tenido en jaque al Estado colombiano, pero ahora, los siete mil guerrilleros que ayer causaban temor y respeto, desarmados, apenas se distinguían entre los cuarenta y nueve millones de habitantes que tiene el país.

Timochenko se presentó como candidato a la presidencia de la república. «¡Por la fuerza de tu Amor!», fue su lema de campaña. Semanas atrás, sin embargo, suspendió su postulación. Cada vez que aparecía en un acto público, surgía un grupo que le arrojaba botellas, huevos, escupos. Por otra parte, en enero de 2018 fuerzas paramilitares asesinaron a veintidós dirigentes sociales vinculados a las FARC. Timo argumentó que no estaban dadas las condiciones de seguridad para seguir adelante. Lo cierto es que, según las encuestas, su nivel de apoyo bordeaba el 2,1 por ciento.

Ataques sónicos

A fines de septiembre, el gobierno de Estados Unidos ordenó a la mitad de los funcionarios de su embajada hacer abandono inmediato de la isla. Según el Departamento de Estado, veintidós diplomáticos norteamericanos habrían sufrido ataques sónicos en sus puestos de trabajo, casas e incluso hoteles, que les causaron pérdida de la audición, mareos, náuseas y daños cerebrales. El origen de estos atentados —que vendrían produciéndose desde hace meses— no está nada claro. Las hipótesis han dado para todo: hay quienes responsabilizan a facciones de generales hostiles a Raúl, mientras otros culpan a potencias como Rusia o Corea del Norte, que también estarían interesados, según los defensores de esta tesis, en obstruir el proceso de acercamiento. Algunos explican esta trama de película como una falla en los equipos de escucha de la seguridad cubana, aunque según los expertos esos equipos de escucha únicamente recepcionan señales y no las emiten. Del mismo modo —cada sospecha tiene su reverso— están aquellos que culpan a los artefactos comunicacionales enviados por la NASA en plena Guerra Fría. Serían estos los que, a causa de una alteración inexplicable, estarían dañando a sus mismísimos propietarios. La trama se enrareció todavía más cuando un diplomático canadiense denunció estar siendo víctima de las mismas ondas supersónicas. El gobierno cubano, para demostrar su completa inocencia en el entuerto, propuso que el FBI se hiciera parte del proceso. Nunca antes el gobierno castrista había accedido a una concesión semejante. Luego de meses de investigación, la División de Tecnología Operativa de la agencia informó que sus pesquisas no habían dado con ninguna evidencia de que tales ataques se hubieran producido. Lo cierto es que para cualquiera que conozca un poco del mundo del espionaje, pretender al mismo tiempo sortear a la CIA y a la DGI —Dirección General de Inteligencia cubana— más que temerario es demencial. Periodistas de *The New York Times* que reportearon el suceso concluyeron que no tenía pies ni cabeza. «Desde un punto de vista objetivo, es más como una histeria masiva que cualquier otra cosa», aseguró Mark Hallett, del Instituto Nacional de Trastornos Neurológicos y Accidentes Cerebrovasculares de Estados Unidos.

Hasta febrero de 2018 la teoría con más adeptos era que esto fue un invento de Donald Trump para estropear lo que considera otra idea absurda de Barack Obama. Desde marzo que se da por cierto que fueron los aparatos de escucha instalados por la

seguridad cubana al mando de Alejandro Castro, la que con des-
conocimiento de su padre, habría operado equipos descompuestos
capaces de causar estos daños.

El hecho es que desde octubre de 2017 la embajada norteamericana se encuentra cerrada. Quienes pretenden viajar a Miami
deben obtener sus visas a través de la embajada de México o de
Colombia. Ya todos olvidaron el cuento de los ataques sónicos,
pero los diplomáticos estadounidenses mantienen la orden de no
regresar. El Secretario de Estado Rex Tillerson declaró que sería una irresponsabilidad «poner a personas intencionalmente en
peligro».

Donald Trump le apagó la música a esta fiesta justo cuando
comenzaba a ponerse buena.

1 de febrero de 2018

Se suicidó Fidelito, el hijo mayor de Fidel Castro. Saltó desde el
quinto piso de la clínica en la que se hallaba internado para tratar
su depresión.

Diálogo por Whatsapp

Rochy: ¿Terminaste tu libro?
Yo: Casi.
Rochy: Vas a tener que actualizarlo. Hay cambios en el estado de
        ánimo general.
Yo: Descríbelo en dos palabras.
Rochy: Decaído y desesperanzado.
Yo: Entiendo.
Rochy: ¿Conoces la canción «Hasta que se seque el malecón»?
Yo: Sería marciano si no la conociera.
Rochy: Busca en YouTube la parodia que hizo Roly Berrío.

Están Roly y tres amigos en la sala de su casa. Todos con anteojos oscuros. La única mujer, de pantalones cortos, baila sentada en un taburete con las piernas abiertas; Roly y otro de ellos tocan la guitarra mientras el cuarto, con sombrero de paja, mueve la cabeza para asentir. Y comienza el regaettón:

«*Si preguntaste, si averiguaste por mí / ahora estoy peor que nunca / Yo que pensaba montar mi negocito / pero me engañaron completito / no quiero seguir luchando, inventando, resolviendo por la izquierda / No soy Jacob el inmortal para poder esperar / hasta que concluya el perfeccionamiento del trabajo por cuenta propia / Aaaaa, hasta que encuentren la solución / Aaaaa, hasta que llegue la perfección / Aaaaa, hasta que se seque el Malecón // No te puede dar por eso / que así no funciona / No es tan difícil, piensa y razona / Era sin prisa, pero sin pausa / Revolución, revoluciona. // Me quedo con la nalga al aire otra vez / Ni al derecho ni al revés / El futuro se aleja otra vez / ¿Y cuando unifican la moneda? / Si eso fue lo que dijiste en un comienzo / Ahora no te puede dar por eso / Si pedí prestao pa arreglar el gas / Ahora no te puede dar por eso / Si ya he pasao por miles de tropiezos / Ahora no te puede dar por eso / Estoy endeudao hasta el pescuezo / Ahora no te puede dar por eso / Menos si estoy en este proceso / Ahora no te puede dar por eso / ¿Y eso? ¿Y eso? / Ahora no te puede dar por eso / Yo no me fui / Yo me quedé / Ahora sí que me perdí / No sé si me encontraré*».

Rochy: ¿Qué te pareció?
Yo: Muy ilustrativo.
Rochy: La cosa es así, tal cual.
Yo: Después de febrero debiera agilizarse todo de nuevo.
Rochy: Ojalá.

A Abraham Jiménez le requisaron el computador para revisar su contenido y lo interrogaron durante horas en dependencias del MININT. Son cada vez más los periodistas jóvenes que escriben en medios electrónicos y que se relacionan con sus pares de otros países. Todavía no resuenan al interior de la isla y, sin embargo, han construido una personalidad. Reciben distintos tipos de amenazas, pero no les causan el temor de antes. Una mañana a comienzos de febrero, *El Estornudo* desapareció de la web en Cuba. Abraham tuiteó: «Los buenos días de hoy han sido tremebundos. Al parecer, el Gobierno de Cuba bloqueó El Estornudo». Ya lo habían hecho antes con *14yMedio, Diario de Cuba, CiberCuba* o *Café Fuerte*. Pero al final del día, el sitio regresó en gloria y majestad. Entonces Abraham rectificó: «El Estornudo vuelve a estar online desde #Cuba. No sabemos por qué estuvo durmiendo toda la mañana y parte de la tarde. Misterios de esta isla». Para fines de ese mes, la imposibilidad de leer este sitio web al interior de la isla ya era definitiva. Y no es que se hayan adentrado en investigaciones demasiado osadas. Han respetado la norma —«con la cadena, pero no con el mono»—. Ninguno de ellos ha retado aún al poder de manera frontal. Quizás sea infranqueable. Lo cierto es que los cubanos aprendieron a ser obedientes, a no buscar el choque, a negociarlo todo. Hace un año, yo me habría atrevido a asegurar que en la iglesia de la Revolución ya nadie creía en el socialismo. Hoy el panorama parece ser más sencillo: ya nadie cree en nada.

EL ÚLTIMO SOCIALISMO
(Abril de 2018)

Si todo ocurre como está previsto, la Asamblea Nacional decretará este 19 de abril que Miguel Díaz-Canel es el nuevo presidente de Cuba y la isla, por primera vez en seis décadas, dejará de ser gobernada por un Castro. A los cubanos, aunque parezca inverosímil, esta noticia les tiene sin cuidado.

Hace dos años, como conté más atrás, la sensación de cambio era vertiginosa. Acababa de terminar la visita de Obama y en la cabeza de muchos jóvenes aún galopaba el ritmo de los Rolling Stones. Entonces las calles de La Habana experimentaban una vitalidad que por estos días no se ve. Más veredas quedaron desechas como recuerdo del paso del huracán Irma y han disminuido quienes transitan por ellas. Desapareció el turismo norteamericano, recrudeció la censura y la situación económica está incluso peor que de costumbre. Hasta Raúl lo reconoció en su último discurso ante la Asamblea Nacional: «Proseguiremos el esfuerzo de reducir paulatinamente la cartera de pagos vencidos a nuestros proveedores, a quienes agradecemos el apoyo y comprensión de las dificultades transitorias que afrontamos».

Según la mirada convencional, el cubano es muy alegre. A estas alturas, dudo que lo sea tanto. Canta, baila y ríe, pero pocas veces lo hace a carcajadas. Las fiestas rara vez duran hasta tarde, nunca hasta el amanecer. Es un pueblo sumamente orgulloso. Admiraron a Fidel Castro por ser el más fuerte, y quienes se fueron lo odiaron sin atreverse a combatirlo. Arleen Rodríguez, conductora del programa televisivo *Mesa Redonda*, lo llama «Hércules». Por momentos da la impresión de que Fidel los hubiera embrujado, que por obra de magia les hubiera quitado la voluntad, que los hubiera poseído a todos, uno por uno, durante una noche griega.

Hay un silencio incómodo al fondo de la alegría cubana. Una debilidad inconfesable. ¿Castración? ¿Culpa? ¿Vergüenza? Con el paso de los años, la Revolución dejó de pertenecerles, pero en lugar de manifestarlo, guardaron el secreto. A veces murmuran en privado cuando reciben órdenes y prohibiciones absurdas. Hasta ahí llegan. En sesenta años de gobierno de los hermanos Castro, prácticamente no hubo rebeliones en la isla. Recuerdan como gran cosa las protestas del «maleconazo», pero no pasaron de ser unos gritos que Fidel acalló en persona. El resto son manifestaciones aisladas y sin mayores repercusiones. La Revolución estatizó la rebelión. Los ciudadanos renunciaron a incidir en el ámbito público. Quienes ingresan al ruedo administrativo son conocidos como «los gorditos», y el nombre no puede estar mejor puesto, porque si el cubano en general es de contextura atlética, ellos lucen hinchados y barrigones. No es solo porque coman más, sino también porque al acceder a un vehículo oficial caminan menos. Salvo en el pequeñísimo e irrelevante mundo de los «disidentes», no sale nunca de sus bocas la palabra «democracia». Como están muy lejos de ser frívolos e inconscientes (hablamos de un pueblo, en promedio, más instruido que cualquier otro de América Latina), hay un momento en que esto deviene tristeza. Pretendieron ser más justos y mejores que el resto, y han terminado «resolviendo» la existencia «por la izquierda», como dicen ellos. Muy pocos viven de su trabajo y son muchísimos los que roban para subsistir. El camionero estatal roba el petróleo de su camión y lo vende, el albañil estatal roba el cemento y lo vende, el carnicero la carne y así sucesivamente, de modo que fuera de los márgenes del socialismo habita una economía desregulada. ¿Cómo podría, si no, vivir una familia con uno o dos sueldos de veinte dólares mensuales? Se esconden incluso de sí mismos, para no enfrentar su fracaso. «He llegado a una edad en que la vida es una derrota aceptada», decía el emperador Adriano en la novela de Marguerite Yourcenar. Lo mismo parecen pensar ellos. «Todavía, todavía», siguen respondiendo si uno les pregunta cuándo ocurrirá aquello por lo que esperan, se trate de un asunto doméstico o del futuro de su país. Es su fórmula para manifestar una esperanza desencatada, la vigilia de un cambio que ya olvidó los plazos y el sentido, la oración a un dios que no escucha.

La salida de Raúl

El jueves 19 de abril fue el último día de Raúl Castro en la presidencia de Cuba. Los primeros seis meses después del triunfo de la Revolución ese cargo lo ocupó Manuel Urrutia Lleó, y desde julio de 1959 y hasta diciembre de 1976, Osvaldo Dorticós Torrado. Durante todo este tiempo, sin embargo, la Ley Fundamental dictada en 1959 confería más poder al Primer Ministro (Fidel Castro) que al presidente. Dorticós, que acabó suicidándose con un disparo en la cabeza el 23 de junio de 1983 —según algunos, luego de una violenta discusión con Ramiro Valdés—, siempre fue considerado una marioneta de Fidel. Hay quienes piensan que ahora Raúl tendrá su propio Dorticós, pero aunque lo pretendiera, los tiempos son otros. Fidel está muerto y él está viejo. Por primera vez desde 1959, quienes han detentado todo el poder ceden parte de él. Y cualquier conocedor del arte de la política entiende que apenas se abre un espacio en el poder, así suceda con el mayor de los sigilos, se inicia una lucha por llenarlo.

El miércoles 18 comenzó a sesionar la IX Legislatura de la Asamblea Nacional del Poder Popular con 604 de sus 605 diputados recién electos. Lo primero que hicieron fue reelegir por unanimidad a su anterior presidente, Juan Esteban Lazo, y al resto de la mesa directiva. Luego, la presidenta de la Comisión de Candidaturas, Gisela Duarte, dio a conocer el nombre de Miguel Díaz-Canel como único postulante para reemplazar a Raúl Castro en la Presidencia del Consejo de Estado, es decir, de la República. Como candidato a Primer Vicepresidente la Asamblea propuso a Salvador Valdés, un sujeto sin ninguna personalidad, proveniente de la Central de Trabajadores y, a decir de algunos, útil solamente para abultar la cuota de color. «Un cuadro utilitario», según Tadeo, uno de los jóvenes periodistas con que me reuní esa semana para analizar lo que estaba sucediendo. Algo muy distinto de Ramiro Valdés, «héroe de la Revolución», padre de la Seguridad cubana, admirado por unos y temido por otros, presentado para asumir la Segunda Vicepresidencia.

«Sólo la unidad de todos los revolucionarios garantizará la victoria. La sociedad ideal para el imperialismo es la fragmentada y dividida», sostuvo Lazo en su discurso inaugural. Había un candidato para cada puesto y en cosa de minutos estaban todos ratificados. Desde la testera, Lazo conducía el asunto a zanjar de la siguiente manera:

—Los que estén de acuerdo, que lo expresen levantando la mano… (y en el acto había 604 brazos en alto)

—Pueden bajarla. ¿En contra?

—…

—¿Abstenciones?

—…

—Aprobado por unanimidad.

Al día siguiente, por la mañana, Raúl Castro dejó la presidencia del país luego de dar un discurso en la Asamblea Nacional y que los presentes aplaudieron de pie. No fue una gran pieza de oratoria, ni siquiera un discurso de despedida, sino más bien otra cuenta pública en la que lamentó no haber terminado con la dualidad monetaria que «favorece la injusta pirámide invertida» —gracias a la cual camareras, garzones, prostitutas y cualquiera que reciba una propina en dólares consigue una remuneración mucho mayor que la de un profesional— e insistió en que Cuba no tuvo ninguna responsabilidad en los ataques sónicos, a los que llamó una «fabricación artificial de pretextos para justificar el regreso a políticas fracasadas». Raúl no se despidió porque permanecerá en la dirección general del Partido, que es donde finalmente reside el poder. El mismo Díaz-Canel se encargó de remarcarlo al leer sus primeras palabras como presidente. Sin embargo, el hecho inédito es que la *generación histórica* —esa que participó de la gesta revolucionaria: la toma del Moncada, la travesía en el Granma y la guerrilla de la Sierra Maestra— le dio el pase, al menos en ese puesto determinante, a un cuadro del Partido nacido en 1960, después del triunfo de la Revolución. Raúl y Ramiro, los últimos octogenarios patriarcas de esta iglesia —tal vez habría que agregar a Machado Ventura—, quedaban como sus ángeles guardianes en un esfuerzo que, aunque se esconda en declaraciones altisonantes, más parece destinado a sostener el orden existente y asegurar una zona de confort para ellos mismos que a mantener vivos los valores revolucionarios, o lo que quede de ellos.

Los mensajes oficiales repetían sin cesar, por radio y televisión, que este cambio en la dirección del Consejo de Estado no implicaba ningún quiebre, sino un muy bien pensado proceso de continuidad. «Medio siglo de calumnias que invitan a la ruptura generacional no han podido derribar las columnas del templo de nuestra fe», aseguró Díaz-Canel ante la Asamblea Nacional. Más adelante agregó: «en esta legislatura no hay espacio para la restauración capitalista; defenderemos la Revolución y continuaremos el socialismo». Ni uno solo de los 604 diputados se atrevió a matizar estas afirmaciones. Se supone que existe el acuerdo absoluto entre todos los cubanos —representados por estos diputados recién electos en «un proceso democrático ejemplar, sin la injerencia del dinero, como sucede en los Estados Unidos»— de que el camino trazado por los guerrilleros no se debe torcer.

En las calles de La Habana, sin embargo, la gente deambula preocupada de otras cosas. Ni en las *guaguas* ni en el mercado ni en las guaraperas se hablaba de los cambios en el gobierno. «No me interesa», «misma vaina», «¿a quién pusieron finalmente? ¿A Díaz-Canel?», fueron algunas de las respuestas que recibí al preguntar sobre el asunto en distintos barrios de la ciudad. «Díaz-Canel es una máscara de los que realmente gobiernan a esta isla: militarotes hoteleros y bitongos acomodados», me escribió desde Chile el dibujante cubano Alen Lauzán, «y me da lo mismo, la verdad. Sigo dibujando y opinando de lo que pasa en esa isla porque allá están mis viejos en la casa donde nací. Viejos que aunque lucharon y sacrificaron hasta la familia por la Revolución, ya no creen ni en la madre que los parió». Ni siquiera mis amigos periodistas, quienes aspiraban a ser los más informados de la ciudad, manifestaban inquietud. Esa tarde se dedicaron a discutir si había sido o no Raúl Garcés, el director de la Facultad de Comunicación de la Universidad de la Habana, quien escribió el discurso de Díaz-Canel.

Como muchas veces sucede, era una de esas fechas que con el paso de los años llenan páginas en los libros de historia, pero que para sus testigos inmediatos transcurre como un día cualquiera. Hacía calor. Con Grillo pasamos la tarde tomando cervezas, fuimos a una feria artesanal en el Pabellón Cubano y me presentó a Juliette, la chica con que ahora está de novio y que, según decía, lo sacó de un agujero negro para llevarlo a las estrellas. «Como habrás notado, tengo debilidad por los nombres franceses», dijo. Había dejado de cojear y se le veía contento, menos huesudo y con el pelo más largo. Juliette nos invitó a tomar un café a su casa, y mientras lo preparaba, Grillo me contó que ella aún vivía ahí con su marido. Lo cierto es que habitaba una tribu completa en la casa de Julie: sus padres, una hermana con su novio, un sobrino, su hija y este marido que se declaraba incapaz de abandonar a la niña, sin contar que, en realidad, no tenía donde ir. A Julie le faltaban las fuerzas para echarlo. «Si yo entro en la casa», me dijo Grillo, «él desaparece en las piezas del fondo».

Esa noche terminamos los tres escuchando rock en el Submarino Amarillo. Una banda en vivo interpretaba canciones de los Beatles, los Rolling Stones, The Clash y Jimi Hendrix, mientras en una pantalla de televisión colgada del muro pasaban avisos contra las drogas. No podían dormir juntos donde Juliette (por lo del marido) y la última lanchita a Regla partía a medianoche, así que los invité a quedarse en mi departamento. A la mañana siguiente, Julie salió antes de las siete de la mañana hacia su trabajo en el hospital Calixto García. Grillo esperó, fumando, a que yo despertara. «¿Aún quieres ir a la Colina Lenin?», preguntó en cuanto aparecí.

La Colina Lenin está en Regla, muy cerca de la casa de Grillo, y ese viernes 20 a las 9 de la mañana se realizaría ahí un mitin para preparar los ánimos con miras al Primero de Mayo, día de las grandes concentraciones en Cuba, aquellas en que Fidel Castro le hablaba por horas al pueblo reunido. Esta vez, a la Colina Lenin no llegó mucha gente. Los que estaban ahí habían sido acarreados en buses o aprovechaban el día libre que les regalaban por asistir. El encuentro duró media hora y cuando llegamos la gente terminaba de retirarse. Pasamos junto al Puente del Ahorcado —«se llama así porque hace años se colgó un tipo», me contó Grillo— y seguimos subiendo hasta las ruinas del Círculo Infantil, hoy conocidas como el Templo del Palón Divino: un «matadero» donde los jóvenes se esconden para tener sexo. Tenía los muros rayados: «Déjame chuparte la tota, perra», «Mami, quiero comerte el clítoris», «Esta pinga es tulla (sic)». Había gran cantidad de dibujos obscenos firmados por Pochomán El Demoledor, entre los que destacaba uno de José Martí con un pene en la boca. El matadero se extendía hasta las dependencias de un refugio antiaéreo, de esos que Fidel construyó bajo tierra durante la Guerra Fría y que ahora, abandonado o resignificado, ampara una guerra caliente. Había sábanas, ropas y paños en el suelo. Pochomán El Demoledor también había estampado su firma en esos muros oscuros, junto a un graffiti que conseguí leer iluminado por mi celular: «¡Viva el Revolcón!».

El juicio contra Gerardo se entrampó y él volvió a caer preso. La familia está tranquila, porque dentro de pocas semanas su causa será revisada y el abogado les dice que lo más probable es que quede en libertad. El Lada que en 2016 dejó con el *chapistero* ya está listo. Le cambiaron el motor, lo pintaron y cromaron sus parachoques. Dicen que Gerardo sueña en las noches con su esposa e hijos, y con subirse a ese carro en que invirtió los ahorros de toda una vida.

A manera de epílogo

Es imposible anticipar cuánto tiempo más sobrevivirá el régimen comunista en Cuba. Muchos aseguran que con la muerte de Raúl comenzará a desmoronarse. Al menos en apariencia, el gobierno parece compacto y sin fisuras, aunque no hay modo de verificarlo. Todos saben lo que deben decir, pero son muy pocos quienes creen en lo que dicen. «El que se mueve en la foto, pierde», advierten. Algunos, poquísimos, siguen creyendo en la Revolución, pero me costaría contar entre ellos a los dirigentes que la ensalzan con frases gastadas por el tiempo y el desencanto. Esas que antaño pintaron en muros y afiches carreteros, lucen deslavadas por la lluvia. Ya nadie las retoca para que aparenten seguir vivas.

Si yo hubiera nacido en Cuba por los mismos años en que nací en Chile, en 1969, sin duda habría emigrado. Suponiendo la posibilidad absurda de que hubiera sido el mismo que soy, alguien que aspira a contar lo que ve y más predispuesto a desacralizar sermones que a repetirlos, habría partido, posiblemente, a comienzos de los años noventa, en la misma época que visité la isla por primera vez. Quizás me hubiera subido a una balsa simplemente para escapar del hambre que reinaba entonces. Si fuera el mismo, pero treinta años mayor, me habría gustado luchar en la Sierra y, luego de tomar el control de Santa Clara, participar de la revista *Lunes de Revolución* con Carlos Franqui y con Cabrera Infante. Imagino que, como ellos, hubiera desertado aproximadamente una década después, tras la invasión a Checoslovaquia o, a más tardar, para el encarcelamiento de Heberto Padilla. Pero quién sabe. Quizás sería un cubano que, casi a sus setenta años, deambula cabizbajo por las calles de La Habana. Uno que participó en la zafra de los diez millones y quiso resistir la tentación de la huida, mantener el sueño en pie a pesar de la grisura que trajo la sovietización. Los jóvenes cubanos de los años setenta fueron un batallón de choque contra las dictaduras militares que, sostenidas por los Estados Unidos, masacraron toda ilusión de justicia en América Latina. No había espacio para ver las ineptitudes y arbitrariedades del socialismo mientras un enemigo sanguinario arreciaba alrededor y Cuba salía a combatirlo, al mismo tiempo que acogía a sus víctimas. A los jóvenes cubanos de entonces, superada la Guerra Fría, ningún recuerdo les sirve para endulzar la frustración de haber entregado sus mejores años a una promesa incumplida. La causa por la que renunciaron a todo proyecto personal, nunca les concedió un rol protagónico ni reconoció su sacrificio. A ellos, hoy les dan de comer esos hijos que partieron contrariando su voluntad.

Quien diga, sin embargo, que a los cubanos los desvela la riqueza que les falta, no sabe de lo que habla. Si desaparecen las papas o la cerveza, se quejan, pero no viven para el dinero. No es esa todavía la vara con que se miden entre ellos. Y si la falta de ambición por momentos se traduce en una fatiga del deseo, para quienes llegamos desde el capitalismo puede representar un remanso en medio de la competencia incesante por ganar trofeos. Hay unos que tienen más que otros y ya se avizora que esas diferencias irán en aumento, pero aún no es nada parecido a lo que vemos en nuestras ciudades fragmentadas. No se trata, por cierto, de una comunidad santa: han desarrollado la viveza y el cálculo para sobrevivir a la carencia. En La Habana es prácticamente imposible seducir una *jeva* en un lugar público y tener sexo esa misma noche sin pagar. Les cuesta jugar a la seducción sin poner fichas sobre la mesa. Si cada cual se las arregla como puede, ellas han encontrado este modo. Ahora no son las jineteras exuberantes de los años noventa, sino habaneras desacomplejadas que cobran por divertirse. Tienen personalidad, son graciosas, nadie las pasa a llevar así como así, aunque se quejan de la rudeza de sus compatriotas hombres a los que, no obstante, consideran los mejores amantes del mundo.

¿Qué le depara el futuro a esta Revolución sin fe? Nadie lo sabe. Tal vez todo suceda a las mil maravillas y encuentren el modo de generar riquezas sin sacrificar los vínculos comunitarios, manteniendo las seguridades sociales, la informalidad, el relajo y la llaneza de trato. Podría ser que las nuevas generaciones que tomen el poder administren la inmensa propiedad estatal con sabiduría y honestidad, que los militares a cargo del aparato productivo consigan por fin que sus industrias rindan frutos y estos se distribuyan equitativamente entre ciudadanos cada vez más participativos. Puede ser que Cuba devenga una democracia ejemplar, donde los derechos civiles, las libertades individuales y la justicia social convivan en armonía. Pero también puede ser que muertos los jerarcas de antaño —totalitarios e intolerantes, mas no codiciosos— y muerta también la creencia en el socialismo, los generales del MINFAR, herederos de Raúl, se saquen de golpe la careta y rematen el país al mejor postor en un proceso de privatización que los tenga a ellos como principales beneficiarios. Mal que mal, en Cuba no existen instituciones sólidas, ni contralorías ni tribunales confiables, y la inmensa mayoría de los bienes que allí existen le pertenecen al Estado.

La pobreza, se aprende en Cuba, no es una condena. Se puede vivir con poco y mucha dignidad. Quizás no exista un mejor lugar en el mundo para los pobres. Basta que alguien abandone esa precariedad, sin embargo, para que se vuelva un enemigo. A diferencia de lo que pudo ocurrir cuando todo esto empezó, hoy es claro que la Revolución necesita a los pobres más que los pobres a la Revolución. Aquí está prohibida la ambición personal, o al menos, que esta se note. De modo que cuando vuelva el capitalismo, es de imaginar que la devoción por los menesterosos cederá al encanto y al empuje del dinero. Brotarán libertades olvidadas, mejorarán los salarios y los jóvenes quizás encuentren otra vez una buena razón para trabajar. Lo más probable es que barrios como Centro Habana, carcomidos por el descuido, sucumban al cálculo de los inversionistas inmobiliarios, que el Malecón descascarado por el azufre se llene de torres relucientes, que trasbordadores llenos de gente y automóviles último modelo crucen todos los días desde Florida, que La Habana Vieja se convierta en una ciudad boutique, que sus palacios derruidos en que hoy viven cubanos descamisados empiecen a brillar albergando corporaciones, negocios rentables, domicilios de lujo, y que sus actuales habitantes ya no sean sus dueños. Un pequeño porcentaje de quienes viven ahí crecerán con el entorno, pero la mayoría será desplazada. Mucho extranjero querrá tener una posición en ese centro histórico. La Habana es quizás la ciudad más admirable de América Latina y tiene todavía un mar por descubrir. Asomarán cada día menos mujeres con chancletas y hombres con el torso desnudo desde esas puertas restauradas. Esta informalidad, como en todo el resto del continente, huirá cuando el dinero la corretée. Migrará al Cerro, a Marianao, más allá del Cotorro.

Cuba es el último lugar del mundo en que sobrevive el socialismo (Corea del Norte es una locura que va más allá de cualquier ideología), ese sueño de perfección que debía llevar a todos los hombres a vivir como hermanos, a respetarse mutuamente, a sacar lo mejor de sí. Rochy me dijo un día: «el guion era bueno, lo malo fue la puesta en escena». Fueron muchísimos quienes estuvieron dispuestos a morir y matar para conseguir esa sociedad justa, donde cada quien sintiera como propios el dolor y la felicidad de los demás. Pero todo indica que el hombre no es como los socialistas quisieron que fuera. Es infinitamente más complejo y contradictorio. Yo ni siquiera me atrevería a decir cómo es. Hemos visto que la convicción excesiva nos lleva a la violencia, y el total descreimiento al extravío. Años atrás leí una frase escrita sobre las rocas de un muelle en el puerto portugués de Ericeira: «El marino que navega sin destino, no conoce los vientos favorables». Hoy parece que hubiéramos acordado surcar los mares sin saber adónde vamos, contentándonos tan solo con mejorar las condiciones del barco y procurar que no naufrague. Alguien sostuvo hace poco que así terminaba esta historia.

La noche antes de sentarme a escribir este último párrafo, me encontré con un poeta comunista, un tipo honesto y bondadoso. Quiso saber sobre este libro que terminaba y le dije que mi mayor interés era que, al leerlo, mis amigos cubanos reconocieran que me había movido la verdad. Quiso saber más, y en lo que duró la conversación parece que transmití la historia de un fracaso. «Bueno, ¿pero valió la pena?», me preguntó. Entonces levanté los hombros. Mi respuesta debió ser «no, pero había que intentarlo».

Agradecimientos

A Daniel Hopenhayn, imprescindible compañero de ruta en la escritura de este libro, sin el cual me habría sentido solo, desamparado, y quizás no hubiera llegado a puerto; a mi amigo Jon Lee Anderson, de quien aprendí el arte del reporteo y con quien compartí viajes, dudas, experiencias y complicidades en esta isla entrañable y fuera de ella durante los últimos años; a Rafael Grillo, mi hermano cubano, con quien espero seguir conversando sin nunca llegar a una conclusión definitiva; a la cantante Rochy Ameneiro, mi lazarilla en un sinfín de avatares cotidianos que, gracias a ella, se llenaron de simpatía; a Guillermo Leiva, ex revolucionario chileno y cubano por adopción, a cuya generosidad debo tantas estadías llevaderas; a la novelista Wendy Guerra, amiga desde siempre; a Ángel Domper, por su apoyo permanente; a los embajadores de Chile en Cuba Gonzalo Mendoza y Ricardo Herrera, que me ayudaron a nunca sentirme solo; a Patricia Rivadeneira, que me ayudó a titular esta historia; a todos los personajes del libro —Regla, Ruth, Gerardo, Max (especialmente a Max), Damaris, Graziella (quien acaba de morir), Abraham, Imperio y tantos más—, porque sin ellos la Cuba que he intentado retratar estaría vacía; y a Paula Canal, quien también se enamoró de la Revolución cuando ya no tenía ninguna gloria que mostrar.

Mis agradecimientos también a Penguin Random House: a su director general Hernán Rosso, su directora editorial Melanie Josch, al director literario Vicente Undurraga, y también al equipo de diseño compuesto por Alexei Alikin, Amalia Ruiz y Julio Valdés. Finalmente, agradezco a Aldo Perán, editor adjunto del sello Debate, por su dedicación, profesionalismo y paciencia infinita.

Descubre tu próxima lectura

Si quieres formar parte de nuestra comunidad,
regístrate en **www.megustaleer.club**
y recibirás recomendaciones personalizadas

Penguin
Random House
Grupo Editorial

megustaleer